ウクライナ戦争と激変する国際秩序

森本　敏
秋田浩之 編著

小泉悠、高橋杉雄、倉井高志、
小谷哲男、長島純、水無月嘉人、
小山堅、佐藤丙午、小原凡司

並木書房

はじめに

ロシアによるウクライナへの軍事侵略はプーチン大統領一人の企図と意思によって引き起こされた戦争(注)である。

第2次世界大戦終結から77年を経たこの時期に発生したこの軍事侵略は近現代における歴史的大事件であり、その推移や影響は世界中に大きな波紋を広げている。

とくに世界の政治・外交・軍事・安全保障、国際秩序、国連やNATOなどの地域的枠組み、同盟関係、核抑止や大量破壊兵器の拡散問題、経済、産業、資源・エネルギー、環境、食糧、避難民などはもちろん、その影響は思想・文化・概念や人々の生活や倫理観などあらゆる分野に影響が及んでいる。

一方で、この戦争は極めて中世的な様相を示しており、一般市民の殺戮を含む非人道的な事態もしばしば見受けられる。

これから時間が経過するにつれて、その影響はさらに奥深く、人類史の真髄に及ぶような内容を含む事態に発展するであろう。核兵器が使用されることになれば、これまで破滅を回避してきた核抑止が機能しなかったという結果を招き、事態はさらに深刻化する。

どうしてこのような軍事侵略が発生したのか？　なぜ一人の独裁者によって引き起こされた戦争が、

これほどまでに世界中の人々に暗い影を落とし、かつ、誰ひとりとしてこの事態を止めることができないのか？　それはいつまで続き、その結果、世界はどう変わるのか？　ほとんど解答を見出せない状況が続き、日々多くの貴い人命が失われている。

現時点で明確なことがあるとすれば、それはロシアによるウクライナへの軍事侵略は、人類がこの1世紀ほどかけて構築してきた国家主権を軸とする国際社会の法秩序に対して力による重大な現状変更を強行し、人類が保持してきた普遍的な倫理観と既存の概念を全面的に、そして根底から崩壊させつつあるということである。

とくに、この軍事侵略にともない冷戦後、民主主義体制と非民主主義体制の国家で二分されてきた国際秩序は、さらに深刻な分裂状態に追い込まれている。

もちろん、現実世界を見ると民主主義、自由、人権など我々の価値観が世界中のすべての地域で等しく共有されているわけでもなく、法の支配と主権国家の平等に基づく国家関係は必ずしも普遍的でもない。

その一方で、国連安保理事会がかかる重大な事態の解決に十分機能していないという現実も一層、明らかになった。そして、国連による解決がうまくいかない場合、補完的な役割を果たすべき地域的枠組みの機能も十分ではないことが露呈している。

冷戦期以来、苦心して構築してきた核抑止や核不拡散体制も危うくなっている。ただ、ロシアが核兵器を保有しているがために、通常戦力による対抗だけでは事態を打開できない、というような単純な発想や極論で論ずるべき問題でもない。

人間社会で起こっていることは人間の知恵で解決すべき問題であるが、各国とも国益追求に走り、国際協力のもとに共通アプローチをとることにも限界が見えつつある。先進国は十分な援助の手を差し伸べる余裕がなく、途上国は一層困難な状態に直面している。アフリカ・アジア・中東・中南米では食料不足や物価高騰に苦しむ庶民の暴動が発生している。

世界的に経済成長が低下し、食糧、エネルギーの価格高騰、金融破綻、為替レートの乱高下、食糧難にともなう地域不安が起こり、先進国も金融政策、エネルギー、財政の施策、インフレや国内不満の抑制に苦労している。

戦禍が拡大し、人権が無視され、人々の生活が破壊され、無辜の避難民が国内外で逃げまどい、家族は離れ離れになり、環境が汚染され、貧富の差が広がり、世界で平和な場所を見つけることが難しくなりつつある。

この状況が第2次世界大戦後、人類が努力して築き上げてきた国際秩序の姿なのであろうか？　このウクライナ軍事侵略から何を教訓として学び、国家と国民の平和と安定をどう追求していくのか？　国家も国民もこの喫緊の課題に取り組む覚悟はあるのだろうか？　あるとしてもどうすればよいのか？　これが、いま人類が直面している重大で深刻な問題である。

戦後、武力紛争に巻き込まれることなく平和を享受してきた日本は、このまま将来にわたって平和と安定と繁栄を享受し続けることができるのか？　そのために、我々は何をするべきか、という問題にも直面している。

本書は、ロシアによるウクライナ軍事侵略について、こうした諸問題を多角的に取り上げて分析する必要があると考え、それぞれの分野の専門家が執筆にあたった。また巻末には、さらに総合的な視点から検討するために7人の専門家により座談会形式で議論し、それを収録した。

執筆にあたり最大の問題は、戦争がまだ継続しており、終わりが見えず、今後、どのように推移していくのか見通せない状況下にあることだった。

しかし、すべての問題について結末を見届けることは無理である。そこで、2022年6月末に行なわれたG7首脳会議、NATO首脳会議の結果を見て原稿を締め切り、その後、若干の修正ができる余地を残しつつ編纂することにした。

本書を上梓したあとの事態の進展をどこまで見通すことができたかを検証することも執筆者の責任である。執筆者は、この歴史的大事件を多角的な視点から論述し、問題を提起し、それぞれの考えがどこまで通用するかを実証することのできる喜びを感じつつも、同時に苦しみながら作業に取り組んだ。

読者各位には是非とも忌憚のない批評と、率直なご意見を賜りたい。これが執筆者全員が等しく共有する切なる願いである。

2022年秋

元防衛大臣　森本　敏

注：ロシアによるウクライナ侵略に関して、これを「軍事侵略」か「戦争」かという議論があり、林芳正外相は国会（2022年3月8日、参・外防委、立憲・田島麻布子議員の質問に答える形で）において、「国際法上、国連憲章の下では武力の行使が一方的に禁止されておりまして、いわゆる戦争が政策遂行の一つの手段として認められていた時代における伝統的な意味での戦争というものは、現代においては認められなくなっておるわけでございます。従って、国際法の用語としては、今回のような状況においては戦争ではなく、国際的な武力紛争といった用語が用いられています。今回のロシアによるウクライナ侵略についても国際的な武力紛争が発生していると考えております。その上で、国際法上の用語としてではなく、一般的な用語として戦争という言葉を用いることはありまして、例えば、2022年3月4日のG7外相会議共同声明でもウクライナに対するいわれのない不当な戦争への強い非難を改めて表明するという文書が盛り込まれているところでございます」と答弁している。

また、G7首脳共同声明（2022年6月28日、ドイツ）においても、「ウクライナに対するこの不当な侵略戦争（Unjustifiable war of aggression）」、「ロシアのウクライナに対する侵略戦争（The Russian war of aggression against Ukraine）」のように侵略戦争と表現している。一方、ロシアのウクライナ侵略は軍事力を使って行われた軍事侵略であるという国際法上の解釈が確定していることもあり、本書では、「ロシアによるウクライナ侵略」、「ウクライナ軍事侵略」あるいは、「ウクライナ侵略戦争」という表現をとる場合、いずれの場合も国際法上問題はないものと考え、各執筆者の判断に委ねることとした。

目次

第2章　プーチン大統領の戦略　69

――それでもロシアは軍事大国であり続ける（小泉 悠）

第3章　戦局の展開と戦場における「相互作用」（高橋杉雄）92

第4章　ウクライナの戦争指導——頑強なる抵抗を支えたもの（倉井高志）109

第6章　NATOはロシアの侵攻にどう対応したか（長島 純）　167

第7章　ウクライナ戦争に伴う経済制裁（仮名・水無月嘉人）　201

第8章　ウクライナ危機で激変する国際エネルギー情勢（小山 堅）　219

第9章　日本、中ロとの2正面対立の時代に　254
――ウクライナ侵略で激変する構図（秋田浩之）

ウクライナ軍事侵攻関連付図
32°E
34°E
36°E
38°E
40°E
52°N
50°N
48°N
46°N
44°N
ボロネジ
チェルニヒフ
スムイ
ロシア連邦
ベルゴルド
ハルキウ
ドネツ川
クピャンスク
ルハンスク州
ポルタワ
バラクレヤ
イジューム
クレミンナ
セベロドネツク
リシチャンスク
スラビャンスク
ハルキウ州
イナ
キーロボフラード
バフムト
ルハンスク
ドニプロペトロフシク
ドンバス地方
ドネツク
ドネツク州
クリビイ・リフ
ザポリージャ
南ウクライナ原発
ロストフ・ナ・ドヌー
ザポリージャ原発
ザポリージャ州
ミコライフ
マリウポリ
ヘルソン州
ヘルソン
アゾフ海
クリミア半島
ケルチ
黒　海
シンフェロポリ
クリミア大橋
セバストポリ
0
60
120
180
240km
ソチ

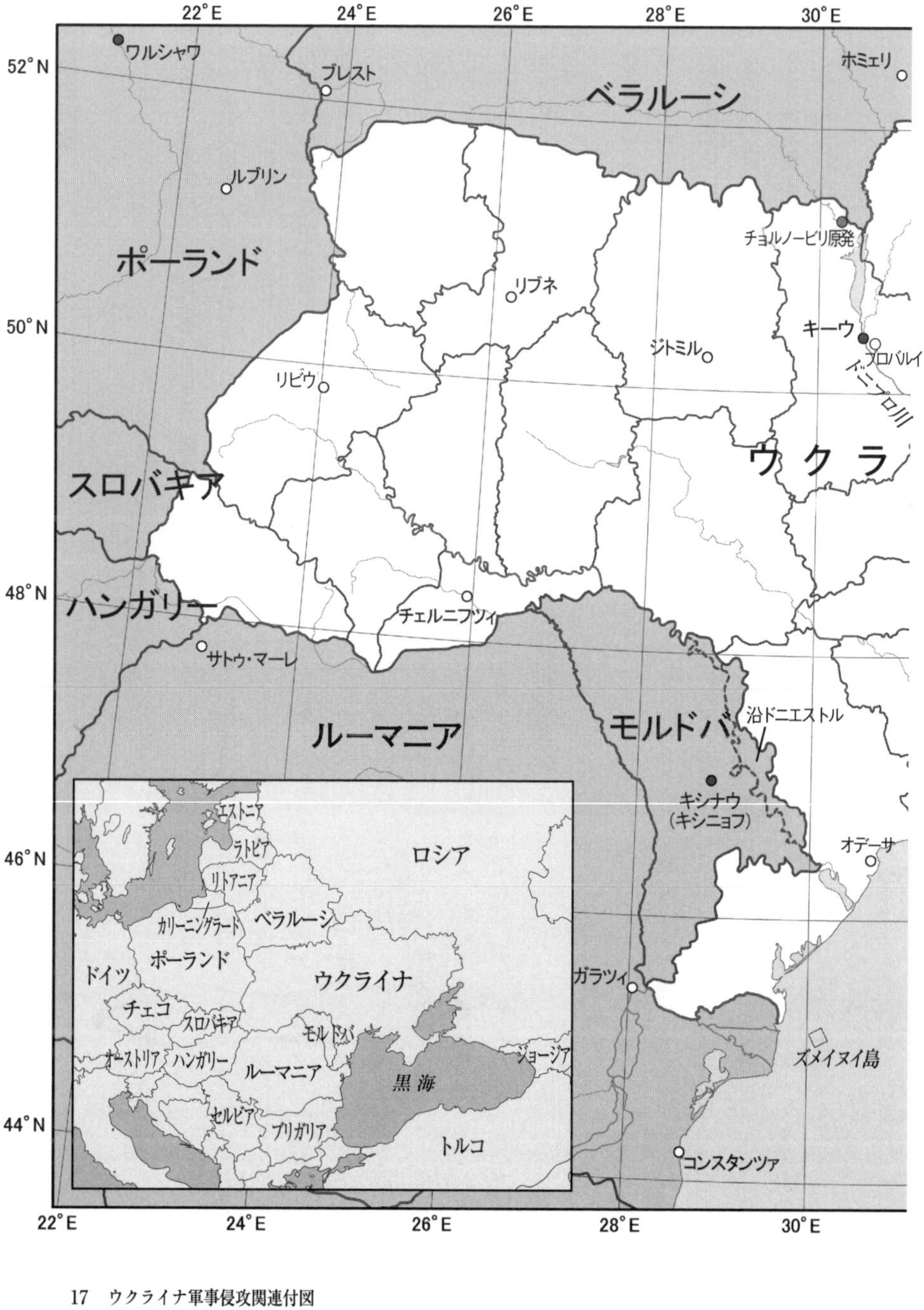

17　ウクライナ軍事侵攻関連付図

用語解説

2014年のロシアによるクリミア併合

ソ連邦崩壊にともない1991年に独立したウクライナの国境はソ連邦時代のウクライナ・ソビエト社会主義共和国の境界とすることが決められ、クリミアはウクライナ領として国際法上確定した。ただしクリミアの住民はロシア系が多数を占めており、2014年3月、首都キーウでは親露派のヤヌコヴィッチ大統領に対する不満が高まり大規模な民衆のデモなどが行われ混乱していたところ、クリミアではロシアの介入の下で当時のクリミア自治共和国とセバストポリ特別市が3月11日に独立を宣言、同月16日にロシア編入の賛否を問う住民投票を行い、90パーセント以上の賛成が得られたとして独立を確認すると共にロシアへの編入を申請した（ウクライナ憲法上、領土の変更は「住民投票」ではなく「国民投票」によってのみ認められる）。これを受けてロシアは翌3月17日に独立を承認し、18日にはウクライナ政府の意向を無視して、ロシア、クリミア自治共和国、セバストポリ特別市の間でロシア編入に関する条約に調印した。

CSTO (Collective Security Treaty Organization)

1992年に集団安全保障条約（CST）として成立した旧ソビエト連邦構成6カ国による集団安全保障、領土保全を目的とする軍事同盟。2002年に条約機構に発展。条約は「一つの加盟国に対する侵略は全ての加盟国に対する侵略と見なされる」（第4条）として、北大西洋条約第5条に類似の規定を設けている。最高意思決定機関の集団安全保障会議は加盟国の首脳により構成される。2022年現在、ロシア、アルメニア、ベラルーシ、カザフスタン、キルギス、タジキスタンの6カ国が加盟している（設立時の6カ国にはベラルーシは含まれておらず、ウズベキスタンが含まれており、その後1993年にベラルーシ、アゼルバイジャン、ジョージアが加わって9カ国となったが、1999年にはアゼルバイジャン、ジョージア、ウズベキスタンが条約更新を拒否して脱退、今日の6カ国となっている）。

NATOの東方拡大

米ソ冷戦下でソ連とワルシャワ条約機構に対する集団安全保障機構であった北大西洋条約機構（NATO）が、冷戦終結後に旧東欧諸国や旧ソ連邦諸国の加盟を認め、加盟国を拡大していること。1999年にポーランド、ハンガリー、チェコ、2004年にバルト三国（リトアニア、ラトビア、エストニア）、スロバキア、スロベニア、ブルガリア、ルーマニア、2009年にアルバニア、クロアチア、2017年にモンテネグロ、2020年に北マケドニアが正式加盟し、現在、NATO加盟国は冷戦終結時の16カ国から30カ国に増加している。

NATOブカレスト宣言

2008年4月、ルーマニアの首都、ブカレストで開催されたNATO首脳会議ではアフガニスタンへの支援とNATO加盟国の拡大が主要な議題となった。NATO加盟国拡大については、ウクライナとジョージアを「将来の加盟に合意」する宣言を採択した。アメリカがウクライナの加盟を強く推す一方、ドイツ、フランスはロシアの反発への懸念から反対し、具体的な加盟時期などは宣言に盛り込まれなかった。

オリガルヒ

ロシアやウクライナなど旧ソ連諸国において、ソ連邦崩壊後の経済自由化（主として国有企業の民営化）の過程で形成された政治的影響力を有する新興財閥。少人数での支配、寡頭制を意味するギリシャ語の「少数者（olígos）」と「支配（arkhê）」を組み合わせた「oligarkhês」に由来する。ロシアではエリツィン時代に政権を脅かしかねない影響力を持つまでになったが、プーチン政権発足後は有力なオリガルヒが粛清されるなどにより政権内に包摂されるに至り、逆にプーチン大統領による統治を経済面から支える勢力となった。

核共有（Nuclear Sharing）

ＮＡＴＯ加盟国の一部にアメリカが管理する非戦略核兵器（現在、ＮＡＴＯなどでは「いかなる核兵器であっても使用されれば戦略的影響をもたらす」との観点から、いわゆる「戦術核兵器」という呼称は用いられなくなっており、米ロの新ＳＴＡＲＴ条約の規制対象になっている兵器を「戦略核兵器」、それ以外を「非戦略核兵器」と呼んでいる）を平時から前方配備しておき、危機、有事の際には事前に策定した共同作戦計画に基づいて、ＮＡＴＯの核計画部会の明示の承認とアメリカ大統領の許可が得られた場合に限り、供与された核爆弾を同盟国の核／非核兵器両用搭載機（Dual Capable Aircraft：DCA）で攻撃に使用するというメカニズム。「共有」するのは「核抑止の利益と責任とリスク（benefits, responsibilities and risks）」であって、配備される非核兵器国が核兵器の管理と使用を自由に行えるわけではない。

核計画部会（Nuclear Planning Group：NPG）

ＮＡＴＯ加盟国で核兵器に関する政策や体制の協議や決定を行う枠組み。１９６６年にカナダ、ドイツ、イタリア、オランダ、トルコ、英国、米国の７カ国がメンバーとなりＮＡＴＯ事務総長を議長として発足。今日では、フランスを除く29カ国で構成され、ＮＡＴＯ加盟国間で核抑止のリスクと責任を共有することを保証すると共に、核兵器の運用に関する作戦計画や手続きを定め、それを協議するプロセスとして設けられている。

スヴァルキ・ギャップ（Suwalki Gap）

ポーランドとリトアニアが接する東西約100キロメートルの国境地域で、名称は同国境に近いポーランドの都市名に由来する。バルト海に面するロシア領（飛び地）のカリーニングラード州と、ロシアの友好国のベラルーシの間に位置する。NATO加盟国のバルト三国（リトアニア、ラトビア、エストニア）とほかのNATO加盟国を結ぶ唯一の陸上経路（鉄道路線1本、高速道路2本）となる。ロシアがここを支配下に置けばバルト三国を孤立させることができることから、NATOとしては特に警戒する地域の一つとなっている。

スターリンク・システム（Starlink System）

アメリカの民間企業スペースX社が運用しているインターネット・アクセスサービスの提供を目的にした衛星通信システム。高度約550キロメートルの地球低軌道に自社のロケット「ファルコン9」で打ち上げた通信衛星と、地上の専用の送受信機により、地球のほぼ全域でインターネットへのアクセスを可能にしている。通信インフラが未整備の地域、戦争や災害で破壊された場合などでの活用が注目されている。2018年から試験運用が開始され、現在は約2千基、最終的には約4万2千基の衛星で構成する計画になっている。

偽旗作戦（False Frag Operation）

敵あるいは他者によるものに偽装して攻撃、その他様々な行動を実施し、結果責任を相手側や第三者に転嫁し自身を正当化する「自作自演」の行為や作戦のこと。一例として、テロ、破壊行為や敵国による武力攻撃が行われたとの偽情報を国内に流布して、軍事作戦や戦争を誘発させる作戦などがこれにあたる。「偽旗」の名称は「降伏」の旗を掲げて敵を油断させて、接近してきた敵を逆に騙し討ちする行為に由来する。

認知戦

「情報戦」の一形態として新たに注目されている概念。政治指導者や軍指揮官ら、相手側（＝敵）の意思決定者をターゲットにして、偽情報の発信などにより、情報の「受け手」である意思決定者の判断に影響を与えたり、惑わせたりすることで、自国、自軍にとって有利ないし望ましい意思決定に誘導することを狙う。情報操作などの非軍事的手段により、敵に対して有利な状況を作り出すことを企図した「環境醸成作戦」と呼ばれる手法がこれにあたる。近年、情報通信技術（ＩＣＴ）、スマートフォンなどの情報デバイス、ＳＮＳ（アプリケーション）などの発達により、一般国民も攻撃対象となり、その行動変容が引き起こされることが懸念されている。

ブダペスト・メモランダム（Budapest Memorandum）

１９９４年12月5日にハンガリーの首都、ブダペストで開催された欧州安全保障協力機構（ＯＳＣＥ）会議において、アメリカ、イギリス、ロシアの核保有3カ国並びにウクライナの首脳が署名した覚書。正式名称は「核不拡散条約への加盟に際してのウクライナの安全保障に関する覚書」。その内容は、ウクライナが自国領域内にあるすべての核兵器を廃棄し非核保有国として核不拡散条約（ＮＰＴ）に加盟した（１９９４年11月16日）ことに関連し、この3カ国がウクライナの領土保全ないし政治的独立に対する武力の威嚇ないし武力の行使を慎む義務を負うこと、ウクライナのように非核保有国としてＮＰＴのメンバーとなった国に対して核兵器を使用しないことなどを再確認するものであった。当時、ウクライナには短距離戦術ミサイルや巡航ミサイルなど約１８００の核兵器が存在していたが、これらを放棄する見返りであったはずの同覚書で交わされた約束は、２０１４年のロシアによるクリミアの違法な併合により破られ、２０２２年2月の侵攻によって完全に有名無実になった。

マドリード首脳会議

２０２２年6月にスペインのマドリードで開催されたＮＡＴＯ加盟30カ国の首脳会議。ＮＡＴＯ加盟国首脳に加え、日本から岸田総理大臣が日本の総理として初めて出席、オーストラリア、ニュージーランド、韓国の首脳らによるＮＡＴＯアジア太平洋パートナー（ＡＰ４）の首脳会合も行われた。ＮＡＴＯ加盟国首脳による会議では今後10年間のＮＡＴＯの行動指針を示す「戦略概念」の12年ぶりの改定、スウェーデンとフィンランドの加盟などが協議され、それらに関する議定書への署名が合意された。

南オセチア紛争（ジョージア紛争）

ソ連時代にソ連邦構成共和国の一つであったグルジア（現ジョージア）ソビエト社会主義共和国内の南オセチア自治州がグルジア共和国からの独立を宣言したことから、１９９１年から９２年にかけて両者の間で起こった紛争、または２００８年8月7日にグルジア軍が南オセチア自治州に攻撃をしかけ、これにロシアが親ロシア派住民の「保護」を名目に介入、ロシア軍機がグルジア全土を空爆するなど南オセチア地域を越えて進軍し大規模な戦闘へと発展した紛争と合わせ称されることもある。２００８年の紛争については同年8月16日にフランスの仲介でグルジアとロシア間で停戦が合意された。その後、グルジア領内にありながら独立を宣言している南オセチアとアブハジアに対しロシアが国家承認している。

ミンスク合意

２０１４年3月のロシアによるクリミア半島併合後、親ロシア派武装勢力がウクライナ東部2州（ドネツク、ルハンスク）の一部地域を占拠したことから起こった紛争をめぐる和平合意。名称は交渉が行われたベラルーシの首都ミンスクに由来する。合意は二度行われ、第一は２０１４年9月5日、フランス、ドイツの仲介で欧州安全保障協力機構（ＯＳＣＥ）、ロシア（駐ウクライナ・ロシア大使）、ウクライナ（クチマ元大統領）、ドンバスの武装勢力代表が署名した、停戦を主目的とする「ミンスク議定書」および2週間後の9月19日に成立した同議定書実施の詳細を規定する「ミンスク・メモランダム」で、両者を合わせ「ミンスク合意1」と称する。ところが第一の合意後もロシア軍に支援された武装勢力の攻勢が続いたことから、２０１５年2月に再度ドイツ、フランスが仲介し、ウクライナのポロシェンコ大統領、ロシアのプーチン大統領による交渉を経て成立したのが「ミンスク諸合意履行のための包括的パッケージ」で、これを一般に「ミンスク合意2」と称する（署名者はミンスク1と同じ）。ミンスク2はミンスク1に比して総じてウクライナの主権がさらに制限されており、「外国の軍部隊の撤退」が規定される一方で「ミンスク1」にあった「傭兵（の撤退）」は削除され、ウクライナ政府による国境管理は地方選挙後、ドンバスの「特別の地位」に関する法律は「暫定的」ではなく「恒久法」とすることなどが規定された。

第1章　概観――ロシアによるウクライナ侵略がもたらす影響

（森本　敏）

1、これからの国際秩序

プーチン大統領の妄想で始まったウクライナ侵略

ロシアのウクライナ侵略は、近現代における最大の歴史的事件である。しかも、状況によってはさらに深刻な事態に発展する可能性を有する。

このような侵略が現代において引き起こされた背景にはウラジーミル・プーチン大統領が持ち続けている執念、なかでも、冷戦後にロシアが超大国から普通の欧州大国に引きずり降ろされたことへの恨みやＮＡＴＯの東方拡大にともなって、その外縁がロシア国境に近接したのは米国の陰謀だという一方的な妄想があるようにみえる。

ウクライナはロシアの一部だとするプーチン大統領の歴史観にも重大な誤解がある。また、ロシアが欧州諸国と一緒になって新たな国際秩序を作るという妄想は、さらに大きな誤解に基づくものである。[1] いずれにしても、ウクライナ侵略はプーチン大統領によって引き起こされた重大な国際秩序違反行為であるが、プーチン大統領は今後も戦い続けるつもりであろう。

フィオナ・ヒル氏が米『ニューヨーク・タイムズ』紙（2022年1月24日付）で指摘した見方をさらに進めると、ロシアはウクライナ東部・南東部を制圧して、これを「てこ」に米欧同盟のデカップリング（分断）を図り、欧州に新たな安全保障枠組みを構築するだけでなく、欧州とアジアから米国を撤退させることを狙っているのかもしれない。しかし、こうした狙いがあったとしても、ウクライナに軍事侵略を進める口実にはならない。ただ、その兆候はロシアが２０１４年にクリミア半島を併合して以降、繰り返して行われてきた軍事行動に現れていた。

欧州ではこの間、ＮＡＴＯの不拡大論やＮＡＴＯの機能・任務の見直し論が盛んに議論されていた。ロシアがカリーニングラードからベラルーシ―ウクライナ―ジョージア―シリアと南北に走る戦略的防衛線を作り、新たな緩衝地域を確保しようとしていたことは十分予想されたからである。一方では、これに対しカリーニングラードを制圧したいというバルト三国とポーランドの意志があったことは否定できない。(2)

民主主義体制と非民主主義体制のさらなる亀裂

ロシアのウクライナ侵略に対して、米欧同盟諸国がとってきた対応は、①自由民主主義陣営を構成する諸国間で、強固な団結と結束を示しつつ、ロシアの軍事侵略に断固とした対応をとるが、ウクライナ国内にＮＡＴＯ軍を展開しない、②ＮＡＴＯの抑止態勢の強化を図り、そのためにウクライナ周辺にＮＡＴＯの即応部隊を展開し、ウクライナに対して武器・弾薬など広範な支援・協力および経済支援を積極的に進める、③同盟諸国が団結してより効果的な経済制裁を進めることによりロシアのさらなる侵略行動を阻止する、④情報・宇宙・サイバーなどハイブリッド戦争の手段も活用してウクライナを支援することであった。

特に、米国が「公開による抑止」に基づく情報戦を遂行し、各種の衛星に基づく画像情報を使ってロシアの軍事的動きのみを公開してきたことは戦闘の行方に大きな影響を与えた。

米国をはじめとする各国は、第一段階作戦ではロシア軍の侵攻兵力の撃破を狙って対戦車ミサイル・対空ミサイルや無人機の供与を優先し、第二段階以降の作戦になって反撃のための重火器も供与しつつ、ウクライナへの支援協力を進めた。NATOはこれら各国の支援協力を強力に推進してきた。

また、経済制裁についてもロシアから天然ガス・原油を輸入している欧州諸国の調整を行いつつ広範な輸入制限措置を進めると共に金融制裁、貿易管理、個人資産の凍結についてもかなり徹底した措置を進めてきた。

一方、中国がロシアに協調し、途上国を巻き込む努力を進めたため、米国中心の民主主義体制陣営と中ロを中心とする権威主義的な非民主主義体制陣営の亀裂が一層大きくなった。(3) すでに、2018年頃から、非民主主義体制国が民主主義体制国より多くなっている。

当面する最大の問題は、ウクライナとロシアがどこに落としどころを見定めて戦闘行動を進め、その結果として、どちらの方が有利な戦闘状況を展開できるか、どのような状態になれば停戦協議を再開できるか、また、協議の結果、どのような合意が達成されるかであろう。

しかし、これらの問題が解決されたとしても、その後、欧州が安定すると考えるのは早計すぎる。ロシアとウクライナのいずれかが当面の戦闘に勝利するとしても国境画定や停戦監視は容易でなく、また、東欧諸国全体の防衛態勢が強化されていることが地域全体の安定にどのように作用していくかという問題もある。

インド太平洋地域も中国の力による現状変更のための勢力拡張政策に直面している。ロシアのクリミア併合と中国の南シナ海における7つの人工島への軍備強化は同じ2014年に起こった。プーチン大統領が2024年の大統領選挙に当選するかどうか全く不透明であるが、同じような指導者が出てくる可能性はある。

習近平は2022年秋、国家主席の3期目を達成し、2027年の党大会を経て4期目を迎え2032年まで国家主席の座に居座ることもあり得る。この間、中国が台湾統一を実現するということになれば、中ロの独裁者が「力による現状変更」を進める非民主主義陣営と、法による秩序と価値観を守ろうとする米国中心の民主主義陣営の対峙が、一層厳しくなるであろう。(4)さらに、非民主主義陣営と民主主義陣営のいずれにも与《くみ》しない途上国に対して、両陣営が影響力拡大を図ることになろう。その結果、中ロによる経済・投資援助や食料支援などにより権威主義的な非民主主義陣営の方に与する国が多くなる傾向を示すこともありうる。

インド太平洋――日本の支援と協力が不可欠

今後の世界秩序を予測すると、民主主義体制陣営の国が同盟の価値観に関して概念変更を迫られるであろう。リベラリズムの危機は民主主義体制の中から生まれてくる傾向を示す。(5)

軍事力を高める技術革新が急速に進み、低出力の核兵器が使用される世界が出現するであろう。グレーゾーン事態はさらに複雑に深化して、我々の日常生活にハイブリッド紛争状態が入り込むようになる。

武力行使の概念が変質し、国際法で対応できないようなサイバー・電磁波を駆使した攻撃が生活の中に浸透するようになると、個人の権利・自由を守ることさえ困難な世界が来るであろう。同盟国間の協力もエスカレーションのレベルにとって大きな要因となる。(6)

インド太平洋では、米国が欧州のようなNATO中心の抑止態勢をとることがさらに困難である。米国はロシアと中国に同時に対応するに十分な兵力と態勢を維持できない。欧州ではNATOとEUの連携によって対応することはできても、米国は当分の間、ロシアの脅威に対応するため10万人以上の米軍兵力を欧州に展開し続けることを余儀なくされる。

結局、インド太平洋において米国が中国に対し、有効に対応するには日本の支援と協力が不可欠であるが、ロシア、中国、北朝鮮という三つの懸念国の脅威に直面する唯一の国家である日本の立ち位置は深刻である。いずれにしても米国のインド太平洋戦略の中で日米同盟協力の幅と程度は地域の安定と米国の基本戦略に重大な影響を与えることになる。

民主主義体制をとる同盟国は共有する価値観と国益を追求するため、地域の平和と安定、繁栄に必要な共通の負担を負っていく必要がある。世界が権威主義体制の中国と、民主主義体制の米国を中軸とする二つの秩序圏に分かれるとすれば、そのための経済圏と軍事面の協調体制は新しい地政学的構造を必要とする。(7)

NATOは加盟国の安定を図るために領域外行動を広げてきた。しかし、NATOが国連憲章で規定された地域的枠組みとして機能するにはNATOの役割を見直す必要があり、(8)またインド太平洋においてもNATOの役割を認識して日本の果たすべき役割を見直す必要があろう。

2、ロシアによるウクライナ侵略の動機と背景

ウクライナ侵略の実態は米ロの代理戦争

ロシアのウクライナ侵略は、プーチン大統領という独裁者一人によって引き起こされた無謀で残忍な軍事侵略行為である。その妄想と誤解は三つの要素から成り立っているように見える。(9)

第1は、ロシア帝国主義の亡霊を引きずっている絶対権力者としての妄想である。これはプーチン大統領が育ててきたKGBという強固な治安維持体制と米国への深い恨みという執念によって支えられているようである。(10)

1990年末に冷戦が終焉し、東西冷戦に敗北した旧ソ連邦が崩壊し、15の独立国家共同体に分離した。ロシアは国家再編にともなう国内混乱に見舞われ、二次にわたるチェチェン紛争に苦しみ、10年後の2000年にプーチン大統領が登場した。

プーチン大統領は2008年まで2期にわたって大統領を務め、2008年にメドベージェフ首相に大統領職を渡したものの、2012年に大統領として再登場して、今日に至っている。

当時、中国はまだ国力も低く、大国の仲間入りをしたのは2010年頃、中国のGDPが日本を抜いて世界第2位になって以降である。

それまでの冷戦後20年間、米国の一極世界であり、ロシアは冷戦期の超大国から普通の大国に転落した。

ロシア帝国を引き継いだつもりのプーチン大統領はこれを米国による策謀と確信した[11]。しかし、今回のウクライナ侵略の口実をネオナチ勢力の排除のためというのは的外れも甚だしい[12]。

プーチン大統領のウクライナ侵略は米国への恨みを晴らすための軍事行動であり、実態はウクライナを戦場にした米ロの代理戦争である。もっとも、プーチン大統領の米国に対する羨望と恐怖感は深く、この戦争行為の背景にある対米感情は複雑である[13]。

第2は、NATOの東方拡大への反発であり、その根底にはロシアの国家安全保障にとっての重大な危機感がある。しかし、NATOの東方拡大を欧米の陰謀によるものとする固定観念は基本的に誤っている。NATOの東方拡大は冷戦が終焉した後、多くの中・東欧諸国が社会主義から脱却して経済面ではEUに、安全保障面ではNATOに加盟して、豊かで安定した国になろうとして引き起こされた主体的変化である[14]。米国が中・東欧地域の安定を確保しようとしてとったイニシアティブに中・東欧諸国が自主的に決断して応じたものであり、米国の策謀によるものではない[15]。

ところが、2008年4月のNATO・ロシア首脳会議においてブッシュ大統領がウクライナとジョージアのNATO加盟を提案し、この時にできたブカレスト共同宣言にプーチン大統領は強く反対した[16]。同様にサルコジ仏大統領とメルケル独首相も反対したとされる。ネオコンが米国政治を動かしていた時期のことである。

今でもウクライナは、この時、仏独首脳がウクライナのNATO加盟に反対したことを忘れていない。プーチン大統領は、冷戦後の混乱期に東・中欧諸国が次々にNATO加盟することによりロシアの緩衝地域（バッファーゾーン）が消滅し、NATOの外縁がロシア国境に迫ってくることは国家の安全保障上の危機であるとして反発した[17]。

帝政時代以来、ロシアは蒙古侵略（タタールのくびき）、ナポレオン、ヒトラーの侵略を受けてきた歴史的経緯の中で自国外縁に緩衝地域（冷戦期のワルシャワ条約軍事機構のごとく）を作って、外からの脅威を吸収して、国家の安全を維持しようとしてきたのであり、ウクライナのNATO加盟は絶対に阻止するという発想があった。[18]

第3に、ロシアはウクライナと歴史的一体性を持つと考えている節がある。[19] ウクライナは9世紀から12世紀にかけて繁栄したキエフ・ルーシー公国に始まり、蒙古襲来で崩壊した。その後、ポーランド、リトアニアの支配下にあったところ、17世紀にロシアが進出し、18世紀になってポーランドを分割占領したエカテリーナ帝の時代に自国に編入した。

しかし、ウクライナ側はロシアの前身であるモスクワ公国とキエフ・ルーシー公国は別の国であるとして、歴史的・民族的見地に立つロシア的領土概念を受け入れてはいない。[20] プーチン氏の歴史観は根本的に誤りがある。[21] しかも、今日、独立国が主権を認められて国際秩序が成り立っている限り、ロシアのような領土解釈に基づく軍事侵略は国際法上も全く認められない。[22]

クリミア併合からウクライナ侵略へ

プーチン大統領は、２００８年４月のブカレスト共同宣言に強く反発して、４カ月後の２００８年８月、ジョージアに侵攻し、南オセチア、アブハジアを占領した。この南オセチア紛争といわれる５日間の戦いで、ロシア軍はセルジュコフ国防相の発想に基づくＢＴＧ（大隊戦術グループ：８００〜９００人程度で、戦車部隊を含む部隊もあり、規模は多様）を編成して戦った。ＢＴＧは機動性が高く、比較的小規模の敵に対しては効果を発揮するものの、広域にわたる長期戦には適さず、打撃力の強い相手に対する戦闘力は十分ではなかった。[23]

２０１２年、大統領として再登場したプーチン大統領が次に実施したのは２０１４年３月のクリミア併合であった。それ以前に親ロ政権といわれたヤヌコヴィッチ大統領がロシアの圧力によりＥＵ加盟協定締結を破棄したことで激しいデモが発生し、同大統領は失脚してロシアに亡命した。

南オセチア紛争もクリミア併合もロシア側が短期作

戦で圧勝した。ウクライナ侵略もその程度で完了できると錯覚したのではないかと思われる。

一方、ロシアによるクリミア併合を受けて、ウクライナ国内ではNATOとEUに加盟して将来の平和と安定を維持すべきという国民意思が深まった。2014年に大統領になったポロシェンコはすでにロシア軍が軍事関与を深めていたドンバス奪回のためにミンスク合意1と、その後にミンスク合意2を締結したものの、これらの停戦合意は守られることなく、ドンバス地方（ドネツク州、ルハンスク州）をめぐる戦闘は続いた。[24]この間、ウクライナはEU加盟の手順を進め、NATOによるウクライナ軍への訓練も行われた。

クリミアはロシア系の人口比率が極めて高く、クリミア併合に対する地元住民に大きな反対は起きなかった。クリミア併合作戦はハイブリッド戦争の嚆矢ともいわれる様相を示したことで知られるが、ウクライナ政府はこのロシアの侵略行為に対して猛烈に反発し、クリミア半島への水路を断絶した。このため、ロシアはケルチ海峡をつなぐクリミア大橋（ケルチ橋、全長18・5キロ、2018年完成）を作り、クリミアへの補給活動を開始した。しかし、ジョージアおよびクリミアへの軍事侵攻に対して米欧諸国がとった対ロ制裁措置は実効性があったとは言えず、ロシアは米欧側の対応を甘く見た可能性は大きい。[25]

一方、これ以降、ロシアはウクライナ東部のドンバス地方で親ロ派勢力を支援して、その支配地を拡大していった。2019年5月に就任したウォロディミル・ゼレンスキー大統領は、同年2月に改正された憲法に基づき、NATOとEUに加盟する方針を実行しようとした。これに対してロシアは強く反発して、2021年初頭以降、ドンバス地方へのロシア軍の配備を増強し、米欧諸国はこれに反発した。

ロシアはNATOの東方拡大をこれ以上進めないことを明確に約束するよう米欧側に求めたが、2022年1月、米欧諸国はロシア側の要求を拒否した。2月21日、プーチン大統領はドンバス地方の親ロ派勢力の支配地域の独立を承認し、平和維持部隊の派遣を命令し、2月24日、特殊作戦を開始するに至った。こうしてロシアの第一段階作戦が始まった。

近現代史の中で類を見ない国家の暴挙

ロシア軍のウクライナ侵略はロシアの一方的な国際法上の違反行為である。しかも、ロシアによるウクライナ侵略は人類が築いてきた国際社会の秩序と国際法上の構造を根底から覆すものである。民間人に対して非人道的な残虐行為も行われた。特に核兵器使用の威嚇といった国家権力の乱用も、近現代史の中で類を見ない暴挙である。

ロシア国内では、国営テレビでしか報道に接しない国民の過半数がロシアのウクライナ侵略を支持しているといわれている。しかし、その後、戦場から戻ってきた兵士の遺体に接した家族からは反対者が出てくるようになった。(26)

本来、ロシアの政治は少数のエリート層によって動かされており、大衆が政治参加できるような性格のものではない。一方で、インターネットやSNSを中心に西側の公開情報や報道に接している若者・文化人などは反発してデモに参加したが、治安部隊によって拘束され鎮圧された。

3月4日、プーチン大統領が軍事行動に関する虚偽情報を流布した者には最長禁錮15年を科す法律に署名するなど、取り締まりを強化したこともあり、ロシア国内でプーチン大統領に正面から反対する勢力が大きな力を持ってきたわけではない。(27)

一方、国際社会においては過半数の国がロシア軍の即時撤退を求め、3月2日の国連緊急特別総会においてロシア軍の即時撤退などを求める決議では、賛成141カ国、反対5カ国、棄権(中国、インドを含め)35カ国となった。国連安保理決議はロシアの拒否権により成立しなかったが、ロシアのウクライナ侵略を即時中止・完全撤退すべきとの国際社会の声はその後、さらに大きくなった。いずれにせよ、この侵略戦争がどのような結末を迎えるかは不分明であるが、10月12日公表の米国国家安全保障戦略によれば、米国はこの戦争は戦略的失敗であり、ロシアの地位を著しく低下させる結果になると判断している。

3、ロシアによるウクライナ軍事侵略の展望

ロシアによるウクライナ軍事侵攻の実態と評価は、第2章から第4章にかけて詳細に記されているので、本章では簡単な経緯と背景についてのみ指摘することとしたい。

第一段階作戦（作戦地域を広げすぎたロシア軍は戦力の消耗が大きく劣勢になる）

2022年2月24日、ロシア軍は北部ベラルーシとの国境方面および北東部ならびに南東部・東部の三方向からウクライナに侵攻を開始した。北部ベラルーシの国境から侵攻したのはベラルーシにおいて2月中旬からロシア・ベラルーシ合同訓練に参加していた東部軍管区の部隊が主力で、3月中旬にはキーフ（キエフ）近郊（北西部、北東部）に接近し、郊外から市内にミサイル・ロケット攻撃を行った。

北東部では、西部軍管区と中部軍管区の一部を含むロシア軍がハルキウ（ハリコフ）周辺を攻略した。南東部・南部においてはオデーサ、ヘルソンおよびマリウポリ（クリミアとドンバスを連結するための回廊地域となる要衝）における戦闘が激しかった。

ロシア軍がヘルソンを概ね制圧した後も、マリウポリをめぐる攻防は第一段階の作戦期間を通じて激戦が繰り返され、最後に残ったアゾフスターリ製鉄所をめぐる戦闘が続いた。同製鉄所に立てこもったアゾフ大隊（ウクライナ国家親衛隊所属の特殊部隊で約1000人で構成）の主力と多くの民間人に対してロシア軍は戦略爆撃機に搭載したバンカーバスター爆弾をもって攻撃を集中させたが破壊できず、5月中旬、第二段階作戦になって、ようやく同製鉄所を含めてマリウポリを制圧した。

さらにロシア軍は、ウクライナ西部の主として軍事施設およびポーランドと連接している鉄道、道路の幹線箇所を攻撃し、東欧諸国を経てウクライナに搬送される米欧諸国の軍事支援を阻止する作戦を行った。

また、ロシア軍はウクライナ国内にある合計15基の原発のうち、6基があるザポリージャ原子力発電所を制圧した。(28)

3月29日、ロシア軍は第一段階作戦を終了したと発表したが、第一段階作戦はロシア側の劣勢に終わった。最大の理由は戦略目標と戦術、作戦の指導が大きくずれていたことにある。

ロシアの戦略目標がウクライナ全土を占領することであれば、その戦略目標に適合する部隊と装備が必要であった。だが、実際には東部軍管区と西部軍管区、中部軍管区のBTG(大隊戦術グループ)を中心に北部から首都キーウと北東部のハルキウを攻撃したものの、BTGの機動性は想定した状態より低く、後方支援も不十分で、兵員への補給も不足した。

一方、ロシア軍の南部軍管区部隊は南東部・南部を攻め、東部では親ロシア派勢力と共にドンバス地方の西側を攻撃した。ロシア軍にとって最も困難を極めたのは、その中間に位置する回廊地域で、特にその中心にあるマリウポリ攻略に苦戦し、兵員の不足を補うためにシリア兵やチェチェン兵を傭兵として採用したが、彼らは極めて残忍な殺戮を行った。

さらに東部ドンバスや回廊地帯および南東部における作戦は、軍事侵攻中心の行動に終始した結果、親ロシア派勢力をうまく活用して政治工作をしながら作戦を進めるという着意に欠けていた。

しかし、本来の戦略目標が北部・北東部と東部・南東部の二つであったなら、首都を含むウクライナ全土を攻撃したことは失策だった。プーチン大統領は情報家としては優れているが、戦略・戦術を十分理解しているとは思えず、軍事専門家としての能力が高いとは言えない。また、自分がいちばんよく分かっているという自信はあっても、周囲のアドバイスを聞くような指導者でもなさそうである。

ロシア陸軍28万人、空挺部隊5万人の計33万人のうち、ウクライナ作戦に投入された当初の兵力は20万人で、これを北部・北東部と東部・南東部の二方面の作戦に分けた(残りの13万人で広大なロシアの領土防衛を担当できるはずはない)。十分な予備兵力がいない状況下で、南オセチア紛争やクリミア併合のように短期決戦を想定して部隊と兵力を割り当てたことはプーチン大統領の戦略の誤りである。[29] すなわち第一段階の作戦の帰趨を決めたもう一つの要因はウクライナ側の健闘にある。米欧諸国から供与された兵器システム（対戦車ジャベリン、対空ミサイル・スティンガーなど）がロシア側に大きな損害を与えた。ゼレンスキー大統領の激励もあって兵員の士気は高く、兵器・弾薬の数量が不足して苦戦しながらも優位を維持した。

さらに米・欧諸国がウクライナ側に与えたハイブリッド戦争型システム（サイバー・電子戦・電磁波・宇宙システム・偵察システム・情報通信および妨害電波や偽情報など）がウクライナ軍の作戦遂行に著しい便宜を与えた。無人機や商用小型通信衛星・偵察衛星、商用光学衛星、ＳＡＲ衛星などを使用してウクライナ軍に衛星画像の情報を提供した。また、ロシア軍の作戦をサイバー攻撃によって妨害する手段を講じてきたことも戦闘の帰趨に大きな影響を与えた。

第二段階作戦（ドンバスが両軍の決戦場）

4月9日、ロシア軍は部隊と指揮系統を再編し、ドヴォルニコフ南部軍管区司令官をロシア軍の総司令官に任命し、4月12日頃、第二段階作戦を開始した。ウクライナ側は4月18日にエルマーク大統領府長官がドンバス情勢に関して戦争の第二段階が始まったと発言している。

第二段階の作戦目的は、①ドンバスおよび回廊地帯の確保、②ヘルソンからオデーサに至るウクライナ南西沿岸部の占拠であった。特にオデーサ港はウクライナの海上輸送にとって最重要の港であり、同港を守備するズメイヌイ島は激戦地の一つになった。ロシア軍は同島をウクライナ側から奪ったものの、6月末には同島を維持することが効率的でないと判断したためか、撤退し、ウクライナ側がこれを占拠した。

ロシア軍は一連の作戦を有利に展開させるため、①首都キーウやハルキウ近郊の軍事施設および市街地へのミサイル・ロケット攻撃、②ポーランド地域からウクライナに輸送されるＮＡＴＯ同盟国などの兵器システムの補給路に対する攻撃、③マリウポリを占拠しているウクライナ軍およびアゾフ大隊の殲滅などをドンバス中心の作戦と並行して実施した。

5月16日前後にアゾフスターリ製鉄所をめぐる攻防が終結し、ロシア軍が占拠することになったが、この作戦のために白燐弾などが使用されたといわれている。

この時期、ロシア軍は新たな兵器・兵員が入手困難な状況にあり、CSTO加盟諸国（アルメニア、ベラルーシ、カザフスタン、キルギス、タジキスタンとロシアからなる集団安全保障条約機構）に補充を要請したが断られた。ロシア国内のチェチェン人やシリアからの傭兵、国内での徴兵（7万人）、モルドバの沿ドニエストル共和国から派遣されるロシア系兵員の平和維持軍によって補充してきたが、それでも兵員の不足に苦しみ、第一段階作戦に投入された兵員約20万人のうち、第一段階作戦において1・5万人以上を失ったといわれる。

ロシアにとって第二段階作戦の優先課題は、南東部に配置されたウクライナ軍を殲滅し、ウクライナ東部および南部沿岸地域を確保することであった。まず主決戦場をドネツク州西部・ルハンスク州南部、特にセベロドネツクに集中させて南のマリウポリからの部隊と北のハルキウ東側を南下する部隊を合流させて決戦に臨んだ結果、7月3日にはセベロドネツク、リシチャンスクを含むルハンスク州を占領した。その後、両軍の攻防はドネツク州西部に移った。6月末にはロシア軍の総司令官がドヴォルニコフからゲンナジー・ジドコ軍政治総局長に交代した。その背景は明らかにされていないが、プーチン大統領が現地部隊の指揮に不満を持っていたことが想像される。

第一段階作戦で兵員の不足を補充するため、プーチン大統領は徴兵制に関する大統領令を出して（3月31日に署名）13・5万人を召集し、さらにウクライナ全域で活動している部隊を決戦場に集結させて優勢を確保した。第二段階作戦に投入された兵力は30万人近くになったと予想される。

一方、ウクライナ側はNATO諸国から反撃用の打撃力の強い重火器（１５５ミリ榴弾砲、ＨＩＭＡＲＳ《ハイマース》高機動ロケット砲システム、ＡＴ４対戦車ミサイルやＮＬＡＷ対戦車ミサイルなどの火砲、スターストリーク、スティンガー、ＰＺＲグロム、Ｓ‐３００やＳＳ‐21など各種の対空ミサイル）が大量に供与されたが、戦力強化を図るまでに時間がかかった。

さらにスイッチブレード３００、スイッチブレード６００、フェニックス・ゴースト、バイラクタルのような無人機システムを運用してロシア側のヘリや低空で活動する航空機の自由を奪った。全体としてロシア空軍の活動は低調であった。ウクライナ側に提供された衛星やサイバーの情報も効果を上げ、ＢＭＰ‐１やブッシュマスターなどの戦闘装甲車は兵員の行動を安全・迅速にするための戦力強化につながった。

また、対艦ミサイルの供与が進むにつれてロシア艦艇が容易に港湾に近寄れない状況を作ったものの、民間船舶はオデーサ湾内に拘束されて行動の自由が利かなかった。

いずれにしても、ウクライナ軍はＮＡＴＯ諸国から提供された兵器システムを戦力化するのに手間取りつつも、これが主決戦場であるドンバス地域での戦闘結果のみならず、戦争全体の様相に大きな影響を与えることになった。

一方、第二段階作戦開始と共に、停戦交渉は止まり、双方とも休戦協定交渉を有利に展開するための軍事的優位性を確保しようとしたため戦闘が激化するという結果になった。

ロシア側が不利になって危機感を持った時に起こるかもしれない核使用の可能性も心配された(30)。生物・化学兵器の使用は、すでにマリウポリ攻略で、その兆候が表れていたが、原子力発電所の原子炉を破壊して放射能が拡散する危険もあった。

戦術核兵器の使用はゼレンスキー大統領も警告を発していたが、2月27日、プーチン大統領は「ＮＡＴＯが攻撃的な発言を容認しており、抑止戦力（核戦力）を特別な戦闘警戒態勢に移行させる」「ロシアに戦略的脅威を与えた国への対抗措置は電撃的だ。それに必要な手順がある」と威嚇した。

5月9日の対独戦勝記念日の演説でもプーチン大統領は、「ウクライナが核兵器を取得する可能性を発表した」「ロシアの先制攻撃は唯一の正しい決定である」と、ロシアの侵攻を正当化すると共に、ウクライナ側を威嚇した。(31)

ロシアと米国は新START条約で均等な戦略核弾頭数を保有していたが、非戦略核(ロシアは戦術核・戦場核を約2000発保有)については米ロ間に制限条約がない。米国は高度な偵察能力を使ってロシアの非戦略核弾頭について情報収集に努めていたが、ロシア側が米国に察知されることなく、警告的あるいは懲罰的に核兵器を使用する可能性はゼロとは言えず、ロシア軍が窮地に陥った際にも先制攻撃を行う可能性はあると言わざるを得ない。(32)

第二段階作戦はロシア軍がルハンスク州を制圧したところで概ね決着した。ロシア軍は重火力をドンバスに集中させることによって第二段階作戦を乗り切った。第一段階での欠陥を部分的に是正した結果であろう。しかし、ロシア軍はここまでに多くの兵器、装備品を損耗し、兵員は合計4万人以上、将軍は20人以上を失った。ロシア軍は未だ完全徴兵制を強いているわけではなく、まず兵員に休養を与えた後、部隊と戦力の再編を図る時間を設けた。第三段階作戦はドネツク州西部とヘルソン・ザポリージャ州の南部およびクリミア半島を同時に攻略することである。この作戦を8月以降に本格化させ、年末頃までには当初の作戦目標を達成しようとしている。ロシアはクリミア半島を確保することに極めて大きなこだわりを持っている。8月18日頃からウクライナ側がクリミア大橋をドローンで破壊する作戦を開始した。これは今後、重大な作戦活動に発展する可能性が大きい。

米国の対ロ戦略——プーチン体制の崩壊を目指す

ロシアに対する経済制裁や武器供与など、多くの点でG7を中心とする日米欧の協力が進んだものの、米国はロシアのウクライナ軍事侵略に対して、戦闘に参加しないという方針を明らかにした。この判断は賢明であり、これが西側の抑止を弱体化したという指摘は当たらない。

米国の対ロ戦略が、西側諸国の協力を前提としたロシアの国力弱体化の考え方に変わったのは4月末である。4月24日、ブリンケン国務長官とオースティン国防長官が首都キーウでゼレンスキー大統領はじめウクライナ側と協議し、翌25日、オースティン国防長官は、「ロシアがウクライナ侵攻のようなことをできない程度に弱体化することを望んでいる」と述べ、米国の狙いを明らかにした。

翌26日、ドイツにある米空軍施設において40カ国以上の国（NATO主要国以外に日本・韓国・豪州、中東湾岸諸国が参加）が追加的な武器・弾薬などの支援協力について協議した。最も重要な点は今後の対ロシア戦略について米国の考え方が表明されたことであろう。それをひと言で表現すると、「第二次封じ込め戦略」ともいうべき方針である。(33)

ロシアを通常戦力と経済制裁で徹底的に弱体化し、衰退させることができればロシアは存在してもプーチン体制を崩壊させることができる。多数国が協力してウクライナ軍を支援すればロシア軍を打ち破り、プーチン大統領を追い込むことは可能になるという考え方であったと推論される。ただ、日米欧の中ではウクライナへの支援強化にはすべての国が同意しつつも、ロシアとの協調、早期の停戦交渉を優先する仏・独・伊と、最後まで徹底抗戦に努めるべきだとする米・英・加に日本が加わり、政策論争が行われたことは注目される。

4、ウクライナ軍事侵略の影響と評価

ハイブリッド戦ではウクライナが有利に進めた

ハイブリッド戦は、武力行使による軍事手段と武力行使以外の軍事手段である情報戦、サイバー・宇宙戦などの非正規戦を組み合わせて目的を達成しようとする戦争形態である。(34) 1988年のナゴルノ・カラバフ戦や2014年のロシアによるクリミア併合において特徴づけられたといわれる。

情報戦、サイバー戦および宇宙システムの活用がハイブリッド戦における優劣を決め、特に領域横断分野の技術・運用能力の開発・先端技術の活用および認知戦が国家の安全保障上、不可欠となる。[35]

ハイブリッド戦における情報戦、サイバー・宇宙戦は多種多様な手法・手段による複雑な様相を示すことが特色であり、その代表例は、①侵入工作員による扇動工作活動、②情報通信手段による攪乱・通信途絶・宣伝工作、③フェイクニュースやSNSによる世論工作やプロパガンダ、④サイバー攻撃やサイバー防衛、⑤偵察機・情報衛星や光学衛星画像、TB-2などドローン映像の活用による情報操作および情報収集、[36]⑥電磁波による電波妨害工作、レーダー情報、通信傍受による破壊工作や宣伝工作、⑦虚偽情報、誤情報、偽旗作戦などが含まれる。[37]

ロシアはこうした情報戦やサイバー攻撃を行う専門部隊を編成し、戦争犯罪に該当するような行動に対しても口実をつけて否定し、ランサムウエア攻撃集団を採用したり、サイバー攻撃を行う組織を使って妨害行動を実行してきた。[38]

実際、2022年1月13〜14日に行われたウクライナ国内のネットワークに対するサイバー攻撃はベラルーシの関与が指摘され、2月15〜16日に発生したウクライナ国防省に対するサイバー攻撃についてはロシアの関与が指摘された。

2月24日の開戦時にウクライナなどで衛星インターネットへの接続を妨害するサイバー攻撃が発生したが、米国の通信手段の防御やサイバー対策によって大きな被害を受けることはなかった。光学衛星、レーダー衛星とともに米国の監視能力は高く、政府と民間の能力を相互補完して情報戦を有利に進めた。

ロシアは参謀本部（GRU）と密接なつながりのある民間軍事会社「ワグネルグループ」により傭兵が訓練され、クリミア併合でも活動したものの、[39]ロシアの情報戦やサイバー・宇宙戦よりも米・英の反撃能力が優れており、ロシア側のハイブリッド戦活動は顕著な成果を達成することができなかった。[40]

特に、ロシアの妨害でつながりにくくなっていたウクライナ国内でのインターネットが、イーロン・マスクにより提供された衛星通信「スターリンク」によって再び利用できるようになったことは顕著な貢献であったといわれる。[41]さらに米国は、偵察衛星と商業画像衛星などから得たロシア軍の軍事情報の一部を公開したり、ウクライナ側に提供して作戦活動に役立て、ロシア軍の動きをけん制・抑止した。このような情報公開により抑止機能を発揮させたことがウクライナ側の戦闘を有利にした。[42]

ハイブリッド戦における情報戦、サイバー・宇宙戦は、通信電子技術の能力に大きく依存しており、一方的な宣伝工作が長期間効果を維持することは考えにくい。[43]ただ、情報機関の組織管理能力や技術・開発能力によって全体の能力が決まってくるため、常に研究開発や人材育成が必要となる。

サイバー・宇宙技術を発展させ、商業衛星を最大限に活用しつつ、相手よりも優れた技術を組織的に運用できなければ、逆に攻撃を受けて大きな損害を受けることになる。[44]特に中国が行う情報戦能力、サイバー能力は強力であり、これに打ち勝つ戦略が必要である。インターネット上やSNSなどを通じたフェイクニュースなどの偽情報を判断できるシステムを作っておくことも重要である。[45]ウクライナ侵略戦争はこうしたハイブリッド戦の効果と教訓を多く残したことも特筆するべきである。

欧州の安定とNATOの抑止戦略

NATOを中心とする米欧諸国の対応については第6章に詳述されているが、注目すべき問題点のみ指摘しておきたい。冷戦期のNATOは米国の対ソ封じ込め戦略の一翼を担っていた。冷戦が終焉し、NATOは東方拡大が進むにともない平和のためのパートナーシップを進め、NATO加盟国と非加盟国の間で対話や協力関係を進めた。中・東欧（コソボ、ボスニア）や中東・湾岸（イラク、アフガニスタン）における紛争が発生するとNATOは領域外活動に関与するようになったが、NATOの集団防衛条約機構としての役割は堅持された。

一方、欧州を取り巻く安全保障環境は著しく変化し、NATO構成国相互の政治・経済事情も一律ではなくなった。集団防衛についてもNATO構成国の軍隊がそれぞれ自国の安全保障を担当するだけではなく、NATO機構の中で各国に配備された部隊がその役割と任務をも果たすことによってNATOの所掌する地域全体の平和と安定を維持するという仕組みになっている。したがって、国防費をGDP比2パーセントにすることは各国の負担を平等にするという考え方である。

今般のロシアによるウクライナ侵略に直面して、NATOはその本来的な目標と目的に回帰しつつ、その機能・配備については基本的な見直しに迫られた。(46) また、ロシアの能力を評価することなく、国防費の比率を各国とも一定にすることへの批判がないわけではない。(47) とはいえ、ウクライナ侵略を受けてNATOが進めた措置は以下の通りである。

第1は、米欧諸国はウクライナに直接、部隊展開をしないものの、NATO諸国に対する再保証の観点から部隊派遣を行った。2022年3月末には、NATO即応部隊の一部を東欧に派遣すると共に、東欧・南東欧・黒海における新たな戦闘群を配備し、EUもドイツを中核に即応部隊を創設することになった。結果として、3月末の時点で欧州に展開する米軍は約10万人となり、受け入れ国は主に東欧諸国であった。さらに、NATO新戦略概念の中でNATO即応部隊を2023年までに4万人から30万人体制へと強化し、加えて、①第一段階は10日以内に10万人以上、②第二段階は10~30日に約20万人、③第三段階は、30~180日以内に50万人以上とすることを決めた。

こうしたNATO諸国の即応態勢によってロシア・ウクライナ戦争の域内拡大を抑止してきたことが功を奏した。しかし、このようにNATOの抑止態勢が東欧諸国へと重点をおいたものとなり、それがロシアの戦略に対して有効なのかは十分検証されるべきである。(48)

第2は、米欧諸国中心(韓・豪・日などを含む)の各国(2022年6月の段階で40カ国)からの武器・弾薬の支援供与および経済支援である。これについては、ロシアによるウクライナ侵攻を受けて、4月11日現在、欧州各国は国防費増額の方針を表明したところ、結局、主要国（英、仏、独、伊、西の5カ国）で欧州全体の国防支出の7割に相当することになった。ドイツは、ショルツ首相が2月27日に、2022年の国防費として1000億ユーロ（約13・6兆円）を計上（GDP比1・53パーセントから2パーセント以上）し、今後長期にわたり国防費の対GDP比2パーセント以上を維持すると表明したことが顕著な政策変更であった。(49)

第3は、スウェーデン、フィンランドのNATO同時加盟である。冷戦期に中立政策を貫いてきたフィンランドとNATO同時加盟を決めたスウェーデンの決断は、歴史的意味を持つ。少なくとも、ロシアと直接、国境（1350キロメートルあまり）を共有するフィンランドのNATO加盟により、フィンランドにNATO軍が配備されると冷戦期の東西ドイツのように国境を隔てて両陣営が接することになり、ロシアにとって大きな脅威となる。(50)

特に、フィンランドに2026年頃までに配備されるF-35ブロック4はモスクワまで到達できる航続距離を有し、B-61核爆弾を搭載してモスクワを直接攻撃できる。同機に搭載できる空対地ミサイルもモスクワまで到達できるし、ロシアにとってはドイツ軍が第二次世界大戦末期にレニングラード（現サンクトペテルブルク）攻防戦で百万人の死者を出した激戦を想起させる。(51)

また、ストックホルムから南西方面のバルト海にあるゴットランド島（スウェーデン領）はカリーニングラード（ロシア領）からバルト海に出て活動するロシア海軍にとって極めて脅威を与える位置にあり、同島の軍事配備が強化された場合はなおさらである。

フィンランドのNATO加盟は国民の7割が支持しているとはいえ、フィンランド指導部（ニーニスト大統領、エリン首相）の英断である。フィンランドとスウェーデンは2022年6月にNATO同時加盟の申請を行い、NATO加盟という現実的措置を開始した。トルコは当初、両国のNATO加盟に反対していたが、6月28日に両国のクルド人組織への支援停止、武器禁輸解除、トルコによる両国のNATO加盟支持などを盛り込んだトルコ・フィンランド・スウェーデンの3カ国による覚え書き署名が行われ、問題は解消した。

一方、フィンランドとスウェーデンのNATO加盟が実現するまでには時間がかかるので、英国は両国が有事になった場合に軍事支援、情報提供、共同訓練、サイバー攻撃対処、英国軍の配備について約束するための安全保障協定に5月11日に合意した。このスウェーデン、フィンランドのNATO加盟は、ロシアによるウクライナ侵攻の結果として生じた現象であり、ロシアのNATO東方拡大反対の意向は逆転する結果となった。(52)

第4は、NATOの核抑止、特に核共有(ニュークリア・シェアリング)についてである。これは非核保有国が米国の核兵器(B-61核爆弾)を平時に配備し、有事にはホスト国が手続きを経て、核兵器を運搬して運用することを通じて核抑止を図る制度で、本質的には核兵器を共有することに主眼があるのではなく、核抑止のための意思決定と調整プロセスを共有することを狙いとする制度である。

この制度はNATOにおいて旧ソ連に対する核抑止として1950年代に導入され、現在はドイツ、イタリア、オランダ、ベルギー、トルコに核爆弾が配備されている。ホスト国が航空機に搭載して運用することを想定しているものの、使用の決定と作戦そのものは米国と同盟国が共同で行うこととしている。そのために、1966年になってNATO核計画グループ(NPG)が創設されて、同盟国の政策立案者が自国の核計画に参加するための協議メカニズムが出来上がった。

核共有にともなう米国と同盟国の共同作戦は、脅威の認識が共有され、共同対処の要領と共同作戦計画があってはじめて成り立つものである。このような米国と同盟国の共通認識と共同対処が結局のところ、相手に対する抑止機能を構成する。もっとも、米国は拒否的抑止の機能を十分保有しているのかという問題も指摘されている。[53]

一方、日本は米国の核兵器を日本に配備することなく、米国が核による抑止を機能させるという拡大抑止を信頼して、核抑止戦略を維持してきた。ウクライナ情勢を受けて日本がＮＡＴＯ諸国並みに米国の核兵器を配備することによって核抑止を高めるという考え方は非核三原則に合致せず、合理的ではない。[54]ただ、核共有というシステムは米国の核兵器を配備するということだけでなく、どのようにして同盟国間の情報共有、抑止手段を確保していくかという政策調整のプロセスを主眼とする問題であり、協議の枠組みを広げて日米同盟間の調整と理解を深化させることが必要である。

核兵器とその運搬手段については、中国、ロシア、北朝鮮が強化しつつある。このような中で核脅威に対応する抑止機能は、核兵器によって担保するという状況から変化し、通常弾頭の長射程巡航ミサイルでも対応できる状況が生まれつつある。

周辺国の核脅威に対して、日本は通常弾頭を搭載した多数の長射程スタンドオフ巡航ミサイルを装備すると共に、周辺国の弾道ミサイルの増強に応じて日米で弾道ミサイルの開発・配備を進めることも検討する余地があり、[55]日本は核抑止の手段を補備強化すべきである。[56]

第５は、欧州の将来における秩序についてである。ウクライナにおける軍事情勢はロシアの劣勢に終わり、ロシアの国際社会における影響力が低下したとしても、ロシアがドンバス地方やクリミア半島から撤退せず、同地域にとどまる限り、ウクライナ情勢の不安定状況は解消されない。

ウクライナの荒廃は第２次世界大戦後の欧州にあって最も深刻なものである。ＮＡＴＯを含む欧州域内には一定の緊張関係が残り、防衛態勢を強化すべき状況が継続することが予想されるため、ＮＡＴＯはその役割について今後も見直しを迫られるであろう。[57]

ウクライナには膨大な量の近代兵器が蓄積され、東欧諸国は国防費を増加すれば、地域全体の抑止機能は向上するとしても、緊張関係は高くなる。在欧米軍は今後もロシアの脅威に対応して、欧州安定に必要な抑止力だけにとどまらず、中・東欧地域全体の安定にとってても必要なプレゼンスとなり、在欧米軍のリソースをインド太平洋に回すことにはならないであろう(58)。

いずれにしても、2022年6月のNATO首脳会議において決定されたNATO新戦略概念においてNATO即応部隊の強化拡大を図るだけでなく、ポーランドを中核とする東欧諸国の防衛態勢を強化することにより、ロシアの脅威に対して引き続き、抑止態勢を確保することが決まったことは注目される。

5、双方の主張が全く違った停戦協議

2月28日からベラルーシ南部においてロシアとウクライナ側の第一回の停戦協議が始まった。最初はロシア側が提案して協議が始まったが、それはロシア軍の燃料・軍需品など後方支援が部隊の進捗度に追いついていかないために時間稼ぎをしたとも受け止められた。

その後、3月3日、3月7日にベラルーシ西部で協議が行われ、3月28日にはトルコのイスタンブールで4回目の協議が行われたものの、その後、協議は中断されることになった。双方の立場が全く相違しており妥協の余地もなく、協議進展の足がかりがつかめなかったためである。

その後は協議を有利にするという目的があり、軍事的に優位な立場を確保しようとするために協議に戻る動機を失ったという背景もある。

4回にわたる停戦協議を通じて、ロシア側は、①ウクライナの非武装化・非軍事化（外国軍隊が駐留しない）、②ウクライナの中立化（NATO非加盟を約束する）、③ゼレンスキー大統領の退陣を主張したが、ウクライナ側はいずれも受け入れがたいという対応を示した。

一方、ウクライナ側が、①ロシア側が即時停戦を受け入れる、②ロシア軍の完全撤退、③クリミア半島の返還を提案したが、ロシア側は完全拒否を示した。

ウクライナ側の落としどころは、ロシア軍が2月24

日のラインまで戻ることであった。すなわちドンバス地方とクリミア半島でロシアが第一段階作戦を開始した線まで撤退することであり、第二段階作戦までにロシアが確保したドンバス地方や中間の回廊地域、南部の沿岸地域をウクライナ側に返還するという構想であった。

ウクライナ側の主張は、さらに、2月24日の段階でロシアが占拠している地域について、①クリミア半島は15年以内に協議に応じて返還を実現する、②ドンバスについては首脳間で協議するというものであった。ロシア側はいずれについても応じていない。[59]

今後の停戦協議にとって戦闘の推移と軍事力の優劣が大きな決め手になるであろうが、クリミア半島に対するロシア側のこだわりは極めて強く、ウクライナ側への返還はロシア軍の完全敗北の場合以外には考えにくい。[60]最終的に首脳間協議に委ねられるとしても交渉の行方は戦闘の推移次第になるであろう。

6、経済制裁——金融、海外資産、輸出入管理、エネルギー

経済制裁は経済面で相手を困難に陥れて抑止を働かせ、あるいは相手に妥協を迫る手段としてとられる措置である。その効果の程度は対象国の経済・産業構造や資源状態によって変化し、一概に言えず、即効性の程度も同様である。

今日、国家経済は国際化の傾向が顕著であり、制裁が一方的な効果をもたらすことは少ない。制裁の対象国も制裁の主体国も等しく影響を受ける。[61]したがって、制裁には同調できる国とできない国があり、その調整は極めて難しい政治問題になる可能性がある。[62]

また、一般論として経済制裁にはすり抜けや代替手段があると即効性が低くなる。ロシアは資源大国であると同時に穀物生産の主要国であるが、工業製品の主要な生産国ではない。ロシアから資源を輸入しないという制裁はロシアに対して効果はあるが、制裁の主体

国以外に輸出してすり抜けをする場合があれば制裁の効果は減る。また制裁の主体国間の利益を調整することは容易ではない。ウクライナ情勢にともなう経済制裁については第7章に記述されているが、これを要約すると4分野から構成されている。(63)

第1は、金融機関向け制裁である。これは、ロシアの中央銀行およびスベルバンク（ロシアのエネルギー資本および金融を所管する銀行であり、スベルバンクの追加は4月5日公表の追加措置）を含む、SWIFTから排除された主要銀行の資産凍結にかかるものである。

これは、ロシア国外のドル資産凍結だけではなく、ロシアとの国際取引についてもドル決済に関する取引を禁止しているが、たとえば、ドル資産による取引ができない部分を中国が人民元を使って決済するということが考えられたので、2022年6月のG7では西側諸国による制裁をアンダーカット（阻害）すべきでないという決議が採決されている。

中国に対しこの決議がどれほどの効果を与えているのかは定かではない。また、金融機関向け制裁との関連では、金の取引を制裁の対象とするかどうかも議論のあったところであるが、ロシアに関しては制裁の中に含めることとなった。これらの制裁措置によってルーブル安が進み、既存の外貨建て対外債務のデフォルトという可能性が指摘された。

第2は、特定個人や主体の海外資産凍結に関するものであり、その中には、プーチン大統領や主要閣僚、下院議員全員、オリガルヒ（約300人）ならびに、ロシア人富豪オレグ・デリパスカ氏やサッカーイングランド・プレミアリーグ、チェルシーのオーナーとしても知られるロマン・アブラモービッチ氏など、新興財閥が関与する55億ユーロ相当の海外資産が含まれ、モナコにある豪華船舶もこの対象となっている。しかし、中立を旨とするスイスも、たとえば、プーチン大統領などがスイス銀行に保有している資産を凍結することは法的に無理である。

第3は、物やサービスに関する輸出入管理である。たとえば、G7などの同志国はロシアの軍事能力の強化に直接資するものに加え、幅広い汎用品を対ロ輸出禁止の対象としており、さらにEUは、100億ユーロ相当の輸送機器などを含む広範な輸出禁止を行っている。他方、ロシア産石炭については輸入禁止が追加（4月5日公表。年間40億ユーロ相当）され、鉄鋼については、欧州諸国が輸出入を止めた。

穀物や医薬品については、そもそも輸出入を禁止しているわけではないが、ロシアに停泊する船舶、航空機などを止めているため、結果として、物流が止まっている。4月5日公表の追加制裁でロシア船舶のEU港湾への寄港が禁止されたこともあり、物流の規則には効力を発揮している。

第4は、輸出入管理のうち、特に、石油やガスに関する制裁である。エネルギーに関する制裁は各国のエネルギーを含む経済事情があり、調整が困難な分野である。原油については、米国が直ちに禁輸を決め、欧州も段階的に縮小する措置をとることとなり、結局、ハンガリーを除く各国の石油輸入禁止が決まった。

天然ガスについては、米国はロシアに依存していないが、欧州諸国には各国の事情があり、縮小計画を進めることは合意されたものの、段階的に行われている。西欧は原油の約5割、天然ガスの約8割をロシアに依存しており、各国の歩調を合わせることは難しかった。

一方、ロシア側は欧州諸国（ポーランド、ブルガリア、フィンランドなど）への天然ガスの供給を止めた。このような状況変化もあり、また、中東諸国は大幅な増産をせずにいるため、原油価格の高騰が続いているが、ロシアは経済的損失を受けることになろう。[64]

もっとも、ロシアは原油・天然ガスを備蓄しており、制裁に加盟していない中国、インドなどがロシアから原油を購入（2～3割ほど安価）しているともいわれる。天然ガスはパイプラインが必要なため転売は困難とみられる。

いずれにしても、欧州がロシアに原油、天然ガスを依存してきた状況は今後、縮小するであろう。日本はサハリンプロジェクトの扱いについて慎重に検討してきたが、ロシアから輸入している原油・天然ガスの禁

輸措置を取ることにより、中国が代わりにロシアから
エネルギー開発プロジェクトの権益を購入して輸入す
ることになれば、日本の国益を失うことになりかねな
い。この点については難しい判断を迫られてきた(65)。結
局、日本は再生可能エネルギーなど、他のエネルギー
源を拡大していくことしかなく(66)、日本にとってエネル
ギーの安定供給確保が最重要であることが確認さ
れた(67)。

しかし、6月末、ロシアはサハリン2の移管命令を
出したことにより、日本はサハリンプロジェクトを維
持していく努力を続けていくことになるが、将来を展
望してみるとサハリンプロジェクトを安定的に確保す
ることが困難になることも予想されることから、エネ
ルギーの入手手段を新たに講じる必要に迫られること
となりつつある。

7、食料安全保障

ロシアは穀物や飼料の主要輸出国であるが、制裁に
より港湾・航空路が止められてきたため、輸出があま
りできなくなっている。特にロシア・ウクライナ両国
は、小麦(ロシアの輸出量は世界第1位。ウクライナ
は第5位で両国の合計で全体の30パーセント)、大麦
(ロシアは世界第2位。ウクライナは第3位)、トウ
モロコシ(ロシアは世界第11位、ウクライナは第4
位。世界の20パーセント)を多く生産し輸出してき
た。

特にヒマワリ油はウクライナが第1位、ロシアが第
2位で、世界の生産量の50パーセント以上を占めてい
る。ロシアは小麦と大麦の主要輸出国で生産量の4割
以上を輸出し、最大の輸出先は中東、北アフリカで、
サブサハラ・アフリカやアジアにも輸出している。

トウモロコシはエタノール(ガソリンの代替品)と
なるため、ガソリン価格が上がるとトウモロコシの価
格も上がる。ウクライナの国土の7割は穀倉地帯で、
ロシア軍の侵略以降、穀物の生産が減り、輸送も停滞
した(68)。

ロシアの貿易収支は原油・天然ガスの輸出により黒

字であるが、農産物の収支は、穀物など低単価の農作物を輸出し、食肉や酪農品などの高単価の品目を輸入しているため赤字である。

ロシアは小麦価格が高騰したことや、対ロ経済制裁に対抗するため敵対国に対して食糧や肥料の輸出を制限している。ウクライナはロシア軍の侵略以降、穀物生産が減り、さらに輸出が規制されていることもあり、世界的に食糧需要や小麦価格が上昇している。

食糧全体としては価格が20パーセントほど上昇し、ウクライナ（オデーサ、ミコライウ）には6月中旬の段階で2200万トン以上の輸出できない穀物が倉庫に置かれた。ロシアは物流手段を制限しているだけでなく、国内需要を優先するため、穀物輸出を減らしている。

特にロシア軍は、ウクライナの空港、鉄道、道路および穀物サイロ、食糧貯蔵施設を攻撃し、港湾施設および黒海における海上輸送を妨害しているため、ウクライナから穀物の輸出ができなくなっていた。

そこで、米国などが中心になりウクライナの穀物を陸路（鉄道）でポーランドに輸送し、バルト海から海上輸送をする案を出したが、7月になってようやく一部の穀物が輸出できるようになった。いずれにしても、世界は第二次世界大戦以来の食糧危機に直面したことは間違いなく、その影響はまだ続いている。(69)

WFP（世界食糧計画）によると、2022年末までにイエメンでは飢餓状態になる人が1900万人となり、命を失う恐れのある飢饉状態の人は16万人に増加（2021年の5倍）するといわれる。ロシアとウクライナから小麦を3割以上輸入している国は中東・アフリカなど50カ国に上り、エジプトとトルコは8割以上、イエメンでは4割をロシア・ウクライナに依存している。レバノンでは小麦の7割以上をウクライナに依存し、パレスチナ、モロッコも4割をウクライナに依存している。

ブラジル、ペルーでは生活必需品の価格急騰により暴動が起き、エチオピア、スーダン、南スーダン、ソマリア、イラク、スリランカ、パキスタンでも社会不安が増大した。

8、戦争犯罪

ロシアによるウクライナ軍事侵略は、国連憲章第二条四項が禁じる武力の行使であり、重大な国際法違反である。国連憲章は武力の行使を禁止しており、戦争が政策遂行の一手段として認められていた時代の伝統的な意味での戦争は、今日、認められていない。

ウクライナは2月26日、ロシアを国際司法裁判所（ＩＣＪ）に国連憲章違反として提訴すると共に、ロシアによる戦争行動を直ちに停止することを命ずる暫定措置の指示等を要請した。

3月16日、ＩＣＪはウクライナの要請に基づき暫定措置命令を発出した。この暫定措置命令にはロシアが2月24日、ウクライナの領域内で開始した軍事侵攻を直ちに停止し、また軍隊や非正規部隊などが軍事作戦をさらに進める行動をしないことを確保しなければならないといった措置が含まれている。

このＩＣＪの暫定措置命令は当事国を法的に拘束するものであり、ロシアはこの暫定措置命令に従う必要がある。しかし、ロシアはＩＣＪの暫定措置命令に従っておらず、各国は直ちに暫定措置命令に従うようロシアに強く要請している。(70) 日本も同様の立場である。

一方、ロシアがウクライナに対して行った軍事侵略にともない、発生したとの疑いのある戦争犯罪については、国際刑事裁判所（ＩＣＣ）に関するローマ規定と称する国際法規（１９９８年に採択されたものであり、日本は２００７年に加盟している。現在までに１２３カ国が加盟しているが、ロシア、米国、中国などは加盟していない）に基づいて法的に措置されることになっている。

特に多数の民間人が殺害されたことはジュネーブ諸条約に対する重大な違反である。文民たる住民に対する攻撃が広範または組織的なものの一部として、そのような攻撃であると認識しつつ行う殺人などの行為は人道に対する犯罪であり、その責任は厳しく問われるべきである。

ＩＣＣの管轄権は、国際社会全体の関心事である最も重大な犯罪に限定されており、①集団殺害犯罪、②人道に関する犯罪、③戦争犯罪、④侵略犯罪が含まれる。しかし、ロシアが国際法規に参加していないためにロシア内に捜査官を派遣できず、法執行は難しい。ウクライナ内で民間人に対して人道上の犯罪などを行った疑いのあるロシア兵に対しては法執行の手続きを行っているが、犯罪全体のごく一部にすぎず、限界がある。

バイデン大統領はロシア軍の攻撃を「ジェノサイド」と非難している。マリウポリなどウクライナ各地において無実の民間人が多数、殺害されるなど残虐な行為が繰り広げられたことは明白であり、重大な国際人道法違反である。このようなジェノサイドを犯しているロシアこそナチズム国家である。(71)

ジェノサイドを含む重大な罪を犯した者を訴追し、処罰するICCの検察官がウクライナ側と協力して捜査を行っているが、裁判にかけることのできるような具体的な事例の証拠をそろえることは容易ではない。(72)

9、ウクライナ情勢が中・台関係に与える意味合い

ウクライナ情勢と台湾シナリオの相違点

1979年以降、40年以上にわたり実戦経験のない(中印国境における小規模戦闘や西沙諸島におけるベトナムとの海戦を除き)中国は、冷戦後に発生した紛争事態(コソボ紛争、イラク戦争、アフガン戦争、湾岸戦争など)と同様に台湾シナリオを念頭にしつつ、ウクライナ軍事侵略から教訓を取り入れようとしているものと推測される。

ロシアがウクライナ情勢にともなって国力と影響力を低下させることになれば、ロシアを支援している中国が民主主義体制国から今まで以上に脅威対象国として扱われることになり、特に米中対立がより激しくなることを懸念している。しかも、クリミア併合とは異なり、ウクライナ侵攻はより深刻な背景があり、国際社会との分断も覚悟せざるを得ない。(73) したがって、中

国では米国をあまり強く刺激しないようにしつつ、プーチン大統領をできる限り支援すべきであるとの意見が大勢を占めるといわれる。(74)

その背景には、米・欧社会から経済制裁を受けても、中国の国益に重大な損害を及ぼすことは少なく、たとえばエネルギー制裁は効力がなく、輸出入規制や金融制裁は制裁国と対象国の双方が損失をこうむり、(75)要人の海外資産凍結は大きな影響はあるものの事前に資産を移転させることによって凍結されるのを防ぐことが可能という見方をしているものと思われる。しかし、中国は経済制裁を受けることを回避するためには短期間で作戦を決着させることが得策だと考えているようである。

ウクライナ情勢と台湾シナリオとは多くの面で次のような相違点がある。

①国家の一体性という観点からロシアがドネツク人民共和国、ルハンスク人民共和国の独立を承認したことはウクライナの主権および領土一体性を侵害したものであるが、中国は台湾を中国の一部という立場に立っており、台湾の独立承認をすることは法的・政治的にありえない。(76)

②国際支援や地政学的環境という観点から見ると、ウクライナに対しては多数国（NATO、EUメンバー国のみならず、インド太平洋諸国を含めて）が多様な軍事支援・協力を展開したが、台湾側に兵器・弾薬を供与する国は米国と豪州以外には予想しにくく、ASEAN加盟国、南西アジアにはその余裕はない。韓国は北朝鮮の動きに拘束され、インドはあり得ない。日本は武器・弾薬の供与はできない。欧州諸国には台湾を支援する国が出るであろうが、多くは海上輸送路を使うため中国が未然に海上輸送路封鎖（そのために南シナ海、東沙諸島、澎湖諸島などを占拠してミサイル・ロケット部隊と海上民兵を配備）を行う可能性が高く、リスクをともなう。

③戦略環境の観点からみると、ウクライナ情勢は陸上作戦中心であり、台湾シナリオは海空域作戦が中心となる。中国は重戦車、装甲車などを揚陸艦によって台湾上陸させようとしても洋上では戦力発揮ができず、

リスクが高い。揚陸艦の隻数や上陸作戦遂行能力にも限界がある。台湾に大量の対艦ミサイル・対空ミサイルがあると一層リスクは高くなる[77]。

このリスクを低減するためには台湾のミサイル戦力や在日米軍に打撃を与えることにより制海権・制空権を優位な状況にして上陸作戦を敢行することが考えられる。いずれにしても日本の南西方面は台湾の防衛に任ずる米軍や他国の部隊の再展開・再編・整備・作戦行動の根拠地となり、また各国からの支援武器・必需品の補給・経由地および、台湾からの避難民輸送、邦人救出および海上警備の活動拠点となる。

これらの活動を行うために、制海権・制空権は重要であるが、一方で中国は台湾海峡付近の航空優勢を確保するため在沖縄嘉手納空軍基地および日本の航空戦力に対する集中攻撃を行う可能性が高い。また、中国は揚陸艦だけでは着上陸能力が低いので、事前に多数の民間船舶や海上民兵を投入し、大規模な訓練を繰り返し実施するであろう。このような中国の活動を有利な条件下で実行するためには尖閣周辺での活動や、北朝鮮・ロシアの軍事活動を活用して日米の防衛力を引きつけ、台湾海峡周辺に力の空白を作るような陽動作戦を進め、短期決戦で決着させることを重視するであろう。

中国軍の弱みと強み

ウクライナ軍事侵略の実態をみて中国が衝撃を受けていると思われる点は、①中国製と類似しているロシア製兵器がウクライナに供与された米・欧諸国の兵器に打ち負かされたことであり、人民解放軍としては装備している兵器システムについて詳細な分析に迫られる、②ロシア陸軍の指揮統制や部隊編成・装備体系の低効率性をみて人民解放軍の部隊編成や戦闘指揮について再評価する必要がある、③ロシア軍の情報戦・宇宙・衛星・サイバー面の能力について米英両国と比べて劣勢にあったこと、特に米国は通信衛星の能力を十分に活用し、商用衛星、偵察衛星の能力を駆使してロシア軍の動きが公表され、ウクライナ側に活用された、④ウクライナに供与された対空ミサイルシステムや対艦ミサイルが予想以上に強力でロシア側は制空権や制海権の確保が十分できなかった、⑤ロシア空軍が陸軍と効果的な近接航空支援作戦を効率的に実施できず、空軍の練度や攻撃精度が低いと思われたことなどである。

他方、ウクライナ情勢に比べて中国にとって優位な点と思われることは、①兵員の数や士気・規律については人民解放軍の方がロシア軍より優位にあると思われる、②中国が保有する約1500基以上の中距離・短距離弾道ミサイルは米国に対してかなり優位な状態にある、③台湾に対する武器・弾薬の追加的供与は台湾周辺の海上輸送路を封鎖することによって制約できる。また航空輸送に対しては中国は対空ミサイルの精度と射程を向上しつつある、④台湾海峡における軍事バランスは中国が圧倒的に優位な状態にある、⑤インド太平洋における米国との軍事バランス全体については戦術戦闘機や弾道ミサイルの面で優位な立場にある、⑥局地的なサイバー戦や情報戦の面では中国が台湾に対してロシアよりは優位な立場を維持できることなどであろう。

特に、中国は内陸部を中心に各種の弾道ミサイルを配備しており、グアムを含む日本周辺を射程に入れているが、米国はこれに対応する弾道ミサイルを保有・配備していない。中国がインド太平洋において、これらの非戦略核戦力を抑止と威嚇のために使用する場合、米国が有効に対応できないと台湾周辺における抑止機能はさらに低下する恐れがある。[78]

「戦略的曖昧さ」から「戦略的明確さ」へ

台湾シナリオが現実に生起するかどうか、またそれはどのような様相になるかは第一義的に中国の対応にかかっている。中国が台湾シナリオを発動させるかどうかの決心を行う場合の重要なクライテリア（評価基準）は、①米国がどの程度、台湾シナリオに関与するか、②その際の米中軍事バランス（特に、第一列島線内側）を中国はどのように評価するか、③中国の内政上の問題としていかなる重要性を持つかという点であろう。[79]

中国共産党は台湾統一を党の歴史的任務とみなし、その実現を図ることを決断しており、この方針に変わりはない。その際、武力行使によらない統一の実現を目指すが、武力統一の手段も排除しないという点も変わらないであろう[80]。

米国の立場は1979年の台湾関係法において「米国は台湾人民の安全、社会や経済の制度を脅かすいかなる武力行使、またはほかの強制的な方式にも対抗しうる防衛力を維持し、適切な行動を取らなければならない」とされている。

台湾関係法は台湾を防衛するための軍事行動の選択肢を大統領に認めている。米軍の介入は条約上の義務ではないが、米軍の介入を禁じてはおらず、あくまで大統領の選択肢であるために台湾関係法は台湾の防衛を法的にコミットするものではないので、この対応の仕方は「戦略的曖昧さ」といわれる。ただ、米国の目的は武力紛争の抑止と現状維持にあり、中国による台湾併合を阻止するためいかなる手段をもいとわないとは限らない面がある。

この原則に基づいて、米国は台湾海峡の平和と安定を確保するために、中国による一方的な現状変更に対しては軍事力を行使して対抗する大統領の意思を明示して中国を抑止・牽制している[81]。

2021年10月、メリーランド州ボルチモアにおいてバイデン大統領は、台湾シナリオが動けば台湾を防衛すると言明した。2022年5月、東京で行われた日米首脳における共同声明では、国際社会の安全と繁栄に不可欠な要素である台湾海峡の平和と安定の重要性について強調し、会談後の記者会見でも「台湾を守ることはコミットメントだ」という趣旨の発言をした[82]。

米国政府は台湾に対する防衛義務を公式には認めていないが、バイデン大統領の発言はこうした従来の「戦略的曖昧さ」から脱却する意図を示したものか注目される。リチャード・ハース米外交評議会会長は2020年9月、「戦略的明確さ」に転換すべきと主張している（読売クォータリー、2022年冬号、2022年1月31日でも同様の主張）。

米中両国にとって負けることが許されない台湾問題

台湾は中国による武力統一を回避するため外交・防衛上の施策を推進しており、米国からの武器売却や軍事訓練を受けつつ、国軍の近代化と軍事態勢の強化に努め、中国による武力統一を排除する努力を続けている。その一方で、独立に向けた動きは強めることなく、あくまで、現状維持を固守する考えであり、台湾世論の大勢もこれを支持しているとみられる。[83]

中国がいつ、いかなる対応に基づいて台湾統一を実現しようとしているかは分からないが、習近平国家主席が第20回共産党大会において3期目就任（２０２２年秋）が実現し、２０２７年の第21回共産党大会で4期目就任を実現するまでの適切な時期に台湾統一を実現することができれば、中国の政治指導者として毛沢東主席でもできなかった実績を成し遂げることになる。[84]

中国にとっては武力行使の手段を用いることなく実現することが最も望ましいことに変わりない。ウクライナ問題でロシアの軍事侵略が国際世論の強い反対と批判を受けたことや先進国による経済制裁の影響、軍事的な対応に関する評価も中国の決断に影響を与えるであろう。

他方、台湾統一を実力行使によって実現しようとする場合は、そのための口実や理由があることが望ましい。たとえば、台湾総統選挙（次回は２０２４年）の際、台湾独立を主張して立候補するリーダーが大衆の支持を得る（中国がかかる支持に向けて大衆を扇動する工作をする場合を含め）といったことが起きれば、それを理由に中国が一挙に行動を起こすという場合もあり得る。[85]

他方、これに対して現状維持派が強力な手段を取り、国内混乱が起こった場合も同様に、中国が混乱を鎮圧するという理由で軍事介入することも考えられる。このように台湾側の一方的な扇動により事態が発生した場合、米国は台湾を支援することが困難な状況が生起する可能性もある。

一方、ロシアの軍事侵略で、米国はロシアに対する経済制裁、周辺諸国への部隊展開、ウクライナへの武器・弾薬システムの供与などにとどめたが、ウクライナがＮＡＴＯ加盟国でなかったという点を割引いても、米国がどこまで台湾を支援するかという問題がある。

「米国は自らの利益を優先し、肝心な時に頼りにならない。民進党当局は中国を封じ込めようとする外部勢力の駒となって独立を謀《はか》ろうとしているが、台湾を危険に向かわせる」（中国国務院台湾事務弁公室報道官、２０２２年3月16日）といった中国のプロパガンダも一定の効果があり、台湾の一部にウクライナ戦争をみる限り、「米国は頼りにならない。台湾独自の防衛力を強化すべき」という見方がある。[86]

しかし、台湾が単独で中国による軍事侵攻を防御するには、台湾軍の装備強化（特に上陸阻止に必要な対艦・対空ミサイル、台湾海峡の制空権・制海権を確保するための海空戦力および衛星・サイバー防衛手段）や、台湾社会の強靭性が必要となる。

いずれにせよ、中国は米国に対してけん制を働かせ、台湾の独立に向けた動きに対して軍事的・政治的・経済的に威嚇したり、偽情報（ディスインフォメーション）を活用したり[87]、工作員などによる大規模な混乱・破壊やサイバー攻撃、扇動工作・間接侵略を進めることにより、武力行使に踏み切ることなく目的達成を図ることがベストであり、仮に武力行使をしても米国が軍事的に介入できないようなやり方で実現したいと考えているであろう。[88]

米国は中国の権威主義的な覇権行動を抑えるために米国は統合抑止を中軸とするアプローチを進めており、その主眼は、①同盟国および友好国との緊密な連携を確保し、②非伝統的安全保障（経済・技術・気候変動・エネルギー・輸出管理など）および伝統的安全保障（防衛・外交・危機管理・安全保障・軍事的な抑止機能など）の手段を組み合わせ、③核戦力、通常戦力および領域横断分野における諸活動を統合することにある。そのため、ＱＵＡＤ（日・米・豪・印）やＡＵＫＵＳ（米・英・豪）およびＰＤＩ（太平洋抑止イニシアティブ）、ＩＰＥＦ（インド太平洋経済枠組み）、ＰＢＰ（パートナーズ・イン・ザ・ブルー・パシフィック）などを重点的に進めつつ、インド太平洋を重視した戦略を推進しようとしている。

　中国は台湾に対して武力行使をせずに統一プロセスを動かそうとした場合、台湾があくまで徹底的に反発・拒否するか、あるいは交渉・協議を通じて段階的な統一プロセスを動かす政治・経済状態を作ることになるかが問題となる。

　もし、台湾側が条件付きの統一であれ、中国側の提案を拒否すれば、中国が武力行使のオプションに持ち込むという選択があり得る。中国が台湾を統一すれば、その次は日本との関係をどうするかを十分に念頭に入れていると思われる。(89)

　こうしたシナリオが深刻になった時、米国がどのような対応をとるかが中国の判断を決める重要な決め手になる。米中両国にとっては負けることが許されない限り、中国が台湾シナリオを急に動かして短期決戦を迫るか、在日米軍などへの本格攻撃を行って被害を与え、米国を介入させないような軍事的・政治的状況を作ってから、台湾シナリオを動かすという可能性もある。(90)

　いずれにしても、中国としては近海防衛、遠海護衛といった活動範囲を広げた海・空軍を増勢し、周辺海空域における訓練を活発化しつつ、(91)海・空戦力、ミサイル戦力およびハイブリッド戦能力を含む総合戦力のレベルを向上させようとしている。(92)

　日・米・台が最も重視すべきことは、①自衛隊と在日米軍の防空システムの強化、②衛星システムや通信・レーダーなどの情報通信および警戒監視に必要な機能維持、③中国側による弾道ミサイル攻撃、広範なサイバー・電子戦攻撃によって対応能力が被害を受けることへの対処、④広範な欺瞞情報・偽情報などの情報・心理戦への対応、⑤日・米・台の連絡・調整および協力・支援の要領・手順について、あらかじめ十分な協力・調整および訓練・演習などの不足による混乱・錯誤の防止に努めることである。

　さらに国際社会、特に米欧諸国、インド太平洋諸国の協力・支援が重要である。米国がこのシナリオのもとで中国に敗北すると、インド太平洋における米国のリーダーシップとプレゼンスをほとんど喪失する可能性があり、域内の安定と繁栄に直結する重大事となることを十分に心得る必要がある。(93)

10、日本の安全保障にとっての意味合い

ロシアのウクライナ軍事侵略は、欧州地域の安全保障環境と各国の政策に顕著な影響を与えている。一方、インド太平洋地域も、ロシアのみならず中国、北朝鮮の脅威に直面しており、日本として安全保障上、とるべき施策を見直す必要がある。

そのためには自由や民主主義という価値観を守ることを優先させ、国家と国民がその努力と場合によっては犠牲を払う覚悟をもつ必要がある。外交や安全保障には日本としての自主性と自助努力が何よりも求められる。(94) このために、当面する課題は以下の通りであろう。

（1）まず、国家安全保障体制を強化するための法制度を整備する。

①憲法改正を速やかに進める。その際、第9条の改正にとどまらず、緊急事態条項を設置し、それに基づき緊急事態基本法あるいは安全保障基本法を制定して、緊急時における国家と国民の在り方を規定する。特に、この法制に基づいて緊急事態における国家の危機管理制度を確立するとともに、国民の権利と責任を規定する。また、国民の保護とそれに必要な国民教育を行うために国民保護法の改定を行う。

②平和安保法制の見直しを行う。特に存立危機事態における事態認定や日米協力の枠組みに関して整備を行う。

（2）防衛力の一層の強化を図る。

①防衛費を今後、5年以内にGDP比2パーセントを達成する。また、防衛費要求については統合幕僚監部（統幕）が陸海空幕僚監部（三幕）の予算について優先課題を設定し予算内容を調整す

る。三幕で共通の業務を担当する部署（たとえば補給・医療・衛生・救難・警備・基地業務など）を単一の部隊に担当させることにより経費と人員の節減を図る。
②反撃力を強化する。そのため当面は長射程のスタンドオフ能力を持つ巡航ミサイルのファミリー化（例えば、地対地ミサイルから地対空、地対艦ミサイルの開発に広げる）を図る。
③海空防衛力を強化する。次期戦闘機と無人機・無人水中システムの開発を促進し、海上輸送力を格段に強化する。
④極超音速システムに対するミサイル防衛システムを強化する。そのためのコンステレーション（衛星群や無人機）と迎撃ミサイルシステムの開発を促進させる。
⑤国家情報大臣を新設し、国家情報庁を設立する。
⑥宇宙・サイバー能力を格段に向上させる。特に宇宙分野では商業衛星の活用を図る。
⑦統幕に統合司令部を設置する。[95] 必要に応じて隷下に特別任務司令官を設置する。
⑧国家の危機管理体制を強化するために国民に基礎的な素養・知識および基礎訓練を行う。特に救護・救難や生物・化学兵器や原子力被害に関する知識の普及および教育訓練を行う。

（3）日米同盟協力を強化する。[96]

①日米間の司令部機能の緊密な連携を図る。
②米国に対する支援・協力を強化する。日本側は空中給油機を増強する。
③戦闘機を含め日米防衛力の抗堪性を強化する。南西方面においては戦闘機防護のための地下施設を作る。弾薬庫を増設するとともに、日米で施設の共同使用を広げる。
④グアム基地に自衛隊が施設を作り、借款する。米日地位協定を締結する。
⑤日米両国の情報・宇宙・サイバー面での協力体制を強化する。

⑥日米間の拡大抑止体制を強化するため緊密な協議を強化する。

⑦日米台間で広範な協力・支援のあり方について公式・非公式の協議を進める。

（１）宇山智彦、大串敦、加藤美保子、服部倫卓、前田弘毅の対談「この戦争はどこから来て、どこに行くのか」（『世界』岩波書店、No.57、２０２２年５月）34～38頁

（２）マチケナイテ・ヴィダ「東欧が見てきたロシアの本性〝最前線〟の日本は何を学ぶのか」（『Wedge』２０２２年５月号）27～29頁

（３）松里公孝「未完の国民　コンテスタブルな国家」（『世界』No.57、２０２２年５月）42～53頁

（４）２０２１年12月８日、バイデン大統領は記者会見においてその旨を明らかにしている。なお、２０２２年２月前半の米国世論調査では約６割が米軍派兵に反対している。増田雅之編著、新垣拓他著「ウクライナ戦争の衝撃」（防衛研究所２０２２年５月）２～23頁

（５）アレクサンダー・クーリー、ダニエル・H・ネクソン「ロシアの侵略は欧米秩序を再生するか」（『フォーリンアフェアーズレポート』No.5、２０２２年５月20日）26～34頁

（６）Benjamin Jensen and Adrian Bagart "The Coming Strom-Insight from Ukraine about Escalation in Modern War" *CSIS Report*, May 2022

（７）マイケル・ベックリー「秩序の崩壊と再生」（『フォーリンアフェアーズレポート』No.5、２０２２年５月20日）76～90頁

（８）山内昌之「前方防衛と抑止力の新たな意味」（『Voice』２０２２年５月号）１２４～１３３頁

（９）田中明彦「中ロとの新冷戦を覚悟せよ」（『Voice』２０２２年５月号）１３４～１４３頁

（１０）Anne Applebaum "The Reason Putin World Risk War" *The Atlantic* (Feb.4. 2022) pp.1-6

（１１）グレンコ・アンドリー「戦争で一丸となったウクライナ国民」（『Voice』２０２２年５月号）１６６～１７２頁

（１２）大木俊治「プーチンはなぜ一線を超えたのか」（『季刊アラブ』２０２２年No.179、春号）12～14頁

（１３）河東哲夫「ロシアの興亡」（ＭｄＮコーポレーション、２０２２年６月）２４７～２５０頁

（１４）小泉悠「ロシアの軍事侵略における中・東欧―ＮＡＴＯ東方拡大とウクライナ危機のインパクト」（『国際安全保障』２０２０年12月、第48巻第３号）51～68頁

（１５）小泉悠「プーチンの戦争の先にはどんな出口が待っているのか」（『Wedge』２０２２年５月号）19～20頁

（１６）廣瀬佳一「ＮＡＴＯの変貌とエスカレーションリスク」（『世界』No.57、２０２２年５月）１０９～１１８頁

（１７）佐々木孝博他「米欧の脅威におびえるロシア」（『Voice』２０２２年４月号）１８４～１９５頁

（１８）溝口修平「ロシアがＮＡＴＯに強硬姿勢をとる理由」（『外交』Vo.71、２０２２年１・２月号）67～72頁

（１９）小泉悠「ロシア軍大苦戦の理由は何か」（『軍事研究』２０２２年６月号）28～40頁

（２０）角茂樹「霞が関会」（寄稿文、２０２２年５月）５頁

（２１）名越健郎「大義名分ないプーチンの戦争」（『海外事情』２０２２年５・６月号）80～83頁

（２２）エマ・アッシュフォード、ジョシュア・シフリンソン「紛争の拡大とエスカレーション?」（『フォーリンアフェアーズレポート』No.5、２０２２年５月20日）54～60頁

(２３) 倉井高志「世界と日本を目覚めさせたウクライナの覚悟」(ＰＨＰ研究所、２０２２年6月) 68~74頁

(２４) 合六強「長期化するウクライナ危機と米欧の対応」(『国際安全保障』２０２０年12月、第48巻第3号) 32~49頁

(２５) ロバート・ケーガン「何がプーチンを侵略に駆り立てたか」(『フォーリンアフェアーズ』、２０２２年５月20日No.5) 6~17頁

(２６) 中村逸郎「ロシアを決して信じるな」(『Will』ＷＡＣ出版、２０２２年6月号) 94~１０３頁

(２７) 皆川友香「世論調査からみるロシア国民の意識」(『世界』No.57、２０２２年5月) １１９~１２５頁

(２８) ザポリージャ原発に対するロシア軍の攻撃が行われ、火災を生じたことにつき国連安保理は公開会合を実施した。米欧諸国は人道法を含む国際法違反としてロシアを非難したが、ロシアは事実を否認し、占拠した(２０２２年３月４日、国連安保理事会合)。

(２９) 大木毅「軍事的合理性と政治的超越」(『世界』No.57、２０２２年5月) 54~62頁

(３０) 小泉悠「『核抑止の分野におけるロシア連邦国家政策の基礎』に見るロシアの核戦略」(日本国際問題研究所、研究レポート、２０２０年8月24日) (https://www.jiia.or.jp/research-report/post-3.html)

(３１) Amy F. Woolf "Russia's Nuclear Weapons: Doctrine, Forces, and Modernization" CRS Report R45861, March 21, 2022によると、ロシアは２０２０年6月上旬、「核抑止に関するロシア連邦の国家政策の基本原則について」の中で「ロシア連邦に対する侵略が通常兵器を使用して行われ、国家の存立が危ぶまれる場合、通常兵器の使用によるロシア連邦への侵略の場合にも核兵器で対応できるもの」としている。

(３２) 戸崎洋史「ロシアのウクライナ侵略と核威嚇」(国際問題研究所、国問研戦略コメント、２０２２年３月２日) (https://www.jiia.or.jp/strategic_comment/2022-02.html)

(３３) 冷戦期の封じ込め戦略は、１９４７年にジョージ・ケナンがフォーリンアフェアーズに投稿した「ソビエト対外行動の源泉」(X論文)で、「ソ連の社会主義の矛盾を指摘し、西側が一致団結してソ連を封じ込めれば崩壊する」と予言し、歴史はその通りになった。トルーマン大統領によって採用された「封じ込め戦略」はソ連を軍事的、経済的、技術的に封じ込めるものであった。なお、この時、ジョージ・ケナンは国務省政策企画担当次官補に指名され、承認を得なかったので実名ではなく、Ｍｒ．Ｘという名で投稿したため、X論文と呼ばれている。

(３４) 長島純「ロシアの再膨張と欧州再編の挑戦」(『Voice』２０２２年4月号) 48~55頁

(３５) 廣瀬陽子「ハイブリッド戦争の内幕」(『Will』２０２２年6月号) １０４~１１２頁

(３６) 数多久遠「ドローンが実現した戦争の三次元」(『正論』、令和4年6月号) １６０~１６７頁

(３７) 石川潤一「米ＮＡＴＯ極秘偵察機がロシア軍を丸裸に」(『軍事研究』、２０２２年6月号) 55~66頁

(３８) 藤谷昌敏「ウクライナで仕掛けるロシアのハイブリッド戦」(『日本戦略研究フォーラム季報』２０２２年４月号Vol.92) 99~１０３頁

(３９) 「ウラジミールの軍隊、残忍な傭兵グループの実態」(『The Economist』２０２２年4月9日号)

(４０) 小谷賢「日本も渦中にある新しい情報戦」(『正論』、２０２２年6月号) １２７~１３３頁

(４１) 佐々木正明「プーチンに決闘を挑んだイーロン・マスク」(『Will』２０２２年6月号) １８０~１９２頁

(４２) アダム・Ｂ・シフ米下院情報特別委員会議長の証言(２０２２年３月８日、米下院公聴会) および宮家邦彦「米ロ首脳会談の判断ミスが招いた有事」(『Voice』２０２２年４

月）40～47頁
（43）廣瀬陽子「ハイブリッド戦争」（講談社、２０２２年4月）93～１８６頁
（44）長島純「人類の公共財を守る新たな戦い」（『East Asia』No.659、２０２２年5月）80～87頁
（45）阿古智子「中国との情報戦に打ち勝つべし」（『中央公論』２０２２年6月号）92～99頁
（46）Michael Kimmage "Time for NATO to close its Door", *Foreign Affairs* January 17, 2022
（47）Anthony H. Cordesman "The Ukraine War: Preparing for the Longer-Term Outcome" CSIS Report April 14, 2022
（48）Anthony H. Cordesman "The Ukraine War and U.S. National Strategy: The Need for a Credible Global Force Posture and Real Plans, Programs, and Budgets" *CSIS Report*（May 05, 2022）
（49）鶴岡路人「露の侵攻で欧州〝大転換〟日本に必要な不動の決意と行動」（『Wedge』２０２２年4月）9頁
（50）森永輔「フィンランドのＮＡＴＯ加盟 プーチン大統領の目に映る核の脅威」（日経ビジネス電子版、２０２２年5月16日）
（51）レニングラード攻防戦は第2次世界大戦中の独ソ戦であり、９００日にわたる攻防で市民死亡者は63万人と公表されたが、実際は１００万人を超えるともいわれた。
（52）スウェーデン首相Magdalena Andersonおよび英国首相 Boris Johnson "Political Declaration of Solidarity"（May 11, 2022）
（53）アンドリュー・クレピネビッチ「米国のジレンマと核三極体制リスク」（『Voice』２０２２年6月号）１０４～１１３頁
（54）高山正之、阿比留瑠比「日本の核保有を何故論じない」（『Will』２０２２年6月号）２１２～２２３頁
（55）岩田清文、門田隆将「これならできる核共有」（『Will』２０２２年6月号）82～93頁
（56）古森義久、兼原伸克「核を防ぐのは核だけ」（『Will』２０２２年6月号）69～81頁
（57）Michael Kimmage "Time for NATO to Close Its Door" *Foreign Affairs*, January 17, 2022
（58）森聡「プーチンによるウクライナ侵略とバイデン政権」（『NPI Quarterly』Vol.13 No.2, ２０２２年4月15日）8頁
（59）藤井厳喜「ロシア核兵器使用ならＮＡＴＯ参戦」（『Will』２０２２年6月号）１９３～２０３頁
（60）西谷公明「続・誰にウクライナが救えるか」（『世界』No.57、２０２２年5月）64～72頁
（61）ニコラス・モルダー「経済制裁から経済戦争へ―対中制裁の余波に世界は持ち堪えられるか」『フォーリンアフェアーズレポートＮｏ.5』（２０２２年5月20日）18～24頁
（62）佐藤丙午「未知の領域に突入した経済制裁」（『Voice』２０２２年5月号）１５２～１５８頁
（63）川上高司「ウクライナ戦争と歴史の終わり―試される民主主義同盟」（『海外事情』２０２２年5、6月号）12～30頁
（64）小田健「強力対ロ制裁で世界経済はどうなるか」（『世界』No.57、２０２２年5月）86～96頁
（65）「ロシアから撤退か、継続か難しい判断を迫られる産業界」（『財界』２０２２年4月6日）、44～45頁
（66）高橋洋「ウクライナ侵攻から考えるエネルギー安全保障」（『世界』No.57、２０２２年5月）１２６～１３５頁
（67）小山堅「一変したエネルギー安全保障―危惧される石油危機の再来」（『Wedge』２０２２年5月号Vol.34、Ｎｏ.5）30～32頁
（68）山下仁「ウクライナ侵攻は日本に食糧危機を起こすか―小麦輸出制限でわかるロシアの困窮度」（『論座』２０２２年3月17日）（https://webronza.asahi.com/business/arti-

cles/2022031600005.html)
（69）The Economist「ウクライナ侵攻が招く食糧危機」（日経新聞電子版、2022年3月22日）（https://www.nikkei.com/article/DGXZQOCB141BC0U2A310C2000000/
（70）デービッド・シェーファー「ロシアの戦争犯罪と特別法廷―ロシアに責任をとらせるには」（『フォーリンアフェアーズレポート』In Brief.No.5 2022年5月20日）72～75頁
（71）グレンコ・アンドリー「必要なのはロシアの非ナチ化」（『正論』令和4年6月号）142～149頁
（72）酒井啓亘「ウクライナ戦争における武力行使の規制と国際法の役割」（『世界』No.57 2022年5月）73～85頁
（73）増田雅之（編著）『ウクライナ戦争の衝撃』「『ウクライナ危機』と中国―変わらぬ中ロ連携、抱え込むリスク」（防衛研究所、2022年5月）51～76頁
（74）高原明生「中国が立たされた十字路」（国際問題研究所、国問研戦略コメント、2022年3月11日）（https://www.jiia.or.jp/strategic_comment/2022-03.html）
（75）ジェイムズ・スタヴリディス「世界の行方と日本の役割」（『Wedge』Vol.34、No.5、2022年5月）14～17頁
（76）中国の王毅外相は、2022年2月25日、エリザベス・トラス英外相らとの電話会談において、ウクライナ問題に関する中国の基本的立場を表明した際、①中国は各国の主権・領土の保全を尊重・保証することを求める。この立場は一貫して明確で、ウクライナ問題についても同様に適用される。②地域の安全保障は軍事ブロックの強化や拡張によって保証されるべきではない。中国は欧州とロシアが安全保障は不可分という理念を堅持し、均衡が取れ効果的で持続可能な欧州の安全保障メカニズムを形成することを支持すると言い、矛盾したことを述べている。また、3月7日には、①ウクライナ問題はロシアとウクライナという国家間の紛争であるが、台湾問題は中国の内政に属するもので、本質的に異なる、②一部の人はウクライナ問題で主権原則を強調しつつ、台湾問題では中国の主権を絶えず損なっているが、それはダブルスタンダードであると言い、矛盾したことを強調している。
（77）谷口邦一「台湾侵攻の虚実―到底足りない中国軍の兵力―習政権に大ばくちは打てない」（『週刊エコノミスト』2022年5月17日）28～29頁
（78）武居智久「尖閣防衛・長期持久戦への備えを」（『Voice』2022年7月）144～151頁
（79）Robert D Blackwill, Phillip Zelikow "The United States, China and Taiwan, A Strategy to Prevent War" Council Foreign Relations, Council special report No.9, February 2021, PP.30-50 台湾について想定されるシナリオとして、①中国が台湾の周辺地域を侵略する、②中国が台湾を分裂させる、③中国が台湾に侵略すると指摘。
（80）魏鳳和中国国務委員兼国防部長は2022年6月12日、シャングリラ会合で演説し、「大胆にも台湾を（中国本土から）分裂させるなら、必ずや一線を厭わず、代償を惜しまず、徹底的に戦え」、「平和統一は中国人の最大の願望でもあり、今でも最大の努力をしている」と主張した。
（81）佐藤丙午「打撃力頼みだけでは解決不可能。米国の統合抑止の新思想」（『週刊エコノミスト』2022年5月17日）26～32頁
（82）日米首脳共同声明「自由で開かれた国際秩序の強化」（2022年5月23日）において、台湾海峡の平和と安定の重要性を「国際社会の安全と繁栄に不可欠な要素である」と表明したことは初めて。首脳会談後の記者会見で、バイデン大統領は「中国が台湾に侵攻した場合、米国は軍事介入する意思があるのか」と問われ、「イエス。それが我々のコミットメントだ」と述べた。
（83）蔡英文台湾総統は2022年2月23日、政府関係部署

によるウクライナ情勢ブリーフィングを受けた後、①ロシアによるウクライナの主権侵害を非難、②台湾海峡の軍事動態への対応・整備の強化、③認知作戦の強化、④経済変数への対応などを指示（各紙報道による）

（84）台湾シナリオについては米議会において、①オースティン国防長官「中国が台湾統一を望む可能性は非常に高い」（2021年6月17日）、②デービッドソン前インド太平洋軍司令官「その脅威は実際には今後6年以内に明らかになる」（2021年3月9日）、③アキリーノ現インド太平洋軍司令官「この問題は多くの人が考えているよりもずっと間近に迫っている」（2021年3月23日）、④ミリー統合参謀本部議長「中国が（1年から2年後に）それを実行する能力があるとは思わない」（2021年11月3日）といった証言がある。

（85）台湾の邱国正国防部長は2021年10月6日の立法院における答弁の中で中国軍の能力について、2025年にも本格的な侵攻が可能になるとの認識を示したといわれる（産経新聞、2021年10月7日付）

（86）台湾民意基金会が2022年4月26日、有事の際の米軍の対応に関する世論調査結果を公表したところ、中国の台湾侵攻があった場合、米軍の派遣があると信じていないと回答した人が53・8パーセントであった（日経新聞、2022年4月27日付）

（87）桒原響子「知らぬ間に進む影響力工作中国が目論む日米の〝分断〟」（『Wedge』2022年3月）54～56頁

（88）Kosuke Takahashi "Japanese Former Defense Minister Morimoto Satoshi on a Taiwan Contingency"The Diplomat (June 08, 2022) (https://thediplomat.com/2022/06/japanese-former-defense-minister-morimoto-satoshi-on-a-taiwan-contingency/)

（89）石平、楊海英、矢板明夫の対談「新「『悪の枢軸』ボスは習近平」の中で、「中国からみて台湾はクリミア半島、日本はウクライナ本土」と指摘（『正論』2022年6月号）27～38頁

（90）エヴァン・モンゴメリー、トシ・ヨシハラ「ウクライナ侵攻から見える台湾のリスク」（『正論』2022年6月号）39～47頁

（91）門間理良「緊迫化する台湾本島周辺醸成（1）―中国軍及び米軍の活動実態」（『防衛研究所NIDSコメンタリー』第119号、2020年6月4日）

（92）米議会の諮問機関である米中経済安全保障調査委員会（USCC）は2021年11月17日に年次報告書を公表し、「中国軍は台湾に侵攻する初期的な能力を有しているか、獲得に近づいており、米国に軍事介入の能力や政治的な意思がないと中国の指導者が確信すれば米国の抑止は破綻する」と指摘。

（93）ギデオン・ラックマン「台湾を巡る米中対立が変質」（ファイナンシャルタイムズ、2021年10月15日付）

（94）河東哲夫『日本がウクライナになる日』（CCCメディアハウス、2022年4月）134～152頁

（95）兼原伸克「DIMEに基づく国家戦略を築け」（『Voice』、2022年6月）62～69頁

（96）David Sacks "Enhancing U.S.-Japan Coordination for a Taiwan Conflict" Council Foreign Relations, Discussion Paper, January 2022

第2章　プーチン大統領の戦略
――それでもロシアは軍事大国であり続ける

（小泉 悠）

はじめに

本章では、2022年に始まったロシア・ウクライナ戦争を契機とする状況変化を、ロシアを中心として考えてみたい。そこで、大要以下のような構成をとることにした。

まず、今回の戦争に踏み切ったことにより、ロシアが置かれた状況がどのように変化しつつあるかを地域別に見ていく。ここでは、特にロシア自身をその一員に含み、影響力の大きな欧州、旧ソ連、そしてインド太平洋地域を主たる検討対象とした。また、これら各地域の動向を踏まえた上で、グローバルなレベルでロシアの立ち位置がどのようなものになりつつあるのかについても併せて考察している。

次に、ロシア自身によりフォーカスした。主として軍事的側面から今回の戦争の及ぼした影響を検討したが、内政・社会面での動揺・不安定化・統制強化といった現象にも触れた。

結論では、以上の考察を踏まえた上で、ロシアの今後に関する若干の展望を試みた。

1、三つの地域から見るロシアの現状

欧州―ロシアの孤立化と軍事的対立再燃の懸念

ロシアは欧州の一部なのか、それとも「ユーラシア」という独自のアイデンティティを持った国家なのかという葛藤は近代を通じて常に存在してきた。ただ、約1億4600万人のロシア国民のうち、約3分の2は欧州とアジアの境であるウラル山脈の西側に居住しており、さらに国民の8割はロシア民族を自認している。ロシアが広大な地域に跨《また》がる多民族国家であることは確かだが、その地理的・民族的重心はやはりヨーロッパにあると言えよう。

経済的な結びつきから見ても、やはりヨーロッパの存在感は大きい。輸出・輸入ともにロシアの貿易相手国の約半分を占めるのは欧州諸国であり、中国が経済・産業面で台頭する以前にはこの比率はもっと高かった。一方、米国との貿易額は伝統的に低く、2014年の第一次ウクライナ危機以降はさらに低下している（表1、表2参照）。

しかし、今回のロシア・ウクライナ戦争は、欧州との結びつきを大きく揺るがしつつある。欧州諸国がロシア産石油・石炭の輸入制限やデュアルユース技術の移転制限を発動したことで貿易額が激減することは確実であり、今後、輸入制限が天然ガスにも及ぶとなればこの傾向はさらに強まろう。制裁措置の一環として発動された国際銀行間通信協会（SWIFT）からのロシア排除や、本稿執筆中に浮上したロシアの世界貿易機関（WTO）脱退案もそこに拍車をかけるであろうし、新型コロナウイルスの感染拡大で滞っていた人の往来も今回の戦争によって当面は回復しないと思われる。

安全保障面では、欧州諸国の対露脅威認識が決定的になった。2014年にロシアがウクライナに軍事介入し、クリミア半島を強制併合したこと、その後、ウクライナ東部のドンバス地方で親露派武装勢力との軍事紛争が発生したこと（のちのロシア正規軍も介入）を機に、欧州諸国では対露抑止の必要性が以前から認

識されてはいた。また、こうした事態に直面した北大西洋条約機構（NATO）は、合同緊急対処部隊の創設や東欧諸国における部隊の前方配備を打ち出し、2018年にはより大規模な侵略に対処するための「4つの30」と呼ばれる方針が採択されていた。戦闘艦艇30隻、機械化大隊30個（約4万人）、戦闘機飛行隊30個を30日以内に作戦可能とする態勢を2020年までに整備することを柱としたものである。

2000年			
順位	国名	輸出額(10億ドル)	比率
1位	ドイツ	6.99	6.70%
2位	米国	6.93	6.64%
3位	イタリア	5.27	5.05%
4位	ベラルーシ	5.14	4.93%
5位	中国	5.05	4.84%
6位	ウクライナ	4.97	4.76%
7位	イギリス	4.68	4.48%
8位	スイス	4.42	4.23%
9位	ポーランド	4.36	4.17%
10位	オランダ	4.33	4.14%
11位	日本	3.51	3.36%
12位	ヴァージン諸島	3.33	3.19%

2020年			
順位	国名	輸入額(10億ドル)	比率
1位	中国	49.3	14.90%
2位	イギリス	25.3	7.67%
3位	オランダ	22.5	6.81%
4位	ベラルーシ	15.8	4.77%
5位	ドイツ	14.2	4.30%
6位	カザフスタン	13.8	4.19%
7位	トルコ	13.1	3.96%
8位	韓国	12.5	3.79%
9位	イタリア	11.9	3.61%
10位	米国	11.9	3.59%
11位	日本	9.32	2.82%
12位	ポーランド	8.66	2.62%

表1ロシアの貿易相手国（輸出）

2000年			
順位	国名	輸入額(10億ドル)	比率
1位	ドイツ	5.98	13.30%
2位	ウクライナ	3.66	8.14%
3位	ベラルーシ	3.65	8.11%
4位	米国	2.63	5.84%
5位	中国	2.29	5.09%
6位	イタリア	2.28	5.07%
7位	カザフスタン	1.98	4.39%
8位	フィンランド	1.97	4.38%
9位	フランス	1.67	3.71%
10位	オランダ	1.42	3.15%
11位	イギリス	1.10	2.45%
12位	トルクメニスタン	1.05	2.33%

2020年			
順位	国名	輸入額(10億ドル)	比率
1位	中国	50.7	23.00%
2位	ドイツ	26.1	11.90%
3位	ベラルーシ	12.8	5.82%
4位	韓国	7.93	3.60%
5位	イタリア	7.71	3.50%
6位	ポーランド	7.63	3.46%
7位	オランダ	6.46	2.93%
8位	フランス	5.97	2.71%
9位	米国	5.68	2.58%
10位	日本	5.63	2.56%
11位	カザフスタン	5.18	2.35%
12位	トルコ	4.5	2.05%

表1ロシアの貿易相手国（輸入）

（出典）表1、表2とも以下を参照して筆者が作成した。
<https://oec.world/en/profile/country/rus>

だが、ロシア・ウクライナ戦争は、NATOの想定をはるかに超えた大規模戦争となった。開戦直前のバイデン米大統領の発言によれば、ロシア軍の侵攻兵力は15万人。近年のロシア軍が採用している基本戦闘単位、大隊戦術グループ（BTG）にして125個以上にのぼったと見られる。「4つの30」が想定してい

た、30個機械化大隊で対処できるような規模の侵略ではなかったことが理解できよう。

この結果、2022年6月末にスペインのマドリードで開催されたNATO首脳会合では、開戦後30日以内に展開可能な即応兵力を30万人へと7倍以上に拡大するとともに、30〜180日以内には追加で50万人を展開可能にするという抜本的な軍事態勢の見直しが公表された。また、これに合わせて12年ぶりに改訂された『戦略概念』は、冷戦後初めて、ロシアを「脅威」と位置づけた。

さらに、ロシア・ウクライナ戦争は、北欧の勢力図も塗り替えつつある。冷戦期以来、中立を守ってきたスウェーデンとフィンランドがNATO加盟方針を決定したことがそれで、前述のマドリードNATO首脳会合では両国の加盟が正式に承認された。これにより、ロシアは北欧においても1300キロメートルに及ぶフィンランド国境でNATO加盟国と国境を接することになった。

このようにしてみると、ロシアの振る舞いは、その一員であると自認するところの欧州から決定的な不信感を呼び起こしたことは間違いない。ロシア・ウクライナ戦争の帰結がどのようなものになろうとも、欧州における軍事的対立構造が長く、非常に厳しい形で展開されていくことはおそらく避けられまい。

他方、後述するように、ロシアの通常戦力はもはやソ連時代とは比べ物にならないほど縮小しており、軍事力を支える経済力を考えればそう極端な軍拡を実施しうる見込みも乏しい。となると、兵力の劣勢を補うためにバルト海の飛び地カリーニングラードや同盟国ベラルーシへの核兵器配備にロシアが踏み切る可能性も排除できない。ここには戦術核兵器だけでなく、2019年の中距離核戦力（INF）全廃条約失効後に合法化された中距離ミサイルの配備が含まれる可能性があり、この場合にはNATO側も同様の対抗措置をとることになろう。1980年代の欧州で見られたような核危機の再燃が、かつてなく懸念される所以である。

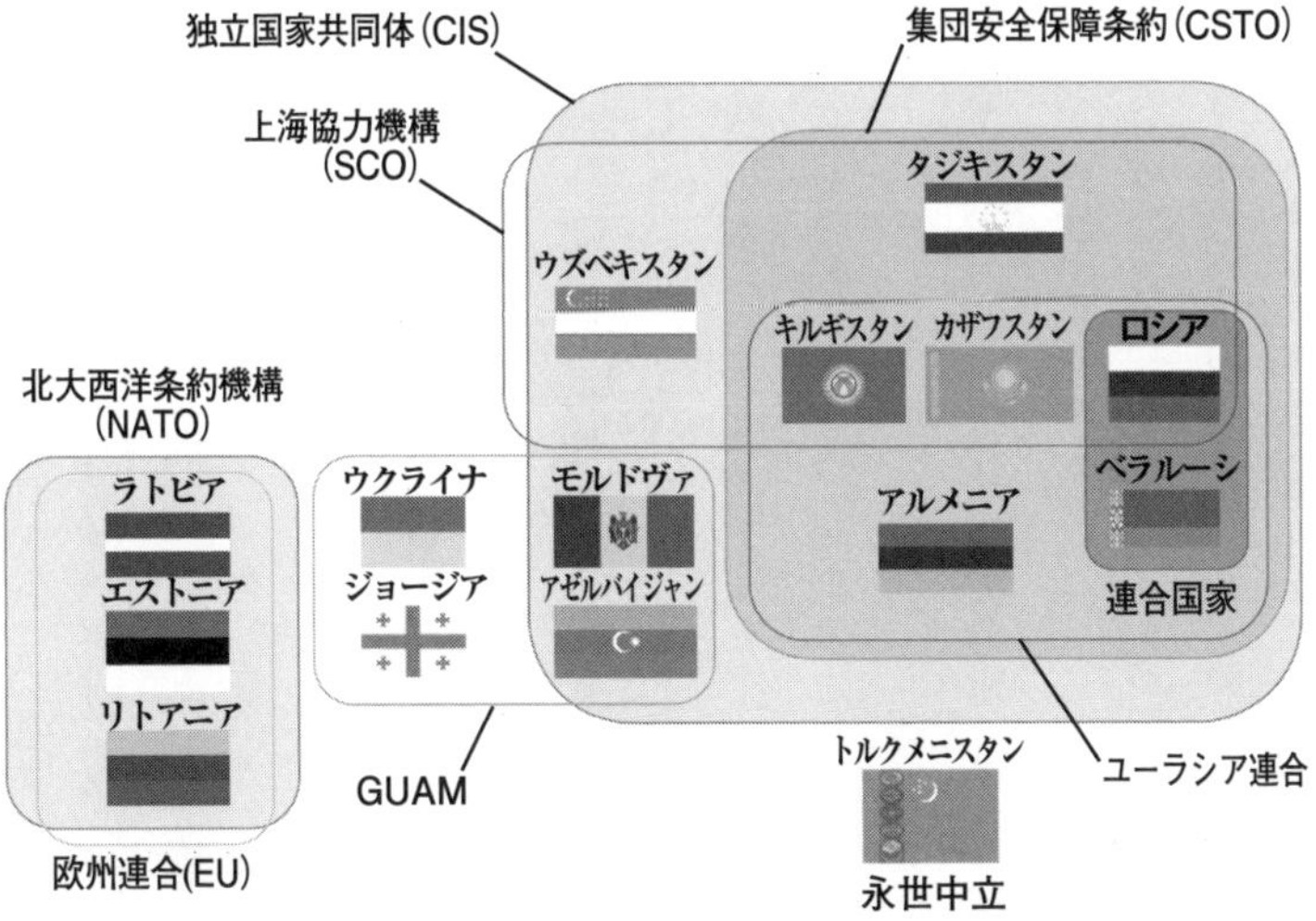

図１ 旧ソ連諸国が加盟する主な国際機構（出典）筆者作成

旧ソ連―「勢力圏」の揺らぎ

続いて旧ソ連地域に目を転じてみたい。１９９１年のソ連崩壊後もロシアはこの地域を自らの「勢力圏」とみなし、その内部では政治・経済・外交・安全保障などあらゆる領域で自国が強い影響力を行使しうる状態を維持しようとしてきた。

もちろん、国力の衰えたロシアがかつてのソ連のようにこれら諸国を直接統治することは考えにくい、という点は大前提ではある。

しかし、プーチン政権は社会・経済分野ではロシアを中心とするゆるやかな連合体（いうなれば「旧ソ連版ＥＵ」のようなもの）を目指す一方、旧ソ連欧州部へのＮＡＴＯ拡大には断固反対し、一部の国々とは集団安全保障条約機構（ＣＳＴＯ）と呼ばれる軍事同盟を結成してきた（図1参照）。

ただし、この方針は決して絶対のものではなかった。２０００年代のプーチン政権がバルト三国のＥＵ・ＮＡＴＯ加盟を認めたことはその証左と言えよう。２０１０年代には中国が一帯一路構想の下に中央アジアに進出することも容認しているし、前述のスウェーデンとフィンランドのNATO加盟についても、プーチン大統領らは「大規模な戦闘部隊の前方展開が行われるのでなければ問題ない」という立場を示している。

翻って、ウクライナとベラルーシについては、ロシアの態度は大きく異なる。東スラヴ民族を中心とする両国をロシアは「兄弟民族」とみなし、EUやNATOといった「西側」の枠組みに回収されることを絶対に容認しないという方針を示してきた（なお、本稿では、冷戦期の米国とその同盟国を中心とした枠組みを大雑把に指す概念として「西側」という言葉を用いている）。

なかでも、ロシア以外で最大の東スラヴ民族人口を抱え、ルーシ国家発祥の地でもあるウクライナに対する執着は極めて強い。ウクライナが旧ソ連でも有数の農業・工業大国であるとか、同国のNATO加盟がロシアの戦略縦深を大幅に後退させるといったテクニカルな理由も重要ではあるが、これまで見てきた北欧諸国やバルト三国に対する態度を考えるに、それだけではロシアの態度は説明できないのではないか。より民族主義的、感情的な動機を想定しないことには、今回のウクライナに対する侵略は理解できないように思われる。

こうした考え方はロシアの民族主義的言説において は決して珍しいものではない。また、プーチン大統領の発言のはしばしにも、この種のウクライナ観は時折登場してきてはいた。

しかし、2021年7月12日に発表されたプーチン直筆の論文「ロシア人とウクライナ人の歴史的一体性について」はあまりにもあからさまであった。現在のウクライナは「ソ連の発明品」にすぎず、それがソ連崩壊によって国家として既成事実化されてしまったのだとプーチンはこの中で述べている。

しかも、プーチンによれば、現在のウクライナ政府は西側の手先に成り下がっており、主権をうばわれかかっている。したがって、ウクライナが真の主権を取り戻すには「ロシアとのパートナーシップしかない」

というのだから、ウクライナを属国化しようとする意図をむき出しにした上で戦争に及んだと見られても仕方あるまい。

しかし、ロシアの行動は、完全に裏目に出た。侵略を受けたウクライナはロシアに対して徹底抗戦の道を選んだからである。ソ連崩壊後のウクライナは、NATOやEUへの加盟を志向しつつもロシアとの関係も重視するという姿勢をとってきたが、ロシア・ウクライナ戦争によってこうしたバランス路線は完全に破綻した。かつての旧ソ連構成国であり、ウクライナと同様に国土の一部を親露派勢力に占拠されているジョージアやモルドヴァも、対露姿勢を硬化させつつあるし、中央アジアにおいて最も安定的なパートナーであり続けてきたカザフスタンさえロシアとの距離を置き始めた。

ウクライナが今や紛争国家であるという事実や、政治・経済・社会改革の不十分さなどを考えると、同国がNATOやEUに早期加盟できるという見込みは薄い。しかし、同国は2014年にEUとの間で連携協定（AA）を、2016年には同枠組み内で「高度かつ包括的な自由貿易圏」協定（DCFTA）を締結しており、社会経済面での欧州統合は少しずつ進展してきた。今後、ウクライナの政体が根本的に異なったものとならない限り、ウクライナの「西進」はおそらく止まらないだろう。

また、今回のロシアによる侵略は、ウクライナに対する西側諸国の軍事的コミットメント強化をもたらすことになると予想される。つまり、NATO加盟は困難であるとしても、米国との二国間防衛協定であるとか、ポーランドなどの近隣NATO加盟国との安全保障協力枠組みといった形で西側がウクライナへの拡大抑止を提供するのではないかということである。このような形でウクライナが西側との軍事的結びつきを強めるならば、欧州北方におけるNATO拡大と並んで、南方でも西側の軍事的プレゼンス拡大にロシアは直面することになる。

さらに、ロシアの振る舞いは、伝統的にロシアと深い関係を築いてきた旧ソ連諸国の態度にも否定的な影響を及ぼしている。各国ごとに独自の事情はあろうが、総じてロシアの巻き添えで西側の制裁対象になりたくない、あるいは戦争自体に巻き込まれたくないという動機は共通しているように見える。たとえばCSTOの同盟国であり、今回の戦争では自国領をロシア軍の出撃拠点として提供したベラルーシさえ、ロシアによる参戦要求を断固拒否しているし、同国のルカシェンコ大統領に至ってはウクライナ側の抗戦に理解を示すかのような発言を繰り返している。その他のCSTO加盟国も参戦には消極的であり、ロシアと距離を保とうとする姿勢が目立つ。

総じて言えば、今回のロシアのウクライナ侵略は、壮大なオウンゴールであったということになろう。国際的な非難を浴びるのが必至な戦争を始めた結果、欧州の南北で戦略縦深の大幅な後退を招き、「勢力圏」とみなしてきた旧ソ連諸国との関係にも無用の隙間風を吹かせたからである。しかも、こうした生まれた「勢力圏」内の亀裂は今後、さらに広がっていく可能性がある。

たとえばナゴルノ・カラバフ地方をめぐって対立を続けるアルメニアとアゼルバイジャンについて考えてみたい。2020年の第二次ナゴルノ・カラバフ紛争ではアゼルバイジャンが係争地の大部分を奪取したが、その背後ではトルコが武器や情報・作戦指揮面の支援を行っていたとみられる。これを機にトルコとアゼルバイジャンの関係性はますます緊密化の度合いを深めているが、ウクライナとの戦争で疲弊したロシアがアゼルバイジャンによるナゴルノ・カラバフ完全奪取の試みを阻止できないような場合、南カフカスはもはやロシアの「勢力圏」とは呼べなくなるかもしれない。

また、トルコの影響力はよりソフトな形でも拡大していく可能性がある。2022年5月、トルコは同国製のアンカ無人航空機（UAV）をカザフスタンで現地生産することで合意した。これ以前からカザフスタンはトルコとの政治的・経済的関係を強化してきたが、これが軍事面でどこまで進展していくのかは中央アジアにおけるロシアの影響力後退を測る上での一つの指標となろう。

インド太平洋―鍵を握る東方の巨大国家との関係

他方、インド太平洋地域との関係性は、欧州や旧ソ連地域とは大きく異なる。米国の同盟国である日本と韓国はロシアに対する金融・技術制裁を発動しているが、多くの国々はそこまで抜本的に対露関係を転換しようとはしていない。わけても中国とインドは、国際関係における独自の地位を維持する上でロシアのエネルギー資源や軍事技術を必要としており、米国を中心とするロシア包囲網への参加に対しては否定的である。

たとえばロシアとの密接な関係性で知られる中国は、ロシアに対する制裁に反対する姿勢を公的に表明しており、エネルギー輸入も継続している。また、西側からの技術制裁で軍民双方の産業が必要とする工作機械、産業用ソフトウェア、半導体などの入手にロシアが困難をきたしていることを考えると、中国はこれらの技術の供給源となる可能性もあろう。中国は取り立ててロシアに対する支援を行っているわけではないものの、西側からの孤立化が進むなかで最大の貿易相手国である中国との経済的関係がこれまでどおり継続するというだけでロシアにとっては大きな強みとなる。

インドは、兵器やそのコンポーネントのかなりの割合をロシアに依存しているために、ロシアとの関係性については中国以上に慎重にならざるを得ない。また、インドのロシア産エネルギー資源に対する依存度はそう高いものではないが、戦争勃発後にはロシア産原油が値下がりしたのを奇貨《きか》として輸入量を増加させるという振る舞いを見せた。これに対して米国は、ロシアとの経済関係を継続する国々に対する制裁を検討するとして牽制を図っているが、中国の台頭に対抗する上でもインドの協力は必須であり、どこまで厳しい対応がとれるのかは未知数である。

以上のような理由から、中印が対露制裁の「抜け穴」になるのではないかという懸念は繰り返し提起されてきたものであり、それは実際にある程度まで現実のものでもあろう。少なくとも中印との関係が維持される限り、ロシアはエネルギー資源や兵器の輸出で外貨を獲得したり、自国のみで賄えない技術を入手できる可能性が高い。しかし、このことは同時に、中印に対するロシアの交渉力低下を意味してもいる。

今後、ロシアのエネルギー資源が西側市場から排除され続けるとするならば、ロシアの価格交渉力は大幅に低下しようし、西側のサプライチェーンから排除されたロシアがこれまでどおりに国際競争力のある兵器の開発・生産を行えなくなるかもしれない（この点は改めて後述する）。

さらに米国は2017年以来、ロシアの軍需産業との取引自体を制裁要件に含めたためにロシア製兵器を購入するという行為自体がリスキーなものとなっており、中印（特に兵器の国産化をいまだ完全には達成できていないインド）は軍事技術面におけるロシアへの依存を次第に低下させていくインセンティブとなろう。

2、軍事大国ロシアの行く末

「大国」と「普通の国」の狭間で

続いて、ロシア・ウクライナ戦争が及ぼした影響を、ロシア側の視点に立って考えていく。結論から先に言えば、今回の戦争はロシアの国際的地位と影響力を大きく削ぐ結果になった。

各種指標で見た場合、ロシアは決して世界的大国ではない。国内総生産（GDP）は世界11位と韓国よりも下であり、今や国力の大きな指標となったイノヴェーション指標は世界45位（2021年）に留まる（表3参照）。経済成長率や人口も長期停滞傾向に入っており、ロシアの国力が大きく増加する見込みは今後とも乏しいと考えられよう。ロシアは自国を世界的な「大国（デルジャーヴァ）」とみなし、実際にそのように振る舞ってもきたが、その裏付けは非常に乏しいと言わざるを得ない。

いくつかの分野では、ロシアは確かに世界的大国で

順位	GDP*	人口	イノヴェーション指標**
1位	米国	中国	スイス
2位	中国	インド	スウェーデン
3位	日本	米国	米国
4位	ドイツ	インドネシア	イギリス
5位	イギリス	パキスタン	韓国
6位	インド	ブラジル	オランダ
7位	フランス	ナイジェリア	フィンランド
8位	イタリア	バングラディシュ	シンガポール
9位	カナダ	**ロシア**	デンマーク
10位	韓国	メキシコ	ドイツ
11位	**ロシア**	日本	フランス
12位	ブラジル	エチオピア	中国
……	……	……	……
45位	チリ	マレーシア	**ロシア**

表3 経済、人口、イノヴェーション指標から見たロシアの位置

（出典）*世界銀行公式サイト（https://data.worldbank.org/）より
** Soumitra Dutta, Bruno Lanvin,Lorena Rivera León and Sacha Wunsch-Vincent, eds., Global Innovation Index 2021(World Intellectual Property organization (WIPO), 2021), p. 4.より

ある。政治的に言えば国連安全保障理事会常任理事国としての地位がそれであり、エネルギー資源産出量や軍事力でもやはり世界で五指に入る。しかし、今回の戦争では、国際安全保障の番人であるべき常任理事国が自ら主権国家への侵略を及んだことでその権威を失墜させた。エネルギー分野ではおそらく今後とも世界有数の産出量を誇り続けるのだろうが、西側諸国からの投資や技術が途絶した状態でその地位をいつまで維持できるのかは明らかでない（この点は筆者の専門外であるのであまり多くは言及しないことにする）。

ロシアは今後ともユーラシアの地域大国ではあり続けるだろうが、平時の世界でグローバルな影響力を発揮できる「大国」であるとは（ますます）言い難くなっていくのではないだろうか。つまり、「大国」ではなく「普通の国」になっていくということである。

ロシアの軍事力概観

では、軍事力はどうか。ロシア軍は陸軍、海軍、航空宇宙軍の三軍種と、戦略ロケット部隊および空挺部

国名	総兵力（万人）	陸上兵力（万人）	艦艇（隻）	作戦機（機）	軍事支出（10億ドル）
中国	203.5	96.5	主要水上艦艇 86(空母2) 潜水艦59(原潜12)	2921	207.3
インド	146	123.8	主要水上艦艇 28(空母1) 潜水艦17(原潜1)	853	65.1
米国	139.5	66.8	主要水上艦艇 124(空母11) 潜水艦67(原潜67)	2994	754
北朝鮮	128	118.8	主要水上艦艇 2 潜水艦 71	545	不明
ロシア	90	36.1	主要水上艦艇 32(空母1) 潜水艦49(原潜29)	1391	62.2
パキスタン	65.1	56.3	主要水上艦艇8 潜水艦8	416	10.4
韓国	55.5	44.9	主要水上艦艇26 潜水艦19	601	46 7
ヴェトナム	48.2	41.2	潜水艦8	108	8.4
インドネシア	39.5	32	潜水艦4	108	8.4
トルコ	35.5	26	主要水上艦艇16 潜水艦12	306	10.2
日本	24.7	15	主要水上艦艇49 潜水艦22	514	49.3
フランス	20.3	11.8	主要水上艦艇22 (空母1) 潜水鑑8 (原潜8)	334	59.3
ドイツ	18.3	6.3	主要水上艦艇11 潜水艦6	226	56.1
イギリス	15.3	93.2	主要水上艦艇20 (空母2) 潜水艦10 (原潜10)	234	71.6

表４ 主要国の軍事力比較

（出典）International Institute for Strategic Studies, The Military Balance 2022 (Routledge, 2022)より作成

隊の二独立兵科、参謀本部直轄の軽歩兵部隊（いわゆるスペツナズ）と小規模な特殊作戦部隊、そして国防省直轄部隊（兵站部隊や軍事鉄道部隊など）から構成されている。これらを合計した兵力の総数は2017年の大統領令で101万3628人と規定されているが、これは定数であって、『ミリタリーバランス』2022年度版によると、実勢は90万人程度と見られている。これは中国、米国、インド、北朝鮮に次ぐ世界第5位であり、地上兵力となると合計36万人（陸軍28万人、空挺部隊4万5000人、海軍歩兵部隊3万5000人）にすぎない。このほか、ロシアには大統領直轄の国内治安部隊である国家親衛軍約34万人があり、その半数程度が旧国内軍から引き継いだ重武装の準軍事部隊と見られるが、この種の組織は各国にも存在するので、相対的順位にはそう変化ないだろう。世界最大の陸上兵力であったソ連陸軍の栄光は今や見る影もない（表4参照）。

もちろん、ロシアの軍事力がいまだに世界有数のものであることには疑いの余地はない。ロシア軍は（必ずしも最先端ではないとしても）世界中で実戦経験を有する信頼性の高い兵器で装備され、海軍および空軍の規模も大きい。実戦経験も豊富で、2008年のジョージアとの紛争、2014年のウクライナ侵攻、2015年以降のシリア介入と継続的に戦争を経験し続けてきた。また、2022年のロシア・ウクライナ戦争では戦略、作戦術、戦術のあらゆる面でロシア軍の不手際が目立ち、現場の兵士の士気・規律の低さも世界的に知れ渡ったが、これがロシア軍の本当の実力であるかどうかを判断するのは早計であろう。

戦争のグランド・デザインや遂行過程がどの程度まで政治の（なかんずくプーチン大統領個人の）介入を受けたのか、仮にその程度が非常に大きなものであったとして、軍にフリーハンドを与えた場合にはどうなっていたかが現時点ではまったく不明だからである。実際、2022年5月以降のロシア軍がウクライナ東部で局地的優勢に立ったことは同軍の火力や作戦術が未だに侮れないものあることを示している。

また、ロシアは世界最大規模の核戦力を保有することを忘れてはならない。戦略核戦力は米国に次いで世界第二位の規模であり、現在言われているように中国の核戦力増強ペースがすべて事実であったとしても2030年代まではこの地位には変化はないだろう。戦術核戦力については軍備管理枠組みが存在しないために実態の推計が困難であるが、1000～2000発の間であろうという点ではおおむね合意が存在するようである。

相対評価におけるロシアの軍事力

問題は、軍事力が相対的な概念であるという点に存在する。冷戦後のロシアが何を脅威とみなすのかについては長らく論争があり、2000年代まではこれを小規模な地域紛争や非国家主体との戦いに置くという意見が優勢であった。しかし、2014年のウクライナ侵攻を経て、ロシアの軍事態勢はNATOとの大規模戦争を念頭に置いたものへと急速に回帰しており、今回のロシア・ウクライナ戦争はこの点を決定づけた。とするならば、ロシアの軍事力は、NATOとの関係において評価されなければならない。

このような観点からすると、ロシアはやはりNATOに対して相対的な劣勢にある。個々の兵器の性能や練度といった指標を測定するのは容易でないため、量的な観点に絞って考えてみよう。現在、NATOの兵力は欧州側加盟国とカナダ合計で193万人であり、米軍を加えると382万人にもなる。前述のようにロシアの総兵力は90万人にすぎないから、NATOに対して4倍以上の兵力差をつけられていることになる。

また、世界最大の国土を有するロシアはその全土に広く薄く兵力を分散させざるを得ず、シリアやタジキスタンなどにも兵力を派遣しているため、欧州正面に常時展開させられる兵力はさらに小さい。ウクライナへの侵攻にあたり、極東やシベリアの部隊も総動員してようやく15万人の兵力をかき集めるのが精一杯であったことがその証左である。

では、ロシアが現在の水準以上に軍事力を拡大する余地は存在すると言えば、これも難しい。ロシアの経済規模の小ささ（前述）ゆえに、これだけの兵力を維持するだけでもＧＤＰの２・５パーセント内外（２０２２年度連邦予算で約３兆５０００億ルーブル）を費やしているのが現状だからである。しかも、以上は連邦予算の項目02「国防」に記載された分のみであって、準軍事部隊向け予算や軍需産業への補助金、宇宙計画の中の軍民両用部分などを含むと、経済に対する軍事負担の比率はさらに膨らむ。

たとえばストックホルム国際平和研究所（ＳＩＰＲＩ）の軍事支出データベースによると、２０２１年時点ではこれら広義の軍事支出は合計で４兆８５００億ルーブルあまり（２０２０年の購買力平価で約６３５億ドル）で、対ＧＤＰ比は４・１パーセントであった。軍人の人件費や福利厚生費、総調達費などはルーブル建てであるため、購買力平価で見た「使いで」はもう少し大きくなるはずだが、経済規模自体が現在よりも急拡大するか、完全な戦時体制を敷いて経済を戦争のために総動員しない限り、そう極端な増額は不可能であろう。前者がおそらくは望み難いとすると、ロシアが軍事力を現在以上に拡大するためには総動員しかないということであり、それは長期にわたって持続可能な態勢ではない可能性が高い。

他方、世界最大のＧＤＰを誇る米国を筆頭に経済大国がひしめくＮＡＴＯ側は、軍事支出をさらに増額する余地を残している。ＮＡＴＯの年次報告書２０２１年度版によると、米国を除く加盟諸国（欧州諸国およびカナダ）だけでも国防費は合計で３６００億ドルあまりに及び、対ＧＤＰ比は平均１・69パーセントである。これらの国々が仮にロシア並みの対ＧＤＰ２・５パーセントまで国防費を増額した場合、欧州諸国の合計国防費は約４８２０億ドルとなり、到底ロシアの経済力では追いつけない。世界最大の米国の軍事支出が加わるとなれば、なおさらである。

もちろん、軍事支出の額を兵力ないし軍事力と直接のイコールで結ぶことは困難であろう。そこには人口動態上、軍隊に動員しうる国民の数であるとか、社会的な制約、軍隊の運営コストなどが考慮されるべきであることはもちろんである。しかし、この点はもう一方の比較対象であるロシアも同様であって、双方が制約を抱えているならば、軍事支出の大小は、人員充足、装備調達、訓練などに関する大雑把な指標として無意味ではないだろう。つまり、西側が「本気を出してきた」場合、ロシアの軍事力が抱える相対的な劣勢はさらに強まるということであり、前述の見通し（欧州における軍事的対立の長期化）はその見通しが実現する公算が強いことを示唆している（ではロシアがなんらかの手段で「制約」を取り払った場合は？という点については後述する）。

さらなる問題として、ロシアの軍事力はロシア単独で成立しているわけではなく、西側を含めたグローバルなサプライチェーンにかなりの程度依存しているという事実が指摘できる。たとえばロシアの機械工業部門で必要とされる工作機械は8割を輸入に依存しており、供給国の多くは西側諸国である（ただし第二位は中国で輸入全体の2割を占める）。これらの工作機械を稼働させるために必要な産業用ソフトウェアも多くが外国製であり、あるいはPC用OSやその上で稼働する各種アプリケーション（たとえば設計用CADソフト）もロシアではほとんど国産できていない。要するに、研究開発の段階から製造に至るまで、ロシアの軍需産業は西側の技術なしには立ちゆかないということである。

同様のことは、部品やコンポーネントのレベルについても言える。特にあらゆる兵器で必要とされる半導体について、米国や台湾といった世界の主要輸出国が一斉に供給を停止したため、ロシアの兵器生産は今後、大きな制約を抱えることになろう。別の言い方をすれば、ロシアはこれからも量的な意味での軍事力を維持できるとしても、質的な強化（ハイテク化）が著しく困難になる可能性があるということである。

それでも軍事大国であり続けるロシア

しかしながら、以上のような問題を抱えつつも、ロシアは当面、軍事大国の地位に留まると思われる。エネルギー資源の輸出による外貨収入が完全に断たれない限り、一定規模の軍事支出は確保できようし、その枠内で引き続き相当の兵力を養うことは可能であると考えられるためである。装備更新の遅れや軍人の生活水準の低下といった問題に目をつむるならば軍事力の規模を維持することは可能であり、1990年代のロシア軍はまさにこのような状態にあった。

また、必要に迫られた場合には、兵力を大幅に増強する余地（前述した「制約」を取り払う方法）がロシアにはある。徴兵（勤務期間12カ月、無給）と契約軍人（最低勤務期間24カ月、有給）で下士官・兵を充足するという現在の制度を破棄し、ソ連時代のようにすべてを徴兵（勤務期間は時代によって変遷してきたがソ連末期で24カ月）で賄うという方法がその一つとなろう。さらに徴兵経験者は有事の予備役動員資源となるから、毎年25万人前後が徴兵されるロシアの動員能力は現時点でもかなりのものであるし（5年以内に軍務を終えた男子国民の数は200万人にも及ぶ）、徴兵人数が拡大されれば動員能力も比例して拡大される。

「質」よりも「量」を重視するこうした考え方はいかにも前時代的であるようだが、歴史的に見るとロシア軍ではこれこそが保守本流の思想であった。テクノロジーや練度といった質的な要素は重要だが最優先ではなく、巨大な常備軍と予備役動員能力による量的優越、さらに兵士の自己犠牲精神のような無形の要素こそが軍事力の本質にあるとされてきたのである。これをアナクロニズムと断ずるのは簡単だが、今回のロシア・ウクライナ戦争ではウクライナ側が数十万人に及ぶ膨大な予備役動員を行い、ロシア軍による初期の攻勢をしのぎ切ったことを考えれば、「量」の重要性は決して現代性を失っていないことが読み取れよう（本稿脱稿後の2022年9月、プーチン大統領は部分動員を発令している）。

しかも、ロシアが米国と並ぶ核超大国であることはすでに述べた。この究極の抑止力が機能する限り、ロシアは西側との直接交戦を回避しながら周辺諸国への軍事介入を行う（あるいはその可能性を信憑性の高い形で示唆することで交渉力とする）余地を持つ。実際、ロシア・ウクライナ戦争において西側諸国が飛行禁止区域（NFZ）設定などの積極介入策をとれなかった最大の理由はこの点である。逆に、西側諸国自身が対露核抑止力を有していなければ、ウクライナに対する軍事援助もおそらく不可能だったであろう。

今後のロシアが現在と同程度の戦略核戦力を維持し続けられるかどうかは経済的状況次第であろうが、たとえばそれが3分の2とか半分になったとしても、確証報復能力（敵国の国家体制を崩壊させるには至らなくても確実に何発かの核弾頭を落下させられる能力）は維持できると思われる。この点からしても、ロシアはやはり軍事大国であり続けるだろうと予見されるのである。

3、プーチン権力の持続可能性

それでも支持されるプーチン

最後に、ロシア国内の先行きについて考えてみたい。これはロシアの軍事・安全保障を専門とする筆者の専門からはやや外れるが、是非とも取り上げる必要があると考えた。というのも、ロシアの内部（社会状況や政治体制）が今後どうなるかは、その外部との関係性にも大きく影響するファクターだからである。

あえて極端な想定を行ってみたい。仮にプーチン政権が崩壊し、よりリベラルで民主的な政権が成立した場合、ロシアと国際社会との関係性は大きく変化するだろう。端的に言えば西側との関係は大きく改善するはずである（ただし、中国との関係性がどのようなものとなるかは大きな不確定要素として残る）。他方、プーチン政権が今後とも存続し、抑圧的・独裁的傾向をさらに強めた場合には、当然のことながら西側との和解は困難となろう。こうした状況下においては西側の資金・市場・技術へのアクセスを大幅に制限されたままなので、中国への依存度を大幅に高めつつ、動員能力と核戦力に頼って新たな冷戦を戦うほかないと思われる。

そこで問題となるのは、今回の戦争がプーチンの権力基盤にどう影響するかであろう。戦争が始まってから、ロシア国内ではいくつかの反戦デモが行われ、テレビ番組の放送中に反戦のメッセージを掲げた局員が

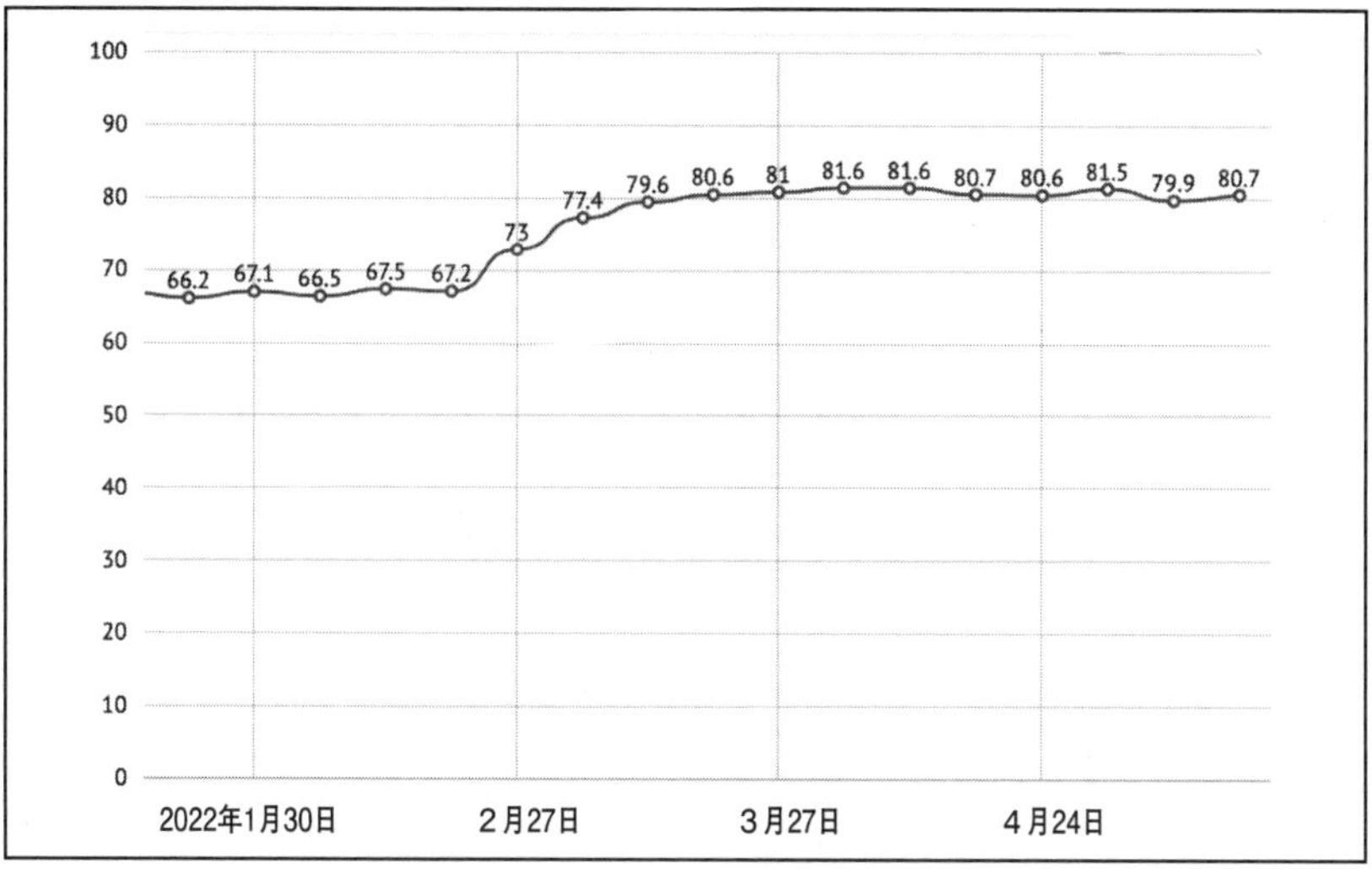

図２ 2022年初頭以来、プーチン大統領を「無条件で信頼する」「ある程度信頼する」と答えた人の割合

（出典）全露世論調査センター（VTsIOM）公式サイトより<https://wciom.ru/ratings/doverie-politikam/>

乱入するという事態まで起きた（本稿の脱稿直前にはジュネーブのロシア政府代表部に勤務する外交官がやはり戦争への反対を表明して辞職・亡命している）。こうした動きを並べてみると、ロシア国民の間でもプーチン政権への批判的空気が相当に広がっているのではないか……という期待が生まれようし、実際、欧米諸国にはこうした期待論が少なからぬ存在するようである。

しかし、各種世論調査の結果を見るに、開戦後のプーチン大統領の支持率は８割以上に達し、その後も多少下落しつつ、おおむね高水準を保っている。プーチン支持層が積極的な動機に基づいてそのような態度をとっているのか、社会の雰囲気に流されているだけなのか、あるいは世論調査に対してさえ政権に批判的なことを言うのがはばかられるのかは外見上、明らかでない（ちなみに筆者の知るロシア人の多くは「世論調査だからといってもプーチンに反対するのはなかなか勇気がいる」と打ち明けた）。ただ、戦争が始まってから一定期間を経ても国民が強い反発を示すには至らなかったことは、ロシア社会の現実として重く受け止めねばならないだろう。積極的にせよ、消極的にせよ、ロシア国民はプーチンの権力を明確に拒絶しようとはしなかったということである（図2参照）。

その背景はさまざまに考えられるし、これを詳細に明らかにすることはもとより筆者の能力を超える問題ではある。ただ、雑駁《ざっぱく》との非難を恐れずに述べるならば、ロシア国民の中には混乱よりも独裁を選ぶという傾向は認められるのではないか。20年以上に及ぶプーチン体制が、自由と引き換えに一種の安定（あるいは安定感）をロシア国民にもたらしたことは確かであり、それは無謀な戦争によっても完全に損なわれたわけではない。

プーチンについて行けばおおむね昨日と同じような明日が来るという信頼が、底堅く存在しているのではないか。このように考える時、民衆の力がプーチンを打倒して戦争を終結に導く、あるいはより国際社会に対して協調的なロシアが生まれるという期待はどうにも持ち難いように思われる。

強まる締め付け

以上のような社会的雰囲気に加えて、プーチン政権は反対論をますます強硬に弾圧するようになっている。野党指導者アレクセイ・ナヴァリヌィの逮捕・収監に代表されるように、プーチン政権の統治手法に異を唱えるものは容赦なく弾圧を受けたり、あるいは職を失うなどの社会的制裁を受けるようになってきた。

また、開戦前にはスターリン時代の人権弾圧を調査する活動を行っていた非政府組織（NGO）「メモリアル」が解散命令を受けて活動停止に追い込まれたほか、戦争が始まると「ドーシチ」や「モスクワのこだま」といったリベラル系メディアが軒並み活動停止に追い込まれた。開戦後の動きとしては、政府の立場に反する報道を「虚偽」として処罰する法律が成立したことや、ツイッターやフェイスブックなどのソーシャル・ネットワーキング・サービス（SNS）へのアクセスが遮断されたことも付け加えておくべきであろう。

このような状況下では、ロシア国民はそもそも政府の政策に対して疑問を持つことが難しくなろうし、一部の異論派が声を上げることも難しくなっていく可能性が高い。

一方、プーチン政権を支えてきた新興財閥（オリガルヒ）の中には、また別の理由から戦争に反対を表明する声も見られる。プーチンに協力することで巨大な利権にあずかってきたオリガルヒたちのビジネスは今や西側の制裁や企業の自主的撤退によって風前の灯火となり、彼らが世界中に隠し持ってきた在外資産も軒並み凍結されることになったためである。開戦以来、オリガルヒがプーチンの戦争に異を唱えるというかつてない現象が相次いでいるのはこのためであろう。

こうしたなかで、ロシアでは富豪や企業幹部の不審死が相次ぐようになった。一種の見せしめではないかという観測もささやかれており、プーチンが反対論を恐怖で押さえつけようとしている可能性がある。情報機関や軍の幹部が拘束されているという未確認情報も、このような見方を裏付けよう。

恐怖による統治がどこかで破断点を迎え、耐えかねたエリートたちがプーチン降ろしを図るというシナリオは想定できないものではない。1964年のフルシチョフ失脚や、1991年の反ゴルバチョフ・クーデターに見られるように、ロシアの歴史上にはこうした事例がいくつか存在する。他方、ロシア史を振り返ると、恐怖政治が長続きした事例も少なくない。20世紀のスターリン期はその典型であるし、オプリチニキ（親衛隊）を駆使して恐怖政治を敷いたイワン雷帝の統治もここに加えられよう。国家保安委員会（KGB）を出身母体とし、現在も情報機関を直接掌握するプーチンが簡単に宮廷革命を許すと期待すべきではあるまい。

「プーチンのいないプーチン・システム」の可能性

また、仮に宮廷革命が成功したとして、それが現在よりも民主的な体制になるとは限らない、という点も指摘しておく必要があろう。

開戦後、ロシアではプーチンに対するクーデターの動きがあるという情報は幾度か報じられているが、そこで後継者に擬せられてきたのは、パトルシェフ国家安全保障会議書記やボルトニコフ連邦保安庁（FSB）長官であり、いずれもKGB出身のシロヴィキ（軍や情報機関出身者の俗称）であるという点では共通している。仮にこうした人物を担いだプーチン降ろしの動きが成功した場合、戦争の終結などに関して妥協的な姿勢をとる可能性はあるにしても、国内統治体制には大きな変化はないのではないか。つまり、「プーチンのいないプーチン・システム」のようなものが継続するというシナリオである。

これに対して、ロシアの中からより民主的な政治体制が生まれてくるという可能性も論理的には排除はされない。ただ、現実的にそのような動きが乏しいことはすでに見てきた通りであり、精神的な支柱となる有力指導者も見当たらないというのが現状であろう（ナヴァリヌィはロシアのリベラル派内でも幅広い支持を得ているとは言い難い）。

第三の可能性としては、宮廷革命の結果として、より穏健でリベラルな政権が成立するというシナリオも考えられる。たとえばプーチンが逮捕・暗殺されるなどして職務不能に陥った場合、憲法上は首相のミシュスティンが大統領代行となる。その上で一種の集団指導体制のようなものが成立するならば、プーチン・システムとは少し異なったロシアの姿を想像することはできそうである。ただ、このようなシナリオは、まず権力層内でプーチン排除に関する意思決定がなされて成功することが大前提であり、さらに新体制をシロヴィキが支持するかどうかという問題が別に存在する。

結論

本稿の結論は次の通りである。第一に、ロシア・ウクライナ戦争はロシアの国際的な地位やそれを支える国力を大きく低下させる契機になると考えられる。超大国の座から滑り落ちたロシアは、それでも国際的な影響力を持つ「大国（デルジャーヴァ）」であろうとしてきたが、プーチンの始めた戦争はその地位さえ損なってしまった。すでに述べたように、この戦争はプーチンの壮大なオウンゴールになったと見るほかない。

しかし、第二に、ロシアがあらゆる国際的影響力を喪失するとは考えにくい。膨大なエネルギー資源と核戦力に支えられた軍事力を頼みにできる限りにおいて、ロシアはユーラシアの地域大国ではあり続けるだろう。米国と肩を並べる超大国へと成長しつつある中国、あるいはユーラシア南部の地域大国であるインドがロシアに一定の利用価値を見出していることも、地域大国ロシアの地位を支える要因となる可能性が高い。

第三に、プーチンは権威主義的・抑圧的な統治手法をさらに強化することによって、自らの権力維持を図ろうとするだろう。その成算がどの程度であるかについてはさまざまな見方が成立しようが、ロシアが今後とも相当期間に渡って現在の政治体制を維持し続けることは想定しておかねばならない。

まとめるならば、ロシアはその国力を衰えさせつつも大きくは変化しないという前提の下で今後の国際秩序は構想されるべきである。

言い換えるならば、ロシアとの対話の窓口は開かれておくべきであるとしても、そこに過度の期待を寄せるべきではなく、対露政策はこれ以上の現状変更を思い留まらせるための抑止と表裏一体でなければならない。

これは過度に悲観的な認識であるかもしれないが、一種のリアリズムとして我々に求められる姿勢となろう。

第3章　戦局の展開と戦場における「相互作用」

（高橋杉雄）

はじめに

２０２２年２月24日、ロシアがウクライナへの侵攻を開始した。２０２１年秋頃から、ウクライナ国境付近のロシア軍配備の増強をきっかけに始まったウクライナ危機をめぐって、首脳外交までもが行われて事態の打開が模索されているなかでの衝撃的な攻撃開始であった。

これについて、地域専門家を中心に、「理解できない行動」との評価もみられる。[1] しかし、国際的な戦略専門家のコミュニティの間では、ロシアのウクライナ侵攻は予測されたシナリオの一つであったし、[2] 「政治的目的を達成するための軍事行動」としてこのウクライナ侵攻を捉えると、ウラジーミル・プーチン大統領なりの「合理的行動」として十分理解することができると筆者は考えている。[3] 軍事行動と政治的目的との連接性を論理的に説明できるからである。

ただしこれは、戦争を「政治におけるとは異なる手段をもってする政治の継続」（カール・フォン・クラウゼヴィッツ『戦争論』）として捉える、19世紀的な「古い」武力行使観そのものでもある。いや、むしろ「政治とは異なる手段を『もって』」にとどまらず、外交や資源外交などと軍事力との連携、すなわち「政治とは異なる手段を『含む』政治の継続」と捉えるのが適当であるようにも思われる。

1、ロシアの政治的目的における軍事力の位置づけ(4)

ウクライナの属国化

軍事戦略論を学ぶ上での必読文献に、カール・フォン・クラウゼヴィッツが著した『戦争論』がある。クラウゼヴィッツは、19世紀のプロシアの軍人で、ナポレオンのロシア侵攻作戦の際、プロシアを一時離れてロシア側で従軍したこともある(トルストイの『戦争と平和』にもごくわずかながら登場する)。

『戦争論』はあくまで18世紀末から19世紀初頭にかけての戦争を論じたものであるが、ここでクラウゼヴィッツが展開した戦争についての哲学的な考察が、『戦争論』を不朽の名著とした。彼は、フランス革命後、ヨーロッパにおける戦争が王朝間の戦争から、徴兵された軍隊間の国民戦争と変容したことを受けながら、戦争の性質を様々な角度から考察し、戦争を「政治的行為であるばかりでなく、政治の道具であり、彼我両国の間の政治的交渉の継続であり、政治における とは異なる手段を用いてこの政治的交渉を遂行する行為である」と看破した。

ここで彼が強調したことは、戦争とはナショナリズムや闘争本能によって導かれるべきものではなく、政治的な営みとして、政治に設定された目的を実現するための手段として行われることであった。もちろん『戦争論』以前でも、多くの戦争は政治的目的を達成するために行われてきた。しかしクラウゼヴィッツは、軍事的目的は政治的目的に従属することを、直感ではなく、論理に基づいてはっきりと言語化した。これは軍事戦略を考える上で一般的なフレームとなり、また国際政治において非常に重要な原則ともなった。

開戦から半年以上を経て、ロシア・ウクライナ戦争におけるロシアの政治的目的ははっきりしてきた。それはウクライナに一般的な主権国家としての地位を認めず、事実上の属国とすることであろう。クラウゼヴイッツのフレームをあてはめるならば、ウクライナを属国化する政治的目的の達成を実現するための手段として、軍事力が用いられているということである。

無条件降伏を強いるための市民生活の破壊

これを実現するための軍事力の使用の方法としては、大きく分けて三つの方法が考えられる。

第一は、ゼレンスキー政権を打倒して親ロシアの傀儡政権を樹立することだ。そのために、開戦直後に、空挺部隊と特殊部隊がキエフ（キーウ）近郊に展開し、政権中枢を殺害ないし拉致し、親ロシア政権を樹立させる作戦が展開された。あるいは、イラク戦争でアメリカが行ったように、まず首都を攻略することで相手国の統治機構を破壊する方法もある。戦争の第一段階のロシア軍のキーウ侵攻はそれを目的としたものであると考えられる。しかしながら、これはいずれも失敗に終わっている。

第二は、ウクライナ軍の抵抗を排除しながらウクライナ全土を占領し、支配するというものである。しかし、これは実現性が低い。米ランド研究所が以前行った研究で、敵対的な土地を支配するためには、人口1000人あたり20人の兵士ないし警察官が必要であることが示されている（イラクを占領したアメリカはそれだけの兵力を駐留させることができなかったことが失敗の一因だとされている）。

この計算を当てはめると、人口4000万人のウクライナには単純に考えて80万人の兵力が必要となるが、それだけの兵力を展開することはロシアには不可能である。

そして第三が、ウクライナの全土を制圧するのではなく、ウクライナ政府に、事実上の無条件降伏を強いるような停戦協定を受諾させることである。しかし、ロシアに一方的に有利な停戦協定を、ウクライナが簡単に受け入れるはずはない。それが簡単にできるようならそもそも戦争にはなっていない。それを受け入れさせるためには、ウクライナの社会、経済、市民生活すべてを軍事的手段で破壊し続けることで、膨大な戦争被害をウクライナに課し、「この損害を止められるならロシアの要求を呑むのもやむをえない」とウクライナの政府と国民に諦めさせることが有効な手段となる。

ロシアが追求している政治的目的と現在のロシアの戦力から実現可能な軍事的目的のバランスを考えると、この第三の方法がウクライナ戦争におけるロシアの戦略構想であると推定される。

全体の戦略構想がウクライナの社会・経済・市民生活の破壊であると考えるならば、病院や学校に狙いを定めた市街地への攻撃も、占領地における「ロシア化」のような措置も、刹那的な行動ではなく、ロシアの戦略構想全体の中で整合的な形で実行されたと理解することができる。

「傷つける力」と「征服する力」

このロシアの軍事行動の特徴は、相手の社会の破壊を重要な目標としていることである。ゲーム理論を駆使して核抑止論を体系化し、核戦略の父と呼ぶべきトマス・シェリング（2005年ノーベル経済学賞受賞）は、軍事力の働きを「傷つける力（power to hurt）」と「征服する力（power to conquer）」の二つに分類した。[5]「傷つける力」は、文字通り、相手国の軍隊、社会、国民に打撃を与える力、「征服する力」は相手国の領土を占領する力である。これは核兵器の戦略的意義を検討するなかで考案された区分であり、彼は核兵器を「傷つける力」と定義することで、相互核抑止の理論を構築した。

この区分によれば、陸上戦力は普通は「征服する力」に含められる。通例、陸上部隊を投入しての戦争では、相手国土を占領することが主要な「目的」となるからである。しかし、今のロシアは、陸上戦力をドンバス地方などの占領に用いると同時に、ウクライナの社会を破壊するための攻撃にも用いている。マリウポリやセベロドネツクを破壊しつくし、また軍事的威圧のもとにウクライナ国民に対する「ロシア化」を進め、前線の後方にある都市も攻撃し続けている。

こうしてみると、現在のロシアの軍事行動の目的はウクライナの社会・経済・市民生活の破壊であり、その手段として国土の占領が必要だから進撃しているように捉えられる。ウクライナの民間人は「巻き添え」になっているのではなく、民間人そのものが攻撃のターゲットとされている。これが、ロシア・ウクライナ戦争における軍事作戦を分析する上での重要な前提となる。

2、第1段階の軍事作戦の展開と分析：キーウ防衛戦

失敗に終わった「斬首作戦」

2月24日、ロシアのウクライナ侵攻が開始された。まず行われたのは空爆と空挺部隊による侵攻である。

空挺部隊はキーウ近郊のホストメリ空港に侵攻し、同空港守備部隊と交戦した[6]。この作戦の意図は、ホストメリ空港を制圧し、そこを策源地として特殊部隊をキーウに展開させるものであった。これら特殊部隊はゼレンスキー大統領の捕縛ないし殺害、いわゆる「斬首作戦」を任務としていたと推測される。

相手国指導者の「斬首作戦」はしばしば試みられる。しかしほとんど成功したことがない。２００３年3月のイラク戦争では、開戦直前にフセイン大統領の居場所が判明したため、空爆スケジュールを変更してそこを爆撃したが、わずかの差でフセイン大統領の殺害に失敗している[7]。ほかにも、リビアのカダフィ、あるいはアルカイダのオサマ・ビンラディンなど、米国は何度か敵対陣営の指導者に対する「斬首作戦」を試みてきたがほとんど失敗してきた。

ビンラディンについては最終的に殺害に成功しているが、それはビンラディンが潜伏していたアフガニスタンを制圧した後のことである。「斬首作戦」ということでいえば、１９８９年にパナマに対して行われた「ジャスト・コーズ」作戦でパナマのノリエガ将軍を捕縛したのが唯一の成功例といえる[8]。

つまり「斬首作戦」はそれだけ難しいということであり、ロシア・ウクライナ戦争でロシアが試みた「斬首作戦」も失敗に終わった。

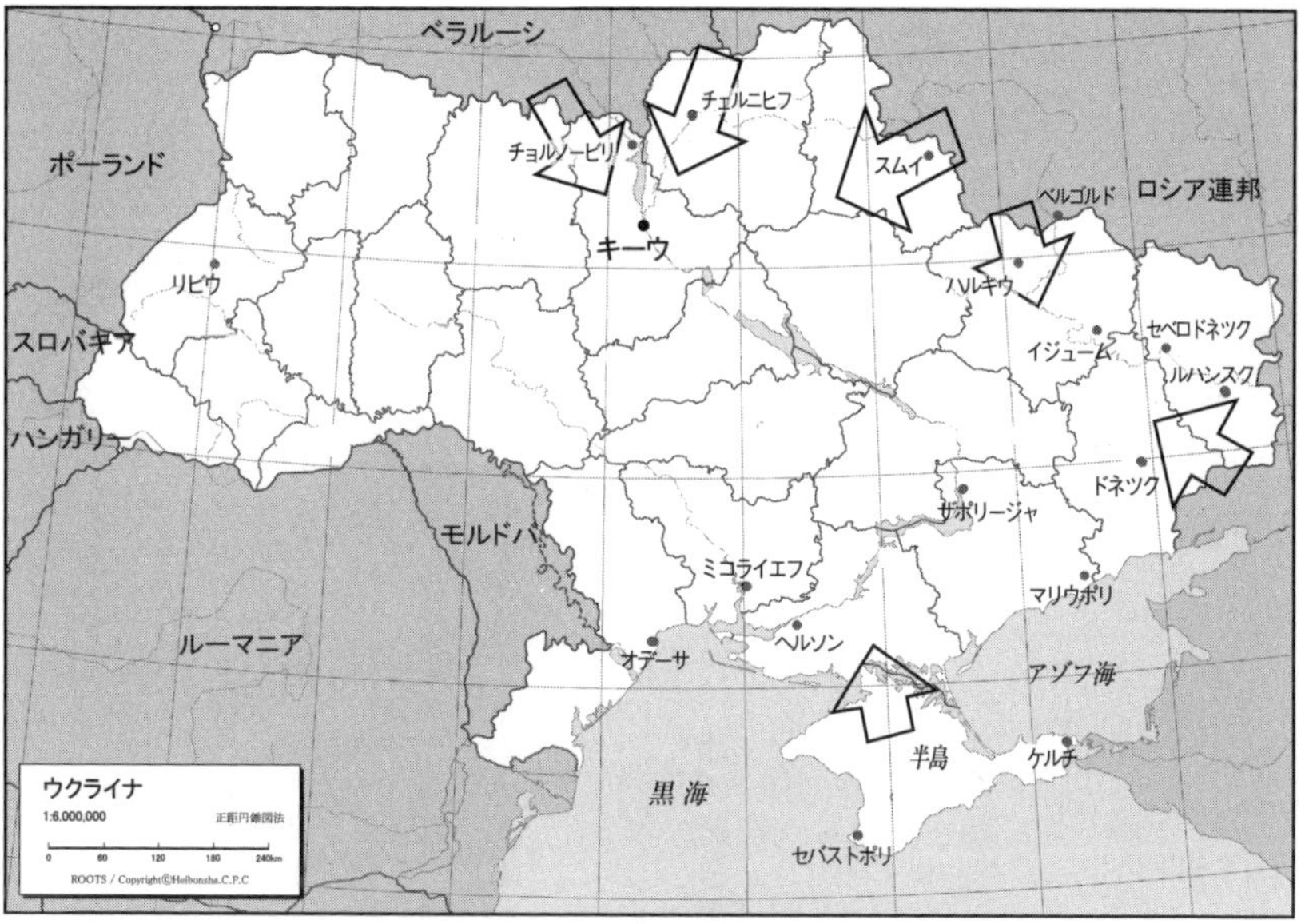

ロシア軍によるウクライナ侵攻（2022年２月24日）

キーウ包囲にも失敗

それと並行して行われたのが地上侵攻である。ベラルーシ国境とウクライナ北東部のスムイ周辺からの2方向からのキーウ侵攻、そしてハルキウ方面を経て南下する部隊とルハンスク自治共和国、ドネツク自治共和国を自称する地域からの侵攻を組み合わせたドンバス地方への侵攻、さらにクリミア半島からのヘルソン州、ザポリージャ州を目指した侵攻と合わせて、北部、東部、南部からの侵攻が行われた。

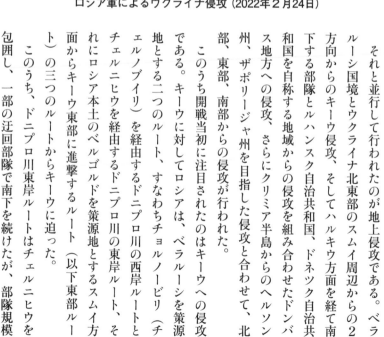

このうち開戦当初に注目されたのはキーウへの侵攻である。キーウに対してロシアは、ベラルーシを策源地とする二つのルート、すなわちチョルノービリ（チェルノブイリ）を経由するドニプロ川の西岸ルートとチェルニヒウを経由するドニプロ川の東岸ルート、それにロシア本土のベルゴルドを策源地とするスムイ方面からキーウ東部に進撃するルート（以下東部ルート）の三つのルートからキーウに迫った。

このうち、ドニプロ川東岸ルートはチェルニヒウを包囲し、一部の迂回部隊で南下を続けたが、部隊規模はそれほど大きくなかったため、実質的にはドニプロ川西岸ルートと東部ルートを進撃する二つの部隊がキーウに迫った。

この状況下で、戦争開始当初は、「数日でキーウが制圧される」という見通しがあったが、それは現実的な速度ではなかった。ドニプロ川西岸ルートを見ると、道路沿いでは最短距離で150キロもある。機甲部隊が数日でこれだけの距離を突破するのは不可能である。

たとえばイラク戦争で電撃的に進軍した米軍の進撃速度は1日あたり25～30キロであった。湾岸戦争でクウェートに向かって直進した右翼部隊の場合は1日あたり20キロである。仮にロシア軍の進撃速度がイラク戦争並みの1日あたり30キロと考えても5日、湾岸戦争の右翼部隊並みの1日あたり20キロでも1週間あまりかかる。ロシア軍の進撃速度が米軍より勝ると考える理由はないから、普通に考えて150キロを突破するのに10日程度は要することは推測できた。

このドニプロ川西岸ルートの部隊は、補給の困難に直面しながらも少しずつ前進し、キーウまで20～30キロの地点まで前進した。しかしその時点でキーウ市街地区には突入せず、散発的な砲撃を行うとともに、キーウ西部の交通線を遮断するような動きをとっていた。

おそらく、東部ルートの部隊の到着を待っていたのであろう。東部ルートの部隊がキーウ東部に展開し、キーウを包囲してから本格的な砲爆撃を開始し、ウクライナ側の抵抗を見ながら市街に突入し、ウクライナ政府を屈服させるための圧力をかける作戦であったと推測される。しかし、それは現実には行われなかった。

東部ルートの部隊が3月8日のブロバルイの戦いでウクライナ軍に撃破されたからである。

東部ルートの部隊は、スムイ方面から急進撃してきたが、1週間ほどで100キロを超えるペースであった。これは前述の米軍のデータから見ても、湾岸戦争をわずかに下回る程度であり、相当な快進撃である。

しかし、ウクライナ軍の抵抗を排除しながらそれだけの速度で進撃しているということは、それだけ補給線に負担をかけているということでもある。また、隊形も乱れる。その意味で、これはウクライナ軍にとっては、キーウ包囲網が完成するかもしれない危機であると同時に、反撃の絶好のチャンスでもあった。

そしてウクライナ軍は、この東部ルートの部隊（第1親衛戦車軍）に対して、満を持してキーウ近郊のブロバルイという集落で集中的に反撃し、ロシア軍に大打撃を与えた。次いで部隊をキーウ西側に転進させ、ドニプロ川西岸ルートのロシア軍に対しても反撃し、押し戻した。この見事な機動防御の成功により、ロシア軍はキーウ包囲を諦めることになる。

3、第2段階の軍事作戦の展開と分析：ドンバス会戦(9)

ドネツク州北部への攻勢

ロシアはキーウ攻略には失敗したが、南部の要衝へルソンの攻略には成功し、東部ドンバス地方のルハンスク州でも占領地域を拡大させた。しかし、ドンバス地方のもう一つの州であるドネツク州ではウクライナ軍の防御陣地を突破できなかった。

こうした状況に直面し、ロシアは東部ドンバス地方への攻勢に集中するとして、3月末にキーウ方面の部隊をベラルーシ国境まで撤収させた。

ただし、陸上部隊の再配置には装備や補給物資の移動をともなうため、これにはある程度の時間がかかる。そして約3週間後、ロシアはドンバス地方を狙った第2次攻勢を開始した。

この段階で、ロシアはすでにルハンスク州のほとんどと、ドネツク州の南部を制圧していた。そう考えると、ロシアの第2次攻勢の基本的な目標はドネツク州北部の奪取であったと考えられる。

一方、ウクライナは、この時点でドンバス地方のドネツク州北部からルハンスク州の一部にかけての領土を突き出たような形で維持していた。２０１４年のクリミア併合以来、この地域での戦闘に備えてきたウクライナ軍の強固な防御をロシア軍は突破できず、開戦以来ほとんど前進できていなかった。

そこでロシア軍の第2次攻勢は、ドンバス突出部に対して複数方向から攻勢をかけることでこの地域のウクライナ軍を包囲撃滅し、ドネツク州北部を完全占領することを目的としたものであったと考えられる。この第2次攻勢をめぐる戦いを、本章では「ドンバス会戦」と呼ぶ。

ドンバス攻略への四つのルート

ドンバス会戦に臨むロシア軍の作戦は主に4つの方面の攻勢からなっていた。

第一が、開戦以来続けているドネツク州南部(ロシアがドネツク人民共和国と呼ぶ地域)からの北向きの攻撃である。ただこれは前述の通り、開戦以来はかばかしい戦果を上げていない。

第二が、かなりの部分を既に制圧したルハンスク州から西方向への前進である。この方面の攻勢は、クレミンナやルビージュネなど、ルハンスク州西部の都市をいくつか制圧しながら少しずつ前進してきた。これが実はこの後で大きな意味を持つことになる。

第三が、ウクライナ北東部のハルキウから南東方面に進み、イジュームを経てドネツク州北部に進む攻勢軸である。このドンバス会戦で最も重要な役割を担っていたのがこの部隊であると推測される。というのも、この部隊の進撃がうまくいけば、ドネツク州北部で南部からのロシア軍の攻勢を食い止め続けているウクライナ軍主力部隊を背後から攻撃し、大きな損害を与えることができるからである。

そして第四が、激しい市街戦が行われたマリウポリの攻略に参加していた部隊を北上させての攻撃である。ハルキウからの第三の攻勢軸が、ドンバス突出部を北側から切り取るとすれば、この第四の攻勢軸は、ドンバス突出部を南から切り取ることを狙うことになる。

この四つの攻勢が計画通りに進めば、ロシア軍はドネツク州北部に展開しているウクライナ軍主力を包囲撃滅することができる。包囲の危険を察したウクライナ軍がこの部隊をいち早く撤収させ、包囲網を脱出させて戦線を整理・再構築する可能性もあるが、その場合でもロシアはドネツク州北部を制圧できるから、ルハンスク州とドネツク州の双方をほぼ完全に支配し、現段階での作戦目標を達成する。

マリウポリ守備隊の善戦

しかし、第2次攻勢は目立った成果を上げられなかった。その大きな理由の一つは、マリウポリ攻防戦が予想外に長引いたことである。最初にロシアがマリウポリに降伏勧告を発したのは3月20日であり、その頃から「マリウポリは陥落間近」と言われ続けてきた。しかしながら、ウラジーミル・プーチン大統領とセルゲイ・ショイグ国防相の会見の中で、マリウポリの大部分を制圧した上で、アゾフスタリ製鉄所への総攻撃を中止して封鎖するようプーチン大統領が指示したと報道されたのは4月21日である(10)。ロシアがドンバス突出部に対する攻勢を始めたとみられるのが4月19日であるから、マリウポリ攻略に参加していた部隊は、この段階ではドネツク方面での作戦には参加できなかったことになる(11)。

この間、マリウポリでは、市街全体ががれきの山となるような激しい戦闘が行われ、ウクライナ軍は主街地からは撤収したもののアゾフスタリ製鉄所に立てこもりながら激しい抵抗を続けた。このいわば籠城戦は、外部からの援軍の見込みがほとんどない、絶望的な戦況での戦いであったが、ウクライナ軍にとっては、ここでロシア軍を引き付けることには戦局全体に大きな意味があった。マリウポリ戦が1日長引けば、マリウポリ攻略部隊が主戦場であるドネツク州北部の戦いに参加できるのが1日遅れるのである。

その点で、マリウポリ守備隊の戦いは、単なる一局面での激戦というだけでなく、戦略的に非常に大きな意味を持つものとなっていた。外部からの援軍がほぼ望めない以上、壊滅すること避けられない。しかし、1日でも陥落を引き延ばすことで、主戦場の戦いをウクライナ有利に持ち込める可能性があった。マリウポリ守備隊は、仮に全滅したとしても、捨て石ではあっても犬死ではない、悲壮だが重要な戦いに臨んでいたといえる。

これは逆にロシアからいえば大きな誤算であった。

ロシアは、マリウポリ攻略部隊の参加を待つことなく、ドンバス突出部包囲作戦を開始せざるを得なくなったのである。

ウクライナ軍の反攻

もう一つ、ロシア軍の第2次攻勢を阻んだ大きな要因が、ウクライナ側の兵力再配備である。東部戦線に兵力を集中するためにキーウ近郊からロシア軍が撤退したということは、ウクライナ軍の兵力配置にも余裕が生まれることになる。おそらくウクライナは、こうして余裕ができた兵力をドンバス方面、特にイジューム南方、前述のロシアの三つめの攻勢軸に対する防御を固めるために転用したものと推測される。

実際、イジュームからスラビャンスク、クラマトルスク方面では、相当な激戦が展開され、ウクライナ軍はロシア軍の前進を阻止した。

ロシアの攻勢がはかばかしく進まない4月末、ウクライナ軍はついにイジューム北方、ハルキウ方面で反攻に転じる。ハルキウは開戦直後にロシア軍が部分的に包囲したが、主力はイジューム方面に迂回させ、市街地には突入せずに散発的な砲撃を行うにとどめてい

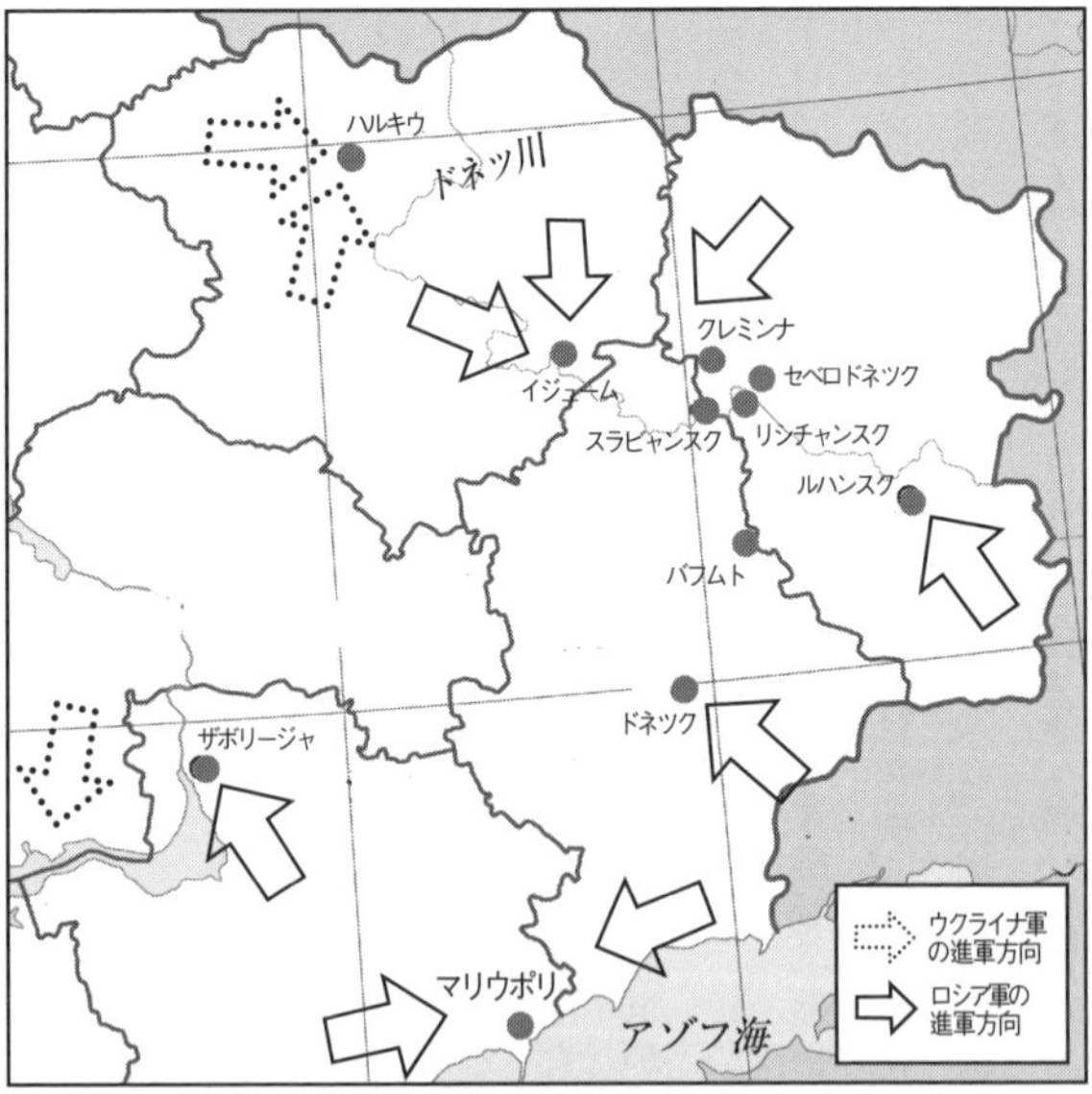

ロシア軍のドンバス突出部攻勢とウクライナの反攻
(2022年5月6日)

た。ウクライナ軍はこの包囲部隊に対して反撃を加え、ロシア軍を榴弾砲の射程外に駆逐することに成功した。

さらに、イジュームから南方向への突破を図るロシア軍の策源地はロシア本土のベルゴルドであり、補給線はハルキウ東方を通っている。ウクライナ軍はハルキウ方面から東側に反攻することで、この補給線を脅かした。この段階で、ウクライナ軍には、イジューム周辺のロシア軍の補給線を断ち、逆にロシア軍部隊を包囲殲滅できる可能性が生まれた。もしそれが実現すれば、戦局は大きくウクライナ優位に傾いたであろうが、ロシア軍もこの危機的状況に機敏に対応し、ウクライナ軍のドネツ川渡河を阻止し、補給線を辛うじて維持した（9月上旬の第2次ハルキウ反攻ではこの地域でロシア軍の補給を断つことに成功した）。

結果、ウクライナ軍の反攻は、ハルキウ周辺を奪回するに留まり、大きく戦局を変えるには至らなかったが、ロシア側に第2次攻勢の継続を断念させることにはなった。ロシア軍はハルキウ周辺の部隊をルハンスク州に転用することで、さらに焦点を絞った攻勢を開始することになるのである。

4、第3段階の軍事作戦の展開と分析：セベロドネツク攻防戦からハイマースの実戦参加へ

「二重包囲」ウクライナ軍の危機

ドンバス突出部に狙いを定めたロシアの第2次攻勢もはかばかしく進捗せず、それどころかハルキウ方面からのウクライナ軍の反攻により一部部隊が包囲される危険まで生じたなか、ロシアは再び作戦重心を変更する。

ドンバス突出部全体を包囲することを当面諦め、第1次攻勢の中で唯一比較的順調に進展していたルハンスク州から西方向への攻勢（前述の第2の攻勢軸）を中心にする形で部隊を再編した。そこで攻勢の焦点となったのがセベロドネツクであった。

セベロドネツクは、ドンバス突出部の東の突端にあ

たる部分にあり、ドネツ川の東岸にある、ルハンスク州の臨時州都である。ドネツ川を挟む西側にはリシチャンスクというもう一つの都市がある。5月下旬以降、この両都市の攻防が戦局の焦点となった。

前述の通り、セベロドネツクは、ドンバス突出部の東の突端にある。ドンバス突出部を三角形に喩えると、セベロドネツクは、横向きに倒された二等辺三角形の頂点にあたる位置にある。そしてこの二等辺三角形の北側と南側の二辺はロシアが制圧している。つまり、セベロドネツクは、南北双方からの攻勢によって容易に包囲される位置にある。逆にウクライナ側からいえば、防衛が難しい都市でもあった。

5月以降のロシアの攻勢の特徴は、単にセベロドネツクという都市に向けた攻撃を行っただけではなかったことである。戦局に大きな変化をもたらしたのは、セベロドネツクの西南西50キロあまりの位置にある、ポパスナ方面でのロシア軍の突破であった[12]。この突破により、ドネツク州中部のバフムトからセベロドネツクへの補給線が危機に瀕し、またこの地域（ドンバス突出部戦端の南方を守備していた部隊）のウクライナ軍が包囲されそうになった。

これはウクライナにとっては非常に危険な状況であった。この時期、セベロドネツクでは既に市街戦が始まっており、セベロドネツクおよびリシチャンスクへの補給線が断たれることは、この二都市を失うことと同義であった。これはルハンスク州のすべてをロシアに委ねることを意味する。

しかも、セベロドネツク方面を救援に行ける可能性のあるウクライナ軍部隊もロシア軍に包囲されつつあった。これはウクライナ軍の中でも有力な部隊で、この部隊が包囲撃滅されるようなことがあれば、ドンバス突出部の防衛は極めて困難になることが予測された。

これは、目標となった拠点を包囲するとともに、その包囲網を突破に来る外部の救援部隊も併せて包囲する、「二重包囲」と呼ばれる作戦で、歴史的な成功例としては、1942〜43年にナチスドイツとソ連との間で戦われたスターリングラードの戦いが挙げられる。

この危機に直面し、ウクライナ軍は増援部隊をバフムト・ポパズナ方面に投入し、ロシア軍の突破を何とか食い止めていく。ここにおいて、ウクライナ軍は、軍事的合理性と政治的ニーズとの緊張に直面した。軍事的に言えば、セベロドネツクは防衛が難しい都市であった。そのため、「部隊保全」と「都市防衛」とを天秤にかけなければならないとすれば、「部隊保全」を優先して守備隊を撤収させることが、軍事的合理性の観点から見た判断であろう。

しかし、セベロドネツクを失うことはルハンスク州をすべて失うことと同義であり、政治的にはその維持が望ましい。この二つの相反する要求の中で、ウクライナはセベロドネツクの防衛戦を展開したが、最終的にはセベロドネツクおよびリシチャンスクを放棄し、ルハンスク州とドネツク州の州境を最前線にする形で戦線を立て直すことになる。

ロシア軍の面制圧火力に対抗した精密火力

この一連の戦いで特徴的に見られたのが、ロシアの火力重視の戦いであった。榴弾砲や多連装ロケットランチャーを中心に、最前線に集中的な砲撃を加え、ウクライナ軍に損害を与えた上で戦車と歩兵を組み合わせた攻撃部隊を前進させる。そしてウクライナ軍の抵抗でその部隊の前進が阻止されたら、再び砲撃を集中し、ウクライナ軍に火力でウクライナ軍に損害を与えていく戦い方である。

ウクライナと比べたロシア側の比較優位は火力の優勢にあるから、自らの「強み」を引き出す合理的な戦い方であった。

ロシアが旧ソ連の流れをくんで火力を重視する陸軍であるのと同じように、ウクライナもやはり旧ソ連の流れを受けている。実際、ウクライナの装備する火砲の量と口径は陸上自衛隊のそれをはるかに上回る。しかしロシアと比べると、ウクライナの火力は見劣りがする。特にこの段階では、射程距離の長い多連装ロケットランチャーにおける劣勢が大きくなっていた。その劣勢を補うため、ウクライナは西側にHIMARS《ハイマース》やMLRS（M270）といった米国製の多連装ロケットランチャーの供与を要請した。

ただし、これらの多連装ロケットランチャーは、ロシアの多連装ロケットランチャーとは性格が異なる。ロシアの多連装ロケットランチャーは、面制圧兵器であり、精密にターゲットを撃破するというよりも、一定の「面」を火力で制圧する。特に前線の防御陣地や戦車部隊、あるいは自走砲部隊が主要なターゲットとなる。

一方、クラスター爆弾禁止条約の影響を受けた現在の西側の多連装ロケットランチャーは、GPS誘導の精密誘導ロケット弾を搭載している。つまり、「面」を制圧するのではなく、ピンポイントで精密にターゲットを撃破する。しかし移動目標の攻撃はできないから、移動できる戦車部隊や自走砲部隊を攻撃することはできない。補給拠点や司令部、あるいは橋のようなチョークポイントが主要なターゲットとなる。つまり、それまでウクライナが使っていた旧ソ連の多連装ロケットランチャーとは全く運用の方法が異なるのである。

しかし、ウクライナ軍は、HIMARSの精密誘導火力を有効に使いこなすことができた。米国から供与され、実戦投入が始まったのは6月下旬だが、ロシアの弾薬集積所を相次いで粉砕した。このことがロシアの弾薬補給に影響を与え、7月中旬の段階ではルハンスク州とドネツク州の州境における戦線の状況は膠着し、さらにウクライナ軍が南部ヘルソン州で反攻に転じている。9月上旬からはウクライナ軍は北部ハルキウ州で大規模な反攻を成功させ、戦局は逆転した。

今後の展望

ロシア・ウクライナ戦争は、現代史の中では珍しい、拮抗した戦力同士の地上戦となっている。湾岸戦争やイラク戦争の第一段階（バグダッド陥落まで）は、力に大きな差がある国同士の戦争であったし、ソ連のアフガニスタン侵攻や米国のアフガニスタン戦争とイラク戦争の第二段階（バグダッド陥落後）は、反政府武装組織に対する内乱鎮圧作戦であった。これだけ力が均衡した機甲部隊や砲兵部隊が激突するのは、第四次中東戦争やイラン・イラク戦争以来である。

また、ウクライナは非常に広大な国土を有している。その面積は、イラクの1・5倍、朝鮮半島の3倍に達する。参加兵力も、開戦初期の段階で両軍合計で30万人程度、その後ウクライナが予備役の総動員をかけ、70万人程度の兵力を捻出したとされるので、両軍合計で90万人近い兵力が展開している。これはもはや、冷戦後どころか、第2次世界大戦終結後、最大級の戦争となっている。

２０２２年10月初旬現在、ウクライナは反攻を成功させて優位に立っている。しかしこのまま被占領地をすべて奪回できるかは定かではない。というのも、戦争というのは相手がいるから、一方が優位に立ったとしてももう一方がその優位を打ち消すような対策を講じていくからである。

この戦争でも、ロシアの会戦初期の急進撃に対して、ウクライナは機動防御で対応し、キーウ前面でロシア軍の撃破に成功した。一方ロシア軍も、ウクライナのハルキウ反攻後の包囲の危機に的確に対応し、補給線を脅かそうとしたウクライナ軍の前進を阻止するとともに、自らの優位を活かすために火力中心の戦いに切り替え、セベロドネツク攻防戦ではウクライナ軍の精鋭部隊を包囲撃滅する寸前まで持ち込むことができた。

8月上旬には、そのロシアの戦い方に対してウクライナがＨＩＭＡＲＳという精密火力によって対抗し、ロシアの弾薬補給を阻むことによって、戦場におけるロシアの火力の優位を打ち消した。

２０２２年9月上旬に始まったハルキウ方面での第2次反攻は大成功を収めたが、ロシアは動員によって大兵力を捻出しようとしている。

もちろん、現在ウクライナが反攻しているハルキウ、ヘルソン両方面で大勝利を収めれば、意外と早い段階で占領地をすべて奪回することも考えられるが、ロシア軍がウクライナ軍の反攻をどこかで食い止めた場合は、戦争はまた膠着化していくであろう。そうなった場合、この戦争は年単位で長期化していく可能性が高いと言わざるを得ない。

（1）AERA dot,「なぜ多くのロシア研究者は『ロシアのウクライナ侵攻はない』と考えたのか？:廣瀬陽子教授に聞く」（2022年7月15日）
(https://dot.asahi.com/dot/2022071100034.html)。

（2）Center for Global Security Research, Lawrence Livermore National Laboratory, "Winning Conventional Regional Wars Against Nuclear-Armed Adversaries," 6th Annual Deterrence Workshop Summary (November 20-21, 2019)ˊ (https://cgsr.llnl.gov/content/assets/docs/Winning-Conventional-Regional-Wars-Summary.pdf).

（3）本節は、高橋杉雄「市民を『巻き添え』でなく『ターゲット』にしたロシア：ウクライナ侵攻という『クラウゼヴィッツの鬼子』」、『国際情報サイト　新潮社フォーサイト』（2022年3月13日）(https://www.fsight.jp/articles/-/48705) を踏まえてアップデートしたものである。

（4）本節の議論については、高橋「市民を『巻き添え』でなく『ターゲット』にしたロシア：ウクライナ侵攻という『クラウゼヴィッツの鬼子』」を踏まえてアップデートしたものである。

（5）Thomas Schelling, *Arms and Influence,* revised edition (Yale University Press, 2008).

（6）Mason Clark, George Barros, and Kateryna Stepanenko, "Russia-Ukraine Warning Update: Initial Russian Offensive Campaign Assessment," (February 24, 2022), (https://www.understandingwar.org/sites/default/files/Initial%20Russian%20Offensive%20Campaign%20Assessment.pdf)

（7）Williamson Murray and Robert H. Scales, Jr., *The Iraq War: A Military History* (The Belknap Press of Harvard University Press, 2003), pp155-157.

（8）Robert Leonhard, *The Art of Maneuver: Maneuver-Warfare Theory and AirLand Battle* (Ballantine Books, 1991), pp.208-220.

（9）本節は、高橋杉雄「ウクライナ『運命の3週間』となる『ドンバス会戦』の行方」、『国際情報サイト 新潮社フォーサイト』（2022年4月29日）(https://www.fsight.jp/articles/-/48833）を踏まえてアップデートしたものである。

（10）BBCニュース「プーチン氏、マリウポリの製鉄所の総攻撃中止と徹底封鎖を命じる」（2022年4月21日）
(https://www.bbc.com/japanese/61175971）。

（11）ロイター「ウクライナでの「特別作戦」、新たな段階開始＝ロシア外相」（2022年4月19日）
(https://jp.reuters.com/article/ukraine-crisis-russia-lavrov-idJPKCN2MB0MN）。

（12）この時期の戦局の分析については、下記を参照。高橋杉雄、小泉悠「【緊急対談第2弾】高橋杉雄×小泉悠 ウクライナ戦争100日の「天王山」（上）」（2022年6月14日）
(https://www.fsight.jp/articles/-/48937）、高橋杉雄、小泉悠「【緊急対談第2弾】高橋杉雄×小泉悠 ウクライナ戦争100日の「天王山」（下）」（2022年6月15日）

(https://www.fsight.jp/articles/-/48938）。

第4章　ウクライナの戦争指導——頑強なる抵抗を支えたもの

（倉井高志）

はじめに

　ロシアによるウクライナへの軍事侵攻によって開始された戦闘は、侵攻開始後5カ月以上が過ぎた現在（2022年7月末）においてもなお収束点を見出せず、事態はなお流動的で今後について確たる予測を立てることは困難である。

　しかしながら戦闘開始から今日に至るまで、少なくともロシア軍が当初の想定どおりに作戦行動を進めることができず苦戦を強いられてきたことは間違いなく、これに対しウクライナが一歩も引かず頑強な抵抗を示して大いに善戦し、一部ではロシア軍に対しむしろ優勢に立つ地域も見られたことは、ウクライナを支援する西側諸国のみならず世界の驚嘆するところとなっている。

　今回の軍事侵攻について、わが国ならびに国際の安全保障の観点から議論すべき論点は多岐にわたり、また戦闘の全体像とその意味を理解するためにはウクライナ側の動きのみならず、ロシア軍ならびにロシア政府、また武器援助や制裁を実施する西側諸国およびこれを含む国際社会全体の動きを分析する必要があるが、これらについては本書のほかの著者がカバーされるであろうから、本稿ではウクライナの動きに焦点を当ててその強固な抵抗と善戦を支えた諸条件を中心に論じ、ロシアや国際社会の動きについてはそのために必要な範囲で触れることとしたい。

ウクライナによるかくも頑強な抵抗を可能にした要因には多くの事情が関与しているが、最も重要なものは次の三点である。

第一は、ロシアの侵略に対しては断固戦うという確固たる意志（精神的要素）

第二は、ロシアによるクリミア「併合」以降に進めてきた政治・軍事改革の成果（政治・軍事的要素）

第三は、第二の要因の一部でもあるが、ハイブリッド戦対策の一環として特に重視してきた情報戦への取り組み。

以下、それぞれについてわが国の安全保障のあり方を考える上で教訓となるべきものがあるかという問題意識をもって、具体的に見ていくこととしたい。

Ⅰ　ロシアの侵略に断固戦うという確固たる意志（精神的要素）

戦闘においては、攻撃する側であれ受けて立つ側であれ、軍人は命をかけて戦うのであって、そのためには命をかけても惜しくないという大義名分が絶対的に必要である。ところが今回侵略したロシア軍にはこれが完全に欠如している。

ウクライナのNATO加盟阻止、ドンバスにおける「ジェノサイド」、ウクライナ政権の「非ナチ化」などといった、ロシア側が掲げる侵攻目的がいずれも荒唐無稽で信じるに足りないことは時間が経つにつれ一層明らかになってきており、現場で戦う一般のロシア軍人にとってほとんど意味をなさなくなっている。(1)

このことはロシア軍の行動全般にとって最も本質的な弱点であると言ってよいであろう。これに対し以下の通り、ウクライナ側には戦う理由が極めて明確である。

1、戦わなければすべてを失う

２０２２年２月24日に北方、北東方、東方、南方の四方向から突如攻撃を受けたウクライナの人々は、何よりもまず戦わなければ財産も、住むところも家族もすべてを失うという切羽詰まった状況におかれていた。

そもそもウクライナは、２０１４年にクリミア「併合」ならびにドンバスへのロシア軍の介入を受けてすでに8年間にわたって戦争状態にあり、国土の一部におけるものとは言えロシア軍との戦闘は常態化していた。以下2節に述べる歴史的経緯と合わせ、クリミアやドンバスにおけるロシア軍の行動を見てきたウクライナの人々の脳裏には、ロシア軍に対しては戦うことをしなければすべてを失うということが歴史の教訓として刻み込まれている。

7月1日、イェルマーク・ウクライナ大統領府長官とラスムセン元ＮＡＴＯ事務総長が共同議長を務める

「ウクライナの安全保障メカニズムに関する諮問グループ」第一回会合が開かれたが、同会合におけるスピーチでイェルマーク長官は、ウクライナの安全を保障する何らかの枠組みの必要性を強調した上で、それは「ロシアとの合意は必ず破られる」こと、またロシアは「合意を破る権利はロシアだけが有している」と考えていることをその理由として挙げていた。これは多くのウクライナの人々の認識を反映したものと言ってよいであろう。

さらに加えて、今回の軍事侵攻におけるロシア軍の行動があまりに非道極まりないものであるため、ウクライナの人々には「正義は我にあり」という倫理的な確信もあった。命をかけた戦いにおいて、自分たちの側に正義があるとの確信は、兵士や国民の士気において極めて重要な意味をもつ。

2、ロシアとの長い歴史の中で形成されてきた特別の思い

ウクライナの場合はそれだけではなく、長い歴史の中で形成されてきたロシアに対する特別の思いがあり、それが前述の倫理的な確信をさらに強固なものにしている。

ウクライナがロシアと戦ったのは今回が初めてではなく、また2014年が初めてでもない。ウクライナにはロシアとの間で、非常に長い戦いの歴史がある。ウクライナの人々にとってこれは抑圧や迫害との戦いであり、「抑圧する側」のロシアから見た歴史観とは全く異なる記憶と心情の積み重ねがあるのである。

それはロシア帝国時代にロシア語やロシア文化を押しつけられた「ロシア化政策」であり、ソ連時代に400万人とも1000万人ともいわれるウクライナ農民に餓死者を出したホロドモール（穀物の収奪による人為的大飢饉）、スターリンによる強制移住、そして今日のウクライナの国家戦略を親露から親欧米へと完全に方向付けたクリミア「併合」とロシア軍によるドンバスへの軍事介入である。

これらのロシアによるウクライナに対する抑圧政策がウクライナのアイデンティティを確固たるものにし、ロシアとは異なる政治的・経済的・文化的実体としてのウクライナという意識を育てる上で重要な役割を果たしてきたのである。

戦わなければすべてを失うという切羽詰まった意識、「正義は我にあり」との倫理的確信、そしてロシアとの長い歴史の中で形成されてきたロシアに対する特別の思い、こうした精神的な要素がウクライナをして断固たる抵抗を示し、かつ善戦させている最も本質的な要因であるといえよう。

米国をはじめとする西側諸国はウクライナの戦いを支持し、武器や情報などさまざまな面で支援を行ってきている。しかしながら、そのような支援を根底で支えるのはウクライナ自身の戦う強い意志であり、この意志の存在があって初めて軍事援助が有効に機能す

る。これはあらゆる軍事援助・協力について言えることである。

Ⅱ　クリミア併合以降の政治・軍事改革（政治・軍事的要素）

2014年、マイダン革命[2]後に行われた選挙で、親欧米路線を掲げたポロシェンコが大統領に就任した。マイダン革命の成功はそれまでウクライナ政治においてしばしば揺れてきた「西（＝親欧米）か東（＝親ロシア）か」の議論に終止符が打たれたことを意味したが、これを受けて大統領に就任したポロシェンコはその外交・安全保障政策の基本を「親欧米」と「脱ロシア」に定め、政治・軍事の両面にわたる構造改革を矢継ぎ早に実施していった。

これら改革は今日においてもなお道半ばで課題が残されているが、これまでに得られた成果は、結果的に今回のロシアによる軍事侵攻に対する戦闘に向けた準備の意味をもつものとなった。

以下、2014年から開始されたウクライナの改革について、今回の軍事侵攻に対する抵抗を支えた要因という観点から、政治的側面と軍事的側面の双方について見ていきたい。

1、政治面の改革

ポロシェンコ前大統領と2019年5月に就任したゼレンスキー現大統領は当然ながら多くの面において政策の違いがあるが、先に挙げた「親欧米」と「脱ロシア」という基幹部分においては異なるところがない。以下、これを①法制度改革、②親露派の排除、③ロシアとの武器技術協力の解消の3点から述べていきたい。

（1）法制度改革その1―NATO・EU加盟を明記する憲法改正

ポロシェンコは2014年の大統領就任以来、NA

TOならびにEU加盟を目指す政策を推し進めてきたが、法的な意味でその後の政策に最も大きな影響を与えることになったのは、政権末期ながらこれら政策の推進をウクライナ憲法に明記したことである。

具体的には、ウクライナ大統領の権限などを規定する憲法第5章冒頭に、「ウクライナ大統領は……ウクライナの欧州連合および北大西洋条約機構への正規加盟に向けた国家の戦略的方針の実現の保証人である」（102条）と規定した[3]。

この憲法改正の意味は重大である。NATOやEUへの加盟というのは重要ではあるが一つの政策上の方針であって、統治機構のあり方や基本的人権に関する根本規範たる憲法に規定することには本来馴染みにくいものである。また一旦規定された憲法条項を変更することは容易ではなく、ウクライナでは憲法裁判所の承認を得た上で議会の3分の2（450人中300人）以上の賛成を得、さらに国民投票が必要になる。

加えて、45人以上の最高会議議員あるいは最高裁判所など権限ある機関がある法律を違憲と判断した場合には憲法裁判所に提訴することができ、これが認められれば当該法律は直ちに無効となってしまう。この場合、具体的な法律上の争訟を必要としない。ウクライナにおいてはこの制度が政治的に利用されることも少なくなかった。

しかしながら、そもそもウクライナ人のアイデンティティを完全否定する軍事大国（ロシア）に隣接し、一方で自身はこれに匹敵する軍事大国にならず、またなれないというのであれば、ウクライナはその基本的な安全保障政策としてNATO加盟を目指すしかない。またNATO加盟が当面難しいというのであれば、これに準ずる何らかの安全保障上の枠組み構築を目指すしかないのである。当時のポロシェンコ政権としては、ウクライナの国家戦略について常に争われ流血の事態にもなってきた「西（＝親欧米）か東（親露）か」という対立の解消に憲法上の基礎を付与することで、さらなる国論の分断を防ごうとしたのであろう。

他方、同時にNATO・EU加盟を憲法上明記したことは、政策的な微調整の余地を狭める要因ともなっており、現実の国際政治の中で最適解を見出す過程においては憲法上の規定との調整を可能とする強い政治力が必要となってくる。前述の「ウクライナの安全保障メカニズムに関する諮問グループ」において、NATOに代わる何らかのメカニズムが考案され、現にその方向に向かう場合には、憲法規定との調整が必要となってくるであろう。

（2）法制度改革その2—ロシアの位置づけを法律で規定

以上は「親欧米路線」を憲法改正によって制度的に保障しようとしたものであるが、「脱ロシア」についても、ポシェンコは政策面のみならず法的にも規定する措置をとった。

ポロシェンコは、2015年5月に採択した「国家安全保障戦略」に基づき、同年9月には大統領令にて「軍事ドクトリン」を定めたが、その中でロシアをウクライナにとっての「主要敵（major enemy）」と明記した。さらに2018年1月、ポロシェンコはドンバスの被占領地域をウクライナに取り戻すための「再統合法（Reintegration Law）」に署名したが、同法ではロシアを「侵略国」と規定している。

ウクライナ独立後の歴史において、軍事戦略的にも法的な意味においてもロシアを公式に「敵」あるいは「侵略国」と規定したのはこれが初めてである。ただこの措置はウクライナ軍にとって実務的に重要な意味があった。

ドンバスの武装勢力はそれまで法律上は「テロリスト」と位置づけられ、よってこれへの対応はウクライナ軍ではなくウクライナ保安庁（ソ連時代のKGBのウクライナ支部の後身。SBU）が主導することとなっていた。それが軍事ドクトリンにおいてロシアが「敵」と明記されたことを受けて、ウクライナ軍は特殊作戦部隊（Special Operation Forces）を創設することとなり、さらに「再統合法」においてロシアが「侵略国」と規定されたことで、ドンバスの紛争は

「侵略国」たるロシアとの「戦争」である（すなわちウクライナの内戦ではない）ことが法的に確定し、よって武装勢力・ロシア軍との戦いはウクライナ軍が主導することが可能になったのである。

ウクライナ軍によるロシア軍との実質的な戦闘経験はこの頃から本格的に積み重なっていくことになる。

（3）親露派の排除

マイダン革命の際に政権内の親露派勢力の重要人物が国外に逃亡したことなどは、「脱ロシア化」政策を維持する構造的な基礎の一つとなったが、ポロシェンコはこれをさらに進め、ヤヌコヴィッチ大統領時代に政権内にあった者を徹底して排除する政策をとった。ヤヌコヴィッチ大統領（2010年2月～2014年2月）はマイダン革命を受けてロシアに逃亡したが、ほかにも当時のレベディエフ国防相、ヤキメンコ保安庁（SBU）長官もロシアやロシア占領下のクリミアに逃亡した。このことは当時、実に大統領、国防相、保安庁長官という国家安全保障上の最重要人物がいずれも親露派で、ロシアと非常に緊密な関係にあったことを示している。

レベディエフ国防相（2012年12月～2014年2月）は2014年2月、ヤヌコヴィッチが逃亡したあとすぐ、首都キーウから「併合」後のクリミアのセヴァストポリに逃れ、その後ロシア市民権を得て同地でビジネスに従事してきたとされている。当時、レベディエフ国防相のほかにも、多くの軍部隊に所属していた親露派司令官がウクライナから逃れていった。

マイダン革命時のSBU長官であったヤキメンコ（2013年1月～2014年2月）はヤヌコヴィッチ大統領に引き立てられて2010年以降SBU内で昇進を続け、2013年にSBU長官となった。同長官は2014年のマイダン革命の際、デモ隊をスナイパーにより攻撃させたとしてウクライナ最高会議によって解任され、SBU内の部下15人を引き連れてヤヌコヴィッチと同様、ロシアに逃亡した。

国防省・軍の2014年以降の改革については後述

するが、情報機関たるSBUについては、ヤキメンコが逃亡したあと同人解任の急先鋒であった元保安庁長官のナリヴァイチェンコが一時的に長官代行を務めたあと、SBU勤務30年近くになるたたき上げの特務機関員であるフリツァークが長官となり(2015年6月~2019年8月)、ポロシェンコ大統領と二人三脚で「脱ロシア化」を進めることとなった。

ウクライナ保安庁(SBU)にとって、クリミア「併合」の推進力となったロシア保安庁(FSB)との決別は特別の重要性をもった。ヤキメンコを排除したあと、SBUは直ちにそれまでFSBおよびその他ロシアの法執行機関との間で結んでいたすべての協力合意を破棄すること、協力は国際テロリズムとの戦いなど双方にとり意義のある特別の事項に限定されることを宣言した(2014年6月)。その後もフリツァーク長官が中心となって、ウクライナ国内におけるFSBの動きを常時監視し、保安庁内の親露勢力の排除が進められていった。

さらにポロシェンコは2014年10月、いわゆる「浄化法(Law on Lustration)」を成立させ、政権内の親露派排除をさらに徹底しようとした。これはヤヌコヴィッチが大統領であった2010年2月から同人がロシアに逃亡した2014年2月までの間、少なくとも1年間にわたって政権内の高官であった者は10年間、国家機関の職員になることを禁止することを主たる内容としている。

これは当時の状況を背景に大きな政治的流れの中で成立した法律ともいえるが、極めて政治色が強く、欧州評議会のヴェニス委員会を含め、国際社会からはしばしば批判されてきた。また本法律の運用には不透明な面があり、たとえばゼレンスキー大統領就任当初に大統領府長官を務めたボフダンはヤヌコヴィッチ大統領時代、反汚職政策推進政府委員を務めた経験があり、本来、本法により大統領府長官にはなれないはずであったが、実際にはゼレンスキーが大統領に就任した2019年5月から2020年2月まで大統領府長官を務めたのである。

よって実際には「浄化法」の完全な実施は困難であ

ったし、また徹底する必要もなかったと思われるが、いずれにせよこのような経緯を経て2014年以降の8年間に、親露派の政治家や公務員は政治的にも法的にも政界から排除されて今日に至っている。

これは一面で過度な政治闘争と言えなくもない。しかし他方で、現に野党第一党のリーダーであるメドヴェーチュクは「プーチン大統領の代理人」といわれ、自他ともに認める親露派で、ウクライナにおいてロシアの権益を守る役割を果たしてきたことは周知の事実であり、親露派の政界からの排除は徹底した現実主義に立ったものともいえる。

なおメドヴェーチュクは2021年秋頃からドンバスにおける不正経済活動などの容疑で軟禁状態となり、2月24日の軍事侵攻直後に逃亡を試み、直ちに逮捕・拘禁されている。

(4) ロシアとの武器技術協力の解消

ウクライナはソ連時代から戦車(ハルキウのモロゾフ設計局、マルィシェフ製造企業)、大型輸送機(キーウのアントノフ社)、軍用艦艇(ミコライウ造船所、ヘルソン造船所、セヴァストポリ造船所)、ヘリ・航空機エンジン(ザポリージャのモトールシーチ社、イフチェンコ・プログレス設計局)、ミサイル(キーウのルーチ設計局)、大陸間弾道弾・衛星(ドニプロペトロウスクのユージマシ科学生産連合体:設計・製造)など、ソ連軍兵器の設計・製造全体の中で極めて重要な役割を果たしていた。

ソ連邦が崩壊してウクライナが独立したことにより、これら兵器産業はロシアから独立することとなったが、それまで長期に渡って続けられてきた相互依存関係は一朝一夕には解消されなかった。1990年代から2000年代にかけて、ロシアはウクライナ防衛産業にとって最大の顧客であり、またロシアにとっても部品供給や整備の関係でウクライナとの協力は必要であった[4]。

それでもウクライナが独立して以降、特に2000年代後半頃からはウクライナとロシアのいずれも、相手に依存しない兵器生産を目指し始め、2014年の出来事はこの動きを決定的なものとした。同年6月、ウクライナ国家安全保障・国防会議（NSDC）はロシアとの軍事技術協力の禁止を決定し、「この日をもって防衛産業におけるロシアとの協力を中止する」旨を正式に表明した[5]。

これによってウクライナの防衛産業は最大の市場であるロシアを失うことになったが、同時にロシアとしても、少なくとも宇宙開発、戦略ロケット、航空機エンジン生産などの面で一定の制約を受けることになった。

2、軍改革

1991年のウクライナ独立当時、ウクライナは世界第三位の核兵器保有国であり、またソ連邦構成主体であるウクライナ・ソヴィエト社会主義共和国から引き継いだ膨大な軍隊[6]を擁していた。ところが、当時は今日のようにロシアとの間で深刻な対立を抱えていたわけではなく、経済の再建が最優先課題で、大規模な軍隊を養う余裕はなく、また必要でもなかった。

よって当時の軍改革は規模を縮小してより効率的な軍隊とすることを目標とし、ウクライナ軍は毎年削減されていったのである。その後、「オレンジ革命」[7]を経て成立したユーシェンコ大統領（2005年1月～2010年2月）の時代には約21万人程度で安定した兵力を維持し、加えてNATOとのインターオペラビリティが進められつつあった。ところが2010年に政権をとった親露派のヤヌコヴィッチ大統領時代に、ウクライナ軍は再び削減路線に転換し、2013年のマイダン革命直前には12万1000人にまで削減されていた。

当時ウクライナ軍は兵員数が大幅に減少しただけではなく、装備もソ連邦崩壊後ほとんど更新されないままで、組織編制、交戦規則など、ほとんどがソ連邦時代と基本的に変わらず、兵員の訓練も不十分でまた士気も低かった。

そのような中でマイダン革命が起こり、その混乱の中でロシアによるクリミア「併合」、続いてドンバスへの軍事介入が行われたのである。当時のウクライナ軍は外部からの攻撃に対しほぼ無防備であったといってよく、ロシアによるハイブリッド攻撃に対し効果的に反撃することができなかった。ロシアはウクライナが軍事的に無防備で政治的に混乱している隙を狙って攻撃し目的を達成したといえるが、まさにこの時の経験がウクライナをしてNATO標準に沿った軍改革に向かわしめる原動力となったのである。

すなわち、ヤヌコヴィッチ大統領時代に12万人規模にまで削減されたウクライナ軍はマイダン革命後の2014年には一気に約20万人に増え、その後も毎年増員されて2019年には31万人までになった[8]。また予算についても年々増額され、対GDP比でみた軍事費は2013年には1・6パーセントであったのが翌2014年には2・2パーセント、その後も一貫して上昇し続け、2020年には4・1パーセントにまで拡大している。この数字は今日、どのNATO加盟国より大きい。

ポロシェンコ大統領時代に開始されたウクライナ軍改革は「脱ソ連・ロシア」とNATO標準化を目指し、軍の組織編制、指揮統制システム、教育、訓練、要員募集要領、防衛産業と武器調達のあり方など、軍のあらゆる分野にわたる全面的な改革であった。これらの改革なくして今日ウクライナ軍による対ロシア戦の奮闘ぶりはあり得なかったであろう。

以下、今回の戦闘との関係に焦点を当て、特に、①国産兵器開発、②指揮命令系統のNATO標準化および③電子戦対策について述べていきたい。

(1) 国産兵器の開発等に向けた努力

既述の通り、ソ連邦崩壊に続く経済的混乱に加え、さらに2014年以降、武器輸出の最大顧客であったロシアを事実上失ったことで、ウクライナの防衛産業はおしなべて資金難に直面することになった。ただし、そのような中にあってもウクライナは国産の武器生産に向けた努力を続けてきており、いくつかの面で成果を上げている。

ロシア軍との戦いを前提とした場合には、ウクライナの武器生産能力は今日においてもなお全く不十分であり、今回の戦闘においても西側からの武器供与に大きく依存せざるを得ないが、苦境の中にあっても国産兵器の開発努力をやめなかったことは特筆すべきである。そのような努力の例として、ミサイルと航空機エンジンの開発に触れておきたい。

4月13日にロシアの黒海艦隊旗艦のミサイル巡洋艦「モスクワ」を撃沈したネプチューン・対艦巡航ミサイルは、ソ連時代のKH‐35巡航ミサイルをベースとするキーウのルーチ設計局のプロジェクトで、マイダン革命の2014年より前に開発を開始、その後本格的な開発が行われて2015年9月にはキーウで行われた第12回国際貿易フェア「Arms and Security 2015」に展示された。そこでの説明ぶりでは、ネプチューン・ミサイルは固体燃料推進で最大射程約300キロメートル、10〜15メートルあるいは3〜10メートルまでの低空巡航が可能とされていた。

ネプチューンについては2018年1月に最初の成功裏のフライト・テストが行われ、2020年にウクライナ海軍と納入契約を締結している。2021年12月の段階では実際にウクライナ海軍に配備されるのは2022年4月になるとされていたが（ウクライナ海軍司令官発言）、今回のロシア軍による侵攻を受けて配備が早まったものと思われる。同ミサイルはそれまでほぼ無防備であった沿岸防衛の基本装備になっていくものとして作られてきた。

対戦車ミサイルについても、ルーチ設計局はソ連時代のミサイルをベースに国産のレーザー誘導式対戦車ミサイル・ストゥフナ‐P（Stugna-P 輸出用の名称はスキーフ〔Skif〕）を開発した。これは近距離（100メートル）から最大約5キロメートルまでの静止ならびに移動中の戦車などに対する攻撃が可能とされており、射程だけでいえば米国のジャヴェリン以上になる。２０１１年からウクライナ地上軍に配備され、今回のロシア軍による侵攻に対しても使用されている。

なお対戦車ミサイルとしては今回の軍事侵攻を受けて米国が供与したジャヴェリンが有名になったが、これは２０１８年から供与されてきたもので、使用についてはすでに習熟していたものと思われる。これらはウクライナ軍の対戦車能力を大きく向上させた。

そのほか同じくルーチ設計局がヴィカ（Vikha）と称する多連装ロケットシステム（ＭＬＲＳ）を開発しており、これはソ連時代のＭＬＲＳスメルチをベースにした発展型で、発射後に軌道を修正でき、かつ12発のミサイルがそれぞれ個別目標を攻撃することが可能で、射程は１００キロメートルを超えるとされている。さらにピヴデンネ（Pivdenne）設計局が新型短距離弾道ミサイル・フリム－２（Hrim-2）を開発している。

以上のウクライナ自身による装備面での強化によって、特に対戦車能力、火砲、防空能力などの強化が図られた。このような独自の努力の上に、米国をはじめとするＮＡＴＯ諸国からの武器供与があり、今日のウクライナ軍の装備はロシアによるクリミア「併合」当時のものとは大きく異なるものとなっている。

航空機エンジンについては、ザポリージャ所在のモトールシーチ社が軍用ヘリ、戦闘機などのエンジンについてほぼ独占的な供給源の地位を占め、総じて危機的な状況にあったウクライナの防衛産業の中でも「稼ぎ頭」の一つとなっていた。同社も２０１４年まではロシアとの協力の中で生産を行っていたのであるが、同年以降はロシアからの部品などに依存しない独立した生産プロセスの構築に努めてきた。

航空機エンジン技術は一朝一夕で習得できるものではなく、モトールシーチ社のエンジン生産技術はロシアが今なお完全には回復できていない技術の一つとなっている可能性がある。

なお中国が、モトールシーチ社の航空機エンジンに目をつけて同社の買収に動いたのだが、さまざまな問題があり、またウクライナ自身の対中警戒感もあって、現在ではほぼ白紙状態となっている。中国はかつてウクライナのミコライイウ造船所で予算不足のため完成できなかったスキージャンプ式空母「ヴァリャーク」を「カジノに利用する」としてウクライナから購入し、空母ではなく「鉄くず」であるとしてボスポラス海峡を通過して中国に曳航、その後これをベースに国産空母「遼寧」を建造してきた例がある。

いずれにせよ航空機エンジンに関するモトールシーチ社（およびイフチェンコ・プログレス設計局）の技術は貴重であり、ウクライナは引き続き独自の技術として守る姿勢であるが、ほかの地域の不安定化をもたらすような形で当該技術が移転されるようなことのないよう、可能な協力を行っていく必要がある。

（2）指揮統制システムのNATO標準化

2014年以降のウクライナ軍改革の成果として、今回の戦闘で大きく貢献したものの一つが指揮統制の面におけるNATO標準化あるいは「脱ソ連化」である。

ソ連時代の指揮統制の特徴の一つはトップダウンの指揮命令システムであるが、これは今日のロシア軍にも引き継がれている。戦闘が開始されて3月上旬あたりから、ウクライナ軍スナイパーによると見られるロシア軍将官の死亡が相次いだ。[9] その原因について断定することはできないが、将官が戦闘の最前線に出てきていた可能性が高い。そうであれば将官が最前線に出て直接指示を与えなければならない状況にあったということであり、その背後には現場の指揮官クラスが判断できる範囲が非常に狭いという事情があった可能性がある。

また4月20日、ショイグ国防相はプーチン大統領に対しロシア軍はマリウポリを掌握したと報告し、これに対しプーチン大統領自ら「アゾフスタリ製鉄所への攻撃」を中止するよう命じた。マリウポリ制圧はロシア軍にとって重要目標の一つであるとはいえ、ウクライナ制圧あるいは東・南部攻略という戦略目標達成のためのプロセスの一つにすぎない。この命令は、ロシア軍最高司令官たる大統領が軍トップの国防相に対し、戦略面のみならず特定の軍事目標に関しても直接指示していることを意味している（ただし本件については、プーチンがあくまで戦争の全体を掌握していること、また大統領が「ロシア兵を守るため」に配慮していることを示すためのＴＶ放映で、プーチンによる宣伝工作の一つという側面もある）。

４月末、ゲラシモフ参謀総長はウクライナ東部ハルキウ州のイジュームを視察した。戦闘全般が想定どおりに進んでいないことによると思われるが、４月９日にそれまで南部軍管区司令官であったドゥヴォルニコフ大将がウクライナの戦闘全体を指揮する戦域司令官に任命されたにもかかわらず、その数週間後には作戦立案の最高責任者が直接現地に赴かなければならなかった。

ウクライナ側に拘束されたロシア軍兵士の多くは、少なくともウクライナ側に捕らえられた捕虜の発言や傍受された電話でのやりとりを見る限り、自身の任務が何であるかを告げられることなく戦争に参加しており、上からの指示がなければ何らの行動もとることができなかったことが窺える。

以上のことはすべて、今日のロシア軍がソ連時代から変わらぬトップダウンで柔軟性に欠ける指揮命令システムの下にあることを示唆している。これに対しウクライナ軍は２０１４年以降、米国をはじめとするＮＡＴＯ諸国による訓練などを通じてＮＡＴＯ型の指揮命令システムに移行してきており、その中で個々の戦域における判断は必要に応じ下級指揮官への委譲が進められてきた。

２０２１年７月、ゼレンスキー大統領は48歳のザルジニイ中将をウクライナ軍総司令官に任命した。ザルジニイは１９７３年７月生まれで、18歳の時にウクライナが独立し、ソ連軍を経験せず職業軍人としてのすべてを「ウクライナ軍人」として過ごした世代である[10]。ザルジニイは訓練や共同演習などを通じＮＡＴＯとの協力の中で育ってきており、彼が推進する指揮統制システムはソ連時代とは全く異なるものとなっている。

ザルジニイは総司令官に任命された2カ月後の2021年9月、インタビューで次のように述べている(以下はインタビューが行われたラジオ・スヴァボダの記事の筆者訳)。

「……自分はソ連の軍学校では学んでいない。……自分は(ソ連型ではなく)NATO型の指導者になることを望んでいる。……2014年以降、将校の世代が変わってきている。彼らの中にはすでに大隊長、あるいは副旅団長になっている者もいる。……あと3~5年もすれば最高レベルにまで達する者も出てくるだろう」

NATO型の指揮命令は達成すべき軍事「目標」を与えることを重視し、これに対しロシア軍は軍事目標を達成する「手段」あるいは「方法」を与えることを重視する。この違いが、個々の兵員の行動の柔軟性の有無につながっている。現在、ロシア軍が戦っているウクライナ軍は、その指揮命令システムにおいてソ連時代とは大きく異なる軍隊となっている。

現在のロシア軍との戦いの中でウクライナ軍は米国をはじめとする西側諸国から大量の武器供与を受け、その中にはこれまでウクライナ軍が有していなかった新型兵器も多く含まれている。彼らはこれら兵器の使用要領を学び、その上で実際の戦闘で使っている。

また米英両国はこれまでもウクライナ軍訓練のための要員を派遣してきたが、今回の侵略を受けて、さらに2022年5月、米ニューヨーク州の指導者養成機関「Thayer Leadership」のダン・ライス校長がザルジニイ総司令官の「特別顧問(Special Adviser)」に任命され、総司令官に助言する役割が与えられた。ダン・ライスは5月にリヴィウとキーウを訪問し、ザルジニイをはじめ総司令官を支える将官たちと会談したあとのインタビューで、次のように述べている(5月19日付ウクルインフォルム掲載英文記事を筆者訳)。

「これ(=ウクライナ軍)はもはや、ソ連邦の一部であった頃にそうであったような、古いソヴィエト型の軍隊ではない。……実際クリミア(「併合」)以来、ウクライナ軍は劇的な変貌を遂げた。特殊作戦部隊から心理・情報工作部隊に至るまで、すべてが完全に変革されている。しかもその多くの部分がＮＡＴＯの特殊部隊と協力している」

（3）電子戦能力の強化

現代戦において電子戦能力の優劣はしばしば決定的な意味合いをもつ。ウクライナ軍も２０１４年以降の軍改革において電子戦能力の強化に特に力を入れてきた。

２０１４年のクリミア「併合」の時、電子戦においてウクライナ軍はロシア軍に対し完全に劣位にあった。しかしながら、その後ウクライナは電子戦能力の強化に向けてさまざまな措置をとってきている。

国営通信ウクルインフォルムによれば、ウクライナ国防省は遅くとも２０２０年までに米国Ｌ３ ハリス（Harris）・テクノロジーズ社をウクライナ軍における秘匿通信機器の基本的な調達先とすることを決定している。これを受けてすべてのウクライナ軍の通信ステーションがそれまで使っていたトルコのアセルサン（Aselsan）社からＬ３ ハリス・テクノロジーズ社に変更されていった。Ｌ３ ハリス・テクノロジーズ社の通信機器は電波妨害に強いことに加え、自身は高い電波妨害能力をもっているとされている。

またドローン（無人機）についても、長距離砲などに正確な標的の位置情報を伝えるスペクタートル（Spectator）Ｍ１、米から供与されたいわゆる「自爆ドローン」のスイッチブレード（Switchblade）、トルコから購入した無人戦闘攻撃機であるバイラクタル（Bayraktar）ＴＢ2などを保有している。

一方、ロシア軍においても電子戦能力は特に強化してきたものの一つであるが、少なくとも緒戦段階において、ロシアの電子戦部隊は効果的に機能しなかったと見られる。ロシア軍はウクライナ国内で携帯電話を使って部隊に指示を与えていたとする報道やウクライナ側の発表がしばしばなされているが、あらゆる状況証拠から判断してこれは正しいと考えてよさそうである。そうであれば暗号化された通信手段をロシア軍が何らかの事情により使用できなかったことを意味している。[11]

２０２０年2月、筆者がまだウクライナ在勤中、キーウを訪問してウクライナ軍と意見交換を行った陸上幕僚監部指揮通信システム・情報部長の廣惠次郎陸将補（当時）が、帰国後に産経新聞のインタビューに答えている。[12] 同氏によれば、ウクライナへの軍事介入におけるロシア軍の作戦は「電子戦とサイバー戦を一体化」したもの、すなわち電子戦によりウクライナの無線通信利用を妨害し、その結果、司令部などとの連絡に携帯電話を使わざるを得なくなったウクライナ軍兵士の携帯にメールなどで、たとえば展開拠点を変更させる偽情報を送信、変更後の地点に誘導された兵士に集中砲撃を加えるといった作戦である。

今回の軍事侵攻においてロシア側が携帯電話を使わざるを得なくなった理由が、ウクライナ側による電子戦で無線通信の利用ができなかったことにあるとすれば、ロシア軍はまさに自身がドンバスなどでとってきた作戦をウクライナ側に逆利用されたことになる。

なお4月末、ハルキウ州イジュームにおける戦闘で、ロシアのアンドレイ・シモノフ中将がウクライナ側からの火砲による攻撃で戦死したと報じられている。同中将はロシア軍西部軍管区の電子戦部隊のトップであり、その死亡が事実とすれば、ロシア軍の電子戦遂行能力にとって相当の痛手となるであろう。

（４）西側によるウクライナの軍改革支援の将来

以上の通り、ウクライナにおける軍改革は２０１４年のロシアによるクリミア「併合」とドンバスへの軍事介入という事態を受けて、何よりもまずウクライナ人自身による「脱ロシア」と「親欧米」路線に向けた強い決意に支えられ、その上に積み重ねられた西側諸国の協力を得て今日まで実施されてきた。

今日のウクライナ軍はソ連邦崩壊時のそれとはもちろん、２０１４年当時のものとも大きく異なる軍隊となっており、この新たなウクライナ軍が２０２２年２月24日以降のロシア軍による侵略に対峙することとなったのである。

しかしながら、客観的にみて軍改革はなお道半ばであり、特にロシアのような軍事大国で、かつこれまで幾度も地域紛争に介入して「実績」を積んできた軍隊と単独で戦うだけの力はなく、西側諸国による援助が必須の条件であることは変わらない。

その点、NATO標準化に向けた西側諸国の協力は、ウクライナがロシアに全面降伏してロシアの一部になってしまうようなことがない限り（その可能性は極めて低い）、今回の戦闘が終了したあとも続けられるであろう。他方で、西側諸国による協力はこれまで終始一貫、何の問題もなく進められてきたわけではない。次のように、そこには少なくとも二つ、ある種のジレンマが存在していたし、今後も存在し続けるであろう。

ロシアとの戦争継続の中での改革からくるジレンマ

ジレンマの第一は、ウクライナの軍改革が、新たな民主主義国家として生まれ変わるための全般的な改革の一環として位置付けられ、それをロシアとの戦闘が続くなかで行わなければならないという特殊事情からくるものである。

西側諸国によるウクライナ軍の改革支援は、あくまでもウクライナ国家に対する全般的な改革支援の一環として位置づけられているのであって、汚職対策や司法改革、法執行機関改革などの包括的な改革の実現と無関係に進めるわけにはいかないというのが基本である。

これに対しウクライナとしても民主化と法の支配確立に向けた改革の必要性は十分に理解しているものの、日々ロシア軍と現実の戦闘を続け犠牲者も出しているなかにあって、「背に腹は代えられない」という思いで財政支援や武器供与、さらにはNATO加盟の早期実現を優先させることを常に望むことになる。そのため支援する側とこれを受ける側の間には常に「改革が先か、支援が先か」という基本的な対立構造があった。

今回のロシアの行動は、これまで積み重ねてきた国際秩序を真っ向から否定するもので、かつあまりに非道であり、これに対してウクライナが敢然と立ち向かい戦っているため、西側諸国としては、今はとにかくロシア軍の進撃を食い止めるための軍事的・経済的支援に集中して、前述のようなジレンマを議論している余裕はなく、問題は表面化していない。

しかし、戦争が長期化していくなかで、軍事力の強化とそのほかの改革とのギャップが大きくなっていくことは十分に考えられる。今後いかなる形にせよ戦闘が停止され、国土と国家機能の復興という段階に至った時、このギャップを埋めていく作業が必要になってくるだろう。

軍事大国ロシアを相手とすることからくるジレンマ

ジレンマの第二は、ウクライナが過去から現在にわたり戦っている相手が軍事大国ロシアであることから生じるものである。これは端的に、西側諸国として対ウクライナ軍事支援の目標値をどこに設定するかという問題といってよいであろう。

ロシアによるウクライナ侵攻に対し、西側諸国はこれまで一貫してウクライナを政治的・経済的・軍事的に支援してきたし、今後も支援していくであろう。ただし、このうちの特に軍事支援については、その目標値をどこに置くかによって支援の内容やタイミングは大きく異なってくる。

侵攻の初期段階では、西側諸国の軍事支援は「ウクライナの戦い」を支援するという立場であった。これは論理的には、ウクライナが「降伏する」と言えばそこで終わることを意味している。決して公言されないものの、そこにはウクライナはロシアとの戦いで勝利を収めることはできないであろうとの想定があったと思われる。

ところが、ウクライナは軍事大国ロシアを相手に一歩も引かず、西側諸国のみならず世界の多くの人々の予想に反し、極めて頑強な抵抗を示し、かつ善戦してきた。すでに英国のジョンソン前首相は「ウクライナは勝利する」と明言し、ブリンケン米国務長官は「もしウクライナがドンバスを取り戻すというのならこれを支援する」と言い、ドイツのシュルツ首相でさえ控えめな言い方ながら「ロシアは勝利することができない」と言い始めた。

これらの発言はそれぞれの首脳らが置かれた異なる政治状況に立脚したもので、かついずれも慎重な言い方になっているが、少なくとも軍事支援の方向性をウクライナの「勝利」に向けていく意思を感じさせるものである。

ではウクライナの「勝利」とは何を意味するのか。今の状況以上にロシアの占領地を広げさせず停戦することか、2月24日以前の状態に戻すことか、それとも2014年以前の状態に戻すことか。これらはロシア側の出方をどう評価するかの判断にも関係しており、支援を行う西側諸国の中で必ずしも考え方が一致していない。そのため、場合によってはロシア側に西側分断工作の材料に使われる危険性も内包している。

今後、戦闘が長期化していくにつれ、この支援の目標値をどこに置くかという問題が西側諸国の対ウクライナ軍事支援の程度とタイミングに陰に陽に影響を与えていくことになるだろう。

ウクライナのNATO加盟問題の今後

なおウクライナのNATO加盟問題について付言すれば、もともとNATOとしては、たとえば2008年のブカレスト・サミット宣言文においてウクライナとジョージアのNATO加盟に対し歓迎の意を表し、加盟の「窓は開かれている（windows remain open）」と明記したものの、実際には近い将来において加盟を具体化する意思はなかった。その背景には、既述のようなウクライナの改革の現状のほかに、おそらくはロシアに対する配慮もあったものと思われる。

ところが2022年3月24日のNATO緊急首脳会議終了後の宣言では、今回のロシアによる侵略を「北大西洋の安全保障に対する過去数十年の中で最も深刻な脅威」と明記し、また6月29日のマドリード首脳会議終了後の宣言ではロシアを「同盟諸国の安全保障に対する最も深刻かつ直接的な脅威」と位置づけた上で「決意と連帯をもって引き続きロシアの脅威に立ち向かう（counter）」と明言した。

要するにNATOは、ロシアがNATO全体にとっての脅威であると公式に認定したわけであるが、その「NATO全体にとっての脅威」と命をかけて戦っているのは誰かといえば、NATOに入れてもらえないウクライナということになる。

今後の戦闘の帰趨にかかわらず、NATOとしてはウクライナの現在の位置づけを変えないでいることは困難になると考える。直ちに加盟にはならなくても（＝加盟には領土問題という難問を克服する必要がある）、何らかの形で実質的な関係を深める方向になる可能性が高いのではないだろうか。

またウクライナはすでに米英をはじめ多くのNATO加盟国から武器援助（使用要領の訓練を含め）を受けており、今後仮にロシアの侵略を撃退することができたとするならば、第二次世界大戦後、欧州で初めての大規模戦争においてロシアを屈服させた強力な軍隊を持つ国となる。そうなればNATOとしてもウクライナをむしろ自身の陣営の中により強く取り込んでおく方が望ましいと考える可能性がある。

Ⅲ　ウクライナにおける情報戦への取り組み

今回の戦闘におけるウクライナの戦いぶりについて最も印象的で、かつ最も重要な役割を果したものの一つが情報戦である。(13) 情報戦への対処は世界の主要国がいずれもそうであるように、ウクライナもそしてロシアも特に重視して長らく取り組んできた分野である。またロシアは現に、情報戦については非常に高い能力を有している。ところが今回の戦闘においてロシアはその情報戦の能力を十分に発揮できておらず、他方ウクライナは非常に高いパフォーマンスを見せたといえる。

それにはさまざまな理由が考えられるが、最も重要なのは、今回のロシア軍の行動に全く大義名分がなく、かつあまりに非道で正当化のための実質的な根拠を持たないという、動かし得ない客観的事実があることである。

その上で、情報戦の帰趨はサイバーや電子戦にかかる技術力だけではなく、どれだけ多くの個人、企業、各国政府等々の協力が得られるかによって大きく異なる。今回ウクライナは官・民・国際のそれぞれにおいて多大な協力を得ており、このことが情報戦におけるウクライナの相対的な優位の重要な背景になっていると思われる。以下、具体的に見ていきたい。

1、情報戦対策の枠組みづくり—官・民・国際の三次元協力を重視

ウクライナ政府による情報戦対策の枠組み作りはポロシェンコ大統領の時代に開始され、これをゼレンスキー大統領が改良・発展させてきたといえる。枠組み作りはサイバーセキュリティ、偽情報対策を中心に行われてきたが、その発展の基本的方向性は官・民・国際の三次元協力の推進であり、これにはウクライナ国民、EU、NATOも積極的に協力してきた。

(1) サイバーセキュリティ

2014年のクリミア「併合」の前後から、ウクライナは何度もインフラ施設などに対する大規模なサイバー攻撃を受けてきた。ロシアによるクリミア侵入の際はロシア軍の動きから関心をそらすためのコンピュー夕ー・通信ネットワークに対する大規模なDDoS攻撃、同年5月の大統領選挙時には選挙管理委員会のコンピューターへのハッキング、翌2015年12月と2016年1月には立て続けに発電・配電施設に対するサイバー攻撃による大規模な停電等々、ウクライナはバルト三国と並んでロシア(およびその協力者)によると思われるサイバー攻撃を最も多く受けてきた国の一つである。ウクライナはこの8年間、常にサイバー攻撃に対する国家的な対策の必要に迫られ続けてきた。

そのような中にあって2016年3月、ポロシェンコはサイバーセキュリティ対策のための最初の公式文

書となる「サイバーセキュリティ戦略」を策定して、ウクライナにおけるサイバー空間の安全な利用のための優先事項を規定、これに基づき政府部内のサイバー関連部局の活動・政策の調整を任務とする「サイバー安全保障のための国家調整センター（National Coordination Center for Cybersecurity：ＮＣＣＣ）」を国家安全保障・国防会議（National Security and Defence Council: ＮＳＤＣ）の下に設置した。同センターは政府部内でサイバーセキュリティに関わる諸機関（国防第一次官、参謀総長、保安庁長官、対外課報庁長官、国家警察長官、中央銀行総裁〔必要に応じ〕、軍情報総局長、国境警備庁の課報部門のトップ[14]、保安庁傘下の特別通信情報保護庁長官[15]）の活動を調整することとなった。

ただし、当時この調整センターはなおその権限が十分に確立していたとは言えず、傘下の実働組織間の調整は必ずしも効果的に機能しなかった。そのような中で２０１９年５月に大統領に就任したゼレンスキーは、メディア業界出身であることもあってか「スマートフォンの中の国家（State in a Smartphone）」をキャッチフレーズに行政サービスのデジタル化を精力的に進め、これとも関連して国家としてのサイバーセキュリティ対策を重視する措置をとっていった。

２０２１年５月、ゼレンスキー大統領はポロシェンコ時代の「サイバー安全保障戦略」を改訂し、「電子政府（e-government）」の導入や電子通信の安全性確保を国策上の重要課題と位置づけて「調整センター」の権限を一層強化した。新たな方針の最大の特徴は、内外の民間部門との協力およびＥＵ，ＮＡＴＯほか友好国との協力を重視して、官・民・国際の三次元協力を精力的に進めたことである。

（２）偽情報対策

ロシアによる偽情報への対策もウクライナにとって絶対に避けられない作業であった。この分野は民間部門の活動が先行して、２０１４年にはStopfake, Detector Media, Textyなどファクト・チェックを行うサイトが設けられ、ロシアのメディアによるウクライナ関連報道のファクト・チェックを公開していたほか、文字、写真、動画などのファクト・チェックの仕方などの理解の普及に努めてきた。

ゼレンスキー大統領時代になってからは、これらに加えて２０２１年には文化情報政策省傘下に戦略通信・情報安全保障センター（Center for Strategic Communications and Information Security）を、またＮＳＤＣ傘下に偽情報対策センター（Center for Countering Disinformation）を創設した。前者は基本的に公開情報をもとに偽情報対策を行い、後者はそれに加えて政府関係機関が得たインテリジェンス情報を含む分析を行った上で偽情報対策を立案し、ＮＳＤＣを通じて関係政府機関に指示することを任務としている。

なおクレバ・ウクライナ外相は偽情報の専門家で著書も出しており（ウクライナ語のみ）、これら偽情報対策にも貢献していることは間違いないと思われる。

２、情報戦の遂行

今回のロシアによる軍事侵攻に始まるウクライナとの戦闘における最大の特徴の一つは、火砲や戦車、装甲車などを用いた「目に見える」戦い、あるいはキネティックな戦闘の裏で、非常に広範囲なサイバー・情報戦が繰り広げられていることである。

前述の通り、ウクライナによる本格的なサイバーセキュリティ対策は大規模なサイバー攻撃を受けた２０１４年以降になされてきたが、今回の軍事侵攻に関連するサイバー攻撃に対し、ウクライナは非常に効果的な戦いを見せた。

サイバー攻撃への対応は目に見えない戦いであり、その成果についてもキネティックな（目に見える）戦闘ほどには計量的に示すこと、特に我々のように直接的な情報をもたない第三者が推し量ることには困難がともなうが、少なくとも以下の二つの成果があげられたことは間違いなく、これらを支えた要因には、サイバー攻撃に対するウクライナ側の対応が含まれていると考えてよいであろう。

第一に、今回のロシア軍のキネティックな攻撃は、多くの場合サイバー攻撃をともなっていたが、その攻撃は総じて計画どおりに進まず、しばしば膠着状態を見せたこと。

第二に、執拗なサイバー攻撃の中にあっても、戦闘の全期間を通じてウクライナにおけるインターネット通信はほとんど途切れることなく可能であったこと。

では、ウクライナは具体的にどのような情報戦を展開してきたか。今回の軍事侵攻における情報戦において最も重要な貢献をなしたのは、①ゼレンスキー大統領、②フョードロフ・デジタル化担当大臣（これには保安庁や軍情報総局などの情報機関の協力がともなう）、③ウクライナおよび世界の一般国民、そして、④米、NATOなど西側諸国の協力である。

（1）ゼレンスキー大統領の功績

国家が危機に陥った時、国の最高指導者によるリーダーシップは絶対的に重要である。ロシアによる軍事侵攻が開始された翌2月25日、ゼレンスキー大統領はスマートフォンを使って大統領府の建物をバックにセルフィー動画を作成し、自分はほかの主要閣僚らとともに逃げることなく首都キーウにとどまり、大統領としての仕事を続ける旨を伝え、ロシアの侵略に対して断固戦うというウクライナの進むべき道筋を明らかにした。

国家存亡の時に最高指導者がなすべき最も重要な任務は、国家と国民がどこに向かうべきか、その進むべき道筋を明確にすることである。この瞬間に、ゼレンスキー大統領は国家の指導者としての模範を示したといってよいであろう。ゼレンスキーには政治経験が全くなく、大統領として洗練されていない面もあるが、ロシアによる軍事侵攻によって祖国が地図から消え去ってしまうかもしれない時に、国家指導者としての範《はん》を見事に示したといえよう。

ゼレンスキー大統領はロシア軍と戦うウクライナ人を勇気づけ、犠牲となった人々を慰労し、国際社会の支援と協力を引き出すことに全力を注いできたが、これら任務のほとんどをスマートフォンによるメッセージの伝達という形で実行した。

ゼレンスキー大統領のスピーチは公式のものとして大統領府HPに掲載されたものだけでも2月（24日以降）に11回、3月に67回、4月に53回、5月に53回、6月に58回、7月に43回行っており、実に軍事侵攻開始後は毎日平均1・8回、スピーチを行っている。これは公式のものとして大統領府HPに掲載されたものだけの数字であり、プレスインタビューなどで大統領府HPに掲載されないものも考慮すれば、ゼレンスキー大統領が何らかの形で対外的にメッセージを発信する回数はさらに多くなるであろう。

戦時とはいえ、一国の最高指導者がかくも頻繁にメディアに登場して内外にメッセージを送る姿は極めて珍しい。しかもこれらはいずれもツイッターのような「つぶやき」ではなく、偽情報を排して戦闘の現状を直接説明し、何のために戦っているのかを明らかにして国民を勇気づけ、また世界の人々に実情を説明して支援と協力を得ることを目的とする、それぞれに読み応え、聞き応えのある内容のスピーチとなっている。

またその際、服装についても背広ではなくカーキ色のTシャツ姿であごひげも伸ばしたままにした「戦時の大統領」というイメージで内外の国民に直接語りかけるスタイルをとり、これは各国において国民レベルの支持を得る上で非常に効果的に機能したと言えよう。

以上のような大統領自身によるメッセージの効果的な発信が、ウクライナ国民の戦う意思を維持し、世界の人々に共感を呼び起こし、ウクライナに対する支援と協力を生み出す環境を作り出した。これが、ゼレンスキー大統領が情報戦において果たしている重要な役割の一端である。

(2) フョードロフ・デジタル化担当大臣の貢献

今回の戦闘における情報戦について、実務レベルで極めて重要な役割を果たしたのが、これまで政治経験の全くない、ゼレンスキー政権で最年少(31歳)のフョードロフ・デジタル化担当大臣であった。すでに述べたように、今日のウクライナにおける情報戦対策の最大の特徴の一つが民間部門ならびに海外との積極的な協力にあるのだが、同大臣はこれを非常に効果的に実践した。同大臣のイニシアチブによるサイバー戦対策は数多くあるが、主なものは次の通りである。

第一は、通信インフラの整備。フョードロフ大臣は今回の軍事侵攻2日後の2月26日、テスラ社のイーロン・マスク氏に連絡をとり、スペースX社のスターリンクによるインターネットアクセスの提供を要請した。これに対しマスク氏は直ちに要請に応じ、3月1日にはインターネット端末、機材がウクライナに到着したのである。これによりウクライナは、民生用通信のみならず無人偵察機、無人攻撃機などの運用にかかる通信ネットワークを確保できることとなった。

第二は、第一の点と関連するが、海外の巨大テクノロジー企業の協力を得つつ、ロシア軍による侵攻後もウクライナにおける通信サービスをほぼ維持させたこと。現地からの報告によれば侵攻開始後一時的に通信がつながりにくいことはあったが、総じて通信サービスは維持されてきた(ただしドンバスを除く)。これにはロシア軍がウクライナに進撃する中でウクライナの通信システムを破壊することをしなかったという事情が大きいが(その理由については別途詳細な考察が必要である)、その上で欧米通信事業者の多くがフョードロフ大臣の要請を受けて、あるいは自らのイニシアチブで、ローミングを含め通信やSIMの無償提供をしたおかげで、結果的にウクライナ人にとっての通信環境は大きな困難に陥ることがなかった。

また2月24日の侵攻後、フョードロフ大臣は直ちにフェイスブック、ユーチューブ、グーグルに対し、ロシアTVのアップ禁止などを求め、またアップルに対しても要請して、アップルのロシアでの販売停止にこぎ着けている。

　第三は、政府が保有するデータをオンプレミスからクラウドへと移行することを可能にしたこと。マイクロソフト社による6月22日付報告書[16]によれば、ロシア軍の侵攻が開始される直前の2月17日、フョードロフ大臣ならびにウクライナ議会関係者のイニシアチブによってウクライナはデータ保護法を改正し、政府が保有するデータをオンプレミスからクラウドへと移行することを可能にした。同法が改正されるまで、政府のデータはすべて政府部内のサーバーの中でのみ操作され、そこから出ることが認められていなかった。これではミサイル攻撃などで破壊された場合にすべてを失ってしまう。マイクロソフト社の報告によれば、ロシアによる緒戦の攻撃目標にはウクライナ政府のデータセンターが含まれていた。

　第四は、ウクライナの一般国民からの情報集約。フョードロフ大臣はｅエネミー（e-enemy〔ウクライナ語ではｅВорог〕）と称するチャットボットを考案した。これは国民一人ひとりが、自身が見聞きしたロシア軍の関連情報を政府に報告し、政府側がこれらを集約して戦闘を有利に進める上で利用するというものである。具体的にはｅエネミーをスマートフォンにインストールしてログインし、自分が見たもの（敵の兵器や兵士の行動など）を写真にとり、その位置情報と自身が得た関連情報と合わせ政府側に送信するというシステムである。ログインしたあとは質問に答える形で入力していくだけなので、自身が得た情報を手軽に通報することができる。

　この情報集約ツールは、２０２０年２月にゼレンスキー政権のキャッチフレーズの一つであった「スマートフォンの中の国家」戦略の一環としてフョードロフ大臣が開始した、Ｄｉｉａと称するデジタル個人認証システムの普及なしには考えられなかった。

　Ｄｉｉａとは、国民一人ひとりが自身のＩＤカード、パスポート、運転免許証、コロナ感染予防接種歴、保険、年金等々、行政機関の発行するほとんどの公的証明書などにワンタッチでアクセスできるアプリで、これによりウクライナ国民はいちいち役所に出向かなくてもスマートフォンからダウンロードし、あるいは証明用に提示することができるようになった。

　このようなシステムが実用化されたのは世界的にもウクライナが初めてであると言われている。このアプリは今や１４００万人のウクライナ人が利用しているが、システムには当然ながら利用者個人の認証を経た上で入ることになる。

　eエネミーチャットボットが効果的に機能するためには、入力される情報が信頼できるものでなければならない。ここで収集される情報はその大半がごく一般の人々によるものであるので、いずれにせよ一旦得た情報は政府部内で関連部局が信憑性の審査をすることになるが、その前に、情報を入力する者の人定が必要である。そこで威力を発揮したのがＤｉｉａであった。このチャットボットはＤｉｉａアプリによって行われるので、Ｄｉｉａを通じて提供される情報はすべて人定可能となったのである。これによって、たとえば外国人からの偽情報などは送信されにくい態勢がとられることになった。

（３）一般国民の貢献――「ＩＴ軍」への参加

　軍事侵攻開始二日後の2月26日、フョードロフ・デジタル化担当大臣は「ボランティア・サイバー軍」の創設を宣言した。これはロシアに対しサイバー攻撃を加えるハッカーを世界中から募集するもので、これに応募した者はメッセージング・アプリ「テレグラム」を通じて送られる指示に従い、それぞれがロシアの関連機関などに対しサイバー攻撃をかけ、あるいはロシアのリソースのバグ、バックドア、ログイン・パスワード、ネット・バンキングの脆弱性などをウクライナ政府に報告することになる。これにはウクライナ保安庁（および傘下の特別通信情報保護庁）や、おそらくは軍情報総局が深く関与しているとみられる。

　デジタル化省次官によれば3月初めの段階ですでに12万人の参加者が登録しており、5月半ば頃には30万人に膨れ上がった。そこでは攻撃すべきロシア企業やウェブサイトのIPアドレスが毎日ベースでテレグラムアプリを通じて送られてくる。デジタル化省次官はIT軍の活動によりロシアの政府関係機関や金融機関を機能不全状態にしたと述べている。

要するに、この「IT軍」は今日の戦闘に対しては直接的な交戦主体たる国の政府・国民のみならず、世界中の誰もが国籍や立場などを問わずいとも簡単に参加できることを示している。ロシアが軍事侵攻を仕掛けた直後から、有名なハッカー集団アノニマスがロシアに対し「宣戦布告」し、ロシア政府のウェブサイトや国営ニュースサイトなどを攻撃するとともに、世界中のハッカーに対してロシアへのハッキング攻撃を仕掛けるよう呼びかけたが、そのことの是非はともかく、これが今日における戦争の実相である。

同様のことはロシア側についても言え、ロシア政府機関については保安庁（FSB）、対外諜報庁（SVR）、軍情報総局（GRU）がそれぞれサイバー攻撃の主体となっているが、これに外国政府や内外の非政府系ハッカーらが協力しているとみられている。

（4）西側諸国の協力

情報分野におけるウクライナとNATO、米英との協力はすでに2014～15年頃から行われてきたが、今回の軍事侵攻を受けてさらに大幅にレベルアップされることになった。西側諸国による協力については対戦車砲、ミサイルなどの装備品に関するものがしばしば話題になるが、情報面における協力はウクライナの戦いに対し不可欠の基礎を提供している。

ロシアによる侵攻が開始される1カ月以上前の1月17日、NATOはウクライナとサイバー協力の強化につき合意した。NATOとウクライナの間ではすでに2015年から、早期警戒や空域にかかる脅威に関する協力などの合意に基づき技術的な協力が行われてきたが、2022年1月の合意はこれをさらに強化するもので、これによりウクライナはNATOのマルウェア情報共有プラットフォームへのアクセスが認められることになった。

報道によれば、[17] 東欧の基地には米サイバーコマンドの「サイバー・ミッション・チーム」が配備され、ロシアによるサイバー攻撃やその通信妨害に従事している。また米国は3月初めまでにゼレンスキー大統領に秘匿通信機器を供与しており、ゼレンスキーはこれをもってバイデン大統領との電話会談を行い、かつ移動の際にも携行して通信を探知されないようにしているとされている。

　米国によるインテリジェンス協力はすでに侵攻開始前から行われてきたが、[18] 機器の面でも戦術秘匿通信システムや商業衛星画像サービスの提供などが行われている。[19] 米英両国がウクライナに対し随時提供するインテリジェンス情報はウクライナ軍にとって極めて重要な役割を果たしているが、この協力はどのような原則に基づいて行われているのであろうか。これについて公に確認されたものはないが、5月11日付「ワシントンポスト」紙は以下の原則を紹介している。

①ロシア軍の位置と動向についての情報は衛星画像を含めリアルタイムでウクライナに提供する（「米・ウクライナ政府関係者」による説明）。

②米国はウクライナ軍による攻撃目標の設定にかかる決定には関与しない（カービイ報道官の説明）

③以下の情報提供は禁じられている（同右）。

●ロシア指導部の殺害を助けることになるような詳細な情報（ただしロシア軍将校についてはこの限りではない）

●ウクライナ国境を越えるロシアの標的への攻撃につながる情報。

3、ウクライナによる情報戦についての留意点

　今回の軍事侵攻にかかるサイバー戦について、マイクロソフト社は前述の報告書のほかに4月27日にも詳細な報告書を公表しており、[20] これらは非常に広範な内容を扱って大いに参考になるものである。

　情報戦に関する章の最後に、ロシア（およびその協力者）による今回のサイバー攻撃についてこれら報告書に記述された中で、我々も留意すべきと考える内容

を引用しつつ以下の諸点を挙げておきたい（以下引用部分〔「」で示す〕はマイクロソフト社の報告書の一部を筆者が訳して要旨として記述したもの）。

第一は、「ウクライナに対するサイバー攻撃は（ウクライナ周辺のロシア軍部隊が急速に増強され始めた）２０２１年3月頃から増大しており、また2月24日の侵攻後はしばしば、ロシア軍によるキネティックな軍事行動とほぼ同じ場所・対象に対し行われ、時間的にも近接性があった」こと。

これは今日の戦闘においてはキネティックな軍事行動とサイバー攻撃はそれぞれ独立して行われるのではなく互いに関連し合っていることを示している。今日の戦闘において、サイバー戦への準備は不可欠であり、これを欠いては国家の防衛は成り立たないということである。

第二は、「西側諸国がウクライナ支援を実施するにつれてロシアの情報機関はサイバー攻撃の範囲をウクライナ以外の政府にも拡大し、その数は日本を含む42カ国に及んだ」こと。要するに、自身が直接の交戦国でなくても、目に見えないところでサイバー攻撃による報復があり得るのであり、このことは十分に想定しておかなければならない。

第三は、「ロシア側によるサイバー攻撃はＦＳＢやＧＲＵ、ＳＶＲといった政府部内の主体のみならず、これらに連携する非政府・外国関係者との協力のもとで行われている」こと。

今回ウクライナが行った「ＩＴ軍」は、いわば「義侠心」からウクライナを支援したいと考える世界中のハッカーたちの力をウクライナ政府が糾合して統一的に活用しようとしたもので、世界中の誰でも容易に戦争に参加することができることを述べたが、これはロシアにおいても全く同じであり、ロシア側のサイバー攻撃主体はロシア政府のみならず、内外の官民専門家やハッカーたちの協力をもって行われていることに十分留意する必要がある。

（1）ロシアの掲げる「軍事侵攻の目的」がいかに荒唐無稽なものであるか、またウクライナがロシアとの長い歴史の中でいかにそのアイデンティティを形成し、ロシアに対する「特別の思い」を募らせてきたかについては、拙著『世界と日本を目覚めさせたウクライナの「覚悟」』に詳述されているので、本稿では概要のみ紹介する。

（2）マイダン革命とは、2013年11月、親露派のヤヌコヴィッチ大統領がEUとの連合協定への署名を凍結したことを契機に開始された大規模な市民の抗議運動から始まり、翌2014年2月にヤヌコヴィッチ大統領がロシアに逃亡して、親欧米派が勝利するに至ったウクライナにおける政変を指す。

（3）そのほか閣僚会議（＝内閣）には「……ウクライナの欧州連合及び北大西洋条約機構への正規加盟に向けた国家の戦略的方針の実現を確保する」（第116条の1に追加）役割が与えられ、さらに最高会議（＝議会）もその権限の中に「……ウクライナの欧州連合及び北大西洋条約機構への正規加盟に向けた国家の戦略的方針の実現」が含められることとなった（85条の（5）を修正）。

（4）たとえば2001年には当時のクチマ大統領とプーチン大統領との間で、宇宙産業分野における協力の拡大に関する声明が発表されている。

（5）当時のヴィターリ・ヤレマ副首相発言。2014年6月17日付インターファクス・ウクライナ。

（6）世銀資料によれば1995年のウクライナ軍総数は51万8500人。2019年時点で31万1000人。なお1991年の独立当時は78万人であったとするデータもある。(Утраченная аэмия добытого государства 12.08.2014 — Казна и Политика)

（7）2004年に親露派のヤヌコヴィッチ大統領が当選した選挙が不正であったとして大規模な大衆の抗議運動が起こり、再投票の結果ユーシェンコが大統領に当選した。この間の一連の出来事をオレンジ革命と称している。

（8）いずれも世銀資料より。

（9）5月初め頃までに、未確認を含め将官10人が戦死したとされている（ウクライナ側発表）。

（10）前任のホムチャク総司令官は1967年生まれの55歳で、ウクライナ独立前の1988年にモスクワ高等士官学校を卒業している。

（11）ロシア軍はレーダー誘導兵器の動作などを撹乱できるクラスハ（Krasukha）4やドローンに対する電波妨害を可能とするボリソグレブスク（Borisoglebsk）2などのジャミング・システムを有しているが、これらは今回の軍事侵攻において使用されなかったとされている。

（12）2020年5月10日付産経新聞WEB版。

（13）情報戦についてはさまざまな定義がなされるが、ここではサイバー、心理作戦、軍事的欺瞞、偽情報流布などを広く含むものとして扱うこととする。

（14）Head of the Office of intelligence of the Administration of the State Border Guard Service

（15）Head of the State Service for Special Communication and Information Protection

（16）"Defending Ukraine: Early lessons from the Cyber War", June 22, 2022.

（17）3月6日付ニューヨーク・タイムズほか。

（18）バイデン大統領は侵攻開始前の2月15日、「ロシアと戦うために米兵を派遣することはしないが、ウクライナの自衛行動を助けるため……訓練、アドバイスならびにインテリジェンスを提供してきている」と述べている（同日付ホワイトハウスHP）。

（19）4月1日、カービイ米国防総省報道官は3億ドルの対ウクライナ支援を発表したが、そこには戦術秘匿通信システムと商業衛星画像サービスの提供が含まれている。

（20）4月27日の報告書は"Special Report: Ukraine, An overview of Russia's cyber attack activity in Ukraine", April 27, 2022"。

第5章　バイデン政権とウクライナ侵略——米国が直面するジレンマ

（小谷哲男）

1、バイデン政権の三重のジレンマ

２０２２年2月24日に始まったロシアによるウクライナ侵略は、バイデン外交の試金石となった。バイデン政権は、２０２１年3月に国家安全保障戦略の暫定指針を発表し、その対外政策の大枠の方針を示した(1)。そこから、バイデン政権の対外政策として、三つの特徴が指摘できる。

まず、バイデン政権は民主主義と専制主義の対立を国際関係の基調とみなし、同盟関係と国際主義の強化、そして民主国家の結束によって開放的な国際秩序を維持することを重視している。専制主義国家として中国とロシアが名指しされているが、米国主導の国際秩序に挑戦できる唯一の競争相手は中国とされ、ロシアについては秩序の攪乱要因と位置づけられている。

次に、バイデン政権は外交を重視し、軍事力の行使に極めて慎重である。アフガニスタンでの「永遠の戦争」を終わらせることが強調され、軍事力を行使するにあたっては、明確な目標と十分な資源、そして米国民の同意が必要とされている。

最後に、バイデン政権は内政と対外政策を区別せず、「中間層のための外交」を掲げている。内政であれば、対外政策であれ、米国の労働者世帯の経済的利益を増進することを最重要視していることがバイデン政権の最大の特徴といえよう。

以上のような対外政策上の特徴を持つバイデン政権が、ウクライナ侵略の可能性を強く懸念するようになったのは2021年10月以降である。同年8月のアフガニスタンからの撤退が想定どおりにいかず、バイデン政権の支持率が40パーセント台前半に急降下した後であった。[2]

これ以上対外政策上の失敗は許されないバイデン政権は、同盟国と連携してロシアによる軍事侵略の抑止を試みつつ、ウクライナに対する軍事支援を重視した。その中で、バイデン政権は以下の三重のジレンマに直面するようになった。

最初のジレンマは、国内経済の回復と国際秩序の維持のどちらを優先するべきかである。バイデン政権は「中間層のための外交」を掲げているものの、発足以来新型コロナウイルス感染症のパンデミックやサプライチェーンの混乱によって引き起こされた物価の高騰による支持率の低下に悩まされてきた。[3]

実際、各種世論調査が示すのは、米国人がロシアとウクライナの紛争で米国が主要な役割を果たすことを望んでおらず、むしろ食糧やエネルギー価格の高騰を問題視していることであった。[4] しかも、ウクライナで新たな戦争が始まれば、世界規模で物価の高騰がさらに進むことが予想された。

一方、ウクライナ侵略は明白な国際法違反であり、ルールに基づく国際秩序へのあからさまな挑戦である。バイデン政権は、米国の国際的な孤立を招いたトランプ政権の「米国第一主義」外交を批判し、国際主義の重視を掲げており、国際秩序を揺るがすロシアの行動を許容することはできない。

2022年11月に議会の中間選挙を控えるなか、バイデン政権は、国内のインフレ対策を進めつつ、国際秩序の維持のためにウクライナ危機に対処するという難しい舵取りを迫られることになった。

次にバイデン政権が直面したジレンマは、米国がウクライナに支援を行えば、ロシアが反発し、米ロ間の核戦争につながりかねない危機をはらんでいることである。

バイデン大統領は、２０２１年12月の時点で、ロシアがウクライナを侵略した場合、大規模な経済制裁は行うが、ウクライナが北大西洋条約機構（ＮＡＴＯ）の加盟国ではないため米軍が介入することはないと明言した[5]。

このように早期の時点で軍事介入の可能性を否定したことが、ロシアによるウクライナ侵略につながったとみることもできる。しかし、バイデン政権は「第三次世界大戦」を引き起こしかねない米軍の直接的な介入に慎重な姿勢を示し続けた。

一方、米軍が直接的に軍事介入しなくとも、ロシアに対する経済制裁やウクライナに対する軍事支援がロシアを刺激し、ＮＡＴＯ加盟国に対する攻撃につながる可能性が否定できず、そうなれば米国は介入せざるを得なくなる。

このため、バイデン政権はＮＡＴＯに対する攻撃を抑止しつつ、ロシアに対する制裁と対ウクライナ支援を必要以上にロシアを刺激しすぎない程度に留める必要がある。

最後のジレンマは、バイデン政権が重視するアジアにおける中国との競争と、欧州におけるロシアの脅威への対処の双方に十分な戦略的な資源を配分できないことである。

バイデン政権は、専制主義国家である中国およびロシアとの競争を重視する姿勢を明らかにしているが、国力の増大が続く中国を米国の国防計画が想定すべき脅威（pacing threat）と位置づける一方、国力が低下していくロシアと「安定し予測可能な」関係を築くことを期待していた[6]。

しかし、ロシアによるウクライナ侵略の可能性が高まるなか、ロシアからの脅威への対処について再検討を迫られ、バイデン政権は２０２２年２月に予定されていた国家安全保障戦略の策定を先送りにした。

このように、バイデン政権は、ウクライナへの軍事支援の継続とＮＡＴＯの防衛力強化に取り組む一方、特に台湾海峡をめぐって緊張の高まるアジアで十分な抑止力を維持することができるのかという難しい課題に直面している。

本稿では、これら三重のジレンマに直面するバイデン政権が、ロシアによるウクライナ侵略にどのように備え、対処してきたのかを振り返るとともに、ウクライナ情勢が今後の米国の対外政策に与える影響を考察する。

2、ウクライナ侵略への備え

大規模な侵攻計画

2021年1月に発足したバイデン政権にとって、ロシアとの関係で最も重要な課題は、失効が迫っていた新戦略兵器削減条約（新START）条約の延長であった。就任早々、ジョセフ・バイデン大統領はウラジーミル・プーチン大統領との電話会談にのぞみ、同条約の延長で合意した。その際、バイデンはプーチンに対し、米国に対するサイバー攻撃の停止やロシアの野党指導者アレクセイ・ナワリヌイ氏の釈放を求めた。(7)

バイデン政権はロシアとの「安定し予測可能な」関係構築を目指し、6月にはジュネーブで初の対面による首脳会談が開かれた。そこでは、戦略的安定に関する協議の再開が合意され、サイバー攻撃や人権問題、ウクライナ問題でも意見が交わされた。(8)しかし、この時点でウクライナ問題は優先的な課題ではなかった。この頃、バイデン政権はウクライナ国境沿いでのロシア軍の動きを注視してはいたものの、その意図をまだ計りかねていたのである。(9)

ところが、夏に入ってバイデン政権内では、ロシアがウクライナに対する侵略を準備しているのではないかとの見方が広まるようになった。10月には、マーク・ミリー統合参謀本部議長がバイデンにロシアがウクライナに対して大規模な侵攻を計画していることを報告した。

この時点ですでに、米情報機関は極めて正確にロシア側の計画を把握していた。それは、冬季に土壌が固まっている間に、北西および北東方面からキーウに侵攻して数日でゼレンスキー政権を崩壊させる一方、東部からはドンバス地方を攻めてドニエプル川まで進軍し、南部ではクリミア半島からヘルソン州などを占領し、最終的にはウクライナ西部まで占領地を広げるというものであった(10)。

アフガニスタンからの撤退の失敗が支持率の急落につながっており、バイデン政権は新たな国際危機の発生を何としても避けたかった。一方で、このような侵略計画は一見現実的とは思えなかった。しかし、米情報機関は7月にプーチンが発表した論文「ロシア人とウクライナ人の歴史的一体性について」を根拠に、民主化が進み、西側諸国に接近するウクライナを編入することで、69歳になろうとするプーチンは偉大なロシアの指導者としての偉業を達成しようとしているとみていた(11)。

また、欧米諸国はウクライナ侵略に限定的な対抗措置しかとれないとプーチンが考えているとも分析されていた。アフガニスタンからの撤退に失敗したばかりの米国には新たな国際的危機に取り組む余裕はなく、英独仏は国内問題に手一杯で、しかもロシアからのエネルギーに依存しているため、仮に制裁が加えられても、ロシアは対抗することができるからである(12)。

異なる二つの見立て

では、プーチンをそこまで駆り立てるものは何であったのか。この点に関して、上院外交委員長および副大統領として長年米国外交を率いてきたバイデンと、政権内随一のロシア専門家であるウィリアム・バーンズCIA長官の考えは異なっていた。

バイデンは、かねてよりプーチンとその元KGBの側近が恐れているのは、ウクライナで民主主義が拡大し、それがロシアに飛び火して自らの政権基盤が弱まることであると考えていた。一方、バーンズは歴代の米政権がロシアの弱体化している間にNATOの東方拡大を認めてきたことがロシアの指導層全体の怒りを買い、プーチンが権力を固める土壌を生んだとみていた。

バイデンの見立ては米情報機関の分析と一致し、すべての元凶はプーチン個人であり、プーチンが権力の座についていなければ、ウクライナ侵略は起こらなかったことになる。一方、バーンズの考えでは、米国の失策こそがロシアの強硬姿勢の背景にあり、プーチンがロシアの権力者でなくとも、いずれウクライナ侵略は起こったことになる。[13] この点に関して、バイデン政権内で結論が出たのかどうかは定かではないが、いずれにせよ侵略が時間の問題であるとする点では一致していた。

バイデン政権にとって最大の課題は、第三次世界大戦を引き起こすことなく、核超大国であるロシアと対峙してルールに基づく国際秩序を維持することであった。そのためには、米国およびNATOとロシアの直接的な軍事紛争を避けること、紛争をウクライナ領内に留めること、NATOの一体性を強化すること、そしてウクライナの自衛能力を強化することが必要であった。[14]

バイデン政権は、2014年以降にNATO軍によって鍛えられたウクライナ軍が侵略に抵抗することに関しては疑いを持たなかった。しかし、ロシアとの関係改善に失敗した若いウォロディミル・ゼレンスキー大統領がプーチンと渡り合えるかどうかについては疑問を持っていた。軍事力ではロシアが圧倒しており、キーウが数日ではなくても、いずれ陥落するのは不可避とみていた。[15]

行き詰まる外交

ロシアによるウクライナ侵略計画を知り、バイデンは二つの指示を出した。まず、プーチンを抑止するために、バーンズをモスクワに派遣することであった。11月初めにバーンズはクレムリンでプーチンの側近と会い、ソチにいたプーチンとも電話で会話をした。バーンズは米情報機関の分析を提示し、ウクライナに侵略を行えば重大な結果を招くことを警告した。プーチンは侵攻の可能性を否定することなくNATOの拡大を批判したが、このやり取りを通じてバーンズは危機感をますます募らせた。

バイデンの二つ目の指示はNATO諸国の協力を得ることであった。11月中旬にアブリル・ヘインズ国家情報長官がＮＡＴＯの北大西洋理事会に出席し、ロシアによるウクライナ侵略計画について説明した。英国やバルト三国はヘインズの説明を受け入れたが、独仏などは異議を唱え、東欧諸国は侵略があるとしても限定的なものになるとみていた。

かつてイラクの大量破壊兵器に関して誤った情報を流した米情報機関は、アフガニスタンでも失態を犯したばかりであり、欧州諸国の信用を失っていたのである。このため、米国はより積極的に同盟国と機密情報を共有する一方、独仏と歩調を合わせて外交を追求する姿勢を維持した。(16)

12月に入り、バイデンはプーチンとのオンライン首脳会談を開いた。バイデンはプーチンに対してウクライナ周辺に集結するロシア軍の撤退を要求し、もしウクライナに侵攻すれば厳しい制裁を加えると警告するとともに、外交を通じた緊張緩和を提案した。

一方、プーチンは部隊の集結や侵攻計画を否定し、逆にＮＡＴＯがウクライナ周辺で軍事活動を活発化させ、緊張を高めていると批判し、ＮＡＴＯの東方拡大を放棄する法的な確約を要求した。(17)

その後、ロシア政府はＮＡＴＯの東方拡大の停止と１９９７年以降にＮＡＴＯに加盟した国における軍事活動の停止に関する条約を提案した。

２０２２年早々に、ウェンディー・シャーマン国務副長官がロシアのセルゲイ・リャブコフ外務次官とジュネーブで会談し、ロシアの提案する条約案を拒否し、代わりにロシア国境付近でのＮＡＴＯの部隊や装備の動きに関する協議を、ウクライナに対する軍事的圧力の停止を条件に提案したが、リャブコフはこれを拒否した。(18)

バイデン政権は、これによってロシアが外交的解決を望んでいないと結論づけた。1月21日にアントニー・ブリンケン国務長官はセルゲイ・ラブロフ外務大臣とジュネーブで会談したが、やはり平行線に終わった。(19)

外交が行き詰まるなか、バイデン政権はＮＡＴＯ東翼での防衛力を強化した。ポーランドにおける事前集積を増やし、ヘリコプター部隊をギリシアから展開させ、バルト三国には空挺師団を派遣した。欧州の米軍は7万4千人から10万人へと拡大し、戦闘機部隊や水上艦部隊も4~5倍に増勢された。ウクライナ国境沿いでは空中からの監視が強化された。

加えて、バイデン政権はウクライナ軍と米欧州司令部間の秘匿通信を確立した。また、2021年8月の6千万ドルの武器供与に続いて、12月には2億ドルの軍事支援に踏み切ったが、供与する武器はロシアを刺激しすぎないよう小型で防御的なものに限られた[20]。

ホワイトハウスでは、ジェイク・サリバン安全保障担当大統領補佐官の発案で「タイガー・チーム」と呼ばれる省庁横断型の専門家集団が組織され、ウクライナ侵略の様々なシナリオを検討し、軍事、情報戦、制裁、サイバー戦、欧州へのエネルギー供給、ウクライナおよび周辺国への人道支援など米国がとるべき方策について検討を始めていた。

これは、2014年のクリミア侵略の際に事前に準備ができていなかった反省にも基づいていた。閣僚級の机上演習も行われ、あらゆる事態に対処する準備が整えられた[21]。

しかし、バイデンは1月19日の記者会見で、「小規模な侵略」であればロシアに懲罰を与えない可能性があることを示唆した。同じ頃バーンズやブリンケンはゼレンスキーに対して、米国が米軍の派兵以外どのような支援も惜しまないことを伝えていたため、このバイデンの発言は政権内が一枚岩ではない可能性を示唆していた。加えて、NATO加盟国の中でも依然として考え方に違いが残っていることも示していた[22]。

3、新たな情報戦と侵略の開始

米国と同盟国の情報共有

2021年末から、バイデン政権はロシアの動向を牽制するとともに、侵略に反対する国際世論を形成するため、メディアを通じてロシア軍の作戦計画に関する機密情報の公開を始めた。「タイガー・チーム」が特に懸念していたのは、ロシアが偽旗作戦や偽情報の拡散によって、侵略の口実を作ることであった。このため、バイデン政権は、ロシア軍がウクライナ侵略を計画していることをまず公表し、国際世論に正しい情報を提供することにした。(23)

サリバンが機密解除の手続きを定めると、12月3日付のワシントンポスト紙が、ロシア軍がウクライナとの国境近くの4カ所に部隊を集結させていることを示す詳細な衛星画像とともに、2022年早々にも17万5千人規模の部隊によるウクライナ侵略を計画していることを報じた。(24) さらに、バイデン政権は侵略によって最大5万人の民間人犠牲者と500万人の避難民が出ると国際社会に警鐘を鳴らし、ロシア軍が殺害するウクライナ人のリストを作成していることも指摘した。(25)

2月には、ウクライナ東部でウクライナ軍がロシア語を用いる者を殺害しているという虚偽の動画を準備しているとバイデン政権が公表し、ロシアの偽旗作戦を未然に防いだ。(26)

侵略が北京冬季五輪終了前の2月16日にも始まるという観測が広まるなか、ロシアは軍の一部をウクライナとの国境から撤退させると発表したが、バイデン政権はロシア軍が撤退しておらず、実際には部隊を増強していることを明らかにした。(27)

この頃には、米国と同盟国の情報共有もかなり進んでいた。米国は、従来同盟国であっても、英国以外とは第三国への流出を恐れて機微な機密情報の共有には慎重であった。しかし、米国はNATO加盟国とのリアルタイムでの情報共有を制度化し、欧州の同盟国も米国からの機密情報の質と量が向上するにつれて、危機感を共有するようになった。

米国はまた、ウクライナとの情報共有も進め、ロシア軍の具体的な作戦計画はもとより、ゼレンスキーとその家族の身に危険が迫っていることを伝えた。(28)

そのようななか、2月17日にブリンケンは国連安全保障理事会で米国が持つ機密情報を示しながら、ロシアによる侵略が差し迫っていることを強く訴えた。かつてイラク戦争前に、当時のコリン・パウエル国務長官が同じ安保理の場でイラクの大量破壊兵器の存在について誤った情報を提示したが、この時ブリンケンは

「戦争を始めるためではなく、防ぐため」だと米国の目的を説明した。(29)

バイデンは、2月12日に再びプーチンと電話会談を行ったが平行線に終わった。18日にバイデンは同盟国にプーチンが侵略の最終決定を行ったとの分析を伝え、記者会見でそれを明らかにした。(30) 2月21日にプーチンがドネツクおよびルハンスクの二つの「人民共和国」の独立を承認し、それらの領内にロシア軍を進駐させた。バイデンはこれを「甚だしい国際法違反」と非難し、「侵略のはじまり」とみなしてロシアに対する経済制裁を発表した。

米国の経済制裁には、軍需産業と関係の深い政府系の二つの銀行との取引停止と、5人のプーチン側近およびその家族の資産凍結が含まれた。これらの制裁内容は米議会などが求めていたものよりも限定的であったが、ロシアがウクライナの他の領土の侵略へと事態を拡大させれば、さらに強化するとされた。

一方、バイデン政権は、制裁がもたらす米国経済への悪影響も懸念したため、制裁を限定的にせざるを得なかった側面もあった。(31) 米国は事前に同盟国・友好国と制裁について連携しており、ほかのG7諸国なども対ロ制裁に加わった。特に、ドイツはロシアからの天然ガスパイプライン「ノルド・ストリーム2」の計画停止を発表した。(32) また、バイデンは、すでに欧州にいる米軍兵力をバルト三国に追加派兵することを承認したが、ロシアと戦闘するつもりはないことを改めて明言した。(33)

2月24日に開始された侵略は、米国が事前に予測していた通りの部隊規模で、北部、東部および南部で始まり、キーウ、ハルキウ、ヘルソンなど複数の都市が標的となった。これにより、米情報機関が正確にロシア側の動向を把握していたことが証明された。

しかし、事前の予想とは異なり、キーウが陥落することはなかった。その主な理由は、米軍からのリアルタイムの情報に従って、ウクライナ軍がロシア軍の空爆やミサイル攻撃を免れるために防空システムと航空機を分散させたからである。これにより、ウクライナ軍はロシア軍が航空優勢をとることを許さず、キーウ近郊の空港に空挺部隊を運ぶ輸送機を迎撃することができた。[34]

米国の新しい情報戦

バーンズは機密情報の開示が、プーチンによる侵略の口実を取り去る上で重要だと述べている。[35] この米国の新しい情報戦は、ロシアのウクライナ侵攻を抑止することはできなかったが、これを遅らせることには成功したと評価できる。ロシアは表向き米情報を否定せざるを得ず、年明け早々にも計画していた侵攻を遅らせることになったからである。

その間に、米国は同盟国や友好国とも機密情報を共有して対ロシア包囲網を形成し、厳しい制裁やウクライナ支援の準備を行うことができた。また、ウクライナ軍にリアルタイムで情報を共有することで、戦況にも影響を与えた。そして、何より国際世論がロシアの主張に惑わされることなく、ウクライナ侵略に関して正しい認識を持たせることに成功した。

もっとも、当初米情報機関はキーウが数日で陥落することは不可避としていたが、ロシアは首都を攻め落とすことができず、結局首都周辺からは撤退を余儀なくされた。これは、米当局がロシア軍の能力を過大評価していたことを示しており、情報分析上の課題を示している。

実際、米情報機関は事前にロシア軍の指揮統制や通信、士気、練度に問題があることには気づいていたが、それでもロシア軍の作戦が失敗に終わるとする見方は極めて少数であった。[36] 一方、米国からの情報によってウクライナ軍が航空優勢を失わなかったことに加えて、米国の情報戦によって侵略の時期が遅れたため、ロシア軍の地上部隊が雪解け水のぬかるみで身動きがとれず、補給が滞ったことも、ロシアがキーウ攻略を断念した要因として指摘できる。つまり、米国の情報戦がうまくいきすぎたため、結果的にロシア軍の過大評価につながった側面もあるといえよう。

4、ウクライナ支援と深まるジレンマ

制裁の効果

侵略の開始を受けて、バイデン政権はまず対ロ制裁を強化した。バイデンは侵略当日にロシアの軍需産業や航空産業への技術の輸出を禁止し、続いてロシアの銀行のSWIFT国際決済システムからの排除や、ロシアの航空会社の上空飛行の禁止をG7諸国などと連携しながら行った。その後も、ロシアの金融機関やエリート層、軍需産業などへの制裁を強化していった。

3月にはロシア産エネルギーの輸入禁止にも踏み切る一方、ガソリン価格の高騰を抑えるため戦略石油備蓄の放出を行った。(37) しかし、ウクライナ侵略開始後に中国やインドなどがロシア産石油の購入を増やしたため、ロシアはそこから毎月200億ドル以上の収入を得ていた。このため、バイデン政権は、ロシアの収入を減らしながらも石油の市場価格を上げないようにするため、ロシア産石油の購入価格に上限を設けることを検討するようになった。(38)

4月にブチャでのロシア軍による虐殺が明らかになると、バイデンはプーチンを「戦争犯罪人」だと批判し、ロシアの国連人権委員会理事国の資格停止を提案するとともに、ロシアによる戦争犯罪の調査を始め、また虐殺に関わった部隊を制裁対象に加えた。(39)

バイデン政権は当初、経済制裁の目的を侵略の抑止であると説明していた。しかし、侵略が始まると、プーチンに圧力をかけて停戦に追い込むことが制裁の目的となった。確かに制裁によってロシアを1918年以降初の債務不履行に追い込み、ロシア経済に一定の損失を与えることには成功した。また、ロシアの軍需産業も部品や工作機械の不足により、装備の製造や修理に支障をきたすようになっているとみられている。また、G7をはじめとする国際社会を連携させたことも高く評価できる。

しかし、制裁の効果が現れるには時間がかかり、ロシア側も対抗措置をとっているため、プーチンを停戦に追い込むという目的を達成できる見込みは高くな

い。加えて、アフリカなどでは米国主導の制裁によって食糧価格が高騰しているという批判が高まっている[40]。

一方、制裁は米国内では支持されている。侵略開始後の各種世論調査で米国民はウクライナ情勢に関心を持ちつつも米軍の介入には賛成せず、制裁を強く支持していることが示されている。しかも、米国内の分断が深まっているにもかかわらず、超党派で制裁への支持がみられ、制裁により物価が高騰することを容認する姿勢が顕著である。

ところが、バイデン政権がロシアに対する国際的な制裁圧力を強めても、それが政権の支持にはつながらず、支持率は侵略前とほぼ変わらず40パーセント前半に留まった[41]。その主な原因は、歴史的な低失業率にもかかわらず、インフレがそれを相殺したからである。インフレは特に民主党の支持基盤である低所得者層に大きな経済的負担となった[42]。中間選挙を控えて、バイデン政権としては、国内のインフレを悪化させないように慎重に制裁を強化する必要がある。

ウクライナへの武器供与

米国内世論は、ウクライナに対する武器の供与にも前向きな姿勢を示している[43]。バイデンはオバマ政権の時から、ウクライナへの防御用兵器の供与に前向きであった[44]。侵略開始の翌日には、対戦車ミサイルのジャベリンや自爆型無人機のスイッチ・ブレードなど3億5千万ドルの武器供与を発表した[45]。

しかし、ウクライナが求めていた戦闘機については、ポーランドのＭｉＧ‐29戦闘機をウクライナに送る代わりに、米国がポーランドにＦ‐16戦闘機を供与する案が浮上したが、ロシアの反発を恐れたバイデンが反対して頓挫した[46]。同じくウクライナから要望のあったウクライナ上空に飛行禁止とする案も、事態の拡大を恐れて受け入れなかった[47]。

それでも、ロシア軍がキーウへの進軍をあきらめ、主戦場が東部ドンバス地方に移ると、バイデン政権は榴弾砲や新型のドローンであるフェニックス・ゴーストの供与を始めた[48]。

米議会も超党派で武器の供与を支援した。5月には、第二次世界大戦以来となる武器貸与法が成立して武器供与にかかる政府内の手続きが緩和され、さらに１１０億ドル分の武器支援を含む総額４００億ドルのウクライナ支援法も成立した。[49]

国防省内では、ウクライナへの軍事支援を迅速に行うため、副長官および統合参謀本部副議長をトップとする高官グループが設置された。[50] また、バイデン政権はウクライナが強く求めていたHIMARS《ハイマース》高機動ロケット砲システムの供与にも踏み切った。より長距離の目標に対する精密打撃が可能なハイマースの供与は、ウクライナ軍が東部および南部で攻勢に転じるのに有用だと考えられていた。

一方、ウクライナはハイマースから射出可能な射程３００キロメートルのATACMS《エイタクムス》ミサイルを要望していたが、ロシアはハイマースの供与を「レッドライン」と警告しており、ロシア領内への攻撃に使われることを懸念したバイデン政権は射程80キロメートルのGPS誘導弾の供与に留めた。[51]

ハイマースの供与に合わせて、バイデンは米国のウクライナ支援の目的を明確にした。それはウクライナが独立を維持し、さらなる侵略から自国を守れるようにすることであり、プーチン排除の可能性を否定した。[52] これは、すでにみたようにバイデン自身がウクライナ侵略をプーチン個人の戦争と理解し、３月にプーチンは権力の座に留まるべきではないと発言した立場から大きく後退するものであった。[53]

また、４月にウクライナ軍は米国の情報提供を受けてロシア黒海艦隊の旗艦「モスクワ」を撃沈したが、バイデンは側近に対して米国の情報がウクライナ軍の標的選定に使われているという情報がリークされていることに懸念を示した。[54] バイデンがウクライナ支援を続ける一方でロシアとの軍事紛争への懸念を一段と強めていたことは、３月に予定されていた定期的な大陸間弾道ミサイルの試射をロシアの誤解と誤認を恐れて延期し、４月になって中止としたことからもわかる。[55] バイデン政権内では、ロシアにとって戦況が悪化するなか、大量破壊兵器が使用される事態に備えて対策が練られていた。[56]

他方で、バイデンはNATOの防衛力強化に取り組んだ。6月末のNATO首脳会議で、バイデンはポーランドに常設の陸軍司令部を新設し、バルト三国に巡回させる部隊も増強するとともに、英国へのF‐35飛行隊の追加配備とスペインにおける駆逐艦の増勢を発表した。

また、スウェーデンとフィンランドのNATO加盟に慎重なトルコのレジェップ・エルドアン大統領の説得にもあたった(57)。このNATO首脳会談は、一部の加盟国でウクライナへの「支援疲れ」が広がるなかで行われ、ウクライナへの支援の継続を確認したことの意義は大きい(58)。この直後に、バイデンはウクライナに対して新たに地対空ミサイルや対砲迫レーダーを供与することを発表した(59)。

アジアへの影響

バイデン政権がウクライナ支援を強化するなか、ワシントンでは米国には同時に二つの戦域で戦うだけの余裕がないにもかかわらず、バイデン政権が最大の脅威である中国への対処に十分な資源を配分していないと批判する声が高まった(60)。

バイデン政権は2011年11月に「グロバールな態勢見直し」を完了したものの、中東からアジアに兵力を大幅に移転させることは盛り込まれず、欧州についても引き続き防衛力を強化するとされ、中国を最大の脅威とみなす政権の方針に沿った内容ではなかった(61)。

ウクライナ侵略開始後に公表された国防戦略のファクトシートでは、通常戦力だけでなく戦略核戦力の増強も続ける中国を長期的にみて最大の競争相手とし、ロシアは「差し迫った脅威」と位置づけられた。同戦略策定の責任者であるコリン・カール国防次官は、ロシアには国際秩序に挑戦するだけの力はなく、ウクライナ侵略の結果、ロシアの弱体化が加速するとの見解を明らかにしている(62)。

しかし、問題はウクライナ侵略によって、中国による台湾侵攻の時期がむしろ早まる可能性である。欧米諸国のウクライナ支援を目の当たりにし、中国は台湾侵攻により慎重になる可能性もあるが、他方で米国からの武器供与によって台湾の自衛能力がさらに高まる前に侵攻する可能性も否定できない。

また、中国は核の恫喝によって、米軍の介入を阻止できると自信を深めていることも考えられる。なにより、ウクライナ侵略の早期停止が期待できないとすれば、米国はウクライナ支援を継続せざるを得ず、対中抑止に資源を集中させることが困難な間に台湾統一を目指すかも知れないことが懸念される。

実際のところ、ウクライナへの軍事支援が拡大するにつれ、米国の保有するジャベリンやハイマース用の砲弾が不足し始めていることが指摘されている(63)。これらはアジアにおける中国との軍事紛争の際に必要となるが、ウクライナ支援によって米軍のアジアでの即応能力に悪影響が出ているのである。

今後の見通し

本稿執筆の時点で、ウクライナは東部と南部での反攻を強めている。ロシアは30万人の部分的動員に追い込まれて国内で混乱が広がるなか、ウクライナ4州の編入と核の威嚇によってこれ以上のウクライナ側の反攻と欧米によるウクライナ支援を牽制している。

これに対し、ゼレンスキーはプーチンとの停戦協議の可能性を否定し、反攻を続ける意思を明確にしている。欧米諸国もウクライナ支援を継続する方針に変化はみられない。

また、ロシア軍の兵力が増強されても動員された兵士の士気も練度も低く、東部と南部でウクライナ軍が優勢な状況は当面続くとみられる。

しかし、ウクライナ軍がロシア軍をすべての領域から一掃するのは短期的には難しく、その間ロシアは核兵器の使用や原子力発電所の破壊の威嚇を繰り返すことになると考えられる。そうなれば、本稿で指摘した米国が直面する三重のジレンマはますます深刻になっていくであろう。

今後の着目点は、まず11月に行われる米国の中間選挙である。選挙が近づくにつれ、米国内ではインフレなど経済問題だけでなく、中絶や銃規制、不法移民対策など党派的な問題に関心が集中することになる。ウクライナへの支援について、民主党支持者は6割以上が継続を支持しているが、共和党支持者ではこれが5割に下がる。(64)

共和党の中では、ウクライナ支援の継続はしつつも莫大な額の支援内容が適切かどうかに懸念を持つ声が広まっている。また、トランプの支持をうける候補者の中には、ウクライナ支援よりも国内の経済対策や中国との戦略的競争に資金を費やすべきだと主張するものもいる。(65)

仮に、中間選挙でウクライナ支援に否定的な候補者がより多く当選すれば、米国第一主義の観点からウクライナ支援を拡大することは困難になるかもしれない。

次に、ウクライナ軍の反転攻勢が、特に南部でどこまで続くかである。ウクライナは軍事力によるクリミア半島の奪還を公の目標として掲げるようになっており、それは2014年に始まった第一次侵略の否定につながる。バイデン政権は、核の使用が深刻な結果をもたらすとロシア側に警告する一方、核の使用が差し迫ってはいないとしているが、バイデン自身はプーチンが追い詰められていることをキューバ危機以来最も危険な状況と表現し、エスカレーションへの懸念を隠していない。(66)

ロシア側は10月上旬にクリミア半島とロシア本土を結ぶクリミア大橋が爆破された原因をウクライナによる破壊工作と結論づけており、事態の打開のためプーチンが核の使用に踏み切る可能性が高まっている。

米大統領が核戦争へのエスカレーションを公に懸念するなか、ロシアはバイデン政権が核の使用が深刻な結果につながるという警告を深刻に受け止めるであろうか。

最後の着目点は、ロシアと中国の戦略的パートナーシップがどこまで拡大するかである。プーチンと習近平国家主席は、北京五輪の開会に合わせて行った首脳会談で両国の戦略的パートナーシップを「際限なく」拡大することで合意している。

今のところ、中国はロシアの立場を支持しながらも、ロシアに軍事支援を行ってはいない。しかも、ウクライナが反転攻勢を強めるなか、上海協力機構の首脳会議の最中に行われた中ロ首脳会談で、習近平はプーチンにウクライナ情勢に関する懸念を伝えた。[67] これは、ロシアの立場を支援してきた中国側に、ロシアがその目標を達成できないことへの苛立ちが広まっていることの証左であろう。

とはいえ、米国との戦略的競争を行う上で、両国が互いを必要としていることに変わりはない。ロシアがウクライナ侵略を、米国がウクライナ支援を続けるなか、習近平が異例の3期目に入ろうとしており、いよいよ台湾の統一に本腰を入れることが懸念されている。

国内の分断を抱える米国に、ロシアのウクライナに対する核攻撃と中国による台湾への武力侵攻や海上封鎖を同時に抑止し続けることは果たして可能なのであろうか。これはバイデン政権だけではなく、今後の米国が直面し続ける課題である。

（1）Joseph R. Biden, Jr., "Interim National Security Strategic Guidance," March 2021.

（2）Kimberlee Speakman, "Biden Approval Rating Drops to Lowest Following Afghanistan Withdrawal, Poll Finds," *Forbes*, September 2, 2021, https://www.forbes.com/sites/kimberleespeakman/2021/09/02/biden-approval-rating-drops-to-lowest-following-afghanistan-withdrawal-poll-finds/?sh=19b3aad6d10b.

（3）Jim Tankersley, "The Inflation Miscalculation Complicating Biden's Agenda," *New York Times*, November 24, 2021, https://www.nytimes.com/2021/11/24/us/politics/biden-inflation-prices.html; ２０２０年10月から２０２１年10月までのインフレ率は６・２％となっていた。

（4）たとえば、AP-NORC Center for Public Affairs Research, "America's Role in the Russia and Ukraine Situation," February 23, 2022, https://apnorc.org/projects/americas-role-in-the-russia-and-ukraine-situation/; ウクライナでの紛争で米国が「主要な役割を果たすべき」という回答は26％に留まり、「何もするべきでない」が20％、「限定的な役割に留めるべき」が52％であった。

（5）John Wagner and Ashley Parker, "Biden Says U.S. Ground Troops 'Not on the Table' for Ukraine," Washington Post, *December 8, 2021*, https://www.washingtonpost.com/politics/biden-says-ground-troops-not-on-the-table-but-putin-would-face-severe-economic-sanctions-for-ukraine-invasion/2021/12/08/3b975d46-5843-11ec-9a18-a506cf3aa31d_story.html.

（6）Jim Garamore, "Official Talks DOD Policy Role in Chinese Pacing Threat, Integrated Deterrence," *DOD News*, June 2, 2021, https://www.defense.gov/News/News-Stories/Article/Article/2641068/official-talks-dod-policy-role-in-chinese-pacing-threat-integrated-deterrence/; Max Seddon and Katrina Manson," US Targets 'Stable, Predictable' Ties with Russia,"

Financial Times, May 20, 2021,
https://www.ft.com/content/6d90194e-c8aa-4eb6-aedb-40b595f56cc3.

(7) David E. Sanger and Anton Troianovski, "Biden and Putin Agree to Extend Nuclear Treaty," *New York Times,* March 18, 2021,
https://www.nytimes.com/2021/01/26/world/europe/biden-putin-nuclear-treaty.html.

(8) Vladimir Soldatkin and Steve Holland, "Far Apart at First Summit, Biden and Putin Agree to Steps on Cybersecurity, Arms control," Reuters, June 17, 2021,
https://www.reuters.com/world/wide-disagreements-low-expectations-biden-putin-meet-2021-06-15/.

(9) Shane Harris, Karen DeYoung, Isabelle Khurshudyan, Ashley Parker and Liz Sly, "Road to War: U.S. Struggled to Convince Allies, and Zelensky, of Risk of Invasion," Washington Post, August 16, 2022, https://www.washingtonpost.com/national-security/interactive/2022/ukraine-road-to-war/.

(10) Ibid.

(11) Ibid.

(12) Ibid.

(13) Peter Beinart, "Biden's CIA Director Doesn't Believe Biden's Story about Ukraine," The Beinart Notebook, February 7, 2022, https://peterbeinart.substack.com/p/bidens-cia-director-doesnt-believe?utm_source=url.

(14) "Road to War"

(15) Ibid.

(16) Ibid.

(17) Paul Sonne, Ashley Parker and Isabelle Khurshudyan, "Biden Threatens Putin with Economic Sanctions if He Further Invades Ukraine," *Washington Post,* December 7, 2021,
https://www.washingtonpost.com/politics/biden-putin-to-discuss-ukraine-in-video-call-amid-growing-tensions/2021/12/06/e089e36a-5707-11ec-a219-9b4ae96da3b7_story.html.

(18) Anton Troianovski, "Russia Plays Down Threat to Ukraine After Meetings with U.S.," *New York Times,* March 19, 2022, https://www.nytimes.com/live/2022/01/10/world/russia-us-ukraine-talks.

(19) "Road to War"

(20) Ibid.

(21) Ellen Nakashima and Ashley Parker, "Inside the White House preparations for a Russian invasion," *Washington Post,* February 14, 2022, https://www.washingtonpost.com/national-security/2022/02/14/white-house-prepares-russian-invasion/.

(22) "Road to War"

(23) Ibid.

(24) Shane Harris and Paul Sonne, "Russia Planning Massive Military Offensive against Ukraine Involving 175,000 Troops, U.S. Intelligence Warns," *Washington Post,* December 3, 2021, https://www.washingtonpost.com/national-security/russia-ukraine-invasion/2021/12/03/98a3760e-546b-11ec-8769-2f4ecdf7a2ad_story.html.

(25) Karen DeYoung, Dan Lamothe, John Hudson and Shane Harris, "Russia Could Seize Kyiv in Days and Cause 50,000 Civilian Casualties in Ukraine, U.S. Assessments Find," *Washington Post,* February 5, 2022, https://www.washingtonpost.com/world/2022/02/05/ukraine-russia-nato-putin-germany/; John Hudson and Missy Ryan, "U.S. claims Russia has list of Ukrainians 'to be killed or sent to camps' following a military occupation," *Washington Post,* February 21, 2022,
https://www.washingtonpost.com/national-security/2022/02/20/ukraine-russia-human-rights/.

（２６）“Road to War”

（２７）Zachary Basu, “U.S. Says Russia's Claims of Troop Withdrawal Were ‘False,’” *Axios*, February 17, 2022, https://www.axios.com/2022/02/16/russia-troop-withdrawal-ukraine-invasion-false.

（２８）“Road to War”

（２９）Zachary Basu and Dave Lawler,” Blinken Lays Out Putin's Playbook for Ukraine Invasion at UN Hearing,” *Axios*, February 17, 2022, https://www.axios.com/2022/02/17/blinken-un-security-council-russia-ukraine.

（３０）“Road to War”

（３１）Michael D. Shear, Richard Pérez-Peña, Zolan Kanno-Youngs and Anton Troianovski, “Biden Joins Europe in Punishing Russia With Sanctions,” New York Times, February 22, 2022, https://www.nytimes.com/live/2022/02/22/world/russia-ukraine-biden-putin.

（３２）同パイプラインについては、ロシアがエネルギーを利用して欧州に対する影響力を拡大することができるようになるため、米国内には事業者に対する制裁を求める声が高まっていたが、バイデン政権はドイツとの関係を重視して制裁を見送っていた。

（３３）「ロシアに西側各国が次々と制裁、ロシアは『国際法違反』とバイデン氏」『BBC NEWS』、２０２２年２月23日、https://www.bbc.com/japanese/60488616.

（３４）Ken Dilanian, Courtney Kube, Carol E. Lee and Dan De Luce,” U.S. intel helped Ukraine protect air defenses, shoot down Russian plane carrying hundreds of troops,” *NBCNews*, April 27, 2022, https://www.nbcnews.com/politics/national-security/us-intel-helped-ukraine-protect-air-defenses-shoot-russian-plane-carry-rcna26015.

（３５）Zachary Basu,” CIA director: Putin's "propaganda bubble" is failing in Ukraine,” *Axios*, May 11, 2022, https://www.axios.com/2022/03/10/russia-ukraine-information-war-putin-hospital.

（３６）“Road to War”

（３７）Alberto Nardelli, Jennifer Jacobs, and Saleha Mohsin, ”Biden Team Weighs a Massive Release of Oil to Combat Inflation,” *Bloomberg*, March 31, 2022, https://www.bloomberg.com/news/articles/2022-03-31/biden-team-weighs-a-massive-release-of-oil-to-combat-inflation; ２０２２年７月にバイデンはサウジアラビアなど中東諸国を訪問し、石油価格を安定させるために増産を要望したが、聞き入れられなかった。

（３８）Edward Wong and Michael Crowley,” U.S. Aims to Cripple Russian Oil Industry, Officials Say,” *New York Times*, May 19, 2022. https://www.nytimes.com/2022/05/19/us/politics/russia-ukraine-oil-sanctions.html.

（３９）Kevin Liptak, Betsy Klein and Kaitlan Collins, “Biden Says ‘Major War Crimes’ Being Discovered in Ukraine after He Announces New Sanctions on Russia,” *CNN*, April 6, 2022, https://edition.cnn.com/2022/04/06/politics/us-latest-sanctions-on-russia/index.html; Amanda Macias,” UN Votes to Remove Russia from Human Rights Council,” *CNBC*, April 7, 2022, https://www.cnbc.com/2022/04/07/un-votes-to-remove-russia-from-human-rights-council.html; Jennifer Hansler and Kevin Liptak, “US Unveils New Russia Sanctions, Implements Ban on New Imports of Russian Gold,” *CNN*, June 28, 2022, https://edition.cnn.com/2022/06/28/politics/new-us-sanctions-on-russia/index.html.

（４０）Bruce Jentleson, “Russia-Ukraine Sanctions,” *Wilson Quarterly*, Summer 2022, https://www.wilsonquarterly.com/quarterly/ripples-of-war/russia-ukraine-sanctions.

（４１） Frank Newport, "What We Know About American Public Opinion and Ukraine," *Gallup*, March 18, 2022, https://news.gallup.com/opinion/polling-matters/390866/know-american-public-opinion-ukraine.aspx.

（４２） Christopher Rugaber and Josh Boak, "Biden's challenge: Inflation overshadows robust job gains," *AP News*, June 4, 2022, https://apnews.com/article/biden-covid-health-inflation-2f39193d928b62099b12169349ae2111.

（４３） Newport, "What We Know about American Public Opinion and Ukraine."

（４４） Ashley Parker and Ellen Nakashima, "How Russia's aggression in Ukraine in 2014 and 2015 is shaping Biden's actions today," *Washington Post*, March 21, 2022, https://www.washingtonpost.com/politics/2022/03/21/biden-crimea-russia-ukraine/.

（４５） バイデン政権のウクライナへの武器供与については、Christine L. Arabia, Andrew S. Bowen, and Cory Welt, "U.S. Security Assistance to Ukraine," *Congressional Research Service In Focus*, August 29, 2022, https://crsreports.congress.gov/product/pdf/IF/IF12040を参照。

（４６） Paul Mcleary, Alexander Ward, and Besty Woodruff Swan, "Shot down: How Biden scuttled the deal to get MiGs to Ukraine," *Politico*, March 10, 2022, https://www.politico.com/news/2022/03/10/poland-fighter-jet-deal-ukraine-russia-00016038.

（４７） Susan Milligan, "Biden Stands Firm Against No-Fly Zone as Zelenskyy Prepares to Address Congress," *US News*, March 15, 2022, https://www.usnews.com/news/politics/articles/2022-03-15/biden-stands-firm-against-no-fly-zone-as-zelenskyy-prepares-to-address-congress.

（４８） David Vergun, "M777 Artillery Deliveries Should Help Ukraine in the Donbas, Says Official," *DOD News*, April 29, 2022, https://www.defense.gov/News/News- Stories/Article/Article/3015463/m777-artillery-deliveries-should-help-ukraine-in-the-donbas-says-official/.

（４９） David Vergun, "Biden Signs Lend-Lease Act to Supply More Security Assistance to Ukraine," *DOD News*, May 9, 2022, https://www.defense.gov/News/News-Stories/Article/Article/3025302/biden-signs-lend-lease-act-to-supply-more-security-assistance-to-ukraine/; Joe Walsh, "Senate Passes $40 Billion Ukraine Aid Package After Weeklong Delay," Forbes, May 19, 2022, https://www.forbes.com/sites/joewalsh/2022/05/19/senate-passes-40-billion-ukraine-aid-package-after-weeklong-delay/?sh=54c9040b1cae.

（５０） Joe Gould, "Pentagon's High-Level Group to Aid Ukraine Is Rooted in Iraq and Afghanistan Fight, *Defense News*, May 18, 2022, https://www.defensenews.com/pentagon/2022/05/17/pentagons-high-level-group-to-aid-ukraine-is-rooted-in-iraq-and-afghanistan-fight/.

（５１） Isabelle Khurshudyan, Karen DeYoung, Alex Horton and Karoun Demirjian," Ukraine Wants More 'Game-Changer' HIMARS. The U.S. Says It's Complicated.," Washington Post, July 24, 2022, https://www.washingtonpost.com/national-security/2022/07/24/ukraine-himars-russia-us/.

（５２） Joseph R. Biden Jr., "President Biden: What America Will and Will Not Do in Ukraine," *New York Times*, May 31, 2022, https://www.nytimes.com/2022/05/31/opinion/biden-ukraine-strategy.html.

（５３） Kevin Liptak and Maegan Vazquez, "Biden Says Putin 'Cannot Remain in Power,'" *CNN*, March 26, 2022, https://edition.cnn.com/2022/03/26/politics/biden-warsawsaturday/index.html.

(54) Carol E. Lee, Courtney Kube and Ken Dilanian, "Biden Told Officials Media Reports about U.S. Intel Sharing with Ukraine Are Counterproductive," *NBC News,* May 7, 2022, https://www.nbcnews.com/politics/national-security/biden-told-officials-media-reports-us-intel-sharing-ukraine-are-counterna27738; バイデン政権はウクライナ軍に対してロシア軍の指揮拠点や部隊の所在位置に関する情報をリアルタイムで提供しているが、ロシア軍高官およびウクライナ領外のロシア軍の所在に関する情報については共有していない。

(55) Phil Stewart and Idrees Ali, "Exclusive: U.S. Cancels ICBM Test Due to Russia Nuclear Tensions,"*Reuters,* April 2, 2022, https://www.reuters.com/business/aerospace-defense/exclusive-us-cancels-icbm-test-due-russia-nuclear-tensions-2022-04-01/.

(56) David E. Sanger, Eric Schmitt, Helene Cooper and Julian E. Barnes, "U.S. Makes Contingency Plans in Case Russia Uses Its Most Powerful Weapons," *New York Times,* March 23, 2022, https://www.nytimes.com/2022/03/23/us/politics/biden-russia-nuclear-weapons.html.

(57) Anita Powell, "Biden: US to Bolster European Military Presence," *Voice of America,* June 29, 2022, https://www.voanews.com/a/nato-leaders-gather-for-madrid-summit/6637714.html.

(58) Alexander Ward and Quint Forgey, "NATO Is Unified Now. Will 'War Fatigue' Set in Later?,"*Politico,* July 1, 2022, https://www.politico.com/newsletters/national-security-daily/2022/07/01/war-fatigue-is-coming-everywhere-00043793.

(59) " US Announces $820M in Ukraine Aid, Including Missile Systems," *Mainichi,* July 2, 2022, https://mainichi.jp/english/articles/20220702/p2g/00m/0in/018000c.

(60) たとえば、Andrew F. Krepinevich, Jr. and Elbridge Colby, "Biden's All-Hat National Defense," *National Review,* May 16, 2022, https://www.nationalreview.com/magazine/2022/05/16/bidens-all-hat-national-defense/.

(61) Becca Wasser, "The Unmet Promise of the Global Posture Review," *War on the Rocks,* December 30, 2021, https://warontherocks.com/2021/12/the-unmet-promise-of-the-global-posture-review/.

(62) Phil Stewart and Idrees Ali, "Russia to emerge from Ukraine conflict weaker, senior Pentagon official says," *Reuters,* March 25, 2022, https://www.reuters.com/business/aerospace-defense/russia-emerge-ukraine-conflict-weaker-senior-pentagon-official-says-2022-03-25/.

(63) "Why Weapons Crucial to the War in Ukraine Are in Short Supply,"*Economist,* May 3, 2022, https://www.economist.com/graphic-detail/2022/05/03/why-weapons-crucial-to-the-war-in-ukraine-are-in-short-supply; Howard Altman, "re There Enough Guided Rockets For HIMARS To Keep Up With Ukraine War Demand?," *Warzone,* July 27, 2022, https://www.thedrive.com/the-war-zone/are-there-enough-guided-rockets-for-himars-to-keep-up-with-ukraine-war-demand.

(64) Simon Lewis, "Just over Half of Americans Say U.S. Should Back Ukraine until Russia Withdraws - Reuters/Ipsos poll," *Reuters,* August 24, 2022, https://www.reuters.com/world/just-over-half-americans-say-us-should-back-ukraine-until-russia-withdraws-2022-08-24/.

(65) Bryant Harris and Joe Gould, "How a Republican Rift on Ukraine Could Complicate Future Aid Packages," *Defense*

News, September 16, 2022, https://www.defensenews.com/congress/2022/09/16/how-a-republican-rift-on-ukraine-could-complicate-future-aid-packages/.

(66) Katie Rogers and David E. Sanger, "Biden calls the 'prospect of Armageddon' the highest since the Cuban missile crisis," *New York Times,* October 6, 2022, https://www.nytimes.com/2022/10/06/world/europe/biden-armageddon-nuclear-war-risk.html.

(67) Sarah Zheng and Philip Glamann, "Putin Acknowledges Xi's 'Concerns' on Ukraine, Showing Tension," *Bloomberg,* September 15, 2022, https://www.bloomberg.com/news/articles/2022-09-15/china-s-xi-poised-for-first-putin-meeting-since-ukraine-invasion.

第6章　NATOはロシアの侵攻にどう対応したか

（長島 純）

はじめに

２０２１年３月以降、ロシア軍によるウクライナ国境付近への戦力の展開、増強が進むにつれて、[1]西側諸国は、ロシアに強い警告の意味も込めたメッセージを繰り返し発信し続けたにもかかわらず、２０２２年２月24日、住民保護のための「特別な軍事作戦」という名のもとに、ロシア軍によるウクライナへの軍事侵攻が開始された。

当初、圧倒的な軍事力を誇るロシア軍の圧勝が予想されたが、国際世論の支持を集めるゼレンスキー政権や西側諸国の支援を受けるウクライナ軍の抵抗に直面して、軍事侵攻の勢いは停滞し、度重なる作戦計画の変更を余儀なくせざるを得ない状況に陥っている。

本章は、欧州における安全保障、特にその中心的役割を果たす北大西洋条約機構（ＮＡＴＯ：North Atlantic Treaty Organization）の視点から、今回のウクライナ侵攻への欧州の軍事的対応と将来的な抑止、防衛態勢の方向性について考察する。

１、軍事同盟の原点に回帰する ＮＡＴＯ

クリミア併合を契機に関係強化が進む

現在、独立した平和・民主主義国家であるウクライナを緊密なパートナーとするＮＡＴＯは、軍事侵攻したロシアを強く非難すると共に、無条件の即時撤退を繰り返し求めている。

ＮＡＴＯとウクライナの公式な関係は、東西冷戦後から始まり、１９９４年、「平和のためのパートナーシッププログラム」に参加して以降、ウクライナはＮＡＴＯの最も重要なパートナーシップの一つであり続ける。

その一方で、２００８年のＮＡＴＯ首脳会合（ブカレスト）では、将来のウクライナのＮＡＴＯ加盟が合意されながらも、加盟条件となる「メンバーシップ・アクション・プログラム（ＭＡＰ）」（加盟のための行動計画）[2]への参加は見送られるなど、これまでＮＡＴＯ加盟へ向けての動きは必ずしも順調とは言えなかった。

しかし、２０１４年のロシアによるクリミア併合を契機として、関係強化の流れは大きく前進する。ＮＡＴＯは、新たなウクライナ包括支援パッケージ（ＣＡＰ）を通じて、ウクライナ軍への訓練、資金提供、軍改革などの支援を本格化させると共に、サイバーセキュリティ、後方補給、ハイブリッド戦争への対応などの重要分野における実務的な協力関係を加速させる。[3]

そして、２０２０年、ＮＡＴＯは、ウクライナ軍の相互運用性を強化すべく、ウクライナに対して、オーストラリア、フィンランド、ジョージア、ヨルダン、スウェーデンに並んで、6番目の「強化された機会パートナー（ＥＯＰ：Enhanced Opportunity Partner）」の地位を付与する。さらに２０１７年、ウクライナ議会がＮＡＴＯ加盟に係る法案を採択するに続いて、２０１９年2月にはウクライナ憲法改正が行われ、ＮＡＴＯ加盟を目指す方針が国策として明示されるなど、ウクライナのＮＡＴＯ加盟は現実味を帯びてきているところであった。

これらの関係強化の中心的役割を果たしているのは、1997年に設置されたNATO・ウクライナ委員会であるが、その他にも、現地におけるNATO連絡事務所（NLO）やNATO情報文書センター（NIDC）が事務的支援の中核組織として活動し、今回のロシアの軍事侵攻に際しても、ウクライナへの援助に関する調整や人道面からの非軍事的なサポートを積極的に行っている。

また、サイバー防御、指揮通信、商用衛星画像の提供、後方兵站などの分野での協力支援は、ウクライナ軍が持続的なレジリエンス（抗堪性）を高める上で大きな役割を果たしている。(4)

一方、加盟国レベルの軍事支援に関しては、NATOが直接関与していないものの、ロシアによるクリミア併合以来、米国、英国、カナダ、さらにはトルコなどが中心となって、ウクライナへの各種装備品の供与が行われてきた。(5)

そして、ロシアによるウクライナ侵攻後は、さらに多くの加盟国から、対戦車兵器、対空火器などの装備品支援が行われているが、その中には、武器、弾薬、医薬品のほかに、サイバーセキュリティ、NBCR（核・生物・化学・放射能）兵器の脅威からの防護資材などが幅広く含まれている。また、加盟国による包括的な民生支援として、NATO全体で、数百万ユーロの資金援助、数百万人ものウクライナ難民の受け入れを行っている。

初めて実戦配備に就いたNATO即応部隊

NATOは、加盟国の領土と国民を防衛するために、加盟国が武力攻撃を受けた際、全加盟国に対する攻撃とみなして反撃するという集団防衛（Collective Defense）組織である。

そのため、今回のロシアによるウクライナ軍事侵攻を受けて、NATOが最も重視したのは、ロシア軍のウクライナにおける行動が隣接する同盟国の領土、領海、領空に影響を及ぼさないよう、事態を拡大させないことであり、結果的には、同盟の核となる集団防衛

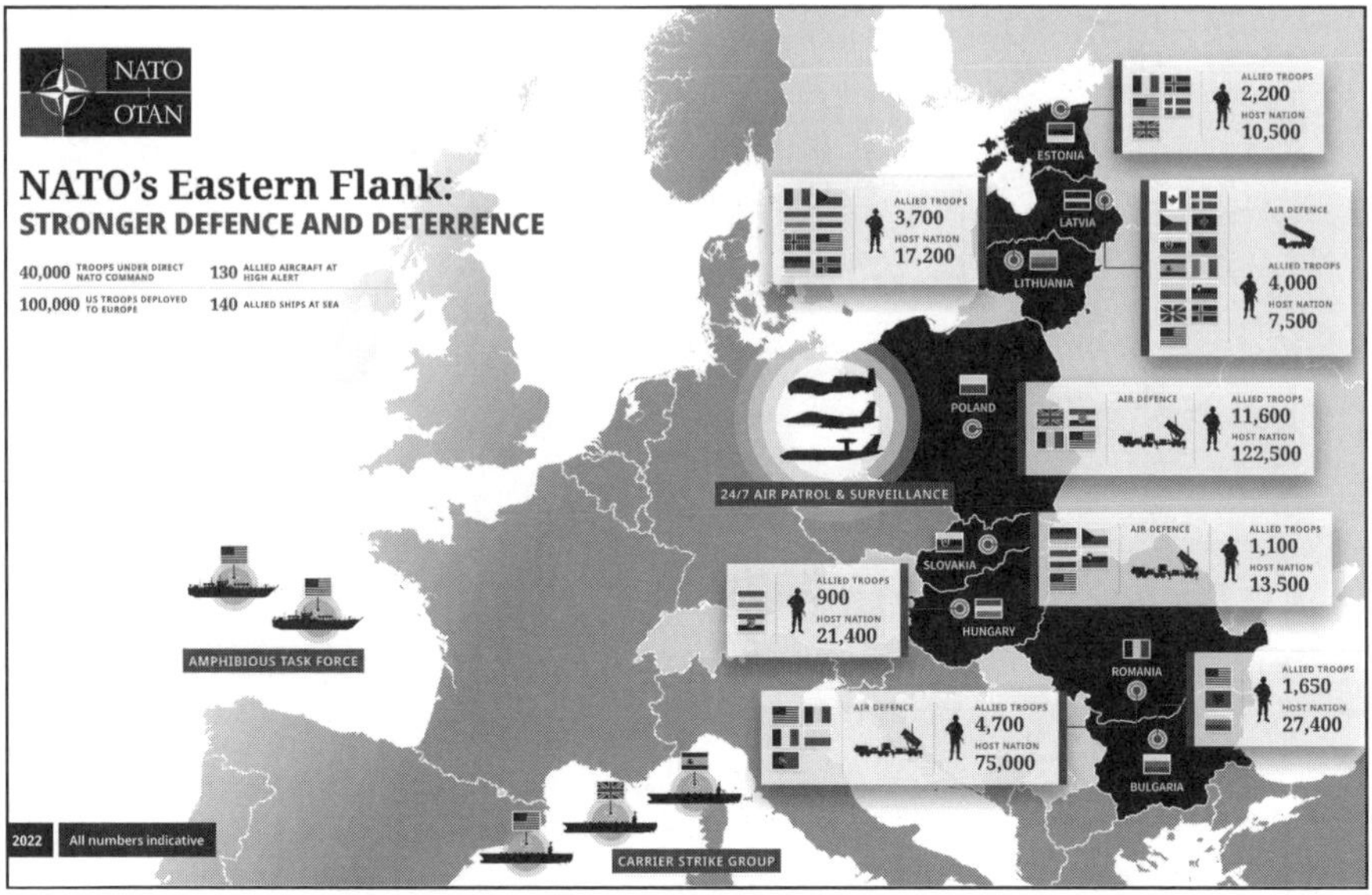

NATOの東側地域の軍事力（North Atlantic Treaty Organization HPより）

態勢の強化にほかならなかった。

そのため、ＮＡＴＯは、今回のウクライナ侵攻を受けて、１３０機を超える戦闘機や１４０隻以上の艦艇による周辺の海空域における警戒監視活動を強化すると共に、[6] ＮＡＴＯ東部地域における戦力を増強し、領域防衛に対する強い決意と姿勢を示威したのである。

その一方、非加盟国であるウクライナは、ＮＡＴＯの重要なパートナー国として多大な支援を享受し得る立場にあったものの、集団的自衛権行使の適用外に置かれたために、ウクライナ上空への飛行禁止空域の設定や領域警備上の直接支援が認められることはなかった。

特にこれらの空中におけるＮＡＴＯ作戦機による活動は、たとえ警戒監視任務であっても、その速度と行動半径の点でロシア軍機との直接接触や意思疎通上の過誤を引き起こす可能性が高く、ロシアとの軍事的緊張のエスカレーションを避ける上で最大限の慎重さが求められた。

その一方でＮＡＴＯは、１９９７年に締結されたＮ

ATO・ロシア基本議定書（Founding Act、1997年）における「相互に敵とみなさない」という合意を遵守し、旧ソ連領土に近い東部地域には戦闘部隊を常時配備することを控えてきた。

しかし、2014年のロシアのクリミア併合を契機として、基本議定書の精神を逸脱する軍事攻撃への警戒感が高まったことから、2015年2月のNATO国防相会議において「VJTF（Very high responsible Joint Task Force）」と呼ばれる緊急即応展開部隊（5000人規模）の新設が決定されることになる。

さらに2017年以降、NATO東部の防衛のための初期戦力として「増強前方戦闘群（eFP：enhanced Forward Presence）」と呼ばれる1000人規模の部隊をバルト3国、ポーランドに配置して、東部地域における直接的な作戦能力の向上に着手し始める。

特に今回、注目すべきNATOの反応は、最高意志決定機関である北大西洋理事会（NAC）の承認の下で段階的対応計画（Graduated Response Plans）に基づき、多国籍の陸海空軍で構成される最大4万人規模のNATO即応部隊（NRF：NATO Response Force）が初めて実戦配備の任務に就いたことである。

NRFは、2002年の設立時から、NATO変革の「触媒（Catalyst）」[7]と位置付けられ、同盟諸国間の能力ギャップを低減し、相互運用性を確保することが期待された戦闘部隊である。そして、域内外の危機管理対応部隊としてのみならず、事態の未然防止や拡大抑止に加え、その多国籍編成と訓練を通じてNATO戦力の標準化と相互運用性の実現に寄与することが期待されてきた。

今次機会を捉えて、NRFが実戦での配備を命じられ、高い警戒態勢に置かれたことは、NATOとして新たな作戦運用の局面が開かれたことを意味する。また、中・長期的観点から、NATOはブルガリア、ハンガリー、ルーマニア、スロバキアの南東部側面に新たに4つの戦闘群を配置することを決定し[8]、NATO

東部地域の外縁部における通常戦力の増強を通じて、ロシアの軍事脅威に対する領域防衛の盾を一層強化する姿勢を明らかにしている。[9]

これらの作戦運用面におけるさまざまな進化は、冷戦終焉以降、ＮＡＴＯが新戦略概念の策定などを通じて模索し続けてきた同盟の存在意義を改めて確認させることに寄与し、実質的に軍事同盟としての原点に急速に回帰しつつあることを印象づける。

ハイブリッド戦争に対する連携強化

今回、ロシアはウクライナの国内情勢を不安定化させ、社会全体を混乱させることによって軍事攻撃に対する脆弱性を増大させることを企図し、[10]サイバー攻撃、欺瞞・妨害活動、偽情報などの非軍事的手段を伝統的な軍事的手段と組み合わせる、いわゆるハイブリッド（複合混成型）[11]戦争の手法をとっているものと見られる。

その背景には、急速な技術の進歩やグローバルな相互依存の進化にともなって、サイバー攻撃などの速度、規模、強度が著しく増大され、防御側の対応がより困難なものとなっている事実がある。[12]すでに２００８年のジョージア侵攻では、ロシア系住民に対する人権侵害をめぐる混乱やジョージア国防省へのサイバー攻撃に前後して、ロシア軍の機甲部隊や軍用機による物理的侵攻が開始されており、ハイブリッド戦争の原型となっている。[13]

また、２０１４年に発生したロシアによるクリミア併合においても、核戦力の威嚇を含めた、より洗練されたハイブリッド戦争が展開され、従来型戦争における西洋の優位性を否定した事例として注目される。[14]

今回のハイブリッド戦争に関しては、過去にジョージア侵攻が５日間で、そしてクリミア併合では４日で、それぞれ戦闘行動が終結していることから、[15]プーチン大統領としては、ハイブリッド戦争の実行による短期間の戦争計画を想定していたものと見られる。

しかし、現実にはロシアによるハイブリッド戦争は、期待される作戦効果を十分発揮できず、ロシア軍の戦闘に関わるコストは増え続け、作戦の長期化は不可避となりつつある。

その背景には、ウクライナのNATO加盟に向けての緊密かつ着実な支援環境が醸成されてきたことに加えて、NATOとの相互運用性の向上を図る両者相互の努力があった可能性が認められる。

これまで、ウクライナ軍は、NATOの訓練、演習に対して積極的に参加し、アフガニスタンにおけるNATO主導の国際治安支援部隊（ISAF：International Security Assistance Force）やイラクでのNATO訓練ミッション（NMI：NATO Mission Iraq）に対する軍事的支援を継続してきた。

これらのNATO標準化に適合しようとするウクライナの努力が実を結ぶ形で、NATOとの相互運用性を受容し得る組織文化が軍内に醸成され、長らく旧ソ連軍の用兵思想の影響を受けてきたウクライナ軍を近代化した西側の軍隊へと転換させることに結びつき、その結果、ロシア軍の攻撃に対する軍事的レジリエンスが高められたと見られる。

さらにNATOをはじめとする西側諸国の積極的なデジタル・サポートが、ウクライナ軍のレジリエンスを高めることに役立ったものと見られる。すでにNATOは、ジョージア（2008年）やウクライナ（2015年）に対する大規模なサイバー攻撃が国家の重要インフラを目標として行われ、国防上も深刻な被害を及ぼしたことを重視して、[16] 2014年にはサイバー空間を軍事作戦領域と位置づけると共に、ネットワークや作戦基盤に関わるサイバーセキュリティの強化に努力してきた。[17]

そして、2014年のクリミア併合以降、欧州内で、サイバー攻撃や偽情報などの非軍事的手段が実存的な脅威としてより強く意識されるようになり、その対抗措置を整えるべく、相次いでハイブリッド脅威に対する独立した中核的研究機関（COE：Center of Excellence）が設立され、これら関係者間の連携強化が充実し得たのである。[18]

今回、これらの米欧間の連携体制の下で、情報共有態勢の整備と併せて、迅速かつ有効な対ハイブリッド脅威への具体的措置が図られたことによって、[19] ロシアによるサイバー攻撃の効果は低減させられ、ウクライナ側のデジタル被害の拡大と深刻化は限定的なものに留まったと考えられる。(20)

結果的に、欧州内で、2014年以来続けられてきたハイブリッド戦争に対する分析、検討、対応手段の構築などの地道な努力の積み重ねが、今回のロシアのハイブリッド戦争の効果を減殺し、さらにグローバルな情報連携がロシア軍の侵攻を遅延させることに結びついたことになる。

2、危機におけるNATOの将来

政治同盟としてのNATO――「新常態」に適合

1949年にNATO初代事務総長となったヘイスティング・イスメイ（Hastings Lionel Ismay）は、NATOの存在意義を「ソ連（現ロシア）を締め出し、米国を留め置き、ドイツを抑え込む（keep the Soviet Union out, the Americans in, and the Germans down）」と表現した。

それは、1946年にチャーチルが鉄のカーテンと呼んだ欧州の東西分断という現実に直面した西欧諸国が、軍事的な脅威であるソ連を排除し、二度の世界大戦の敗者となったドイツを抑える一方で、外交上の不干渉主義（モンロー主義）の傾向を見せる米国を欧州に引き留めるべく、NATOという米欧同盟にその責務と期待を委ねたことを意味する。

なぜロシアを排除しなければならなかったのか。それは、冷戦の緊張状態で顕在化したロシアの地政学的野望を阻止するという命題が欧州内で共有されるなかで、G・Fケナンの「X論文」（1947年）において指摘された、「ロシア（当時ソ連邦）を封じ込める」戦略が必要不可欠という見解が、米欧間の総意となったことを意味する。

そして、冷戦に勝利したNATOは、1991年のソ連邦崩壊にともなうロシア領土の縮小の機会を捉えて、いわゆるNATOの東方拡大を開始し、米欧同盟の影響圏をロシアへ向けて延伸していくことになる。

その一方で、ワルシャワ条約機構（WPO）という明確な脅威が消滅したことにより、ＮＡＴＯは軍事同盟としての存在意義を問われるようになり、時代の変化に適合し続けることが組織的な重要課題となる。

事実、２００１年のアメリカ同時多発テロ事件（9・11）を契機として、国際テロや破綻国家に象徴される不確かな恐怖とリスク(21)を「新たな脅威」とみなして、同盟としての新たな域外活動への取り組みを開始した。

それから20年以上、ＮＡＴＯは、イラクやアフガニスタンにおける人道・復興支援任務に関わり、その間、おおむねＮＡＴＯ加盟国の平和は保たれることとなった。しかし、２０１４年のロシアによるクリミア併合を契機として、域内における軍事的な緊張が再度高まる事態に直面した。

それは、再び顕在化するロシアの実存的脅威に対する抑止と対処に回帰する誘い水となり、ストルテンベルグ（Jens Stoltenberg）事務総長は、ＮＡＴＯを取り巻く国際環境の急激な変化を、ＮＡＴＯが適合すべき「新常態（New Normal）」と呼び、ＮＡＴＯの存在意義を再度アップデートすべき時期に来ていることを明らかにした。(22)

事実、ＮＡＴＯは、２０２２年6月に開催された首脳会合（マドリード）において、12年ぶりとなる新たな「戦略概念（Strategic Concepts）」を採択した。これまでも、ほぼ10年に一度、今後10年間にＮＡＴＯが直面すると思われる幅広い課題への対応の方向性を共有すべく戦略概念を策定してきたが、(23)今回、ＮＡＴＯは、抑止力と防衛力を大幅に強化すると共に、国家としてのレジリエンスを確保することを確認した。

その背景には、政治、社会、技術などが急激に変化することにともなって、軍事的脅威と非軍事的脅威の境界が曖昧な戦略環境が出現しつつあり、その環境への適合を果たすには、政治・軍事同盟としてのＮＡＴＯの変革をさらに加速化する必要があるという切迫感がうかがえる。(24)

ここで、キーワードとして挙げられるのは、人工知能（ＡＩ）、ビッグデータ、極超音速などの新しいテクノロジーと共に、米欧同盟に対する脅威としてのロシアと挑戦者としての中国への対応が考えられる。[25]

NATOは、ウクライナ侵攻を契機として欧州の安全保障秩序の再編を目論むロシアだけでなく、グローバルな軍事・安全保障における存在感を急速に増大させている中国に対しても強い警戒感を隠そうとはしない。

さらにロシアによって欧州情勢が混迷を深める一方、米国が国力の低下とモンロー主義的傾向を強めるなかで、NATOは、インド太平洋重視を強める米国の軍事プレゼンス[26]をいかに欧州に引き止めるのかという政治、軍事両面にわたる課題にも直面している。これからもNATOは、さまざまな脅威の動向に左右されながら、政治的に難しい舵取りを求められるであろう。

軍事同盟としてのNATO—相互運用性の強化と国防力の増強

冷戦終焉後の新たな戦略環境のなか、NATOは軍事同盟として二つの大きな問題に直面することになった。一つは、加盟国間の軍事面における能力格差であり、もう一つが、平和の配当と称する各国の国防費の大幅な削減であった。[27]

1999年、NATOとして初めての主権国家への空爆作戦となった「同盟の力」作戦（OAF：Operation Allied Force）[28]において、米軍とその他の加盟国軍の間の攻撃システムにおける「相互運用性（Interoperability）[29]」の欠如が明らかになり、コミュニケーション上の問題から共同の作戦行動をとれなかったという衝撃的な事実に直面した。[30]

そもそも、東西冷戦下、NATO内部では、旧ソ連による大規模攻撃には核兵器を用いて対処するという防御戦略が優先された結果、[31]各加盟国は領域防衛に対する関心が高まらず、通常戦力レベルでの相互運用性が同盟間の重大課題とはならなかったことが背景として考えられる。[32]

さらに2003年から開始されたアフガニスタンにおけるISAF（国際治安支援部隊）では、NATO域外国を含む多国籍部隊に参加するパートナー国との間の「能力格差（capability gap）」が明らかになり、軍事的な相互運用性の重要性が改めて認識されることとなった。[33]

軍事作戦における相互運用性の確保は、NATOが継続する変革の大きな主題の一つであり、[34]各種作戦に応じて協力関係を結ぶ非加盟国・パートナー国との間の相互運用性の醸成に対しても、高い関心と努力が向けられる理由となっている。

また、現在、NATO加盟国は、同盟としての全体的な防衛力を高めるために、2014年の首脳会合（ウェールズ）において決定された、2025年までに国防予算を国内総生産（GDP）の2パーセントとし、国防予算の20パーセントを主要装備品および研究開発に費やすという共通ガイドラインを達成するための努力に取り組んでいる。

当初、その基準を達成していたのは3カ国（米国、ギリシャ、クロアチア）だけであったが、2022年の臨時首脳会合（ブリュッセル）において8カ国（新たに英国、ポーランド、バルト3国）が基準目標を満たしていることが明らかにされ、今回のロシアによる武力攻撃事態を受けて、当ガイドラインの履行は一層進むものと見られる。

これまで、NATOがアフガニスタンやイラクのような域外における国際貢献の任務に携わるなかで、距離的に遠く離れた作戦地域に展開し、活動する遠征活動能力の欠如への対応に焦点が当てられていたものの、原則的に、国防力の整備は各加盟国の裁量に任され、NATOの調整自体にも限界のあったことが、この問題の背景にある。[35]

しかし、ロシアのクリミア併合によって、欧州域内における軍事的脅威が明確な姿を現し、各加盟国が独自に集団防衛を行うための軍事力を強化する必要性が共通認識となった結果、国防力強化へ向けての全体的な流れに勢いがつくのである。

今後、NATOは相互運用性の強化や全体的な国防力の増強に対して、さらなる資源と努力を傾注し、長らく課題とされてきた領域防衛の「盾」をより強化するものと思われる。

核同盟としてのＮＡＴＯ—新たな核政策オプション

２０２２年2月27日、プーチン大統領は、今回のウクライナへの軍事侵攻を機に核戦力の特別態勢への移行を命じ、ＮＡＴＯ諸国を震撼させることになった[36]。

従前より、ロシアは欧州に配備された核兵器への依存度を高め[37]、欧州諸国への核恫喝を繰り返し[38]、超音速ミサイルシステムや核巡航ミサイルなどの新たな核兵器の開発を着実に進めている[39]。そして、ロシアは、２０１８年9月の大規模軍事演習「VOSTOK 2018」における核／通常弾頭搭載可能な弾道ミサイルの発射訓練[40]や、２０２０年5月ロシアの飛び領地（ＮＡＴＯ加盟国の領土に接するカリーニングラード）に、核搭載可能な中距離核ミサイルＳＳ‐26（Iskander-M）配備を強行して[41]、ＮＡＴＯ同盟国に対する核兵器による威嚇を繰り返してきた。

それらに対して、ＮＡＴＯは「世界に核兵器が存在する限りは核同盟であり続ける」という基本姿勢を堅持し、核計画部会（ＮＰＧ：Nuclear Planning Group）における核政策や核態勢の協議と決断を行うプロセスの遵守、そして、通常戦力、ミサイル防衛能力と共に核戦力を適切に組み合せて、抑止と防衛の態勢を維持するとしている[42]。

しかしながら、今後ロシアが通常精密兵器と低出力核兵器を一体的に運用し、作戦上の主導性を確保するという戦い方に固執するのであれば[43]、核兵器の基本的な目的を抑止と捉えるＮＡＴＯの核政策に影響を及ぼさざるを得ず、領域防衛をより強化するために、その修正変更を求める機運が同盟内で高まるはずである[44]。

特に、２０１９年に中距離核戦力全廃条約（ＩＮＦ条約）が失効した現在、米国による「核の傘」の信頼性を確保する新たな手立てが見えないなかで[45]、ＮＡＴＯは、時代と状況の変化に応じた核戦力をともなう抑止戦略を再構築し、核の脅威から加盟国を守る責務を果たすことが求められている[46]。

その一つの解決策として、核不拡散条約（ＮＰＴ）体制を維持し、核兵器保有国を増やさないという前提の下で、ＮＡＴＯ加盟国間で核抑止のリスクと責任を保証する核共有（Nuclear Sharing）の対象国を拡大するという選択肢が考えられる。

核共有は、単純に「核」爆弾を物理的に米国と「共有」することではなく、同盟内の責任分担、被害共有を明確に示し、事態生起の際には機能発揮する核抑止と対処のシステムである。

NATO内では、現在、ドイツ、オランダ、トルコ、イタリア、ベルギーが核共有国として位置づけられるが[47]、今後、欧州における核戦力をめぐる戦略環境の変化のなかで、NATOの核共有システムの枠組みに中・東欧の同盟国を加えるという新たな核政策オプションも一案として考慮されるであろう。

それは、NATO東部外縁における防衛態勢強化の一環として、ロシア正面に核の盾を展開することに等しく、多角的核抑止の一形態としてロシア軍への抑止効果を増大させることになる。

しかし、その一方で、現実的には新たな核兵器の管理と保全の問題やロシアとの事態エスカレーションの可能性は、政治的にも賛否をめぐる議論を呼ぶことは避けられず、NPGにおける高い政治レベルの協議とコンセンサスが必要とされるに違いない。

3、NATOを取り巻く戦略環境の変化

顕在化する欧州の地政学的変化

近年、ロシアへの国家的な傾倒を急速に進めるベラルーシは、ロシアが軍事侵攻するウクライナの隣国に位置し、バルト諸国やポーランドと国境を接する専制主義国家であるが、改憲によって、現行憲法における核兵器を持たず中立を保つとの条項が削除されたことで、将来、ベラルーシ領内に、ロシアの核戦力が配備される可能性が懸念されている。

ベラルーシ領内に核・非核両用の戦力を擁するロシア軍部隊が駐留するような事態が生起すれば[48]、ポーランド・リトアニア国境のわずか104キロメートルの狭い「スヴァルキ・ギャップ（Suwalki Gap）」と呼ばれる、NATO防衛において緊要な戦略的回廊の脆弱性が一層増大し、NATOは戦術的に厳しい状況に

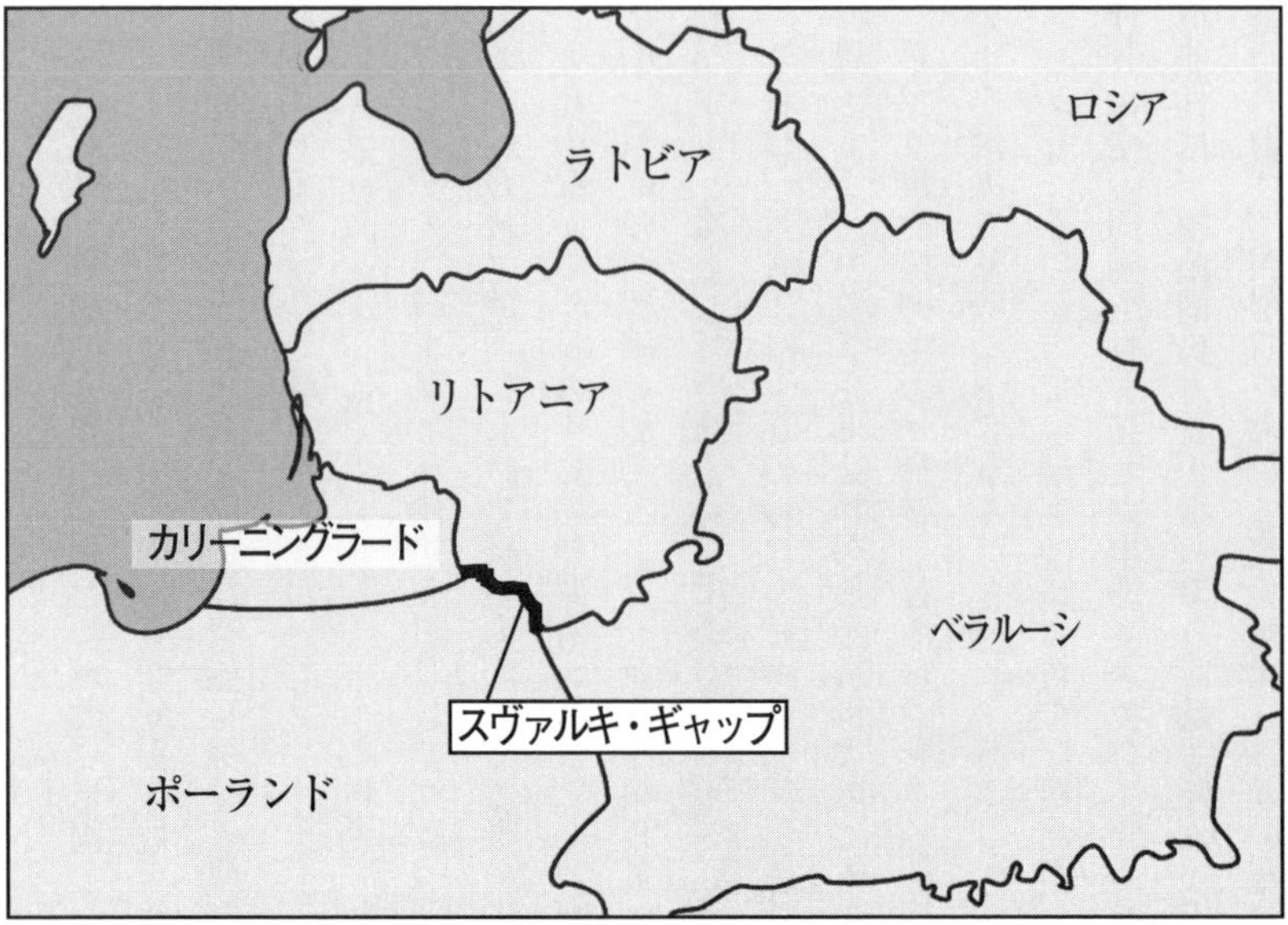

スヴァルキ・ギャップ

追い込まれることになる。

それは、今回のウクライナ侵攻の影響が周辺地域に波及する形で、バルト三国やポーランドの安全への不安と動揺が急激に高まる場合、ＮＡＴＯがＶＪＴＦやＮＲＦのような緊急展開戦力を領域防衛のために同方面に事前展開しようとしても、ベラルーシに配備されるロシアの中・長距離核戦力による打撃力によって阻止される可能性が高くなることを意味する。

その場合、ＮＡＴＯは、自らの領域内であっても、東部側面における自由な作戦機動を躊躇せざるを得なくなり、バルト三国が作戦、補給、通信面で分断され、孤立するという最悪のシナリオが現実のものとなりかねない。

そのような事態は、かえってＮＡＴＯが集団防衛条項（第５条）を早期に発動せざるを得ない可能性を高め、欧州における核戦力を含む大規模な戦争の閾値《しきいち》が下がるような状況を惹起しかねない。

また、２０２２年４月26日、ラブロフ（Sergey Lavrov）露外務大臣は、グテーレス（António Guterres）国連事務総長との会談後の記者会見で、現在の戦争状況は、地政学的視点から、無制限なＮＡＴＯ拡大に責任があると改めて指摘し、第二段階に入ったとされるウクライナ南東部における軍事作戦の正当性を主張した。(49)

　今後、ロシアは、ウクライナ南東部への軍事作戦に集中し、黒海沿岸全域をロシアの影響下に置こうとする可能性が高い。そして、その影響は、ＮＡＴＯのパートナー国であり、ロシアの影響力が強い沿ドニエストル地方を擁するモルドバにも及ぶ可能性を否定し得ない。

　万が一、黒海沿岸地域から東部モルドバまでの地域がすべてロシアの支配下に置かれる場合、ウクライナは北正面のベラルーシ、東正面に加え、南正面でもロシアの軍事的圧力にさらされるという致命的な戦略環境に置かれることが考えられる。その場合、ウクライナの戦略的な脆弱性が増大するのみならず、結果的に、ＮＡＴＯ加盟国であるルーマニアやブルガリアへの脅威も一層深刻化することが現実のものとなる。

　今後とも、ＮＡＴＯは、ロシアの軍事的脅威に対峙して戦力増強を続けることが求められるばかりでなく、欧州における地政学的変化が時間の経過と共に顕在化していくなかで、その軍事戦略や作戦計画に関する修正や更新を、柔軟かつ適時適切に行っていく必要がある。

新領域（宇宙、サイバー、電磁波）の戦い

　ＮＡＴＯは、原則的に欧州域内で活動する安全保障機構であり、その軍事活動自体も、人道復興支援や緊急災害派遣の場合を除いて、欧州地域に限定することが基本である。

　しかし、ストルテンベルグＮＡＴＯ事務総長は、国際テロ、サイバー攻撃や極超音速兵器兵器などの新たな脅威の登場に関して、脅威がグローバル化する以上、ＮＡＴＯも地域の枠を超えて、グローバルに対応する必要があるとの認識を示している。

　その中には、宇宙・サイバー・電磁波という新たな領域（以下「新領域」）における脅威も含まれる。事

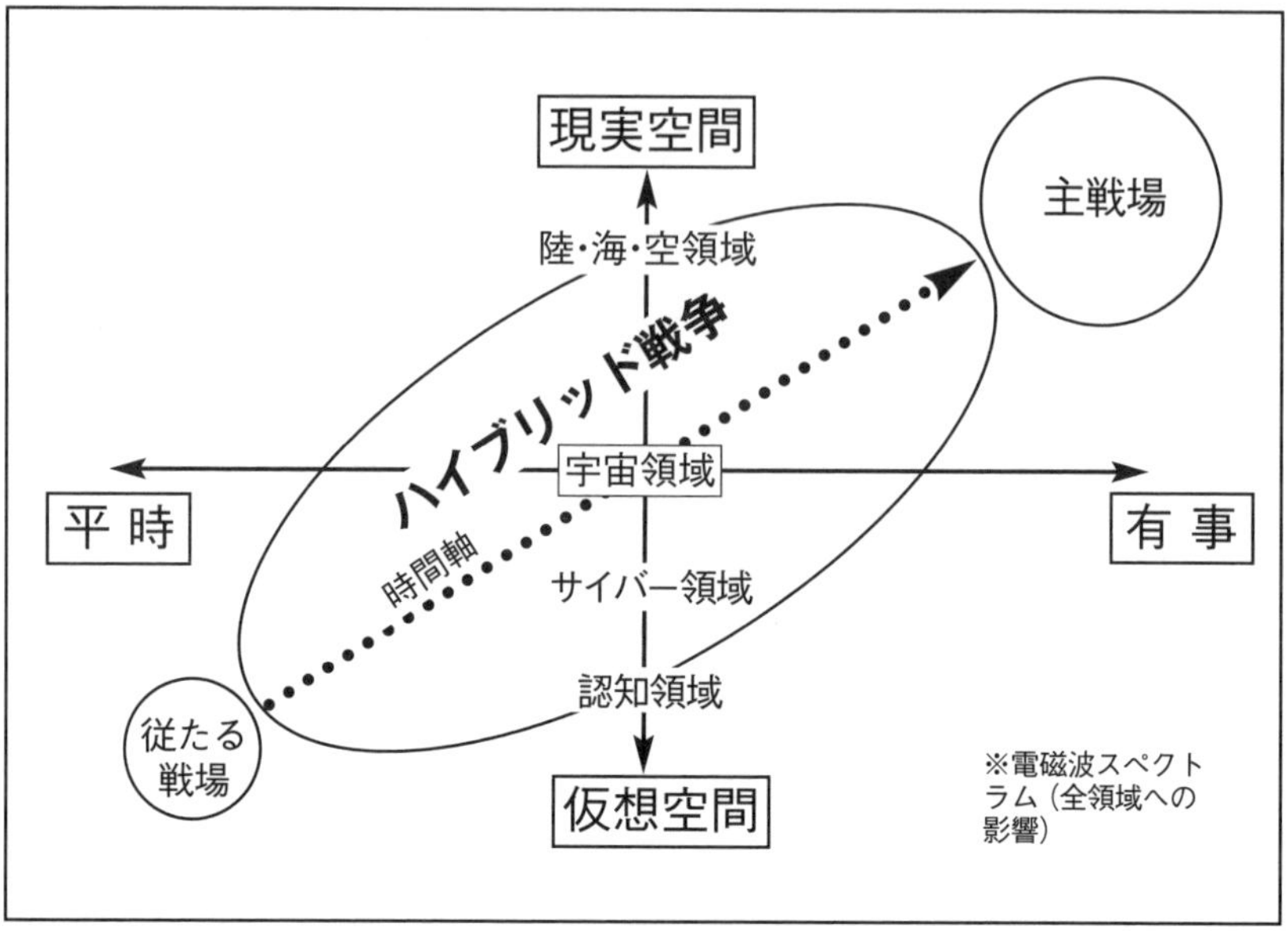

「ハイブリッド戦争」の概念図

実、本格的な軍事作戦が発起するに際して、重大なサイバー攻撃や宇宙アセットの破壊、妨害に加え、プロパガンダ、欺瞞、妨害などの非軍事的手段によって、軍の活動基盤でもある社会インフラ機能への非軍事的な攻撃が繰り返され、最終的に、国家の重要インフラ機能を停止させるような事態が起きる可能性は高い。

今回、ロシアは、ウクライナに対して、軍事／非軍事手段を併用するハイブリッド戦争の手法をとっていると見られるが、過去にも、２００７年にエストニア政府、報道、金融機関を狙った機能妨害型のサイバー攻撃を皮切りに、今回のウクライナ侵攻に至るまで、ほかの主権国家に対して、情報搾取、電力網などの重要インフラ機能の破壊を目的としたサイバー攻撃を繰り返してきた。

これに対して、ＮＡＴＯは戦闘領域を区別することなく、相互融合を強める全領域における優位性を獲得することで、敵の非対称な攻撃を抑止、または無力化する戦い方の検討を進めている。[50]

たとえば、ＮＡＴＯは２０１６年のワルシャワ首脳会合において、サイバー空間を陸海空と並ぶ第四の作戦領域として位置づけ、その防衛が集団安全保障の一部と確認されると共に、2019年ロンドン首脳会合では「宇宙」も新たな第五の作戦領域として追認するなど、新たな全領域的な作戦の準備に向けて、宇宙空間やサイバー空間における相互運用性を確保するための努力を始めている。

さらにサイバー攻撃が進化するなかで、匿名性、利便性、即時性という特徴を有するSNS上で繰り返される偽情報も、NATOが対応すべきハイブリッド脅威の一つと認識されるようになっており、(51) 新たに認知領域を、陸、海、空、サイバー空間、宇宙空間に加えて第六の作戦領域と位置づける可能性が高い。

ストルテンベルグNATO事務総長は「ロシアとの対峙においてサイバー戦場でロシアを打ち負かすことが重要である」との認識を示すと共に、(52) 偽情報や世論操作の工作が行われる事態を、北大西洋条約第5条（集団的自衛権）、第3条（加盟国レジリエンス義務）に直接影響を及ぼすものとして重く受け止めていると見られる。

また、今回のロシア軍のウクライナ侵攻の教訓を通じて、NATOは、宇宙空間の作戦運用面での活用について関心を強めていると見られる。(53) その背景には、これまで軍事作戦において重用されることが少なかった商用衛星画像がロシア軍の戦況を詳細に把握する上で大きな貢献をなし得た事実と、民間宇宙通信がサイバー攻撃に対する情報通信の脆弱性を補強し、作戦運用の円滑化に直接貢献した事例がある。

今回、秘匿度の影響を受けにくい、民間の衛星画像情報に関する関係者間の共有がスムーズに行われ、ロシアが積極的に流布した偽情報、いわゆる偽旗作戦（false flag operation）の効果を低減させることに一定の効果があったと見られる。これは、複数の米衛星画像会社によって提供される、ロシア軍の行動に関する画像情報がビッグデータ化され、(54) 「OSINT（Open Source Intelligence：公開情報）」となることを通じて、ウクライナ軍へ供与される情報活動に関する評価分析や配布共有の速度と質の向上に大きく貢

献したことを意味する。(55)

また、民間宇宙通信については、イーロン・マスク氏が提供したスターリンク（Starlink）システムの作戦運用面における抗堪性と重要性に注目が集まった。(56)これは、スペースX社が宇宙空間低軌道に展開する人工衛星コンステレーション（Satellite constellation）(57)と地上におけるシステム端末によって実現する人工衛星経由のインターネットサービスである。

この通信システムは、ロシアのサイバー攻撃や電磁波攻撃によって妨害される通信ネットワークの脆弱性を補い、通信インフラが提供されない地域における情報の共有や送受信を可能にした。

この事実は、世界的に、宇宙接続の通信の重要性を再認識させると共に、ロシア軍の軍事活動がリアルタイム化されたＯＳＩＮＴ情報として関係者間で共有され、ウクライナ軍の作戦運用上の優位性を高めることに結びついた。

この事態に対して、ロシアはスターリンクへの電磁波妨害を行ったとされるが、スターリンク・システムの周波数変換やシステム・ソフトウェアのアップデートにより、実際の妨害攻撃が回避され、民間アセットであるにもかかわらず、電磁的攻撃に対するレジリエンスの高さを示すこととなった。(58)

かくして、先進技術の指数関数的な進化やデュアルユース（軍民共有）技術の台頭によって、新領域の作戦領域化が急速に進み、さらに作戦上の優越性を求めて、サイバー空間や宇宙空間が戦闘領域化する傾向が強まりつつある。

ロシアによるウクライナ侵攻の戦況を通じて、現実空間における陸海空における戦闘と比べて、相対的に仮想空間における作戦運用の重要性が高まり、これに、スペースXのような新たな民間の新領域プレイヤーが関与することで、将来の作戦環境は、現実と仮想、軍事と民生の境界を一層曖昧で、複雑化したものとなるであろう。

元在欧米陸軍司令官のベン・ホッジズ（Ben Hodges）陸軍中将は、ロシアのウクライナにおける戦い方は、次世代の戦争を象徴するサイバー攻撃を主体とする戦闘にはほど遠く、ほぼ中世時代の古典的な戦争が繰り広げられているとして驚きを隠そうとはしなかった。[59]

将来、今回のロシアのウクライナ侵攻と同様な伝統的な戦い方が繰り返されるかは不明ではあるが、先進技術の進化や社会環境の変化が不可逆的なものである以上、我々が現時点では予想し得ないような、新領域を取り込んだ領域融合型の戦い方が次世代の戦争に大きな影響を持つことことは間違いないであろう。

戦争の概念を変える新興・破壊的技術

軍事思想家であるクラウゼヴィッツ（Carl von-Clausewitz）は、その名著『戦争論』の中で、戦いそのものが変わることはないが、時代の流れの中で、戦争において無力化すべき敵の「重心」は遷移し、[60]戦争が変容と進化を繰り返す可能性を示唆している。

第二次世界大戦以降、大きな犠牲をともなう物理的な戦争の蓋然性は低減されたが、[61]世界は、サイバー攻撃、欺瞞・妨害活動、偽情報などの非軍事的手段と伝統的な軍事的手段を組み合わせたハイブリッド脅威[62]を多用する新たな戦争に直面しつつある。

その背景には、先進技術が急速に普及することで、デジタルの世界と物理的な現実世界、さらに人間が融合する環境が醸成されつつある流れがある。[63]そして、情報通信技術（ＩＣＴ）に加えて、人工知能（ＡＩ）を中核とした３Ｄプリンター、ロボット、自動運転、ナノテクノロジー、量子コンピューターなどの新興・破壊的技術（Emerging and Disruptive Technologies）[64]が、その融合を加速化するという時代変化から、新たなハイブリッド脅威が生み出される。

事実、ＮＡＴＯは、新興・破壊的技術を、軍事的な変革にとってレジリエンスや持続可能性を備える機会と肯定的に捉える反面、敵対する国家や非国家主体がそれらの技術を獲得することは同盟にとって脅威になると否定的に見ており、安全保障上の警戒感を強めている。[65]

新興・破壊的技術の中でも、５Ｇなどの大容量、超高速、多接続通信を実現するＩＣＴ、ＡＩ、量子コンピューター、自律化ロボット、ナノテクノロジーの社会実装は、軍事・民生双方に適応可能なデュアルユース技術の台頭と並んで、軍事分野における戦場と仮想空間の接続性を強め、戦いの方法をより洗練された、効果的なものへと変える触媒になるであろう。

その結果、戦争が、これまでの軍事力による線形エスカレーションの軌道を辿るのみならず、その重心が仮想空間にも広がる結果、非線形的な様相変化を引き起こす可能性がある。

それは、戦争と平和、軍事と非軍事、破壊と非破壊、それぞれの境目が一層曖昧になるなかで、一つの統合された戦場が誕生し、軍隊が従来の距離や時間という物理的制約から解放されることを通じて、新たな戦い方が戦場に訪れることを意味する。そして、その変化に適合し得るか否かによって、同盟国、友好国間であっても、能力ギャップが生じる可能性があり、新興・破壊的技術を梃子《てこ》とする軍事関係の「分断（de-coupling）」という事態に直面するかもしれない。

「NATO2030」においても、新興・破壊的技術は、平和、危機、紛争の性質を変化させるものとして指摘されており、AI分野で世界のリーダーになることを目指す中国を前に、NATO加盟国はもはや自国の技術的優位性を当然と考えるべきではないと警鐘を鳴らしている。

たとえば、中国では開発対象として、技術集約型の経空《けいくう》脅威に加え、AIを実装した自律型の無人機やドローンの開発を着実に進めており、発射後に自ら情報収集・判断し、自律的に目標を直撃する「知能化された（Intelligentized）」ミサイルが開発途上にある。[66]

いまだに中国はNATOにとっての直接的な脅威とはみなされていないが、軍民融合戦略により軍事力の近代化が急速に進展し、総合的な軍事力と影響力が増大するなかで、それらが「一帯一路」を通じた影響力の地理的な拡大に結びつけば、欧州にとっての直接的な脅威とみなされるであろう。

そのため、NATOは新たな破壊的な技術の安全保障面における大西洋協力の不可欠なフォーラムとなることを目指し、9つの主要な新興・破壊的技術分野

（人工知能、データ、コンピューティング、自律性、量子化技術、バイオテクノロジー、極超音速技術、宇宙、素材、エネルギーと推進力）に焦点を当て、NATOの技術的優位性を確保するための包括的な取り組みを始めている。それは、新興・破壊的技術の育成を支援する制度、枠組みを、NATO加盟国および民間企業、投資ファンド、学術界などの幅広い協力を得ながら、整備しようという試みである。

NATOは、今後数十年を対象期間とする長期戦略として策定すると共に、優先的かつ積極的な資源投資を喚起して、次世代の戦争における優越性を確保することを目指している。そして、その優越性の確保は、加盟国間のみならず、広くパートナー諸国との間でも協力して実現することが想定されている。

ロシア軍の侵攻を受けるウクライナも、NATOの平和と安全のための科学（SPS）プログラムに参加し、実践的な科学協力の優先分野を特定することへの貢献を行っている。特に2014年以降、安全保障関連の市民科学技術の分野での協力が強化され、ウクライナはSPSプログラムの最大の受益者になっている。

NATOとウクライナとのSPSプログラム上の協力分野は、テロ対策、化学・生物・放射性物質・核（CBRN）兵器への防御、エネルギー、環境の安全保障にまで幅広く及んでいる。

4、ウクライナ侵攻後の欧州とNATO

ロシアは冷戦の敗者からの復活を目指す

20世紀初め、ロシア革命後のレーニンは、国内問題の解決を優先すべく、「迂回し、後退し、好機を待つ」として対外的な譲歩を選択したが、今回、NATO東方拡大を甘受してきたロシアは、再膨張の時機の到来を待ちつつ、2014年のクリミア併合、そして今回のウクライナへの軍事侵攻を契機として膨張へと回帰し始めているように見られる。

そのきっかけとなったのは、冷戦後の世界秩序の中で一極体制を築いた米国のモンロー主義（相互不干渉）的な対外姿勢への変化がある。21世紀に入ってからの、中国や新興国の台頭にともなう多極化時代の到来のなか、２０１３年の「米国は世界の警察官ではない」とするオバマ大統領の発言や２０１７年に誕生したトランプ政権の米国第一主義の主張は、欧州諸国をして、米国の大国としての国力低下と国際協調路線からの離脱の可能性、さらには欧州の安全保障における米国の信頼性への懸念へとつながっていく。(67)

プーチン大統領としては、米国が、外交上の不干渉主義（モンロー主義）の傾向を強め、軍事的挑発に対しても積極的な関与は行わないと判断して、ウクライナ侵攻を決心した可能性もうかがえる。すなわち、政治・外交的な米・欧・露の確執と相互作用の中で、この軍事作戦の開始が決心されたとする見方である。

そして、冷戦の敗者からの復活を期すロシアが、ウクライナへの軍事侵攻によって欧州の安全保障秩序の再編の引き金を引き、結果的に、近年の欧州による米国への信頼感の低下を、より鮮明に印象づけることになるかもしれない。

ロシアによる軍事侵攻が終結しても、米欧同盟が大きな転換点に直面し、欧州新秩序をめぐる競争や競合にともない、欧州情勢が新たな混乱をきたすことが懸念される。

NATO・EUの協力関係の強化

歴史的に、欧州における安全保障の主導権をめぐって、NATOとEUは競合関係にあったが、２００２年以降、EUが主導する作戦に対してNATO支援を可能とするベルリン・プラス協定に象徴される各種協力枠組みの整備を通じて、作戦・実務面におけるEU・NATO間の協力関係を強化する流れにある。(68)

特にEUは一方的に欧州独自の排他的な安全保障態勢を求めず、欧州集団防衛の礎としてのNATOとの協力関係を強化することを前提として、欧州の戦略的自律を追求するとの考えを明らかにしている。(69)

実際に、NATO・EU間では、ハイブリッド脅威やサイバー防衛、海上安全保障、演習などの連携、協力が具体的に拡充されつつある。今後、EUはNATOとの協力関係を強化しながら、欧州が直面するさまざまな脅威に独自に対処し得るよう、欧州の戦略的自律の達成を野心的に試みていくと見られるが、今回のロシアによるウクライナ侵攻のような実際の大規模な軍事行動へ対処する能力は有していない。

またNATOとしても、今後、同盟の政治化を一層強めるなかで、EUとの協力関係を深めることを通じて、新たな多様な脅威への対処、新領域における安全保障上の連携、新興・破壊的技術面での協力の実効性を深化させることが求められている。すでにNATO・EU関係は相互補完的なものに成熟しつつあり[70]、戦略的自律を進めるEUと、より政治的でグローバルな性格を帯びるNATOは、さらなる戦略的関係の強化を進めていくと見られる。

軍事能力面においても、NATO全加盟国は2024年までに国防費をGDP比2・0パーセントまで増額することが共通目標とされており、EU防衛協力枠組みである常設構造的協力（PESCO：Permanent Structured Cooperation）の進展と併せて、欧州全体としての防衛能力の拡充が期待されるところである[71]。

その一方で、2022年2月、米国がインド太平洋戦略を発表し、中国への対抗を念頭に、安全保障に加えて、経済安全保障の分野でも同地域における連携強化を図る方針を打ち出していることは考慮されるべきであろう[72]。万一、欧州における米国のプレゼンスと関与の低下がより現実味を帯びてくる場合、相互に共通の価値観を持ち、同様の脅威と課題に直面するNATOとEUが、軍事・安全保障面でいかなる連携と協力を深化させるのか注目される。

日本とNATOのパートナーシップ強化

近年、NATOは、今日の複雑な安全保障環境において、サイバー空間や宇宙空間を含む領域横断的な問題やグローバルな課題に対処し、ルールに基づく国際秩序を守るべく、オーストラリア、日本、韓国、ニュージーランドとのアジア太平洋パートナーとより緊密な関係を重視する姿勢を示し、グローバルな性格を帯

びる集団防衛組織に向かおうとしている。(73)

その背景には、NATOが国際テロや大量破壊兵器の拡散に加えてサイバー空間を通じた偽情報の流布や衛星攻撃など、その直面する課題がよりグローバルで空間的な広がりを持ったというNATOの情勢認識の変化がうかがえる。その結果、よりグローバルなアプローチ、すなわちオーストラリア、日本、ニュージーランド、韓国などの既存のパートナーとの関係強化に強い関心が注がれている。

日本とNATOのパートナーシップ強化の方向性については、以下の三分野に焦点が当てられると考える。まず戦略面では、ロシアおよび中国への対応に関する協力が挙げられる。すでに日本は今回のウクライナへの軍事侵攻を契機に、日本周辺で活発な軍事活動を続けるロシアへの脅威認識を、(74)NATOと共有していることを改めて確認した。

そのロシアは、包括的戦略協力パートナーシップを中国と締結し、2021年に日本海周辺で中露合同海軍演習を行い、軍艦艇による日本近海での共同巡視や日本周辺の上空で爆撃機による共同飛行を実施するなど、中国との共同作戦能力を強化する動きを活発化させている。

一方、中国も、2022年1月31日、国連でのウクライナに関する会合で、NATOを東西冷戦の産物であると批判し、ロシアが示す欧州の安全保障体制構想を支持するとしている。(75)さらに2月4日に行われた中露首脳会談では、ウクライナや台湾情勢を念頭に置いた両国の連携が強調されている。(76)

ストルテンベルグNATO事務総長は、このような中国の動きに対して、NATOの敵対者とは考えないとしながらも、中国の台頭は欧州の安全保障に影響を及ぼすと警戒感を露わにしており、(77)日本と同様の対中認識を有していることが明らかにしている。

日本が注意すべきは、ウクライナ侵攻を契機として、中露両国が軍事的な協力や連携を深め、東アジアにおける軍事的緊張を高めることを通じて、アジア太平洋における米国のプレゼンスを低下させることである。日本の安全保障にとって、共通の脅威認識を有するNATOとの情報共有や連携協力は、さらにその重要性を増している。

次に、新領域に関わる作戦運用面での協力が考えられる。将来的に、先進技術の進化にともなって、ハイブリッド戦争の様相がより多様化し、その対応が複雑かつ困難なものになると考えられる。中露両国が非軍事的手段と軍事手段を組み合わせ、さらには経済安全保障上の脅威も加え、より多角的かつ柔軟な攻撃手段を準備することが想定されるなか、日本は新領域作戦を重視するNATOとの連携を強化し、サイバー攻撃、エネルギー武器化、認知攻撃などに対するレジリエンスを高めることが必要不可欠となるであろう。

最後に、新興・破壊的技術に関する協力態勢の強化が想定される。すでに日本は、NATOの「平和と安全のための科学（SPS）プログラム」の枠組みに参加し、テロ対策や地雷や不発弾の発見と除去に関する共同研究活動に取り組んでいる。SPSプログラムは、安全保障に関する特定の分野に関する科学的研究や意見交換などを通じ、NATOとパートナー国などの協力や対話を促進しようとするものであるが、技術の指数関数的な進化とそれら新興・破壊的技術をめぐる国際的な競争が激しくなるなか、日本とNATO間にさらなる技術協力体制を構築する必要があろう。その背景には、新たな脅威の多様化と複雑化に加えて、新興・破壊的技術の急速な進化があり、将来的にAI、量子技術、自律システムなどの技術導入を速やかに実現して、防衛システムの強靭化とレジリエンスの向上を図ることについて、両者の見解と利益の一致がある。また、日本とNATOの間の技術協力関係を強化することに加えて、軍民融合を進める中国の技術的挑戦や大量破壊兵器開発を行う北朝鮮などに関して、新たな関心領域に関わる政治、幅広い情報ネットワークを構築しておくことは、双方にとっても戦略的な実益につながるであろう。

現在、新領域作戦が急速に進化する背景には、先進技術の加速度的な発展の流れがあり、AI、量子技術、自律化などが実用化されれば、人間中心のシステムにAIと自律化システムを組み入れたハイブリッドな作戦システムの構築を通じて、より高度で、複雑かつスピードの速い作戦運用が現実のものとなる。そのため、日本とNATOは、民間技術部門との交流をも加速させつつ、技術面での多国間協力の枠組みを拡大してゆくことによって、変化する脅威と技術動向に対して柔軟に対応し得る体質への転換を図っていくべきである。

すなわち、これまで、日本とNATOのパートナーシップは、従来のサイバー防衛、海上安全保障、人道支援や災害救援、不拡散、科学技術面での協力を中心としてきたが、今後は、関係緊密化を図る中国とロシアに対する一元的な安全保障上の連携を強め、新領域作戦や新興・破壊的技術面での協調的な対応行動をとれるように、協力関係を進化させることが大きな課題となる。

NATOは欧州新秩序に対応できるか

ロシアによるウクライナ侵攻以前、プーチン大統領は、「(中立を維持する)フィンランドとの国境を見渡すと、友人が見えるが、フィンランドがNATOに加盟すれば、(ロシアにとって)敵が見えるようになる」という趣旨の発言をしたとされる。(78)

NATOと一定の距離を保ち、加盟国になることを選択しなかった北欧のフィンランドとスウェーデンが、現在、NATO加盟国となるべく各種手続きを進めている。背景には、今回のウクライナ侵攻を受けて、政治、世論面で、核の脅威に対する「核の傘」の必要性、また海底資源や安全保障面から関心を急速に集める北極海やハイノース(北極圏地域)をめぐる競争への危機感が広く認識され始めていることが大きく影響している。

ストルテンベルグNATO事務総長は、フィンランド、スウェーデン両国は強力で成熟した民主主義国であり、NATOの重要なパートナー国であったことから、NATO加盟に向けてのプロセスも順調に進展するとの見込みを明らかにしている。(79)

このように今回のウクライナ侵攻は、一夜にして欧州諸国の安全保障観に大きな影響を与え、欧州各国の安全保障政策や同盟政策を大きく変えてしまった。フィンランド、スウェーデン以外にも、従来の軍事政策を大転換したドイツ、EUの対露経済制裁に参加した永世中立国スイス、ウクライナへの武器支援などで特別措置に踏み切ったEUなど、欧州における従来の安全保障構造に少なからぬ影響を及ぼした例は数多く見られる。

そして、冷戦の敗者であったロシアが欧州再編を狙って、意図的に引き金を引いた軍事侵攻の影響は、ロシアの軍事的野心のみならず、近年の欧州による米国への信頼感の低下を浮き彫りにしかねない。その結果、米欧同盟が大きな転換点に直面するようなことがあれば、欧州新秩序をめぐる、さらなる競争や競合が顕在化することも予想される。

歴史的にNATOは1950年代のスエズ危機、2003年のイラク戦争への対応をめぐって、同盟内部の危機的な摩擦や衝突を乗り越え、拡大し、存続し続けてきた経験を有する。それは、NATOが危機に直面しながらも、組織変革を続け、内部的な多様性と相違を受容する同盟文化が育まれているためと考えられている。今後の欧州秩序の再編過程においても、NATOはその期待される機能と役割を果たし続けていくのか、重要なパートナー国である日本としても関心をもって見守る必要がある。

5、まとめ──価値観を共有する国との連携を強化する

2022年6月29日、ウクライナ情勢をめぐり、岸田総理大臣はNATOとの連携強化に向けて、日本の総理大臣として初めてNATO首脳会議への出席を果たした。今回の首脳会議は、12年ぶりにNATOが新戦略概念を採択する歴史的なイベントであり、加盟30カ国のみならず、世界中が注目する中での日本のリーダーの初参加となった。

将来、日本が地域的な集団安全保障機構であるNATOに加盟するような事態は考えられないが、サイバー攻撃やテロ攻撃などの非対称な脅威が国境を超えて

世界的な規模で拡散するなかで、グローバルなアプローチをとるNATOとの協力関係を強化することには大きな意味がある。

現在、NATOはロシアによるウクライナ侵攻の影響を加盟国に波及させないよう領域防衛の強化を最優先に取り組んでいるが、新戦略の中でも、深刻化する認知攻撃や気候変動への対応など非軍事的な重要課題に対する深い関心と積極性を示しており、日本としてもNATOとの連携強化の選択肢は広がりつつある。

また、日本が欧州との安全保障上の関係強化を図るべき理由として、共通の価値観を共有していることが挙げられる。欧州のロシアによるウクライナ侵攻への対応を見ても、NATOとEUは相互補完的に協力関係を維持し、円滑かつ協調的な行動をとり続けている。それは、ロシアや中国のような専制主義的国家が現状変更の試みを繰り返すなかで、自由、平等、民主主義などの共通の価値観の重要性が、ロシアによるクリミア併合以降、より強く意識され、両者間で共有されることになったからであろう。

その点で、それらの普遍的な価値を、すでに西側諸国、NATO、EUと共有する日本は、不透明性や不安定性を強める東アジアにおいて、今回と同じような軍事侵攻を起こさせないために、これらの国々や機関との関係強化を図りつつ、地域安全保障面において中心的な役割を一層果たすことが求められているのではないだろうか。

（1）MykolaBielieskov, "The Russian and Ukrainian Spring 2021 War Scare," CSIS, September 21, 2021, https://www.csis.org/analysis/russian-and-ukrainian-spring-2021-war-scare.

（2）NATOが各国の実情に応じた政治、経済、軍事、法律などの面における達成目標を提示、事後、候補国はそれらを履行し、段階的に最終的な加盟へと導く一連のプロセスを指す。

（3）NATO, "Topics: NATO's response to Russia's invasion of Ukraine," April 08, 2022, https://www.nato.int/cps/en/natohq/topics_192648.htm.

（4）NATO, "Press conference by NATO Secretary General Jens Stoltenberg following the Extraordinary meeting of NATO Ministers of Foreign Affairs," March 4, 2022, https://www.nato.int/cps/en/natohq/opinions_192739.htm.

（5）NATO, "Press conferenceby NATO Secretary General Jens Stoltenberg previewing the extraordinary Summit of NATO Heads of State and Government," March 23, 2022, https://www.nato.int/cps/en/natohq/opinions_193610.htm?selectedLocale=en.

（６）NATO, “News: NATO Response Force units arrive in Romania,” March 2, 2022, https://www.nato.int/cps/en/natohq/news_192695.htm.

（７）NATO, “Topics: The NATO force structure,” Feb. 13 2015, https://www.nato.int/cps/en/natohq/topics_69718.htm.

（８）NATO, “Statement by NATO Heads of State and Government,” March 24, 2022, https://www.nato.int/cps/en/natohq/official_texts_193719.htm?selectedLocale=en.

（９）NATO, “News: NATO’s defensive shield is strong", says Chair of the NATO Military Committee,” February 28, 2022, https://www.nato.int/cps/en/natohq/news_192544.htm.

（１０）NATO, “The Secretary General’s Annual Report 2019,” March 19 2020, p.31, https://www.nato.int/nato_static_fl2014/assets/pdf/2020/3/pdf_publications/sgar19-en.pdf.

（１１）それは、ハイブリッド戦争とＮＡＴＯ内で呼ばれ、「従来型／非従来型、定期的／不定期及び情報とサイバー戦争を融合させての戦い」と定義される（NATO, “Speeches: NATO 2030 - Safeguarding peace in an unpredictable world,” Jan.18 2021,
https://www.nato.int/cps/en/natohq/opinions_180709.htm?selectedLocale=en.）

（１２）NATO, “Topics: NATO’s response to hybrid threats,” Aug. 08 2019,
https://www.nato.int/cps/en/natohq/topics_156338.htm?selectedLocale=en.

（１３）Nick Amies, “NATO includes threat of cyber attack in new strategic concept document,”
https://www.dw.com/en/nato-includes-threat-of-cyber-attack-in-new-strategic-concept-document/a-6072197.

（１４）Michael Rühle, “Deterrence: what it can （and cannot） do,” *NATO Review,* April 20 2015,
https://www.nato.int/docu/review/articles/2015/04/20/deterrence-what-it-can-and-cannot-do/index.html.

（１５）ジョージア侵攻は２００８年８月８日から開始され、８月12日に停戦が成立した。また、クリミア併合では２０１４年２月27日から３月２日の軍事作戦でクリミア半島占領が達成された。John E. Herbst and Alina Polyakova, “Remembering the Day Russia Invaded Ukraine,” *Atlantic Council,* February 24, 2016, https://www.atlanticcouncil.org/blogs/ukrainealert/remembering-the-day-russia-invaded-ukraine/.

（１６）Natalia Zinets, " Ukraine hit by 6,500 hack attacks, sees Russian 'cyberwar'," *Reuters,* December 30, 2016,
https://www.reuters.com/article/us-ukraine-crisis-cyber-idUSKBN14I1QC.

（１７）Laura Brent, “NATO’s role in cyberspace,” *NATO Review,* February 12, 2019, https://www.nato.int/docu/review/articles/2019/02/12/natos-role-in-cyberspace/index.html.

（１８NATO Strategic Communications Centre of Excellence, “EU Commission President and NATO Secretary General visit NATO StratCom COE,” November 28, 2021, https://stratcomcoe.org/news/eu-commission-president-and-nato-secretary-general-visit-nato-stratcom-coe/145.

（１９）情報同盟であるファイブ・アイズ（Five Eyes）の試みとして、戦闘領域における衛星画像、ドローン映像、レーダー情報、傍受された通信へのアクセスを一部開放することで、オーストラリア、ニュージーランドという太平洋諸国によるウクライナへの情報支援における一定の関与を導いた。（Aaron Patrick, “Australian spies know location of Russians ‘almost to the tank,”*Financial Review*, March 1, 2022,
https://www.afr.com/policy/foreign-affairs/australian-spies-

know-location-of-russians-almost-to-the-tank-20220301-p5a0i5.)
（２０）RafalRohozinski, “The missing ‘cybergeddon’: what Ukraine can tell us about the future of cyber war,” *The SURVIVAL Editors’ Blog,* March 9, 2022,
https://www.iiss.org/blogs/survival-blog/2022/03/the-missing-cybergeddon-what-ukraine-can-tell-us-about-the-future-of-cyber-war.
（２１）金子譲「安全保障概念の多様化と軍事力の役割」『戦略研究』第2号（２００４年）５〜７頁。
（２２）NATO, “Press conference by NATO Secretary General Jens Stoltenberg in Bardufoss, Norway for Exercise Cold Response,” March 25, 2022, https://www.nato.int/cps/en/natohq/opinions_193681.htm.
（２３）ＮＡＴＯは、１９９９年の「戦略概念」において、すでにボスニアで実施中であったＮＡＴＯの域外行動を正式化し、コソボ、アフガニスタン、ソマリア沖海賊対処などの域外活動を活発化させる。そして、２０１０年に策定した「新戦略概念」では、中核任務を「集団防衛」、「危機管理」および「協調的安全保障」と規定している。
（２４）NATO, *NATO 2030: United for a New Era,* November 25, 2020,
https://www.nato.int/nato_static_fl2014/assets/pdf/2020/12/pdf/201201-Reflection-Group-Final-Report-Uni.pdf.
（２５）Steven Erlanger and Michael D. Shear, “Shifting Focus, NATO Views China as a Global Security Challenge,” The New York Times, October 18, 2021,
https://www.nytimes.com/2021/06/14/world/europe/biden-nato-china-russia.html.
（２６）「〝インド太平洋地域を重視〟米国防総省、軍の態勢見直し完了」ＮＨＫ、２０２１年11月30日、
https://www3.nhk.or.jp/news/html/20211130/k10013367601000.html.
（２７）MariaDemertzis, “Repurposing the peace dividend,” *Bruegel,* APRIL 26, 2022, https://www.bruegel.org/2022/04/repurposing-the-peace-dividend/.
（２８）NATO, “Kosovo Air Campaign （Archived） Operation Allied Force,” April 7, 2016,
https://www.nato.int/cps/en/natohq/topics_49602.htm.
（２９）The Joint Staff J-7, “Chairman of The Joint Chiefs of Staff Instruction, CJCSI 2700.01G: Rationalization, Standardization, and Interoperability （RSI） Activities,” p. A-2, February 11, 2019,
https://www.jcs.mil/Portals/36/Documents/Library/Instructions/CJCSI%202700.01G.pdf?ver=
（３０）James Derleth, “Enhancing interoperability: the foundation for effective NATO operations,” NATO Review, June 16, 2015,
https://www.nato.int/docu/review/articles/2015/06/16/enhancing-interoperability-the-foundation-for-effective-nato-operations/index.html
（３１）“Declassified : A SHORT HISTORY OF NATO” , NATO,
https://www.nato.int/cps/us/natohq/declassified_139339.htm
（３２）HANS BINNENDIJK and ELISABETH BRAW, “For NATO, True Interoperability Is No Longer Optional”, Defense One, December 18 2017,
https://www.defenseone.com/ideas/2017/12/nato-true-interoperability-no-longer-optional/144650/
（３３）Elisabeth Braw, “Next Steps for NATOThe Necessity of Greater Military Interoperability”, Foreign Affairs, November 27, 2016,
https://www.foreignaffairs.com/articles/2016-11-27/next-steps-

nato
（３４） Allied Command Transformation, "What is Transformation," *NATO,* January, 2015,
https://www.ieee.es/Galerias/fichero/OtrasPublicaciones/Internacional/2015/NATO_Introduction_AlliedCommand_Transformation_Jan2015.pdf.
（３５） Alexander Mattelaer, "Sharing the burden of keeping Europe whole, free and at peace," May 05, 2017,
https://www.nato.int/docu/review/articles/2017/05/05/sharing-the-burden-of-keeping-europe-whole-free-and-at-peace/index.html.
（３６） Patricia Lewis, "How likely is the use of nuclear weapons by Russia?" Chatham House, March 1, 2022, https://www.chathamhouse.org/2022/03/how-likely-use-nuclear-weapons-russia.
（３７） U.S. Office of theSecretaryofDefense, *NuclearPostureRevie,* February 2018, p.30,
https://media.defense.gov/2018/Feb/02/2001872886/-1/-1/1/2018-NUCLEAR-POSTURE-REVIEW-FINAL-REPORT.PDF.
（３８） ロシアは、２０１８年「ヴォストーク ２０１８」軍事演習において核弾頭も通常弾頭も搭載可能な（核／非核両用）弾道ミサイルの発射を行い、２０２０年にはロシアの飛び領地であるカリーニングラードに核／非核両用中距離ミサイルＳＳ‐26ストーンを配備している。NATO, "Speeches & transcripts : Germany's support for nuclear sharing is vital to protect peace and freedom - Op-ed article by NATO Secretary General Jens Stoltenberg," May 11, 2020,
https://www.nato.int/cps/en/natohq/opinions_175663.htm.
（３９） Jessica Cox, "News: How does NATO respond to the threat of nuclear weapons?" April28, 2021,
https://www.nato.int/cps/ic/natohq/news_183208.htm?selectedLocale=en.
（４０） Dave Johnson, "VOSTOK 2018: Ten years of Russian strategic exercises and warfare preparation," *NATO Review,* 20 December 2018,
https://www.nato.int/docu/review/articles/2018/12/20/vostok-2018-ten-years-of-russian-strategic-exercises-and-warfare-preparation/index.html
（４１） NATO, "Germany's support for nuclear sharing is vital to protect peace and freedom," May 11, 2020,
https://www.nato.int/cps/en/natohq/opinions_175663.htm.
（４２） NATO, "Deterrence and Defence Posture Review," May21, 2012,
https://www.nato.int/cps/en/natohq/official_texts_87597.htm.
（４３） "*Russia's Nuclear Weapons: Doctrine, Forces, and Modernization,*" Congressional Research Service, January 2, 2020,p.35.
https://fas.org/sgp/crs/nuke/R45861.pdf.
（４４） NATO, "News : NATO Nuclear Policy in a Post-INF World - Speech by NATO Deputy Secretary General Rose Gottemoeller at the University of Oslo," September 10, 2019,https://www.nato.int/cps/en/natohq/opinions_168602.htm.
（４５） Luis Simón and Alexander Lanoszka, "The Post-INF European Missile Balance: Thinking About NATO's Deterrence Strategy," *Texas National Security Review,* Summer 2020, https://tnsr.org/2020/05/the-post-inf-european-missile-balance-thinking-about-natos-deterrence-strategy/.
（４６） NATO, "NATO Nuclear Policy in a Post-INF World Speech by NATO Deputy Secretary General Rose Gottemoeller at the University of Oslo," September 10, 2019,
https://www.nato.int/cps/en/natohq/opinions_168602.htm
（４７） NATO, "Topics: NATO's nuclear deterrence policy

and forces," February 23, 2022, https://www.nato.int/cps/en/natohq/topics_50068.htm.

（48） Euronews with AFP, "Belarus ready to host 'nuclear weapons' in case of Western threat, says Lukashenko," February 17, 2022, https://www.euronews.com/2022/02/17/belarus-ready-to-host-nuclear-weapons-in-case-of-western-threat-says-lukashenko.

（49） TASS, "Lavrov tells Guterres situation in Ukraine is due to NATO's unbridled expansion," April 26, 2022, https://tass.com/politics/1443377?utm_source=google.com&utm_medium=organic&utm_campaign=google.com&utm_referrer=google.com.

（50） Allied Command Transformation, "United Kingdom Hosts NATO Multi-Domain Operations Conference," *NATO*, March 17, 2022, https://www.act.nato.int/articles/first-ever-mdo.

（51） NATO, "News: NATO Secretary General discusses COVID-19 and disinformation with Lithuanian President," 06 May. 2020,
https://www.nato.int/cps/en/natohq/news_175595.htm.

（52） GZERO Media, "NATO Secretary General Jens Stoltenberg: Russia's continued threat," November 12, 2020, https://www.gzeromedia.com/gzero-world-clips/nato-secretary-general-jens-stoltenberg-russias-continued-threat.

（53） Theresa Hitchens, "NATO considers buying commercial imagery, irking US spy sat agencies: Sources," *Breaking Defense*, April 29, 2022,
https://breakingdefense.com/2022/04/nato-considers-buying-commercial-imagery-irking-us-spy-sat-agencies-sources/.

（54） Tim Lister, "New satellite images show advanced Russian military deployments in Belarus," *CNN*, February 7, 2022,
https://edition.cnn.com/2022/02/06/europe/russia-military-images-intl/index.html

（55） VictorAbramowicz, "Military operationsin a more-transparent world," *the Interpreter*, February 14, 2022,
https://www.lowyinstitute.org/the-interpreter/military-operations-more-transparent-world.

（56） USAID, "USAID Safeguards Internet Access in Ukrainethrough Public-Private-PartnershipwithSpacex," April 5, 2022, https://www.usaid.gov/news-information/press-releases/apr-5-2022-usaid-safeguards-internet-access-ukraine-through-public-private.

（57） コンステレーションとは、「もともと『星座』を意味する言葉であるが、人工衛星の分野では全地球規模で人工衛星を多数機配置したシステムを指す」齋藤宏文「宇宙研発、小型レーダ衛星の多数機コンステレーション」ＪＡＸＡ宇宙科学研究所、２０１９年２月26日、
http://www.isas.jaxa.jp/feature/forefront/190226.html.

（58） Valerie Insinna, "SpaceX beating Russian jamming attack was 'eyewatering': DoD official," *Breaking Defense*, April 20, 2022, https://breakingdefense.com/2022/04/spacex-beating-russian-jamming-attack-was-eyewatering-dod-official/.

（59） MAGGIE MILLER, "The world holds its breath for Putin's cyberwar," *POLITICO*, March 23,2022,
https://www.politico.com/news/2022/03/23/russia-ukraine-cyberwar-putin-00019440.

（60） P. W. Singer and Emerson T. Brooking, "What Clausewitz Can Teach Us About War on Social Media," *Foreign Affairs*, October 4 2018, https://www.foreignaffairs.com/articles/2018-10-04/what-clausewitz-can-teach-us-about-war-social-media.

（61） Roser Max. 2016. "War and Peace", https://ourworldindata.org/war-and-peace.

（６２）NATO, “Topics: NATO’s response to hybrid threats,” 16 Mar. 2021,
https://www.nato.int/cps/en/natohq/topics_156338.htm.
（６３）総務省『平成29年版情報通信白書』１０７頁、
https://www.soumu.go.jp/johotsusintokei/whitepaper/ja/h29/html/nc131100.html
（６４）新興技術とは、２０２０年から40年の間に成熟することが期待される技術を指す。ただし、現在一般に普及するまでには至らず、軍事、安全保障、経済面での影響は未知数とされる。一方、破壊的技術とは、２０２０年から40年の間に、軍事、安全保障、経済面で大きく、革命的な影響を与えると予想される技術を指す。NATO Science & Technology Organization, “Science & Technology Trends2020-2040,” March 2020, https://www.nato.int/nato_static_fl2014/assets/pdf/2020/4/pdf/190422-ST_Tech_Trends_Report_2020-2040.pdf.
（６５）NATO, “Topics: Emerging and disruptive technologies,” April 7, 2022, https://www.nato.int/cps/en/natohq/topics_184303.htm.
（６６）Elsa B. Kania,” “AI weapons” in China’s military innovation”, BROOKINGS, April 2020,
https://www.brookings.edu/research/ai-weapons-in-chinas-military-innovation/.
（６７）JeffreyMankoff, “Once More Over There: European Securityat The Endof American Century,” Texas National Security Review, APRIL 6, 2017,
https://warontherocks.com/2017/04/once-more-over-there-european-security-at-the-end-of-american-century/.
（６８）NATO, “Topics: Relations with the European Union,” February15, 2021,
https://www.nato.int/cps/en/natohq/topics_49217.htm.
（６９）European External Action Service（EEAS） Press Team, “Opening speech by HR/VP Federica Mogherini at the 2016 EDA Conference: The Industrial Evolution or Revolution in Defense,”November10, 2016,https://eeas.europa.eu/headquarters/headquarters-homepage/14585/opening-speech-hrvp-federica-mogherini-2016-eda-conference_fr.
（７０）European Union, “EU-NATO cooperation -Factsheets,” June 17, 2020, https://www.eeas.europa.eu/eeas/eu-nato-cooperation-factsheets_en
（７１）NATO,” Topics: Funding NATO,” January4, 2021, https://www.nato.int/cps/en/natohq/topics_67655.htm.
（７２）White House, “FACT SHEET: Indo-Pacific Strategy of the United States,” February 11, 2022, https://www.whitehouse.gov/briefing-room/speeches-remarks/2022/02/11/fact-sheet-indo-pacific-strategy-of-the-united-states/.
（７３）NATO, “Topics: Relations with the four Asia-Pacific partners,” Apr. 22 2021,
https://www.nato.int/cps/en/natohq/topics_183254.htm?selectedLocale=en.
（７４）自由民主党「新たな国家安全保障戦略等の策定に向けた提言～より深刻化する国際情勢下におけるわが国及び国際社会の平和と安全を確保するための防衛力の抜本的強化の実現に向けて～」令和４年４月26日、３頁、https://jimin.jp-east-2.storage.api.nifcloud.com/pdf/news/policy/203401_1.pdf.
（７５）TsukasaHadano and Kaori Yoshida, “China backs Russia on Ukraine conflict with eye on Taiwan ”February 2, 2022, https://asia.nikkei.com/Politics/Ukraine-war/China-backs-Russia-on-Ukraine-conflict-with-eye-on-Taiwan.
（７６）Tony Munroe, Andrew Osborn and Humeyra Pamuk, “China, Russia partner up against West at Olympics summit,” *Reuters*, February 5, 2022, https://www.reuters.com/world/europe/russia-china-tell-nato-stop-expansion-moscow-backs-beijing-

taiwan-2022-02-04/.

（77） NATO, “Speechby NATO Secretary General Jens Stoltenberg at the German Atlantic Association 'NATO Talk' Conference 2021,” November 23, 2021,
https://www.nato.int/cps/en/natohq/opinions_188772.htm?selectedLocale=en.

（78） John Ringer and Meghna Chakrabarti, “The risks and rationale of expanding NATO,” *Wbur on point,* April 28, 2022,
https://www.wbur.org/onpoint/2022/04/28/how-putins-invasion-of-ukraine-has-pushed-the-nordic-nations-toward-nato.

（79） NATO, “Press pointwith NATO Secretary General Jens Stoltenberg and the President of the European Parliament, Roberta Metsola,” April 28, 2022,
https://www.nato.int/cps/en/natohq/opinions_194909.htm.

第7章　ウクライナ戦争に伴う経済制裁[1]

（仮名・水無月嘉人）

はじめに

経済制裁とは、ある国の行った不当な行為に対し、経済の力をもって制裁を加え、その行為を阻止しようとする外交上の手段である。

国際紛争解決の手段としての戦争行為が否定され、国家間の経済的相互依存が進む今日、経済制裁のもつ意味は重要である。世界は、北朝鮮、シリアに加えて、イランのような比較的経済規模が大きい国への経済制裁も経験してきたが、核超大国であり、世界11位のGDP規模を有し、天然ガス生産量世界第2位、原油生産世界第3位で、特に欧州との深い経済相互依存関係を有するロシアがその対象となっている今回の経済制裁は、経済制裁の今日的意味を考察する上で、得がたい論点を提示している。

1、対露経済制裁の特徴

力による現状変更を意図する明らかな国際法違反であるロシアによるウクライナ侵略に対して、G7をはじめとする同志国（権威主義国家に対して、民主主義・自由主義経済・法の支配・人権といった価値観を共有している国々）は、前例のない形で迅速で効果的な連携を実現している。前例がない点として、今回の対露制裁については、以下の点に注目する必要があろう。

国連安保理の機能不全と同志国の強固な連携

ロシアが当事国であることで事実上機能不全に陥った国連安保理の決議を経ずに、30を超える国が当初から実質的に同等の内容の対露制裁連携に参画した。

ロシアのプーチン大統領がいわゆる2共和国の独立承認と「特別軍事作戦」実行を宣言した2月22日、米国、EU、英国は直ちに個人、金融機関など団体向けの資産凍結等の制裁に踏み切ると共に、24日には、米国、EUが、クリミア半島併合時にとられた武器禁輸措置に加えて、軍事用、民生用双方に用いることができる広範な汎用品（Dual use items）の禁輸に踏み切った。[2]

米国による当該禁輸止措置については、制裁連携に参加しない国からの迂回輸出を阻止すべく、かつて米国が中国のファーウェイ向けに措置した極めて強い外国直接製品規制の域外適用[3]がロシア向けのすべての輸出に対しても援用・措置されたが、日本やほかのG7諸国を含む32カ国をパートナー国と位置づけ、当該域外適用の例外措置（これらのパートナー国からの輸出に対しては域外適用をしない）が付されていた。

これは、24日の時点で当該32カ国は、米国と同等な対露禁輸措置を講じることについて実質的なコミットメントを示していたことから、これらの国からの輸出に対しては、域外適用が必要ないと米国が判断していたことを意味する。

実際の施行も、EUは特別欧州理事会を開催し、直接加盟国の輸出管理に対する効力を有する形で広範な対露禁輸に踏み切り、日本も26日に閣議了解、3月1日に政令改正という異例の早さで、同等な対露禁輸措置を講じた。

インテリジェンス情報の公開と同志国連携の基盤となる共通認識の形成

バイデン政権は、ロシアが2021年11月から最終的には19万人にも及ぶ部隊をウクライナ周辺に展開し侵攻準備を進めていることについて、インテリジェンス情報の公開に踏み切った。このことが、2022年2月までの約4カ月間にわたり、経済制裁の前提となる脅威に関する共通認識の形成に向けた精力的な議論を可能とした。

米国議会においては、共和党主導で、ロシアによる物理的な侵攻を待たずして予防的な制裁を講じるべきという主張が唱えられ、2021年12月、リッシュ上院議員により、GUARAD法案（Guaranteeing Ukrainian Autonomy by Reinforcing its Defense）が提出された。

その後、制裁に先んじて外交的努力を追求すべきとする民主党との間での予防的制裁の是非を論点として、いくつかの法案が提出されることとなったが、制裁の中身として重視されていたのがロシアによる戦争継続やプーチン大統領に対する国内世論の支持継続に直結するロシアのエネルギー収入への打撃であった。特に、かねてから米国において論争の対象となってきたノードストリーム2(4)が制裁対象として明記されていた。

こうした制裁準備のための4カ月にわたる米国議会の状況は、欧州、特にロシア依存の高いドイツの国内政治における脅威認識醸成とエネルギー分野にまで踏み込んだ制裁措置の必要性についての検討を加速させたことは間違いない。

ドイツによるノードストリーム2プロジェクトの停止は大きく報じられたが、4カ月間の熟慮の結果下された決断であったのだ。また、この重要な4カ月間において、エネルギー自給率や対露ガス依存度に関し、米国と欧州各国との間で無視できない差異があることについての共通認識が形成され、特定主体に対する資産凍結等の措置や金融制裁の実施にあたり、最後までガスプロムバンクへの適用を行わないなど、制裁する側への副作用を管理可能な範囲に収めるためのきめ細かい配慮の土台が築かれた。

経済のグローバル化と相互依存の武器化

対露制裁は、自由主義経済を信奉してきた国々においても、概念的に懸念されてきた「経済のグローバル化の副作用としての相互依存の武器化」を、現実の問題として意識する契機となった。ロシアは、GDPの規模において、過去に国際的な制裁対象となったイランよりも大きく[5]、地理的に隣接する欧州経済にとって、ロシアは貿易総額の5・8パーセントを占める第5位の貿易相手である[6]。特に生産量世界2位、輸出量1位のガス大国であり、EU平均でロシア産ガスへの依存度は37・5パーセント、ドイツは50パーセントを超える。エネルギー自給率の低い国にとって、ロシアからのエネルギー輸入の重要性は論を俟たない。

こうした状況は、経済制裁を考えるにあたり、ノードストリーム2のような将来プロジェクトではない、既存のエネルギー調達関係をターゲットとすることについて、大きな障害となることが露呈した。

また、今回の侵略までの間、ロシアとの経済相互依存が「武器化の懸念対象」としてではなく、「地域安定化の構成要素」と捉えられてきたことの結果として、G7をはじめとする同志国側からロシアへの投資、投資先への部素材供給、原料炭、パラジウムや希ガスなど重要原材料の調達元としてのサプライチェーンへの組み込みといった、エネルギー分野以外にも無視できない経済相互依存が存在している。

先に触れた金融機関向け制裁のきめ細かな選別に加えて、物の輸出入に関する制裁が軍事転用可能な機微な技術の禁輸からはじめ、ウクライナ情勢の進展と自国が関わるサプライチェーンへの影響を慎重に見極めながら、段階的に導入されてきているのはそのためである。

この対露での検証過程は、ロシアやウクライナに限られない懸念国（すなわち、相互依存を武器化する可能性を想定しておかなければならない権威主義国家）に依存している物資は何か、自国が提供している物資・技術で特に懸念国の戦争継続能力に資するものは何かについて改めて自国の経済安全保障上の脆弱性、優位性を検証する貴重な機会ともなっている[7]。

２、対露経済制裁の構成

今回、Ｇ７を中心に講じられた対露制裁は、大きく、①特定主体（個人及び団体）に対する資産凍結等（Designation）、②金融機関向け制裁（Financial Sector Sanction）、③物・サービスの輸出入禁止、④その他経済制裁に区分される[8]。

戦費調達を困難にし、戦争継続に向けた国内的支持を低下させる観点から、効力および即効性ともに高い制裁は、依然として国際取引がドル決済に依存している現状において「米国によるドル決済に関する制裁」である。

準備通貨及び国際資本取引におけるドルの存在感[9]は引き続き圧倒的であり、結果として、物やサービス及び技術の国際取引の決済通貨としての立場を事実上支配している。

当該通貨の母国である米国が、ドルのコルレス銀行を含む自国金融機関への管轄権に基づき、ＳＤＮリスト掲載による取引禁止、ロシア銀行の追加リスト掲載、ロシア政府債の取扱禁止、ロシア中銀やソブリンウェルスファンドとの取引禁止等の幅広い制裁[10]を科すことで、ドルが関わる戦費調達、国際取引決済全般に対して、直接的なインパクトを与えることができる。こうした米国のドル決済に関する存在感こそが、エコノミック・ステートクラフト[11]の力の源泉であり、その前提となるインテリジェンス、意思決定、執行にあたるのが、米国財務省外国資産管理室（ＯＦＡＣ：Office of Foreign Asset Control）である。

今回の対露制裁パッケージの中で、ＳＷＩＦＴからのロシア７銀行の排除、あるいは、③の一部としての同志国連携による幅広い品目の禁輸に関心が集まっているが、実質的にはロシアとの国際取引の多くがドル建てで行われているところ、「米国のドル決済に関する制裁」こそが、制裁の効果を事実上担保しているといえる。もちろん、ＳＷＩＦＴからの排除はユーロなどほかの通貨建ての国際取引決済の電子的メッセージングもできなくなることを意味し、米国の同志国による禁輸も同様にドル以外の通貨建ての取引による抜け穴をふさぐ意味では実質的な効果を持つものであり、また、これらはロシアの蛮行を許さないという同志国強固な連携の存在についての大きなメッセージ効果を持ったことは言うまでもない。

経済制裁は大きく4つに分類されるところ、以下、各分類ごとに、ポイントを整理したい。

特定主体に対する資産凍結等

特定主体（個人及び団体）に対する資産凍結等[12]は、プーチン大統領を含む政治リーダーや防衛企業等、今回のウクライナ侵略に物理的な関与を行ってきた主体に対するものに加え、①ロシアの侵略行為を正当化するdisinformation活動（体制寄りの報道機関やＳＮＳを利用して虚偽の情報を流布すること）に関与した主体や、②プーチン大統領のロシア国内での支配体制と癒着しそれを支えているオリガルヒが対象となっている点が特徴的である。

また、制裁対象となる特定主体については、ウクライナ情勢の拡大に合わせて段階的に拡大されており、また、米国、ＥＵ、日本の措置対象主体には相当の重なりがあり、同志国間で、インテリジェンス情報も含めたタイムリーな情報共有の下でそれぞれの措置がとられていることを含意している。

金融機関向け制裁

既述の通り、金融機関向け制裁については、ロシアからのエネルギー輸入に関する同志国間の状況の差異に配慮したきめ細かい調整が見てとれる。たとえば、当初から米国は、ロシア大手2行（スベルバンク及びＶＴＢ）によるドル取引を禁止したが、エネルギー関連決済については、個別の許可があればドル取引を可能とする道を残した。また、ＥＵにより当初ＳＷＩＦＴから排除された7金融機関には、ロシア最大のスベルバンクは含まれておらず[13]、また、そもそもロシアの天然ガス独占企業であるガスプロムの子会社であるガスプロムバンクについては一貫して制裁の対象とはなっていない。結果として、ロシアへの依存度が高い同志国の天然ガスの輸入継続が可能となっている。

クリミアを併合した２０１４年から、ロシアは外貨準備を１・６倍に増やしており、約６４３０億ドルにのぼる世界第５位の規模の外貨準備[14]を積み上げていた。併せて、外貨準備におけるドルの比率も、２０１７年には46・３パーセントであったものを、16・４パーセントまで下げ、その構成は、ユーロ32・３パーセント、金21・７パーセント、ドル16・４パーセント、人民元13・１パーセント、ポンド６・５パーセントとなっていた（２０２１年）。

明確な意図を持って外貨準備の積み上げと構成比率の変更に取り組んでいる。こうしたなか、２月28日、米国は、ＥＵ、英国と歩調を合わせて、ロシア中央銀行、政府系ファンド「国民福祉基金」及びロシア財務省との取引禁止措置、すなわち外貨準備の凍結を導入した。これは、ロシアが一気に50パーセントを超える為替介入資金を失ったことを意味する。

ロシア中央銀行向け制裁は、金の取引に対しても及ぶことを明確化するなど、徹底した対応をとった。これを受け、ウクライナ侵略前は１ドル＝80ルーブル程度で推移していた為替相場は、３月１日には一気に１17ルーブルまでルーブル安となった。すでにクリミア併合時に、米国市場でのロシア政府債の発行は禁止されていたが、今回の制裁で、米国、ＥＵともに、流通市場でのロシア政府債取引も含めて禁止することで足並みが揃った。これらにより、同志国市場における戦費調達の道を閉ざすこととなっただけではなく、既存の外貨建て対外債務のデフォルトの可能性が声高に叫ばれるようになった。

なお、金融機関向け制裁の今日的課題として、暗号通貨についても、こうした制裁の対象となることが明確化された。日本においても、異例の早さで法律改正を行い、暗号資産取引を資本取引と見なすこととした。

物・サービスの輸出入禁止

物・サービスの輸出入禁止については、「対露経済制裁の特徴」の中でも触れたが、事実上機能不全に陥った国連安保理の決議を契機とすることなく、30を超える国が、当初から実質的に同等の内容の対露制裁連携に参画したという点が大きい。ドルの存在感から、米国による経済制裁が他国のものに比べ圧倒的な効果を発揮する特定主体に対する資産凍結等や金融機関向け制裁と比較し、特に輸出禁止はロシアが欲しい物資やサービスは必ずしも米国だけが保持しているわけではないことから、制裁の具体的中身について国連などの場での調整なく技術保有国側が連携し効果的な制裁を実現することは容易ではなかった。

今回、それを実現可能としたのが、ロシアの蛮行に対する強い懸念が共有されたことに加えて、米国が、同志国間での永年の懸案であった貿易管理の域外適用措置について、画期的な判断をしたことが大きい。

米国の域外適用については批判も大きいが、自由主義経済の下で同じ機微品目をめぐって民間企業の国際競争が当然存在するなか、各国の利害が錯綜し、同志国間での貿易管理品目の合意が必ずしも容易ではない実態を踏まえると、相対的に幅広い機微品目に関する技術を保有する米国がなかなか合意が成立しない多国間プロセスにフラストレーションを感じ、域外適用を指向することはやむを得ない部分がある。同等の貿易管理を行っていない国からの迂回輸出を許容すると、自国企業の競争条件を損ねるばかりか、管理強化に踏み切ることについて国内の政治プロセスの支持が得られなくなってしまうからだ。

他方、米国と同等の機微品目を有する同志国からすると、米国だけの意思決定により、米国が域外適用を及ぼすとした技術を用いている自国企業が米国政府の許可がなければ自由に輸出ができなくなる状況に陥ることになる。こうした企業は、米国市場での取引も行っていることが通例であり、米国法の要請に従わざるを得ないのが現実だ。欧州、日本としては、国際法違反となりうるものとして米国輸出管理の域外適用に対して不快感を示し続けてきたのはそのためだ。

ここで、ファーウェイ向け貿易管理の域外適用と、今回の対露制裁の域外適用の例外措置とにおける米国政府の対応を比較してみたい。

トランプ政権は、5Gベンダーとして圧倒的な立場を築きつつあった中国のファーウェイ社を狙い撃ちにして、既存の国際貿易管理レジーム[15]ではどうしても管理対象化できない「極めて汎用的な」半導体の調達をブロックしようとした。

ロシアやインドも参加しコンセンサスでの合意を原則とするワッセナー・アレンジメント会合では、極めて汎用的な品目を管理対象化することはおよそ不可能に思われた。そこで、米国企業しか持っていない「極めて汎用的な」半導体製造に不可欠な技術に焦点を当て、当該技術を用いて海外で製造された半導体についても、米国の輸出許可を求めることとした。

トランプ政権流のやり方で、当該技術を用いて半導体製造を行っているEU、日本、韓国、台湾といった同志国と事前の調整なく決定され、1日にして、報道ベースでは1兆円を超える日本企業の対ファーウェイ・ビジネスが米国政府の許可制の下に置かれることになった。

欧州、日本ともに、当該判断の背景にある動機には一定の共感はできるものの、自国半導体ビジネスの予見可能性の観点から大いに問題であり、「なぜ米国を止められなかったのか」といったEU、日本貿易管理当局への批判まで生じることとなった。

他方、今回の対露制裁の文脈では、前述の通りインテリジェンス情報のdeclassification（機密解除）と同志国やマスメディアへの提供がもたらした事前調整の時間的余裕と、皮肉なことながらロシアの蛮行を決して許さないという共通認識の強固さから、同志国間での実質的に同等な管理対象範囲の合意が成立し、米国もパートナー国からの輸出に対して域外適用を適用しない例外措置を導入することで同志国の称賛を得ることができた。

輸出管理については、ロシアによるウクライナ侵略直後のものに加え、追加措置が講じられているが、管理対象品目や全面禁輸の対象となる軍事関連団体の内容において、同志国間の同等性が見てとれる。

また、こうした連携の下での禁輸措置の対象は、「国際輸出管理レジームで管理対象となっているものすべて」→「それ以外のマイクロエレクトロニクス、レーダー技術など軍事転用される可能性が高い汎用品」→「（オリガルヒの離反を狙った）奢侈品《しゃし》」→「量子、工作機械」といった形で、ロシアの軍事作戦の継続に悪影響を及ぼすものを精緻に拾いながら、ウクライナ情勢の変化と共に段階的に圧力をかける形で着実に拡充されてきている。

他方、輸入禁止措置に関しては、地下資源についての対露依存状況について同志国側の状況に差異が大きいことを踏まえる必要がある。前述の特定主体向け資産凍結等や金融機関向け制裁も含めて、エネルギー関連の取引については、ロシアの収入源を断つという観点から即効性がある措置であることを理解しつつも、措置をとることの同志国側の副作用との比較考量の下で、あえて足並みを揃えないことを前提としながら、一定の時間をかけて対露依存を低減する取組で連携していくというのが同志国間のコンセンサスとなっていると考えてよいだろう。

エネルギー輸出国である米国は原油・ガス・石炭のロシアからの輸入禁止を決めた。欧州は石炭の輸入禁止を決めた。日本は石炭、原油の輸入を原則禁止した。G7等の声明を詳しく見ると、“ban”（輸入禁止措置）、だけではなく、“phase out”（段階的脱却）も許容される形できめ細かく記載されていることに注目したい。

なお、今後、禁輸措置の対象となる品目は逐次追加されていくことが予想されるが、米国、英国は自らが寡占的な地位を占めるサービスで、ロシア経済の信認低下につながりうるものとして、会計サービスや経営コンサルなどのサービス輸出の禁止も決めている。サービス分野においても、さらなる制裁対象の拡充に留意が必要だ。

その他の経済制裁

今回の対露制裁は、代表的な前記3類型に加えて、広範な措置が盛り込まれている。ドイツによるノードストリーム2の停止、ロシア航空機の領空通過禁止、ロシアへの新規投資禁止、WTO最恵国待遇付与の停止、ＩＭＦ、世界銀行など主要な多国間金融機関からのロシアへの融資停止、欧州復興開発銀行の財源利用の停止などである。現在もロシアの戦争継続能力を低下させるためのあらゆる脆弱性を突くという観点から、さらなる措置について同志国間で精力的な検討が進められているようだ。

3、関連する制裁

厳密には対露制裁の定義には当てはまらないものの、①同志国企業の自主的なロシア市場からの撤退や②ロシア以外への二次制裁の可能性については、実質的に対露制裁と同様の効果を持ちうるものとして留意する必要がある。

まず、企業の自主的なロシア市場からの徹底について、報道では、マクドナルドやユニクロに代表される消費者向けビジネスからの撤退や、ＢＰ、エクソンモービルといった、いわゆる石油・天然ガスメジャーのロシア権益からの撤退が多く取り上げられている。それぞれロシア国民の政権の戦争継続方針への支持を低下させること、ロシアの収入源獲得のための活動を助長しないことという意味で効果があろう。

ただし、いずれもロシアからしてみれば同志国以外の企業による代替可能性があり、また、特に地下資源権益からの離脱は、中国など対露制裁連携に参加しない国に新たな参入機会を与えるだけだという痛烈な批判があることも指摘する必要がある。

こうしたなかで、同志国の海運会社によるロシア寄港忌避は、ロシアの国際物流に大きなダメージを与えている。日本政府による禁輸措置がとられる前から、ドル決済関連制裁による輸出代金回収への懸念や輸出に必要な輸送手段が確保できないことから、禁輸措置対象品目のうち金額の大きい物については、事実上輸出が止まっていたというのが現実である。

逆にこうした国際海上輸送への関心の高まりから、引き続き自主的なロシア寄港忌避に参加していない海運会社を狙った政府による制裁も議論されている。たとえば英国を中心とする同志国側で独占している海上輸送に関する保険の契約締結を、特定の海上輸送に対しては禁止する措置などが俎上にのぼりつつある。

加えて、二次制裁についても指摘しておきたい。一つは、米国によるドル決済に関する制裁についてだ。オバマ政権がJCPOA合意に至る前にイランに核開発の放棄を要求した際、米国以外に本拠を置く海外の銀行がイランの特定主体との取引を継続する場合に制裁対象とした。今回の対露制裁においては、欧州、日本など同志国は、米国と足並みを揃えてロシアの特定銀行に対する資産凍結やSWIFTからの排除措置を講じているため、仮に米国が二次制裁に踏み切ったとしても自国金融機関に影響が及ぶことは考えにくい。

米国上院銀行委員会のトゥーミー上院議員らが声高に二次制裁を唱えるのは、中国の銀行がロシアを支える抜け道を強く懸念しているためである。また、禁輸措置についても同様の懸念がある。

ロシア製の精密誘導弾を支える半導体は、中国、台湾から供給されているといわれる。そもそもウクライナ侵略が開始される前の段階で、中国はロシアにとって最大の半導体供給源であった。

今回同志国は、半導体について、国際貿易管理レジームで管理対象とされているものを超えて、個人用パソコンに用いられるような極めて汎用的なものも含めて、原則禁輸とする措置を断行した。しかし、実際は中国からの流れを止めなければ、ロシアの戦争継続能力を削ぐための効果としては不十分である。

だからこそ、米国の半導体禁輸措置には前述の強い域外適用措置が付されているのだ。仮に当該域外適用に違反する中国からの輸出が見つかった場合には、そうした中国企業に刑事罰、行政罰を科することに加え、エンティティリスト（Entity List：米国にとって貿易を行うには好ましくない相手と判断された個人・団体などが登録されたリスト）への掲載という形で制裁が科されることが想定される。G7の声明で、複数回にわたり、同志国が禁止した取引のbackfill（制裁を講じる国の企業が離脱したロシア市場を他国企業が穴埋めすること）や経済制裁のundercut（制裁に参加していない国からの迂回輸出により制裁の効果を減衰させること）を許さないという強い表現が発出されているのはそのためだ。

米国商務省は、6月28日、ロシアの軍と防衛産業を支援しているとの理由で中国企業5社をEntity Listに追加掲載し、輸出禁止措置の対象に加えた。これらの企業は、ウクライナ侵攻以前からロシア側に製品を供給し、米国が制裁を科しているロシアの関係先と現在も取引契約を結んでいるという。さらに同省は、ロシアとアラブ首長国連邦（UAE）、リトアニア、パキスタン、シンガポール、英国、ウズベキスタン、ベトナムの計31社も併せて追加掲載している。先の5社を含め新たな禁輸対象となった36社のうち25社は中国を拠点に事業を行っているという[16]。

4、今後の展望

以上を踏まえて、今後の展望について3点触れたい。

対露制裁に対するロシアの対応と制裁の効果

ロシアは、米欧がロシア中央銀行との取引禁止措置を採った2月28日、政策金利を9・5パーセントから20パーセントに大幅に引き上げ、外国投資家によるロシア有価証券の売却を制限すると共に、国内の輸出企業に対して売上高の8割に相当する外貨の売却を義務づけた。それでも、ルーブル安は収まらず、3月3日には、大手格付け会社がロシア格付けを大幅に引き下げた[17]。

その後、ロシア中央銀行の指揮の下、3月5日非友好国向けの外貨建て対外債務のルーブル建て返済を許容、3月9日国民によるルーブルの外貨への両替を停止、外貨建て預金の引き出し可能額制限、3月21日から金利抑制のためロシア中銀による国債買い入れ実施、3月23日非友好国に対して天然ガス代の支払いをルーブル建てで要求と矢継ぎ早にルーブル防衛策を導入した。

3月29日にロシアがキーウ周辺での戦闘を大幅に縮小した時点で、侵攻直前のレート（1ドル＝80ルーブル台）まで戻した。禁輸制裁で輸入に必要な外貨需要が減少していることも要因ではあるが、エネルギー資源価格が高騰するなか、ロシアのエネルギー企業には十分な外貨が流入しており、2月28日導入した輸出企業が稼いだ外貨の8割をルーブルに交換義務づけする措置が有効に機能したといえる。

ルーブルは安定してきたものの、ロシア経済の見通しは決して明るくない。インフレ率は、侵攻開始前は9パーセント弱であったものが、4月には前年比17・83パーセントとなった。まだ公式な統計情報が十分得られていないが、すでに貿易は大幅に減少しているとみられ、同志国企業によるロシア事業からの撤退や同志国からの部品輸入の停滞で、国内での生産活動は大幅に減速することは必至だ。

結果として、財・サービスの供給が減って、需給ひっ迫から生じる悪いタイプの物価上昇に陥る可能性がある。また、同志国企業の撤退で、首都モスクワだけでも20万人が失業する可能性があるとされる。(18) 撤退を決めた同志国企業による雇用維持や給与保証もやがては減少していくなかで、失業は増えていくであろう。深刻なスタグフレーションの懸念がある。

ロシアの実質成長率については、侵攻前の予想は2022年にプラス2．8パーセントであったものが、4月時点の予想で、マイナス8・5パーセントとしている。(19) 制裁による実体経済への悪影響は、時間の経過により、ロシア軍の戦争継続能力の低下やロシア国民の厭戦気分の上昇などを通じて、プーチン大統領の侵略戦争継続をより困難なものにする。

ウクライナの人々が過酷な状況に長く持ちこたえることが、対露制裁の効果をより大きくするという皮肉な状況は、ウクライナが戦況を好転させつつあることで現実化しつつある。同志国によるウクライナへの軍事支援の効果は大きいとみられ、スティンガー（携帯式対空ミサイル）やジャベリン（携帯式対戦車ミサイル）、戦車や長距離ミサイルなどの供与、日本までもが防弾チョッキなどの装備品提供を行っている。

経済制裁は、それ自体では十分な効果は期待できず、当事国の総力戦、持久戦への覚悟をともなってはじめて効果を持ちうるものであるといえるだろう。また、同志国はロシアへの化石燃料依存という脆弱性について、連携を通じて解消を図り、原油価格の上昇に対して国家備蓄の放出で対処し、日本は欧州に対してLNGの緊急融通を行った。こうした対症療法的な措置に加え、同志国の間では、ロシアに依存したガス、原油の供給網構築のため、ガス液化能力の増強、中東化石燃料資源国への働きかけなど連携を強めている。時間と共にロシアへの依存度低減は着実に進んでいく。

無論、戦争の長期化が、追い詰められた他方当事国によるエスカレーションの誘因となってしまうリスクがあることは否定できない。この点については、別の章に委ねたい。

現時点で成果といえるもの

繰り返しになるが、ロシアの蛮行の強烈な否定という同志国の共通認識と米国のインテリジェンス情報の公開により生じた事前調整の時間的余裕が、国連機能を介さない形での、迅速で実質的に同等な経済制裁を実現する同志国連携を実現した。特にドルの存在感に依存する「ドル決済に関する制裁」とは異なり、同志国がそれぞれ一定の存在感を有する機微技術の輸出管理において、同志国間の連携を阻害してきた米国の域外適用という障害を乗り越えられたことは大きい。

言い換えれば、同志国が共有する価値観に対する脅威の共通認識の形成が実現すれば、既存の国際輸出管理レジームにおける決定が必ずしも民主主義・自由主義経済を信奉する国々にとって満足のいくものではなかったとしても、それを補完するものとして、有効で迅速な輸出管理が成立し得るということであろう。

ロシアは、オーストラリア・グループを除く既存の国際輸出管理レジームにおいて、メンバー国であり、これまで大きな存在感を示してきた。コンセンサスで意思決定がなされる国際輸出管理レジームが、特にロシアと同志国側の対立が先鋭化した今後、これまで通りの機能を果たすとは考えにくい。そもそも、これまでの国際輸出管理レジームの機能が、迅速性と効果の面で十分ではないという認識の現れが、米国によるユニラテラルな（同志国との事前調整なく米国が独自に定めた）管理対象品目の域外適用措置であった。

今や権威主義的な国家がロシアと同等の蛮行に及ぶ可能性を懸念しない政治リーダーは存在しないであろう。ロシアがウクライナ国境に戦力を集中させるような事態が生じてからでないと、同志国の信奉する価値への脅威についての十分な共通認識は形成されないということでは、政治的リーダーとしては失格だ。

ソ連の崩壊に際し、民主主義陣営の勝利として悦に入るのではなく、大国ロシアがブタペスト合意に不満を持っていたことに正面から向き合い、客観的な脅威認識をもっと早く持つことができていれば、事後的な経済制裁ではなく、ロシアを思いとどまらせることに十分な予防的経済制裁に同志国が合意できていたかもしれない。

対露経済制裁を、権威主義国家による技術の誤用に効果的に対応するための輸出管理のモデルとし、かつ同様の蓋然性ある脅威について、同志国の共通認識形成のための政治的議論を深める契機にすることが重要である。[20]

日本としての備え

経済相互依存を、蛮行を働こうとする者にとっての武器としてはならない。これが対露経済制裁の内容検証プロセスから得られるいちばん大きな教訓である。

そのために必要なことは何か。それは、①自国の生存にとって、あるいは自国民の生命と安全にとって不可欠な戦略物資を特定し、②当該物資についての脆弱性、すなわち他国への必要以上の依存を解消し、③特に小資源国である日本は、一次産品の禁輸等のエコノミック・ステートクラフト（経済分野での優位性をテコに外交・防衛上の利益を追求する手段）によって圧力をかけられることへの抑止力、反撃力としての相手国にとっての戦略物資のチョークポイント技術を握ること（技術的優位性を確保する）である。

2022年5月11日、経済安全保障推進法が成立した。本法律が掲げる大きな目標は、経済分野における外部脅威に対して、それを未然に防止するための日本経済としての強靭性を高めることである。皮肉にも、ロシアの蛮行から得られた教訓の正鵠を射た内容となっている。

日本政府には、本法律を効果的に実施し、安全保障の観点から真に強靭な日本経済の形を実現するための取り組みを加速していくことを強く求めたい。

（1）本稿は、２０２２年6月までの国際情勢を踏まえて記述されたものである。

（2）ロシア側が主張するところの「ドネツク人民共和国」及び「ルハンスク人民共和国」

（3）米国ＥＡＲ（輸出管理規則）の域外適用に関する直接製品ルールが、２０２０年5月及び8月に二度にわたり、エンティティリストに掲載されたハーウェイ向けについてのみ強化された。

（4）米国には、同プロジェクトがドイツを含むＮＡＴＯに対するロシア影響力を強めると懸念。２０１８年7月、トランプ大統領が、ＮＡＴＯ事務総長に対し、「アメリカがドイツを守るために数十億ドルも払っているというのに、ドイツはロシアに（ガス代として）数十億ドルを支払っている」とし、ノドストリーム2にも触れながら批判。２０１９年以降、米国議会及び政府の安全保障関係者は、ノルドストリーム２に関与する事業体が米国制裁の対象になると警告した。しかし、２０２１年5月19日、米国国務省は、関連会社への制裁がアメリカの国益に反すると判断。ドイツとロシア両政府はこれを歓迎する一方、ウクライナや一部のアメリカ国会議員はロシアに利するだけと批判した。他方で、欧州議会は、欧州の対露エネルギー依存を高めることになる本プロジェクトについて、工事停止を求める決議案を可決している。（２０２１年4月）

（5）ロシアのＧＤＰは、１７７５ billion USD（２０２１、世界11位）、これに対してイランのＧＤＰは、１４２６ billion USD（２０２１、世界14位）。

（6）輸入相手先として4位（１１９ billion ユーロ、５・５%、日本は6位）、輸出相手先として5位（72 billion ユーロ、４・１%、日本は6位）と大きな経済相互依存関係にある（日本にとってロシアは輸出先として1%、輸入先として２%のプレゼンスしかない）。

（7）経済産業省は、２０２２年3月18日、戦略物資・エネルギーサプライチェーン対策本部を設け、ウクライナ情勢を受けた調達不安のみならず、より一般的に経済安全保障上の重要物資やエネルギーのサプライチェーンにおける脆弱性解消や技術的優位性獲得のための検討を開始している。

（8）米国制裁のうち、たとえばSDNリストに基づく取引禁止にはドル決済に関する取引も含まれ、金融機関向け制裁も併せて「金融制裁」と分類されることもあるが、ここでは、ＥＵや日本など異なる制裁体系を有する国の制裁も含めて同志国連携の実態を明らかにするため、「特定個人・団体向け資産凍結等」、「金融機関向け制裁」、「物・サービスの輸出入禁止」、「その他経済制裁」の4分類で整理することとした。その上で、米国のSDNリストに基づくｆｕｌｌ ｂｌｏｃｋｉｎｇ ｓａｎｃｔｉｏｎのうちドル決済に関する取引禁止やロシア中央銀行や金融機関との取引禁止等、ドル決済に関する制裁を総称して「米国によるドル決済に関する制裁」と呼称することとする。

（9）世界の外貨準備におけるドルの比率は２０１８年においても引き続き6割を超えており、それに続くユーロの２割と比較しても圧倒的である。米財務省によると、ロシアの金融機関が世界で1日あたり約460億ドル相当の為替取引を手がけ、その8割が米ドル建て。

（10）SWIFTからのロシア7銀行の排除は例示していない。SWIFTは国際金融取引のための銀行間の電子的メッセージングサービスを提供する米国のコルレス銀行を含む共同組合であり、排除することについての実質的な判断は、EU、米国、英国、カナダによる国際合意に基づき行われたが、ベルギー法に基づき設立された協同組合であることから、法的担保はEUによってなされている。

（11）経済制裁もこれに含まれるが、経済分野の措置を通じて外交・安全保障上の目的を実現しようとする国家による行為を総称するもの。

（12）Designation（懸念主体指定）と総称される。広範な取引禁止に加えて、ビザ発給制限、特定主体が所有する資産差し押さえなどが含まれる。

（13）米国は最終的に4月6日、スベルバンクもSDNに指定し、同行経由のドル決済を例外なく不可能にした。また、EUも、6月3日、対露6次制裁の一部として、スベルバンクもSWIFTから排除した。

（14）日本は、令和3年10月時点で、1兆4093億ドルの外貨準備を有している。

（15）現在、①核兵器に関する原子力供給国グループ、②生物化学兵器に関するオーストラリア・グループ、③ミサイルに関するMTCR、④デュアルユース品（軍事用だけではなく民生用にも用いられる品目）に関するワッセナー・アレンジメントという4つのレジームがある。半導体については、④のワッセナー・アレンジメントで議論されるもので、現在のところ、「高放射線環境に耐えうる半導体」といった軍事転用性が極めて高いものしか管理の対象になっていない。

（16）https://jp.reuters.com/article/usa-commerce-russia-idJPL4N2YF3FH
エステベス商務次官（産業安全保障担当）は「本日の対応は世界中の団体や個人に強力なメッセージを送っており、彼らがロシアを応援しようとするなら、米国も彼らとは縁を切るつもりだ」と述べた。在米中国大使館は、中国政府がロシアにもウクライナにも軍事支援を提供していないと明言し、こうした制裁は国際法違反だと主張。自国企業の権利を保護するための「必要な措置」を講じるとコメントした。

（17）S&P及びムーディーズが、それぞれ1998年のロシア財政危機時並みに引き下げ、その後も引き下げが続き、フィッチも含めた大手格付け会社は、ロシアをデフォルト格か格付け取り下げの取り扱いとしている。

（18）モスクワ市長（4月19日CNN）

（19）IMF。世界銀行は、11・2%と予測している。

（20）5月23日に発表された日米首脳共同声明には「岸田総理及びバイデン大統領は、国際社会の結束の重要性を強調し、ロシアに長期的な経済的コストを課すために志を同じくする国々と共にとる、金融制裁、輸出管理及びその他の措置を含む制裁を通じて、ロシアの侵略に対処する中でウクライナの人々との連帯を表明した」「岸田総理及びバイデン大統領は、中国に対し国際社会と共に、ウクライナにおけるロシアの行動を明確に非難するよう求めた。両首脳は、経済的なもの及び他の方法による威圧を含む、ルールに基づく国際秩序と整合しない中国による継続的な行動について議論した」とある。

第8章　ウクライナ危機で激変する国際エネルギー情勢

（小山 堅）

はじめに

ロシアによるウクライナへの軍事侵攻を境に、国際エネルギー情勢は劇的に変化した。原油価格など国際市場のエネルギー価格がすべて高騰し、ロシアからのエネルギー供給への不安が大きく高まった。

ロシア産のエネルギーに依存する欧州を中心に、国際エネルギー市場はエネルギー供給の支障・途絶の発生に身構えることとなった。

国際エネルギー市場をめぐる不安定化は、第1次石油危機以来ともいえる深刻な状況であり、エネルギー安定供給の重要性が消費国にとって一気に浮上した。この状況下、ロシア依存度の高い欧州を中心にエネルギー安全保障の強化がエネルギー政策の最重要課題となった。

ウクライナ危機が深刻化する前までは世界のエネルギーに関する議論が脱炭素化の議論一色に染まっていたことから、まさに様変わりした。

ウクライナ危機による国際エネルギー市場不安定化に対処するには国際協力の推進が不可欠だが、現実には課題も山積している。他方、ウクライナ危機によるエネルギー安全保障の重視が世界の脱炭素化の取り組みにどのような影響を及ぼすかも世界の重大関心事となった。

本章では、以上の認識に基づき、ウクライナ危機による国際エネルギー市場への影響、国際エネルギー市場におけるロシアの重要性、ロシアのエネルギー供給に支障・途絶が発生する可能性とそのインパクト、今回の危機と第1次石油危機との共通点とその意味、エネルギー安全保障の重要性、国際エネルギー協力強化の必要性とその実現に向けた課題、ウクライナ危機による脱炭素化への影響を考察・分析し、日本のエネルギー戦略への示唆をまとめる。

1、エネルギーの価格高騰と市場の不安定化

国際エネルギー市場では、ウクライナ危機前から価格高騰が発生していたが、ロシアの軍事侵攻はそれをさらに加速し、エネルギー市場の不安定さを深刻化させることとなった。

２０２２年3月7日、原油先物価格は瞬間風速で1

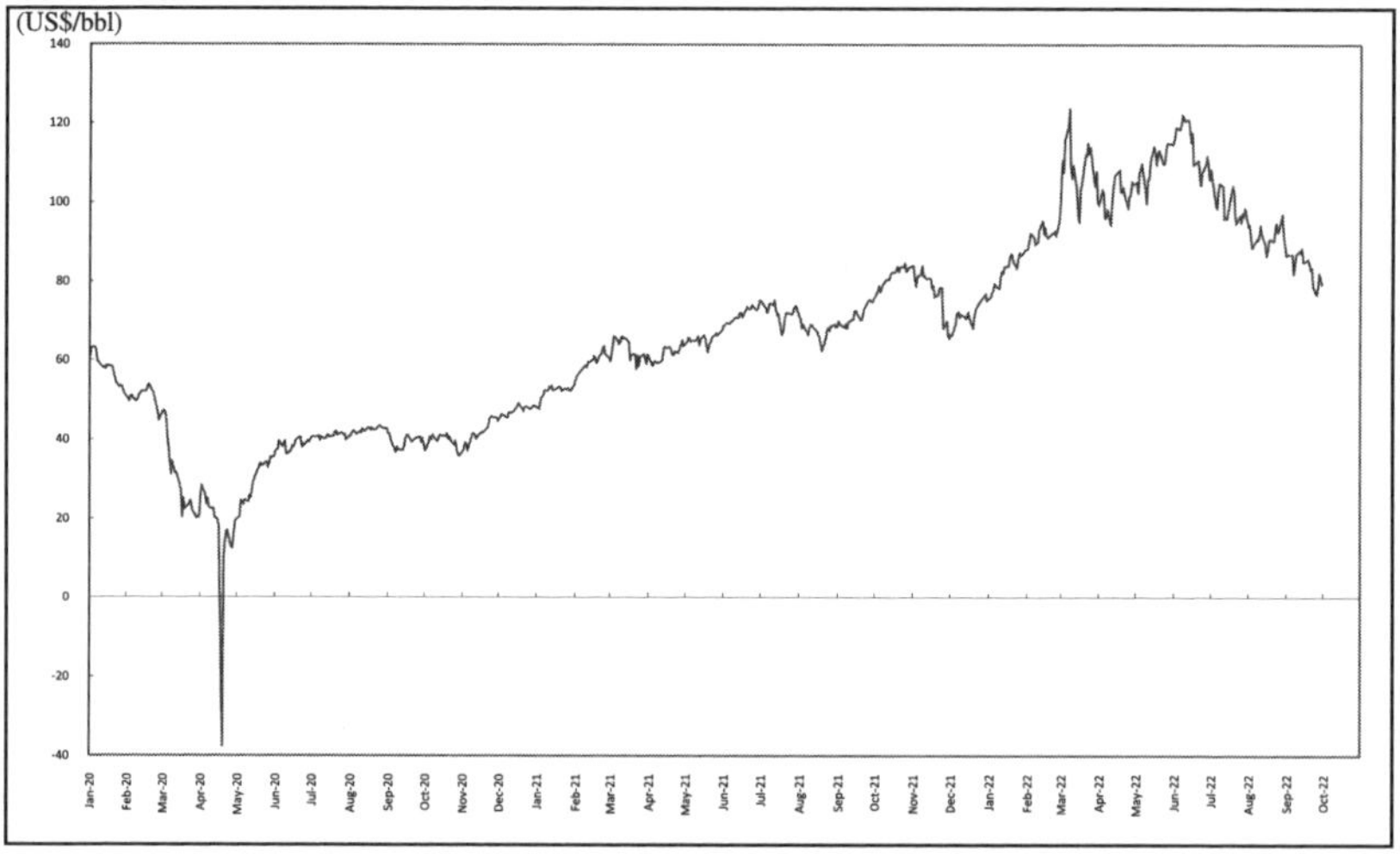

図１ 2020年以降のWTI原油先物価格の推移

出典：NYMEX資料等より筆者が作成

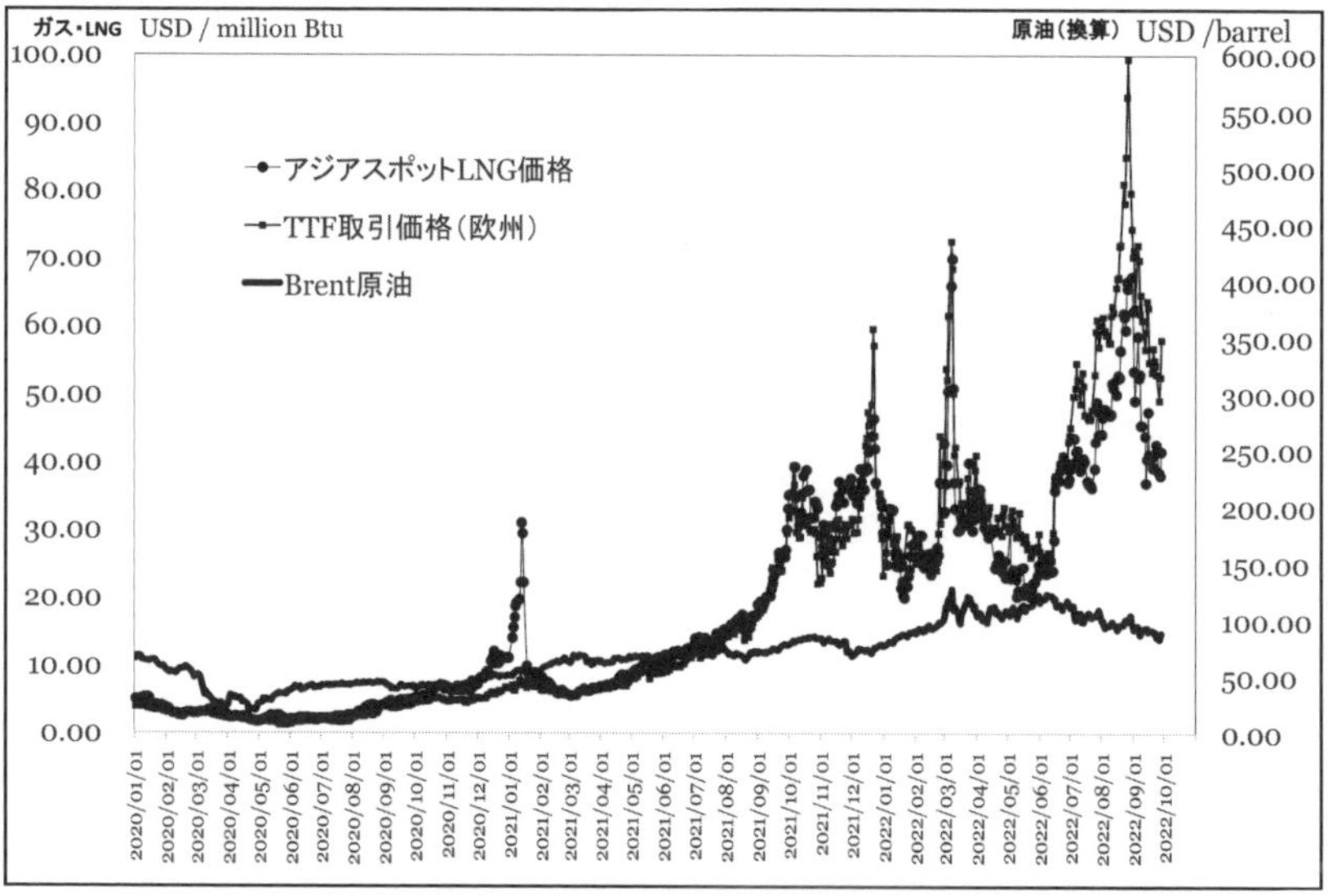

図2 2020年以降の欧州ガス価格およびアジアLNGスポット価格の推移

出典：各種資料より筆者作成

バレル１３０ドルを突破し、リーマンショック後の最高値を更新した（図1参照）。この価格高騰の直接原因は、その前日に米国のブリンケン国務長官が示唆した米国によるロシア産エネルギーの禁輸に市場が強く反応したことである。

　同年2月24日のロシアによる軍事侵攻で国際情勢が一気に緊迫化し、ロシアによる「力による一方的な現状変更の試み」を決して許さないとする欧米日の厳しい対露姿勢の下、従前とは次元が異なる厳しい対露経済制裁が実施され、その流れの中で米国がロシアのエネルギー禁輸を発表した。米国の禁輸には、カナダ、英国が追随し、国際エネルギー市場において重要な位置を占めるロシアのエネルギー供給の先行きに大きな不安が発生し、価格の高騰となった。

　しかし、より凄まじい価格高騰を示したが欧州のガス価格であった。原油が急騰した3月７日、欧州の主要なガスの取引所価格（ＴＴＦ）は、１００万英国熱量単位（ＢＴＵ）当たり70ドルを突破し、史上最高値を記録した。この価格は原油換算で１バレル４００ドルを超える著しい高価格である（図2参照）。

近年、ガス市場のグローバル化が進み、欧州ガス取引価格とアジアの液化天然ガス（LNG）スポット価格は連動性を強めており、同日、アジアのLNGスポット価格も原油換算400ドル超の史上最高値を記録した。ちなみに石炭価格も同日に、発電用のオーストラリア産一般炭スポット価格でトン当たり400ドル超と、これも史上最高値を更新した。こうした燃料価格高騰を受けて、欧州では電力取引価格も一気に高騰した。

エネルギーの価格高騰とさらなる市場不安定化の可能性に直面し、市民生活や経済成長への悪影響が日米欧など主要消費国で懸念されるようになった。エネルギーの価格高騰はインフレ高進の主要原因となり、世界経済減速への懸念も高まっている。

また、特に欧州ではロシアのエネルギー供給に支障が発生した場合の社会・経済への甚大な影響が懸念されるようになり、エネルギー安全保障強化の重要性が一気に高まることとなった。

ただし、実は国際エネルギー市場ではウクライナ危機前から価格が上昇していた。2020年にはコロナ禍の影響でエネルギー需要が大幅に減少し、供給過剰が発生、すべてのエネルギー価格が史上最安値を記録する状況にあったが、2020年後半から徐々に価格は回復し、逆に2021年後半からは価格高騰が始まっていた。

原油価格は2021年10月には80ドルを突破し、エネルギー消費国は高価格対策に乗り出した。EUでは低所得層向けにエネルギー代金の補助制度が導入され、日本でもガソリン価格の補助制度が開始され、今日に至るまで補助額引き上げなどその強化が続いてきた。

また、ガソリン価格が上昇し、支持率低下に悩むバイデン政権は原油価格引き下げのため、サウジアラビアなどの産油国に追加増産を要請したが、受け入れられず、価格引き下げのための戦略石油備蓄放出を、2021年11月に日本など有志国の協力を得て実施した。

2021年末にかけて、ウクライナ国境にロシア軍が集結、軍事侵攻のリスクが懸念されるなか、原油価格は上昇を続け、2022年2月24日の軍事侵攻を経て、ついに100ドルを突破した。そして前述のとおり、同年3月7日に一気に130ドル超の高値を付けた。

2021年後半からの価格高騰がウクライナ危機で加速し最高値を付けるという展開は、原油だけでなく、天然ガス、LNG、石炭、電力でもほぼ共通している。すべてのエネルギー価格の同時多発的高騰がウクライナ危機の結果としてさらに大きく加速化したことが今回の価格高騰の大きな特徴である。

なお、3月7日に急騰したエネルギー価格は、その約1週間後、一時的に原油価格が100ドルを下回るなどの低下を示した。この背景要因で最も重要なのは、市場は米国のロシア産エネルギー禁輸に反応して急騰したが、実質的に米国はロシアのエネルギーに依存しておらず、米国の「禁輸」だけでは実際の影響は限定的と市場が認識したことである。

逆に言えば、ロシアのエネルギーを大量に輸入する欧州（や日本）などが禁輸に加わっていない以上、ロシアのエネルギー供給に大きな影響はないことを市場が理解したということである。さらに中国でのコロナ禍拡大と上海などでの都市封鎖の強化で、中国のエネルギー需要の伸びが鈍化するという見方が広がったことなども影響して、4月初めにも原油価格は100ドルを割り込んだ。

しかし、その後は、欧米日の対露経済制裁強化が進み、5月30日には欧州連合（EU）がパイプライン輸入除外など一部の例外はあるが、EUとしてロシア産石油の禁輸合意を発表するなど、対露エネルギー制裁が強化されていくなかで、原油価格は120ドルを上回る展開を示した。その後は、エネルギー価格高騰とインフレ高進に対応するための米欧の金利引き上げや中国でのコロナ感染拡大の影響で世界経済減速懸念が高まり、原油価格は7月に100ドルを割り込むなど低下が進み、9月下旬にはWTI原油は80ドルを下回る展開も見せている。また欧州の天然ガス価格も最高値からは大きく下がったが、その後、6月半ば頃まではおおむね100万BTU当たり30ドル前後で推移しており、原油換算で1バレル180ドル程度の高値相場となった。ガスについては、6月以降のロシアからの欧州向けパイプラインガス供給の大幅削減で、今冬のガス不足が懸念されるようになり、欧州ガス価格は再び大きく上昇、7月には60ドルを突破、8月末には100ドル（原油換算で約600ドル）に迫る展開を示し、市場の不安が高まっている。

今後、ウクライナ危機の帰趨およびロシアのエネルギー供給の状況次第で再び国際エネルギー価格が高騰し、場合によっては最高値更新となっても決して不思議ではない。エネルギー価格高騰と供給不安の可能性で世界経済と国際政治は大きく揺さぶられ続けることになる。

2、国際エネルギー市場におけるロシアの重要性

なぜウクライナ危機によって国際エネルギー市場がこれほどまでに不安定化するのか。その答えは、ロシアのエネルギー輸出が国際市場において極めて重要であること、そのロシアのエネルギー輸出がリスク要因になっていることにある。

ロシアは極めて重要なエネルギー供給国である。ロシアの2021年の石油生産量は1094万バレル／日（B／D）で、米国、サウジアラビアに次ぐ世界3位の産油国（世界シェア12パーセント）である。また天然ガス生産量は7017億立方メートル（立米）で米国に次ぐ世界2位の産ガス国（同17パーセント）である。

ロシアは輸出面において、より重要な地位を占めている。ロシアの2021年の石油輸出は823万B／Dで世界1位の大輸出国（同12パーセント）である。

また、天然ガスの輸出量は２４１３億立米で世界シェア24パーセントを有する最大の輸出国である。ロシアは石炭輸出においても、オーストラリア、インドネシアに次ぐ第3位の大輸出国（同18パーセント）である。石油・天然ガス・石炭を合計して熱量換算で見れば、ロシアは世界最大の化石燃料輸出国であり、国際エネルギー市場の供給面における「巨人」である。

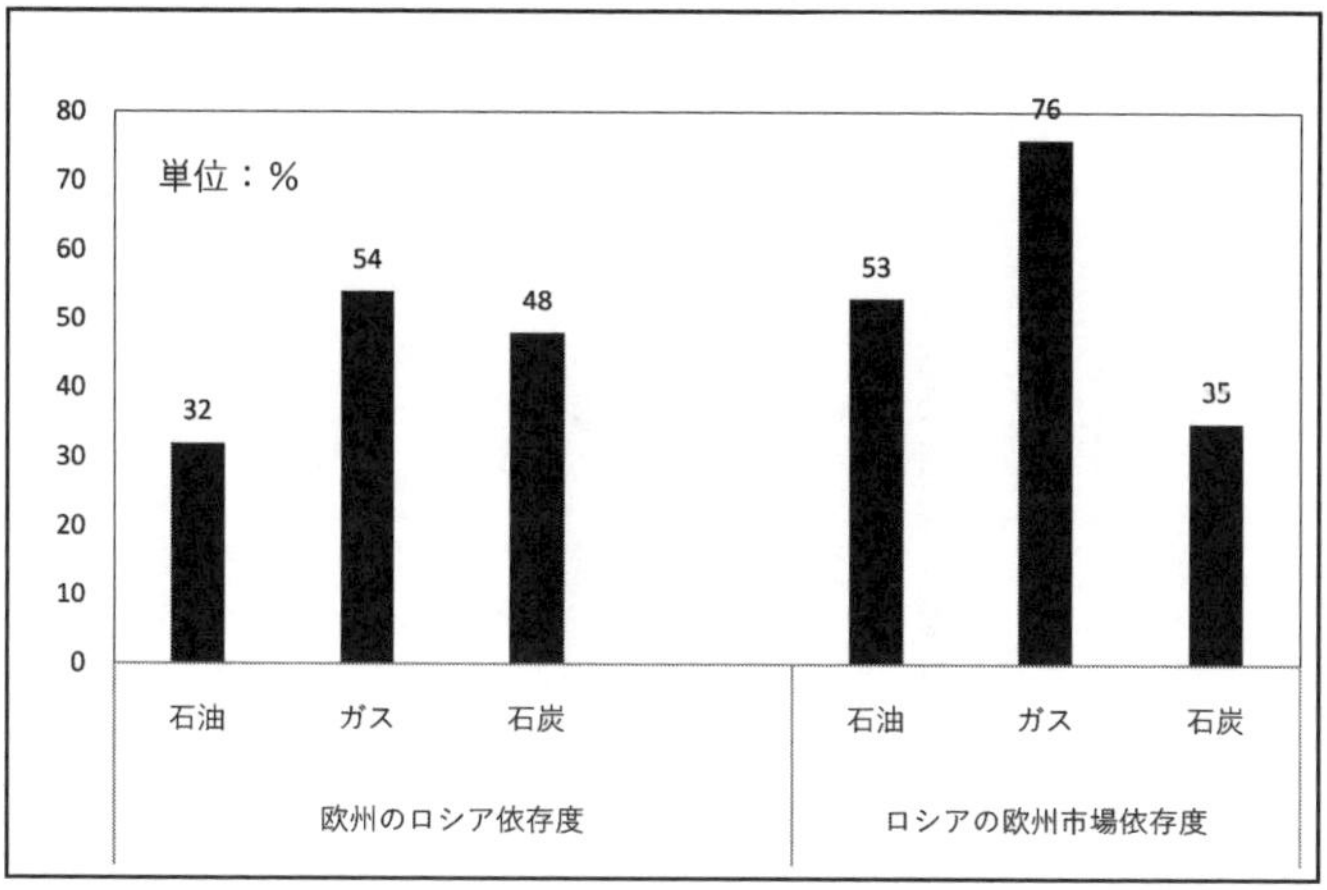

図3 欧州とロシアのエネルギー貿易相互依存度（2021年）

出典：BP統計2021年版より筆者作成

ロシアは、歴史的・地理的・経済的・地政学的な関係から、欧州エネルギー市場と密接な関係を有している。欧州市場（トルコも含む）において、ロシアからの供給が輸入全体に占めるシェアは、２０２１年時点で石油32パーセント、天然ガス（パイプラインガスとＬＮＧの合計）54パーセント、石炭48パーセントとなっている（図3参照）。欧州にとって、ロシアはこの3つのエネルギー源の最大の輸入相手先である。

また、ロシアはウランの主要生産国であり、原子力発電燃料の製造においても大きなシェアを有している。

主要先進国で国別にロシア産のエネルギーへの依存度（総輸入に占めるロシアからの輸入のシェア）を見ても、ドイツ・イタリア・フランスなどの欧州主要国が著しくロシア依存度が高い（図4参照）。

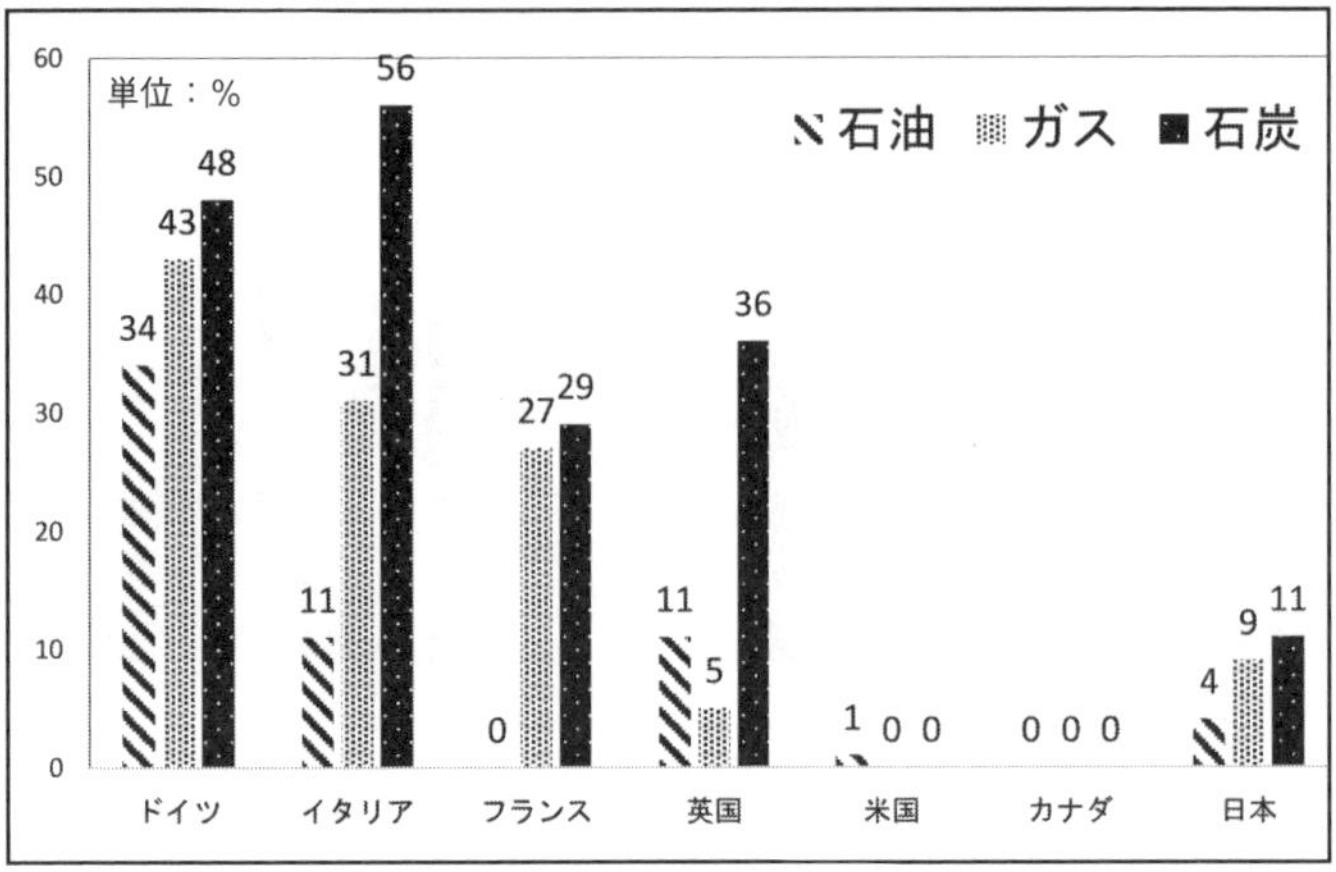

図４ 主要国のロシア産エネルギーへの輸入依存度（2020年）

出典：各種統計より筆者作成

欧州のロシア依存度が高い理由は、欧州にとって、ロシアのエネルギー供給が価格競争力に優れ、通常時においては極めて魅力的なエネルギーであるということに尽きる。競争力を持って豊富に供給できる資源を有し、それを安定的に供給するパイプラインなどのインフラ整備を進めてきたロシアは、隣接・近接する欧州にとって、最も重要なエネルギー供給国であった。また、エネルギー自給率の面でもドイツ、イタリアは低く、日本はさらに低いなど、エネルギー需給構造には各国で差異がある（図5参照）。

他方、ロシアにとって欧州市場は石油とガスにおいて最大の輸出先である。ロシアの輸出に占める欧州のシェアは、２０２１年時点で石油53パーセント、天然ガス76パーセント、石炭35パーセントである。このように、ロシアと欧州はエネルギー貿易に関して深い相互依存関係にある。

この相互依存関係は、ある意味で戦略的・意識的に構築されてきたものでもある。ロシアと欧州のエネルギー関係で、いま最も注目されているのが天然ガス貿易だが、その相互依存関係が本格的に深まる端緒は１９８０年代に浮上したパイプラインによる輸出構想である。

当時、米国レーガン政権は冷戦下で同盟国である欧州諸国がロシア（当時はソ連）のパイプラインガス供給に依存することは安全保障上のリスクであると反対

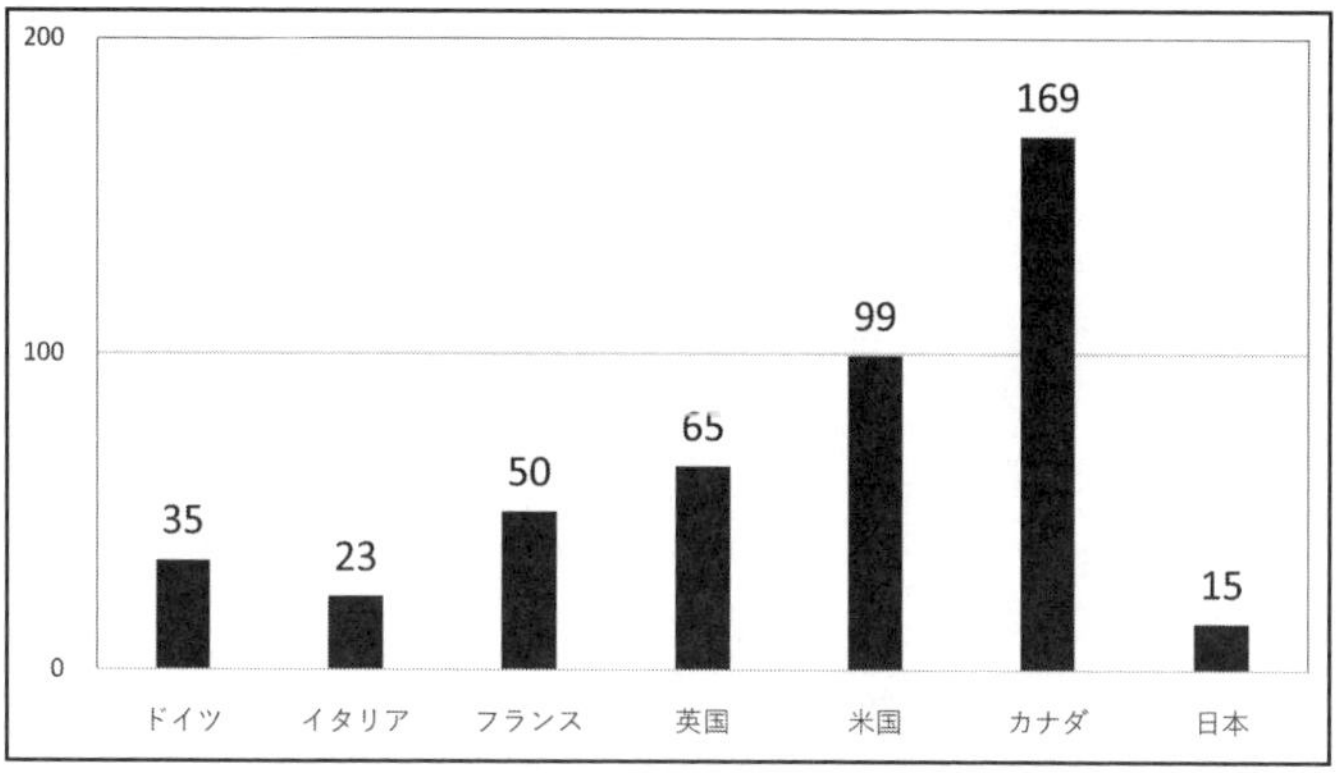

図５　主要国のエネルギー自給率（2021年）

出典：BP統計2021年版より筆者作成

していた。しかし欧州は、特にドイツ（当時は西ドイツ）が、天然ガス貿易を通じて当時のソ連と相互関係を築くことで関係安定化を図り、相手の「暴発」を抑止できるという主張で米国を説得した。結果として、欧州側の主張が通り、パイプラインが建設され、冷戦期以降、ソ連（そしてロシア）は欧州にとって「信頼できる供給者」という地位を維持してきた。

　その「信頼できる重要な供給者」であるロシアのエネルギー供給が、ウクライナ危機を機に欧州にとっては全く異なる視線で見られるようになった。欧州にとってロシア依存は「脆弱性」であり、そこからの脱却が「戦略目標」となったのである。

　ロシアのエネルギー供給については、もう一つ注目すべき点がある。それは、ロシアにとってエネルギー部門は、国益を最大化するため極めて重要な役割を果たす戦略部門であるということであり、プーチン大統領はそれを十分に理解・認識しエネルギー戦略を実施する立場にあるということである。

　通常時には、ロシアの強力な国営エネルギー企業な

どが現実の「ビジネス」を国際エネルギー市場で粛々と遂行しているが、いざとなれば必要に応じて国家意思をエネルギー戦略に直接反映することができる体制にあるともいえる。エネルギー価格が高騰し、需給逼迫の市場状況においては、供給側の立場が強くなり、その時にはロシアの国家意思に基づくエネルギー戦略が世界、とりわけ欧州にとって、大きな影響力を振るう可能性があるのである。

3、ロシアのエネルギー供給支障・途絶発生の可能性

ロシアによるウクライナ軍事侵攻は世界を震撼させた。主権国家ウクライナへの軍事侵略という「力による一方的な現状変更」の試みに対して、ウクライナを筆頭に、欧米日などはロシアを強く非難し、この暴挙を許さないという点で一致協力した対応をとっている。

戦争はロシアとウクライナの間で戦われているが、経済的・人道的な支援・協力に加え、欧米は軍事支援強化にも乗り出し、ウクライナ軍の強化を支えている。他方、戦争長期化でウクライナの被害は甚大なものとなり、犠牲者数の拡大、大量の難民発生など人道危機も深刻化している。

その状況下、欧米日は、極めて厳しい対露経済制裁を実施・強化してきた。対露経済制裁は、多岐にわたるが、その中で注目を集めてきたのがエネルギー分野への制裁である。

ロシア経済にとってエネルギー分野が最重要であることから、ロシアに打撃を与えるためにはエネルギー制裁に踏み込まざるを得ないことになる。一方、ロシアのエネルギーに依存する国は、エネルギー制裁はエネルギー供給支障を招くリスクがあり、「返り血」を浴びる公算が高い。

実際、侵攻直後から金融制裁が実施されたが、ロシアの金融機関の国際金融決済システム、ＳＷＩＦＴからの排除について、ＥＵはエネルギー取引に関与する主要ロシア金融機関を当初は排除対象外とするなど、

エネルギー制裁には慎重であった。

しかし、戦争の被害拡大が深刻化するなか、欧米日は覚悟を決めてエネルギー制裁に舵を切っていった。こうして、ロシアのエネルギー供給への不安感が増大し、価格高騰と市場不安定化が進んできたのである。ここで、戦争と経済制裁の狭間で、ロシアのエネルギー供給に支障や途絶が発生する可能性についての3つのパターンを示したい。

第1は、欧米日の対露経済制裁によってロシアのエネルギー取引が制約を受け、供給低下・停止となるものである。第2は、戦争によるエネルギーインフラの損傷や操業困難・不能で発生するエネルギー供給の低下・停止である。第3は、ロシアが意図的・戦略的にエネルギー供給を削減・停止する可能性である。

これら3つは、どれでもロシアのエネルギー供給に大きな影響を及ぼしうるものである。問題は、この3パターンによるロシアのエネルギー供給への影響が、すでにいずれもさまざまな形で発生しつつあることである。とはいえ、危機発生後、最初に最も中心的役割を果たしてきたのは、第1のパターン、すなわち欧米日による対露経済制裁であった。

その嚆矢は、米国（およびカナダ・英国）による3月初めのロシア産エネルギー禁輸の発表であった。これに反応してエネルギー価格が高騰、欧州のガス価格が原油換算400ドル超の史上最高値を付けた。しかし、米加英が実質的にはロシアのエネルギーに依存していないことが理解され、市場の関心はロシア依存の高い欧州も含む禁輸に移った。

この点で重要な契機になったのは、4月7日に先進主要7カ国（G7）とEUが発表したロシア産石炭の禁輸を含む経済制裁であった。欧州などが石炭禁輸に踏み切ったのは、キーウ近郊でウクライナ市民の大量殺害が発見され、ロシアに対する非難が一気に高まり、制裁強化の必要性が強く認識されたためである。石炭に次いで注目の的となったのが石油の禁輸である。当初、ドイツ、イタリアも含めロシアの石油に大きく依存する欧州諸国にとって石油の禁輸は困難であると見られていたが、EUは5月4日に、2022年内でのロシア産石油の輸入停止を提案するに至った。

そして、5月8日には、G7首脳会合でロシア産石油の輸入停止を発表した。こうして日本もロシア産石油の原則輸入禁止へと舵を切ったのである。EUは、ロシア依存度の高いハンガリーなどの反対を調整し、5月30日に、パイプライン輸入を除外してEUとしてのロシア産石油の禁輸を発表した。2022年内には約9割のロシア産石油が禁輸対象となる。EUによるロシア産石油禁輸の発表を受けて、6月には原油価格は120ドルを上回る展開となった。しかし、その後は、世界経済減速不安が高まり、石油需要が減少する可能性を受けて原油価格は低下し、9月下旬にはWTI原油が80ドルを割り込む状況ともなっている。

なお、こうした石油禁輸は、非ロシアの代替供給を確保しつつ、徐々に進めるアプローチをとっており、市場へのインパクトを最小化し、価格高騰を抑制しようという考えに基づいている。それでも、G7・EUの禁輸で、ロシアの石油供給が減少し、需給不安定化する可能性を市場は懸念し、価格は神経質に反応してきた。他方、ロシアのエネルギー部門に対する西側の禁輸措置が、ロシアのエネルギー輸出収入には打撃を与えていない、という事実が認識されるようになってきた。輸出収入は、価格と輸出量の積であるが、原油価格はウクライナ危機前より大幅に上昇しており、輸出数量も現時点まではそれほど低下していない。今後、欧州向け数量は減少していこうが、禁輸に参加しない中国・インド向けなどが増加し、その分を一部は相殺することになる。中国・インド向けは、市場価格より大幅な「割引価格」で販売されているが、元の市場価格が大きく高騰している。そのため、2022年のロシアの石油輸出収入は前年から減少どころか増加する、とみられている。そのため、ロシアの石油収入を抑制するため、6月末のG7サミットでは、米国からの提案でロシア産の石油に価格上限を設定する案が議論され、その実施に向けた検討が進められてきた。2022年12月から上限価格制の導入が決まったが、その実施の詳細や効果は現時点では不透明である。

また、ロシアは上限価格制に強く反発しており、導入国には禁輸する姿勢を示している。

なお、エネルギー分野での制裁が、まず石炭、次いで石油へと禁輸が拡大した後、天然ガスが禁輸対象となるかが大きな注目点になった。天然ガス・LNG市場には、石油の場合のサウジアラビアにおける余剰生産能力のような、速やかに追加供給を拡大できる供給余力が存在していない。

また、石油では、消費国が大量の備蓄を保有し、国際エネルギー機関（IEA）が協調備蓄放出を実施することも可能であるが、LNGでは個別企業が日常の操業に必要な最低の在庫を保有しているにすぎない。そのため、ロシアのガス供給が低下すれば、その分だけ世界のガス供給が減少し、「小さくなったパイ」を消費国が奪い合う構図となる。そのため欧州のガス市場で3月時点で原油換算400ドル超という著しい高価格が発生したわけであり、ガス・LNGの安定供給が最も難しい課題として浮上したのである。

こうした理由で、欧州や日本がロシアのガス・LNGを禁輸することは難しいと見られてきたが、EUでは2030年までに（さらに前倒しを狙いつつ）ロシアのガス依存を脱却する「リパワーEU」計画を進めようとしている。このようにロシアからのガス輸入を削減する取り組みが進められているが、実際のところ直ちに輸入停止・禁輸ということは難しいと考えられている。

この状況下、第2及び第3のパターンによる供給低下がガスの分野で発生し、世界の注目を集めている。第2のパターンに関しては、5月10日に、ウクライナのガス輸送システム運営会社、GTSOUがロシア軍の妨害によって東部ルハンスク州にあるガス圧送設備の操業が困難になり、その設備に関連したガス輸送を停止すると発表した。ウクライナはロシアから欧州へのガス輸送の経由地の一つであり、この停止でウクライナ経由での欧州向けガス供給の3分の1が影響を受けるとの見方も示された。

また、9月27日には、ロシアから欧州向けの主力パイプラインである「ノルドストリーム1」と、建設済みだが認可停止状況の「ノルドストリーム2」の双方で、パイプラインに複数の損傷が発生、大規模ガス漏れが生じた。損傷の原因は現時点では不明だが、西側諸国では「意図的な破壊工作」によるものとの見方も示されている。この損傷の結果、同パイプラインによるガス供給は物理的に困難になった。

第3のパターンに関しては、4月27日に、ロシアがポーランドとブルガリアへのガス供給停止を発表し、世界の耳目を集めた。ロシアは、両国がガス代金をルーブル払いというロシアの要請に応じなかったという理由で供給を停止している。

続いて、5月12日、ロシアはポーランド経由で欧州にガスを供給する「ヤマル欧州パイプライン」でのガス輸送を停止すると発表した。前日にロシアが発表したロシアによる制裁措置に、このパイプラインの一部を所有するポーランド企業が含まれているため、ガス供給を停止するとの説明がなされている。

さらに、5月20日、ロシアがフィンランド向けのガス供給を停止するとのニュースが流れた。NATO加盟申請を発表したフィンランドに対しては、ロシアはガスに先立って国際連系線経由での電力供給を停止していたが、今回はガス供給停止に動いたのである。そして、6月14日には、主力の輸出パイプライン、「ノルドストリーム1」の供給削減がロシア側から通告された。西側による禁輸でパイプライン関連設備が入手できないため供給を削減するとのロシア側の説明に対し、欧州側はガスを「武器」にするものだと強く反発している。その後、7月11日から10日間、同パイプラインによる輸出は定期点検との理由の下、一時完全に停止した。輸出が再開されるかどうかが注目されたが、とりあえずは、通常の数量よりは大幅削減された形で供給は再開された。しかし、同パイプラインのガス供給削減が続き、あるいは拡大すれば、場合によっては完全停止すれば、この冬に欧州の主要消費国、ドイツ・イタリアなどで深刻なガス不足が発生するとの懸念も高まっている。そのため、6月以降、欧州のガス価格は再び急速に上昇し始めた。8月末には100万BTU当たりで約100ドルとなり、原油換算では約600ドルの凄まじい高値となっている。

欧州のガス価格は、前述の最高値である100万BTU当たり約100ドルから低下していたが、9月末の「ノルドストリーム」パイプラインでの重大な損傷の発生を受けて再び上昇傾向を示した。同パイプラインからのガス供給が期待できなくなったため、冬場のガス需給逼迫が懸念され、特に厳冬となった場合、状況は非常に厳しくなると予想されている。また、仮に今冬を乗り切ったとしても、欧州はガス在庫を使い果たし、2023年も非常に厳しい需給環境が続くことになるとの見方が多い。

こうして、当初は欧米日が主導的に制裁を科して、ロシアのエネルギー輸出を低下させる取り組みを進めてきたが、4月末頃から新しいパターンとして、ロシア側の関与・主導によってガス供給の停止やインフラ問題での停止が相次ぐことになった。

現時点で最も関心が高まりつつあるガスの問題を中心に、ロシア産のガス、石油、石炭などエネルギー供給が一気に大幅に低下すれば、国際エネルギー市場が急速に不安定化し、エネルギー価格が大幅に高騰する可能性は否定できない。

さらに、ロシアの揺さぶりは対欧州にとどまらず、日本にも向けられるようになった。6月末、ロシアは大統領令で、日本企業も参加するロシア極東での石油・ガス開発プロジェクト、サハリン2について、新事業主体の設立と事業移管の方針を発表した。8月には実際に新事業主体が設立され、日本企業は新事業主体に参加する意思表明を行った。結果として日本企業の参画が認められ、日本の重要な権益はとりあえず確保された。同時に、サハリン2からの供給を中心とした、日本の約600万トンに上るロシアからのLNG供給の先行きにも不安が高まったが、こちらも従前と同様の条件でLNG輸入契約の維持が発表された。

こうして、とりあえず、権益もLNG輸入契約も新事業主体の下で維持され、日本側として一息つく形になった。しかし、欧州でのロシアをめぐるガス供給問題とその展開などを見ると、サハリン2をめぐる状況に関して決して予断は許されないものとも考えられる。

なお、10月7日にはサハリン2に続き、日本政府が出資し、日本企業が参画するサハリン1プロジェクトについても新事業主体を設立し、運営を移管するとのロシアの方針が発表されている。

今後もロシアの動向に関して注視が必要であろう。折しも、日本は電力需給逼迫に苦しみ、今冬の電力不足が懸念されている。万が一、サハリン2のLNG供給確保に支障が出るような場合、日本の電力安定供給およびエネルギー安定供給全体に、重大な問題が発生する可能性がある。欧州でもガス不足が懸念され、日本でも前述の問題が深刻化するなか、今冬に向けて、LNG供給確保をめぐる「ゼロサムゲーム下の獲得競争」が、日本や欧州などを巻き込んで発生し、市場の混乱につながる可能性がある。今後の展開は要注意である。

4、第1次石油危機とウクライナ危機の共通点

ウクライナ危機は国際エネルギー市場に激震を走らせ、今後の展開次第でさらなる不安定化の可能性もある。まさに未曽有のエネルギー危機になりかねない状況であるが、筆者は今回の危機は、1973年の第1次石油危機に一定の類似性や共通点を見出すことができると考えている。その類似性や共通点から、今後の課題を考えていくことも重要である。

類似性・共通点の第1は、2つの危機が共に危機発生前から国際エネルギー市場の需給が逼迫し価格が高騰していたことである。今回の危機に関しては、本章第1節で2021年後半からのエネルギー価格高について述べた。第1次石油危機に関しては、1970年代に入って世界的な石油需要の大幅拡大で需給が逼迫し、「売り手市場化」した国際石油情勢において、石油輸出国機構（OPEC）が主導権を握って原油価格

引き上げに動く「ＯＰＥＣ攻勢」の時期を迎えていた。

第2は、同じく危機発生前から、2つの危機は共に特定供給源への高い依存状況が定着する事態となっていた点がある。第1次石油危機の際には、当時の主要石油消費国である先進国はいずれも中東石油に大きく依存する需給構造になっていた。今回の危機では、欧州を舞台に高いロシア依存度が定着していたのである。

こうした高い依存度が生まれる背景は、どちらもそのエネルギーの供給源が最も競争力があり、通常時において経済原理のみに任せれば自ずと依存度が高くなるということであった。逆に言えば、その依存度を引き下げるためには、高いコストを払って意図的・戦略的な対応が不可欠ということになる。

第3は、危機の引き金となる事象がいずれも戦争であった点である。今回の危機はロシアによるウクライナへの軍事侵攻とそれにともなう戦争である。第1次石油危機においては、1973年10月に勃発したアラブとイスラエルの間の第4次中東戦争（ヨムキプール戦争）であった。こうして、前者ではロシアとウクライナの間の直接的な戦争に欧米日がウクライナ側に立って関与する構図となり、後者では、アラブとイスラエルの戦争に、中東などの産油国と欧米日が複雑に関与して争う構図となった。

第4は、危機の進展過程において、共に経済制裁・禁輸が重要な役割を果たすことになった点である。今回の危機では、前節で述べたとおり、欧米日によるロシア産エネルギーへの禁輸が中心となって動いてきたが、そこにロシア側主導のエネルギー供給停止の動きが加わってきた。特にパイプライン供給削減で揺さぶられる欧州と、サハリン2で揺さぶられる日本は、今冬のエネルギー安定供給をめぐって、極めて厳しい状況に置かれつつある。第1次石油危機では、アラブ側がイスラエルへの対抗措置として、イスラエルへの支援を断ち切るための「アラブ禁輸」を発動した。この禁輸では先進国を「友好国」「中立国」「敵対国」に3分し、友好国には石油供給を継続、敵対国には供給停止、中立国には毎月5パーセント供給削減を通告した。そして友好国になりたければ、親イスラエル政策の転換を表明するように求めた。日本は米国の説得にもかかわらず、石油供給途絶の懸念から、親イスラエル政策転換の方針を発表した。

第5は、前述の4点の影響下で、2つの危機は共に単にエネルギー価格高騰だけでなく、消費国にとってエネルギーが入手できなくなる可能性（エネルギーの物理的不足）が深刻に懸念される状況が生じたことである。第1次石油危機の際は、石油供給が削減され、当時、石油依存度が非常に高かった日本などを中心に、石油が手に入らなくなるかもしれないという「恐怖」が発生した。今回の危機においては、主に天然ガスにおいて、万が一のロシア産のガスの大規模供給支障・途絶の場合に、ガスの物理的不足の発生が欧州を中心に懸念されるに至っている。

第6は、エネルギーの入手困難化の可能性が懸念されたことで、2つの危機は共に強力なエネルギー安全保障政策が実施されるようになったことである。今回の危機によるエネルギー安全保障政策強化については次節で詳述するが、第1次石油危機後、先進国は強力な脱石油政策とエネルギー安全保障政策実施に乗り出した。その結果、1973年をピークに世界の一次エネルギーにおける石油のシェアが低下し始めた。今日でも石油は世界で最大のエネルギー源であり続けているが、そのシェアは1973年以来、長期低下傾向にある。「石油の世紀」の「終わりの始まり」がエネルギー安全保障政策の抜本的強化によってもたらされたと見てもよいであろう。

第7は、2つの危機は共に国際エネルギー秩序とエネルギー地政学を根幹から揺さぶったという点である。第1次石油危機では、「アラブ禁輪」によって先進国の連帯が崩れ去り、それを立て直すため、IEAが設立され、消費国協力が推進されることになった。

今回の危機では、G7・EUの中での連帯が試されることになると同時に、すでに世界のエネルギー消費の重心が先進国ではなく、新興国・途上国の側にシフトしていることから、中国・インド・ASEANなどのアジア消費国を中心に、新たな秩序維持のための取り組みが重要性を増すことになる。

こうした共通点から見て、今回の危機が世界の次のエネルギー転換をもたらす、あるいは加速する重要なターニングポイントの一つになる可能性にも注目していく必要があろう。

5、一気に高まったエネルギー安全保障の重要性

エネルギーは市民生活や経済活動、ひいては国家運営にとって必要不可欠の物資である。そのエネルギーを「合理的、かつ手頃な価格で必要十分な量を入手すること」および「エネルギー確保のために意思決定や外交の自由度を失ってはならない」というエネルギー安全保障は、いかなる国にとっても極めて重要な課題であり目標である。

しかし、エネルギー価格が安定し、エネルギー市場に不安が存在していない時は、エネルギーは「空気や水」のような存在になりがちで、その安定供給の重要性を特に強く意識するようなことはない。ところが、ひとたびエネルギー価格が高騰し、供給確保への不安が発生すると、エネルギー市場は不安定化し、エネルギー安全保障の重要性が一気に高まる。とりわけ、エネルギーを入手できない懸念が生まれると、エネルギー安全保障問題は喫緊の最重要課題となる。

今回のウクライナ侵攻とその後の対露経済制裁強化の中で、国際エネルギー市場が不安定化し、ロシア依存度の高い欧州では、天然ガスを中心に入手可能性への懸念も発生したことから、エネルギー安全保障の重要性が一気に浮上し、最重要課題の一つとなった。

また、エネルギー価格の高騰は世界の消費国全体の問題として、重大関心事項となった。こうして、エネルギー安全保障問題は今日の世界において、喫緊の最重要課題になった。

この状況は、エネルギー価格の高騰が始まる2021年後半までは、世界のエネルギー問題に関する関心が気候変動対策と脱炭素化で一色に染まっていた時と

様変わりしたといってよいであろう。

今回の危機において、エネルギー安全保障問題の中心がロシアのエネルギー供給に関わることから、欧州を中心にエネルギー安全保障強化の政策は、次の4つの柱で取り組みが進められている。

第1の柱は、ロシア依存度の低減である。そのため、化石燃料の利用を減らすエネルギー需給構造の変革の取り組みが進められている。再生可能エネルギー（再エネ）や省エネルギー（省エネ）を推進し、国によっては原子力の利活用を進める取り組みが行われている。この取り組みの成果が上がるまでには一定の時間がかかるため、その間は非ロシアの石油・ガス・石炭など、代替供給源の確保に向けた取り組みも重要になる。

第2の柱は、緊急時対応能力の強化である。ロシアへの依存度を低下させるにせよ、緊急事態を乗り切る能力・体制整備が必要となる。石油の場合はＩＥＡによる協調備蓄放出の活用やサウジアラビアなど余剰生産能力を持つ産油国との連携が重要になる。ガス／ＬＮＧの場合は市場に供給余力がないため、需給逼迫に応じた柔軟な供給調整や融通などが重要になる。その点では供給柔軟性の高い米国ＬＮＧの活用が重要になる。緊急事態の際には、他所を押しのけてでも自国の供給確保に走る、「ゼロサムゲーム下の獲得競争」が発生する恐れがある。これがいかに市場の混乱に拍車をかけ、価格暴騰など大きな問題を引き起こすかは第1次石油危機の際の経験で明らかであり、どうそれを回避するか、が重要となる。今冬の厳しい状況を踏まえ、緊急時対応にカギを握る国際協調の体制整備・強化が課題となる。

第3の柱は、供給力・供給余力の確保である。第1と第2の柱を機能させるためにも、十分な供給力・余力確保が必要であり、そのための適切な投資の実施が不可欠となる。これは、化石燃料分野で重要であり、そのための国際的な理解促進・合意に向けた議論が重要になる。脱炭素化一色に国際的な関心が向かっていた際には、化石燃料投資への逆風が強まっていたが、エネルギー安全保障強化のためには、是非とも投資促進に向けた議論が重要である。２０２２年のドイツＧ７サミットでは、現下の状況でＬＮＧ投資の重要性を確認することはできたものの、まだ課題は様々残っている。２０２３年の日本のＧ７サミットでもこの問題は引き続き重要な課題になろう。

第４の柱は、安定的なベースロード電源の確保に向けた取り組みである。この流れの中で、原子力発電の重要性が脚光を浴びるようになり、後述するように欧州ではフランス、英国などが原子力発電所の新設に向けて動き出した。

ウクライナ危機では、ロシアによるウクライナの原子力発電所への武力攻撃という暴挙も発生し、原子力に関する新たなリスクとして関心を集めることになったが、この問題への対処も重要な課題となる。

こうした４つの取り組みの具体的な事例が欧州で進められている。

３月８日に発表された「リパワーＥＵ」計画では、２０２１年にＥＵがロシアから輸入した１５５０億立米の天然ガスを２０３０年までに（その前倒しを図りつつ）代替する計画が示されている（図６参照）。もともとＥＵが脱炭素化のために推進しようとしていた再エネと省エネをさらに加速し、米国ＬＮＧや域内の

	概　要
REPowerEUに関する政策文書 (2022/3/8 COM〔2022〕108 final)	•2030年より前にロシア産化石燃料依存から脱却。２つの柱としてガス供給の多様化、化石燃料依存の迅速な低減。 •Fit for 55パッケージの提案内容実施に加え、さらなる天然ガス調達多角化、再生可能ガス利用拡大、省エネ強化、再生可能電源拡大、電化進展を通じて、2030年までに天然ガス消費量の1,550億m^3(2021年の ロシアからの輸入量に相当) 削減を目指す。
Versailles 宣言 (2022/3/10-11 欧州理事会)	•ロシア産化石燃料 (ガス、石油、石炭) 輸入依存の段階的廃止に合意。(特に化石燃料への依存低減を加速、LNGやバイオガス利用を通じた供給源多角化、水素市場を整備、再エネ開発を加速・許認可手続きを簡素化、欧州電力・ガスネットワークを改善・接続、EU緊急時対応計画を強化、エネルギー効率・エネルギー消費管理を改善) •欧州理事会、欧州委員会へ５月末までにREPowerEU計画の具体的な内容提案を求める。
供給セキュリティと手頃なエネルギー価格に関する政策文書 (2022/3/23, COM〔2022〕138final)	•欧州委員会は、ガス貯蔵に関する新たな規則案 (既存規則の改正案) を提案。主な内容として、2022年11月1日までにガス地下貯蔵容量の80%以上、次年以降は90%を満たすことを義務付ける。すべての貯蔵システムオペレーターに新たな認証を義務付ける。 •また、EUレベルでの共通ガス購入に関するタスクフォース設立を準備。

図６ EUのエネルギー安全保障強化に向けた政策

出典：下郡けい(日本エネルギー経済研究所、2022年4月)

2021年10月、フォンデアライエン氏が「原子力は必要」と言及。
2021年11月、仏マクロン大統領、国内の原子力発電所建設再開を発表。
2022年２月、仏、原子力についての新しい戦略を発表。

これまでの政策	新政策
•2025年までに原子力比率75%→50%を目指す（2015年エネルギー転換法） •その後、目標年限を2035年に繰り下げ(2020年エネルギー多年度計画)	•安全上問題がある場合を除き、既設50年以上運転 •６基を2050年までに新設。さらに８基建設も検討中 •SMR開発および廃棄物の少ない革新型炉開発にそれぞれ５億ユーロ、計10億ユーロを割り当て

2022年２月、EUタクソノミーでの原子力の位置づけ。
2022年４月、英国が原子力発電所新設計画を発表。
他方、ウクライナ危機での原子力発電所への武力攻撃が重大関心事項に。

図７ 欧州での原子力をめぐる動き

出典：筆者作成

ガス生産利用拡大を通じて、脱ロシアを目指す野心的な計画である。

この計画を実施するため、巨額のコスト負担も覚悟の上でEUは真剣に脱ロシアに取り組むことになる。実際にどの程度の速度で脱ロシアを実施できるのかはまだ定かではない。非常に野心的な計画であり、実施には大きなコスト負担と最大限の努力が必要になることは間違いないが、深刻なエネルギー安全保障に対する懸念に裏打ちされて、欧州・EUの取り組みが進められていくことになろう。

ただし、欧州が非ロシアの化石燃料、特に天然ガスやLNGの活用を図る場合、世界的にその供給力の拡大を伴わなければ、EUとそれ以外の消費国が「ゼロサムゲームでの争奪戦」を行うことになりかねず、その点が懸念される。

前述の第3の柱で既述したとおり、十分な供給力・供給余力の確保に向け、欧州も投資促進の重要性を理解し、世界に向けて働きかけるべきである。

また、欧州では、原子力利用推進に舵を切る国が現れている点も注目される。この動きは、ウクライナ危機が深刻化する前のエネルギーの価格高騰が問題になり始めた時点から動き出していた（図7参照）。20

21年10月には、フォンデアライエン欧州委員長が、「EUにとって安定的なエネルギーである原子力は必要である」との発言を行い、その後、同年11月にはフランスのマクロン大統領が原子力発電所の新設再開方針を発表した。2022年2月には、2050年までに原子力を6基、場合によっては最大8基を新設するなどの具体案をマクロン大統領は表明した。

2022年4月には、英国がウクライナ危機を踏まえた新しいエネルギー戦略を発表し、その中で2030年までに8基の原子力炉新設を発表している。

両国の決定の背景には、原子力が安定的なベースロード電源であり、かつゼロエミッション（発電時にCO_2排出がないこと）であることなどの点を踏まえ、エネルギー安全保障とCO_2排出削減対策の双方に貢献し、かつ電力安定供給と電力コスト上昇の抑制にも寄与することへの強い期待がある。

原子力活用に舵を切る動きは、英仏2カ国のみでなく、既存原子力発電所の運転期間延長を決定したベルギーや、ロシア依存度の高い東欧諸国などでの新設計画の検討など、欧州では広く見られるようになっている。また、2022年内に原子力発電所の閉鎖を決定していたドイツでも、閉鎖予定であった3基のうち2基を2023年4月まで予備電源として維持することを9月に決定した。

原子力発電に関しては、ウクライナ危機の中で、ロシア軍がウクライナの原子力発電所などに対する武力攻撃を行い、施設を占拠するなど、許されざる暴挙が発生した。このため、原子力発電所への武力攻撃が、原子力に対する新たなリスクとして認識され、議論の的となった。

欧州でも、世界でも、この新たなリスク要因への対応について、技術的・設備的な安全対策強化と共に、国防や安全保障の観点からの対応に関する真剣な議論が行われ、その下で原子力の利活用推進に向けた取り組みが行われていくものと考えられている。

6、重要性を増す国際エネルギー協力とその課題

ウクライナ危機においては、戦争に関してはロシアとウクライナが直接の当事者として対決しているが、エネルギーをめぐる厳しい緊張関係は、エネルギー貿易における深い相互依存関係にある欧州とロシアの間で特に顕著に見られている。欧州は自らのエネルギーの安定供給確保に腐心しつつ、脱ロシアを進め、ロシアに打撃を与えるために石炭と石油の禁輸に取り組もうとしてきた。しかし、その意図にもかかわらず、短期的にはロシアのエネルギー輸出収入にはほとんど打撃は生じていない。他方、ロシアは、天然ガス供給の停止などを通して、欧州に、そして世界に揺さぶりをかける構図となっている。

もちろん、エネルギーをめぐる緊張は、欧州とロシアの間だけに存在するわけではない。ロシアのエネルギーを輸入する日本も含めたすべての国にとって、ウクライナ危機はエネルギーの安定供給を脅かす問題である。また、米国のようなほぼエネルギー自給国や、ロシアにエネルギーを頼っていない国も、危機の発生でエネルギー価格が高騰することで、すでに大きな影響が及んでいる。

とはいえ、エネルギー安全保障に関する最も厳しい問題に直面しているのは、ロシアとの関わりが強い欧州であることは間違いない。

欧州は、この問題に対処するため、まずは自国で、そして欧州としてエネルギー安全保障強化に取り組んでいることは前述した。しかし、エネルギー問題は国際問題の側面を強く有するため、ウクライナ危機への対処において、エネルギー問題は必然的に国際的な取り組み、あるいは国際協力の下での対応が不可欠になる。

実際の重要な例として、欧州の脱ロシアに向けた取り組みにおいて、米国LNGの果たす役割は極めて大きく、その点において米国と欧州の協力・連携体制強化が現実化している。

また、原油価格高騰に対応して、IEAの協調備蓄放出（3月初めに6000万バレル、4月初めに1億2000万バレル）も国際協力体制の下でのエネルギー市場安定化の取り組みである。

しかし同時に、今回のウクライナ危機では、ロシアのエネルギー供給に関わる問題をめぐって、また国際エネルギー市場の安定化に関して、国際協力の上でのさまざまな課題が浮上していることも事実である。

エネルギー危機に対して、消費国が一致団結して対処に臨むことが求められるが、現実は容易でない。前述の通り、第1次石油危機の際には、「アラブ禁輸」によって先進消費国間の協力は完全に切り崩されてしまった。ウクライナ危機では、まずはG7やEUなど、先進国・西側諸国の間で一体となった取り組みを進めるべく、最大限の努力がされているが、エネルギー自給率やロシア依存度の多寡は国によって大きな差があり、エネルギー供給面での脆弱性の差異から、時には一致が容易でなくなる場合が散見される。

この差異を乗り越え、一致団結した対露姿勢を維持していくことは、今後も西側諸国にとって容易ならざる課題であり続けるだろう。

しかし、それ以上に深刻なのは、消費国の連携を考える上で、先進国間だけでなく、世界のエネルギー消費の重心となった途上国・新興国との協力確保が不可欠であるが、それが容易ではないという点である。

たとえば、対露エネルギー制裁を実効的に機能させるには、中国・インドなどの大消費国の協力が不可欠だが、現実には両国ともに制裁に参加せず、ロシアからのエネルギー供給を割引価格で引き取る状況が顕在化している。

前述のとおり、制裁の影響でエネルギー価格が全体として高騰していることから、割引価格であっても高価格水準であり、ロシアからのエネルギー輸出がそれほど低下しない状況下では、ロシアのエネルギー輸出収入は危機前から増加している。さらに欧米企業がロシアのエネルギー・ビジネス権益から撤退しても中国・インドなどの企業が参入して、その権益を引き取れば、ロシアにとっての影響は（欧米企業などの持つ高度な技術や操業熟練度の提供は別として）軽減・抑制されることになる。

エネルギーの安定供給確保が重要であることは、どの国にとっても同じであり、特に途上国・新興国では、少しでも安価な価格での調達が重要となる。中国はロシアと戦略的連携関係にあり、インドはロシアとの一定の関係維持を重視している。こうした「現実」の前では、ウクライナ危機への対応の中で、エネルギー分野での国際協力は決して容易なものではない。仮に欧米が途上国・新興国に対して、過度に厳しい対応をとれば、逆にそれらの国を欧米からロシアや中国の側に追いやることにもなりかねない。

また、エネルギー供給が途絶した場合、主要消費国がどのような行動をとるかも重要となる。第1次石油危機などでは、先進国がパニック的な調達行動に出て、市場の混乱に拍車をかけた。先進国はその苦い経験が教訓となっているが、エネルギー消費の重心となった新興国・途上国が、万が一の危機にかつての先進国と同様、パニック的な行動に出れば、価格高騰と市場不安定化の加速は避けられない。

この点においても、途上国・新興国を含めた消費国間の協力体制の整備・強化が重要であるが、現実には米中の対立激化、ウクライナ危機下での中露接近、ロシアとインドの戦略的相互関係などがあり、消費国協力を実現するにあたっての制約や課題を多く抱えている。

さらに危機に対応するためには産油国と消費国の協力も不可欠で、特に世界の石油・ガス供給の重心の一つである中東との協力関係構築が重要だが、こちらも課題が多い。

たとえば、原油価格高騰に直面した消費国は、2021年秋から現在に至るまで、OPECプラス産油国グループに追加増産を要請してきているが、サウジアラビアを盟主とする産油国グループは、価格高騰は地政学リスクから発生している「プレミアム」であり、需給の実態としては、もともと彼らが計画しているとおりの増産で十分であるとの基本姿勢を崩さず、追加増産要請には、2022年6月まで一切応じてこなかった。6月にはようやく重い腰を上げて、「追加増産」に踏み切ったが、原油価格の下落を受けて9月からは減産に転じた。そして、10月5日、OPECプラスは11月からの生産を200万B／D減産すると発表した。これを受けて、原油価格は下げ止まり、90ドル台を再び上回った。

この背景には、世界経済不安と石油需要減少の可能性に関する産油国グループの市場状況に対する読みもあるが、サウジアラビアとOPECがロシアとの協調関係の維持を重視していること、さらにはサウジアラビアと米国の関係がギクシャクし、かつてのような安全保障と石油市場安定をめぐる「特別な関係」が希薄になっていることなどが影響している。

サウジアラビアなど湾岸産油国は基本的に米国に安全保障を依存しているが、米国の国力が相対的に低下し、「もはや米国は世界の警察官ではない」との発言が米国側から示されるなかで米国の影響力が徐々に低下する構造的な状況がある。

さらに人権・民主主義重視の価値観外交を展開するバイデン政権発足後、サウジアラビア人ジャーナリスト殺害問題をめぐる対応などもあって、米国とサウジアラビアの関係がこじれてきたことがサウジアラビアの判断に影響していると見る向きも多い。こうした課題を打開するため、7月にはバイデン大統領がサウジアラビアを訪問し、関係改善を図りつつ原油増産を直接働きかけた。しかし、8月3日のOPECプラスの会合では、9月以降、10万B／D増産という小幅増産の決定にとどまった。米国からの要請と市場の需給環境、さらにはロシアとの関係などの複雑な状況を踏まえた難しい決断であったものと思われる。さらに11月からの200万B／Dという大幅減産の決定は、産油国として原油価格防衛をより重視した姿勢を示したことになる。

本来、国際エネルギーの市場安定に向けて、サウジアラビアが米国との「特別な関係」を基に取り組むことが期待されるが、現時点ではそれが十分機能していくのかどうか不明である。今回の大幅減産決定で、米国とサウジアラビアの関係がどうなるのかが新たな関心事項として浮上している。原油が高騰するなか、両国間の調整・関係改善は世界の注目を集め、今後、どう取り組みが進展するか注視される。

ウクライナ危機を契機に発生した国際エネルギー市場の不安定化に対処していくには、世界の秩序（Global governance）維持の中心である米国の果たす役割が極めて大きいことが改めて明らかとなった。

米国の対ロシア、対ウクライナ、対欧州に向けた外交・安全保障政策やエネルギー政策が直接・間接に国際エネルギー市場の安定を左右し続ける。しかし、危機の当事者であるロシア・ウクライナ・欧州に対してだけでなく、中国、インド、東南アジア、豪州、中東などに向けた米国のエネルギー含む総合的な対外戦略が、国際エネルギー市場の安定に大きな影響を及ぼすことになる。その際、日本は日米同盟を基軸にして、米国の対外政策に対して、時には米国に寄り添い、時には米国と相手方の懸け橋となるなど、適切な協力を実施していくことが重要になる。

7、ウクライナ戦争による脱炭素化への影響

世界的にエネルギー価格が高騰し、ウクライナ危機でそれがさらに加速する前は、世界のエネルギー問題の最重要課題は気候変動対策と脱炭素化への取り組みだった。21世紀の中頃までに、CO_2などの温室効果ガスの排出を実質ゼロにするため、エネルギーの需給構造を抜本的に改革し、ある意味では革命的な変化を起こしていくために何をすべきかという問題に世界は直面していた。その中心課題の一つは、現時点では世界全体で一次エネルギーの8割強を占める化石燃料のシェアを劇的に低下させることができるかという問題であった。

しかし、ウクライナ危機で、必要不可欠な物資であるエネルギーの価格が高騰し、市場が不安定化、安定供給が脅かされると、エネルギー問題の最重要課題としてエネルギー安全保障確保が浮上した。この変化

は、現実に即したものであり、ある意味では当然の結果といえるが、エネルギー安全保障の重要性が一気に高まったとはいえ、気候変動への取り組みが重要性を失ったわけではない。気候変動問題は現に存在し続けている。

この状況下、世界では、ウクライナ危機によるエネルギー安全保障重視の潮流は、脱炭素化の取り組みにどのような影響を及ぼしていくのかという問題が浮上している。換言すれば、ウクライナ危機とエネルギー安全保障重視は、脱炭素化を促進するのか、減速させるのという問題が問われているのである。

この問題は実際には極めて複雑であり、さまざまな要素が絡み合って影響するため、簡単に答えを導くことはできない。そのため、いくつか重要な視点を以下に提供する。

まず、短期的に見て、特に消費国が大規模供給途絶などの「有事」に対応する状況では、エネルギー安定供給の確保が何よりも重視され、そのためには石炭をはじめ化石燃料も最大限活用して危機に対処する対応になると思われる。実際、6月中旬以降、ロシアのガス供給削減が現実化し、冬場に向けてガス不足が深刻に懸念されるようになると、ドイツでは石炭火力発電の活用が脚光を浴びるようになった。

日本でも2011年の東日本大震災と福島原発事故の後、エネルギーの安定供給のため、ありとあらゆるオプションが活用されたが、それと同様である。場合によっては、CO_2排出が増加することも十分考えられ、脱炭素化への取り組みが進むとは考えにくい。

他方、中期あるいは長期的な視点においては、特に欧州・EUなどにおいては、エネルギー安全保障強化の取り組みが脱炭素化推進に直結することも十分に考えられる。

「リパワーEU」計画を見ても、再エネ・省エネの推進を加速し、電力化を進め、水素の利活用が重視され、さらに原子力の活用が促進されることを考えると、GHG(温室効果ガス)排出削減が加速化する可能性も見てとれる。脱ロシアに真剣に取り組むEUがこの方向で努力を続ければ、ウクライナ危機への対応は脱炭素化推進に直結するということになりうる。

しかし、同時に世界全体で見ると、再エネ・省エネ・原子力の推進を図る国もあろうが、エネルギー安全保障重視の中で、国産のエネルギー資源、とりわけ価格面で優位性を持つ国産エネルギーを重視する流れが出てきても不思議ではない。特に途上国・新興国では、国産の石炭利活用にも新たな関心を示す動きが出てくる可能性もある。たとえば中国では第14次5カ年計画（目標年次は2025年）では、国産の化石燃料資源の活用が重視される内容となっている。

また、今回のウクライナ危機は、エネルギー価格の高騰に対して世界は脆弱であることを改めて示し、相対的に所得水準の低い途上国・新興国だけでなく、先進国にも該当することが明確になった。それだけエネルギー安全保障強化（脱ロシア）や脱炭素を進めていく上で、エネルギー価格の高騰を抑制していくことが重要性を増すことになる。それが各国のエネルギーの利活用のあり方や脱炭素化のペースに影響を及ぼしていくものと見られる。

その点で注目されるのは米国である。発足以降、バイデン政権は気候変動対策を最重視し、脱炭素化の取り組みを内外で推進してきたが、ウクライナ危機で米国の石油・ガス資源の重要性を再認識することとなった。さらに2022年の中間選挙の結果次第では、議会勢力が変わり、バイデン政権の政策に調整が入る可能性もある。さらに2024年の大統領選挙の結果次第では、さらに大きな政策への影響もあり得る。

こうした状況下、エネルギー安全保障重視という潮流によって、世界の脱炭素化への取り組みが「まだら模様」で進展していく可能性を筆者は想像している。

その「まだら模様」は、短期と中長期という時間軸においても、EUと途上国など国や地域における差異においても、あるいは、主要国の中での政策変更による影響という点においても、多様な様態があり得るのではないか、と考えられる。

エネルギー安全保障を重視しつつ、気候変動対策を強化する取り組みが世界で実際にどう展開していくか注視していく必要があろう。

8、日本のエネルギー戦略

２０２１年10月に閣議決定した「第６次エネルギー基本計画」において、日本はエネルギー安全保障（Energy Security）、環境保全（Environment Protection）、経済効率（Economic Efficiency）の３つ（３Ｅ）を、安全性（Safety）を前提として、「Ｓ＋３Ｅ」の同時達成を目指すとしている。

なかでも、この基本計画では、当時のカーボンニュートラル・脱炭素化の潮流加速の下で、２０３０年のＧＨＧ排出削減46パーセント（２０１３年比）、２０５０年カーボンニュートラル実現などの極めて野心的な気候変動対策目標が重要な位置を占めている。

しかし、ウクライナ危機と国際エネルギー市場の不安定化に直面し、日本のエネルギー戦略においても、改めてエネルギー安全保障を最も重要な基本要件として重視し、取り組みを強化していく姿勢が求められていくことになろう。

もちろん、当面は、定められたエネルギー基本計画での２０３０年エネルギーミックス目標の実現に向けて最大限の努力を行うことが肝要である（図８参照）。それを通して、エネルギー安全保障も含む「Ｓ＋３Ｅ」の同時達成を図るべきである。

しかし、この目標達成は決して容易でない。省エネ（節減量６２００万キロリットル相当）、再エネ（電源の36～38パーセント）、水素（同１パーセント）などのイノベーションなどの目標はいずれも極めて野心的なものである。

今後、８年間でどこまで達成できるのか、実現のためのコストを抑制しつつ、最大限の取り組みが求められる。原子力の目標（電源の20～22パーセント）も、政治・社会的に見て同様に極めて野心的である。目標達成には、約30基の原発が稼働している必要があるが、現時点まで再稼働を果たしたのは10基である。

しかし、ウクライナ危機でエネルギー安全保障強化に目覚めた欧州で原子力利活用に向けた新たな取り組

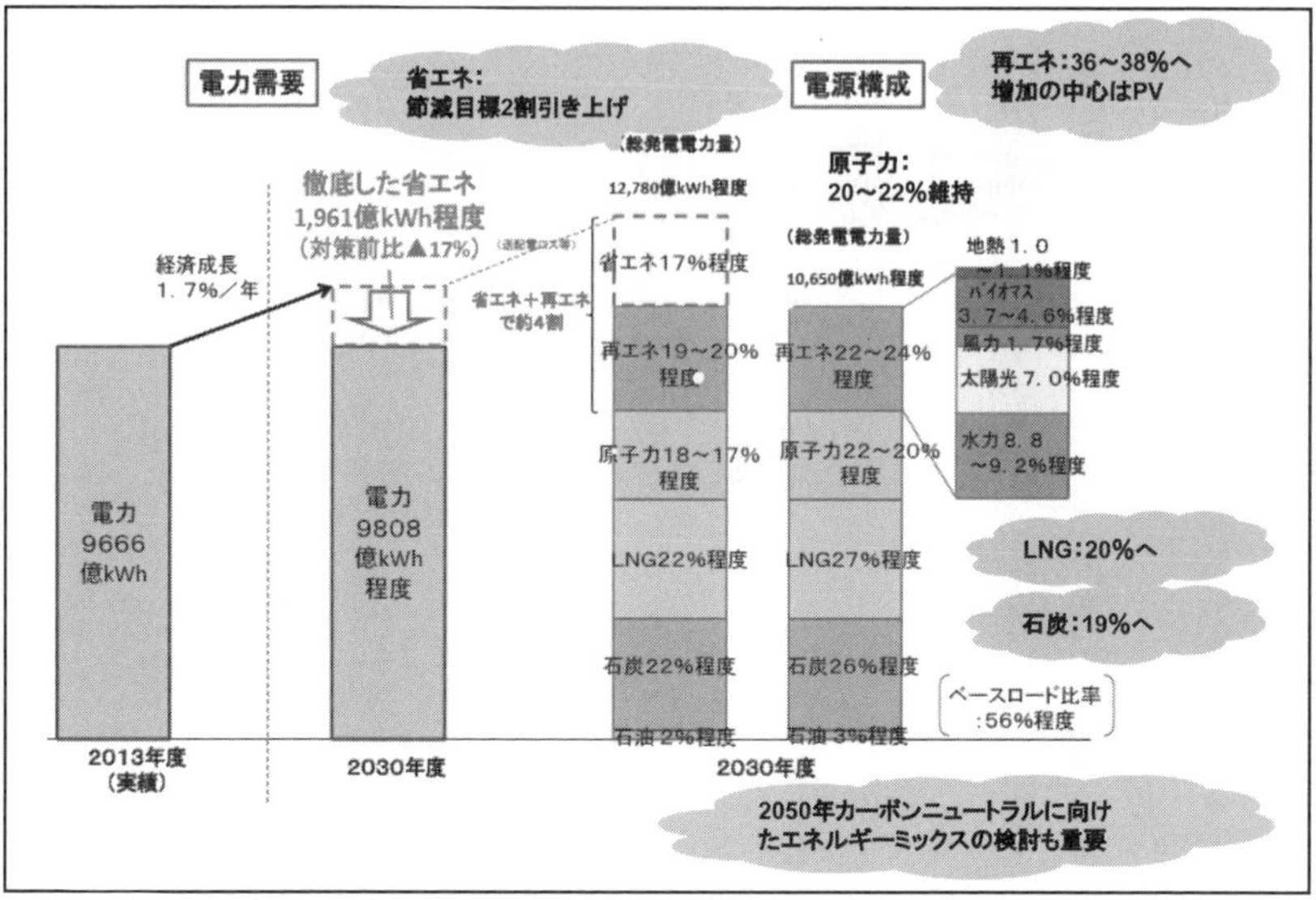

図8 第6次エネルギー基本計画で改定された2030年目標

出典:各種資料より筆者作成

みが進められるなか、日本の再稼働にも新しい重要性が見いだされつつある。一つは、日本の場合は「再稼働」であり、安全性を確保し地元民の了解を得て既存の設備を運転するということであり、英仏のような新設とは異なる。7月には岸田首相が、今冬の電力需給安定化に向けて原子力発電所の9基再稼働を目指す方針を発表した。

さらに、8月24日には岸田首相が、①2023年夏を目途に17基の原子力発電所再稼働、②既存原子力発電所の運転延長の見直し、③次世代革新炉などの開発・建設、などを通して原子力の利活用促進を図る方向を示し、2022年末までにこれら3項目について具体的結論が得られるよう検討を加速するように指示した。再稼働をはじめとした課題の解決を図りつつ、さらにそれを越えて取り組みを強化していくことが重要になろう。

課題は多々あるが、仮に再稼働を進められれば、日本の3Eへの効率的な貢献が期待される。もちろん、その場合、新たに浮上した原子力に対する武力攻撃という「リスク要因」への対応も含めた、本格的な骨太の議論が求められる。

　また、日本の原子力再稼働が進む場合には、日本のＬＮＧ需要が低下することになり、ウクライナ危機で最も厳しい状況に陥っている世界のガス・ＬＮＧ市場の需給緩和に日本が貢献することになる。概数であるが、大型原子力発電所１基（１００万ｋＷ）がフル稼働すれば、ＬＮＧ約１００万トンの消費削減につながる。新規ＬＮＧ供給が本格的に始まる２０２０年代後半まで世界のＬＮＧ需給は厳しい状況が続くと想定され、日本の動向が世界の注目を集めることになる。

　もちろん、日本にとって現在のエネルギー供給の大《たい》宗《そう》である化石燃料の安定供給の確保は極めて重要である。産油・産ガス国などとの関係強化を総合・包括的に進めていく必要がある。また化石燃料への適切な投資が市場安定に不可欠であるため、その重要性を唱導する働きかけを世界を視野に入れて進める必要がある。２０２３年の日本開催Ｇ７サミットに向け、国際戦略を強化する必要がある。

国際的には日米同盟を基軸に、米国とのエネルギー協力をさらに推進することが最重要である。日米協力は、両国間関係においてのみでなく、対中東、対アジアなど、エネルギー市場安定のカギを握る諸国に向けて推進していくべきである。その際には、時としては、日本が相手方と米国の橋渡し役を果したり、米国自身の考え方や戦略に影響を及ぼしたりしていく役割も重要になる。

　前述のとおり、日本のエネルギー戦略の中で対アジア戦略は極めて重要である。ウクライナ危機への対応や脱炭素化の取り組みが、時として過度に先進国主導になったり、さらには「押し付け」「上から目線」になったりしないよう、たとえばＧ７など国際会議で、日本はアジアの声を代表し、アジアの現実と実態に即した対応の重要性を訴えていくべきである。これらの対応はとりわけ、アジアの中でも今後の成長の中心となるインド・ＡＳＥＡＮを意識したものとしていく必要がある。

　こうしたアプローチが長い目で見て、戦略的な観点から、世界にとって、先進国にとって、南北対立の激化を回避し、成長の中心であるインド・ASEANを先進国との連携強化に資するという点で、有意義であることを理解してもらう国際戦略が重要である。

同様のことは対中東戦略でもいえる。中東の安定は国際エネルギー市場安定の要であり、日本は化石燃料の脱炭素化など、排他的でなく包括的（Inclusive）な対策で脱炭素化を進めることの重要性を中東と共にアピールし、同時に彼らの経済構造の高度化・多様化を支援していくことなどが重要となる。また、米欧とアジアを消費国として巻き込み、産油・産ガス国との対話を促進する産消対話を、中東を主舞台に展開していくことも日本にとっては有意義となる。

ウクライナ危機によって一気に重要性を増すエネルギー安全保障と気候変動対策強化を適切に両立させ、世界の安定に資する政策を日本は内外で強化していくことが求められる。それを通して、日本のプレゼンスが世界の中で強化されていくことになろう。

参考文献

小山堅「ウクライナ危機と国際エネルギー情勢」（日本記者クラブ、会見レポート、ウクライナ（5）、2022年3月24日）

小山堅「激震走る国際エネルギー情勢」（エネルギーフォーラム社、2022年6月23日）

小山堅「エネルギーの地政学」（朝日新聞出版、2022年8月12日）

小山堅「深刻化するウクライナ危機の下、原油価格は110ドル台へ：国際エネルギー情勢を見る目（574号）」（日本エネルギー経済研究所ホームページ、2022年3月4日）

小山堅「米国、ロシア原油などの禁輸措置発表、即日実施へ：国際エネルギー情勢を見る目（575号）」（日本エネルギー経済研究所ホームページ、2022年3月9日）

小山堅「ウクライナ危機で再浮上する地政学の重要性：国際エネルギー情勢を見る目（576号）」（日本エネルギー経済研究所ホームページ、2022年3月18日）

小山堅「ウクライナ危機と国際エネルギー情勢：国際エネルギー情勢を見る目（577号）」（日本エネルギー経済研究所ホームページ、2022年3月25日）

小山堅「G7、首脳声明で対ロ制裁強化を発表、ロシア産石炭輸入禁止・削減へ：国際エネルギー情勢を見る目（579号）」（日本エネルギー経済研究所ホームページ、2022年4月8日）

小山堅「対露エネルギー禁輸強化に向けた動きとその影響：国際エネルギー情勢を見る目（580号）」（日本エネルギー経済研究所ホームページ、2022年4月15日）

小山堅「ウクライナ危機への対応と脱炭素化潮流への影響：国際エネルギー情勢を見る目（581号）」（日本エネルギー経済研究所ホームページ、2022年4月27日）

小山堅「ロシアからのエネルギー供給への不安に関する注目すべき相次ぐ新展開：国際エネルギー情勢を見る目（584

号）」（日本エネルギー経済研究所ホームページ、２０２２年5月13日）
小山堅「化石燃料輸出の巨人、ロシアの影響力と重要性：国際エネルギー情勢を見る目（５８５号）」（日本エネルギー経済研究所ホームページ、２０２２年5月20日）
小山堅「国際秩序維持・強化に向けた日米・クワッド協力の重要性：国際エネルギー情勢を見る目（５８６号）」（日本エネルギー経済研究所ホームページ、２０２２年5月25日）
小山堅「ＥＵがロシア産の石油禁輸を発表、ブレントは１２０ドル台へ：国際エネルギー情勢を見る目（５８７号）」（日本エネルギー経済研究所ホームページ、２０２２年6月1日）
小山堅「ＯＰＥＣプラス追加増産決定後も原油価格は上昇江：国際エネルギー情勢を見る目（５８８号）」（日本エネルギー経済研究所ホームページ、２０２２年6月9日）
小山堅「ウクライナ危機と先行き不安高まる世界経済：国際エネルギー情勢を見る目（５８９号）」（日本エネルギー経済研究所ホームページ、２０２２年6月15日）
小山堅「独Ｇ７サミット、ウクライナ危機対応を中心とした共同声明を発出し、閉幕：国際エネルギー情勢を見る目（５９１号）」（日本エネルギー経済研究所ホームページ、２０２２年6月30日）
小山堅「供給不足と世界経済不安の狭間で不安定化する国際石油・ガス市場：国際エネルギー情勢を見る目（５９２号）」（日本エネルギー経済研究所ホームページ、２０２２年7月8日）
小山堅「激動する国際エネルギー情勢と日本のエネルギー政策の課題：国際エネルギー情勢を見る目（５９３号）」（日本エネルギー経済研究所ホームページ、２０２２年7月15日）
小山堅「エネルギー価格高騰に苦しむ世界経済と発展途上国：国際エネルギー情勢を見る目（５９５号）」（日本エネルギー経済研究所ホームページ、２０２２年7月29日）
小山堅「岸田総理、原発利用促進の加速へ方針明示、具体項目の検討指示：国際エネルギー情勢を見る目（５９９号）」（日本エネルギー経済研究所ホームページ、２０２２年8月25日）
小山堅「ロシアのウクライナ侵攻は国際エネルギー情勢をどう変えたのか：国際エネルギー情勢を見る目（６００号）」（日本エネルギー経済研究所ホームページ、２０２２年8月31日）
小山堅「ロシアエネルギー供給を巡る地政学と国際エネルギー市場の分断化：国際エネルギー情勢を見る目（６０１号）」（日本エネルギー経済研究所ホームページ、２０２２年9月8日）
小山堅「エネルギー問題を巡る「市場」と「国家」の角逐：国際エネルギー情勢を見る目（６０３号）」（日本エネルギー経済研究所ホームページ、２０２２年9月22日）
「ＩＥＥＪアウトルック２０２１—ポストコロナのエネルギー変革—」（日本エネルギー経済研究所ホームページ、２０２０年10月）
「第6次エネルギー基本計画」（経済産業省資源エネルギー庁ホームページ、２０２１年10月）
「BP Statistical Review of World Energy 2022」（ＢＰ、２０２２年6月）

第9章　日本、中ロとの2正面対立の時代に

──ウクライナ侵略で激変する構図

（秋田浩之）

はじめに

ウクライナへのロシア侵略が日本にもたらす衝撃は計り知れない。1991年12月の旧ソ連の崩壊、もしくはそれに勝る影響を及ぼしていくだろう。

ロシアのウクライナ侵略に対し、岸田政権は当初のタイミングこそ遅れたが、米国や欧州連合（EU）に歩調を合わせ、ロシアに制裁を発動した。その後も、相次いで追加の制裁を重ねてきている。これらの決定はプーチン政権を協力の相手とみなさず、ロシアと敵対関係に入ることを意味する。

ロシアがやっていることは第二次世界大戦以降、大国による最もあからさまな暴挙に等しい。ベトナム戦争、アフガニスタン侵攻などはあった。だが、隣国の民主主義国家にいきなり、全面攻撃を仕掛けるというのは前代未聞だ。それだけに日本の決定は正しい。

同時に、日本としてはロシアの侵略がどのような影響を及ぼすのかについても、詳しく精査し、対応しなければならない。本章ではまず、現在にいたる岸田政権の取り組みを分析する。第2に、日本がロシアに厳しい対応に出ている背景について安倍元政権の対ロ外交にさかのぼって考える。第3に、ウクライナ侵略によって日本が中ロとの二正面対立の時代に入ったこと

を指摘したうえで、日本がとるべき政策について考察する。

1、ルビコン河を渡った日本

岸田政権は米国と欧州諸国に足並みをそろえ、強い制裁を相次いでロシアに発動した。プーチン政権がウクライナでやっていることは主権国家への露骨な侵略であるうえ、民間人の虐殺など人道上、決して許されない行為が次々と明るみになっているからだ。

後述するように、日本が発動した制裁は資産凍結、ハイテクや半導体の輸出禁止など、さまざまな分野にわたる。侵略が続けば、今後さらに追加の制裁を導入していく構えだ。日本が米欧並みの制裁路線を突き進むのは、実はそう簡単ではない。米欧と異なり、日本はロシアと北方領土問題を抱えている。敵対すれば、交渉は完全に棚上げされ、領土が戻ってくる可能性は一層、遠のいてしまう。

さらに日本は核保有国である中国、北朝鮮とも緊張が続いている。ロシアとも敵対すれば、日本は三正面で安全保障上の火種に向き合わなければならなくなる。中朝への対応だけでも手一杯なのに、ロシアからの脅威も増せば、外部環境はとても厳しくなる。

ロシアの侵略に対し、制裁を浴びせるのは当然だが、それにともなう危険にも備えなければならない。その意味で、日本政府がルビコン河を渡り、ロシアと対決する覚悟を決めたのは3月1日だった。

日本は同日の閣議で、ロシアの企業や銀行だけでなく、プーチン大統領本人にも制裁を科すことを決めた。彼の最側近であるパトルシェフ安全保障会議書記、ラブロフ外相、ショイグ国防相らも対象に含め、彼らの資産を凍結した。ロシアの侵略が始まった2月24日の翌25日、米欧は早々とプーチン氏への制裁方針を決めていた。だが、日本はすぐには決断しなかった。その背景について、検討にかかわった日本政府の当局者こう指摘する。(1)

「プーチン大統領本人に制裁を科すということは、ロシア企業や銀行に制裁を発動するのとは全く次元が異なる。日本政府として『プーチン氏を正当な指導者として認めない』と宣言するに等しい。プーチン政権が続く限り、ロシアとの北方領土交渉は停止し、さまざまな経済協力も凍結することになる。そのような危険を背負ってまでプーチン氏に制裁するのか。さまざまな議論があったが、最終的に岸田首相が『やるしかないだろう』と決断し、発動が決まった」

日本による制裁発動に対し、ロシアは予想通り、反発を強めている。ロシア外務省は3月21日、北方領土問題を含む日本との平和条約の締結交渉について、中断する方針を表明した。北方四島への日本人によるビザなし渡航や、同四島での共同経済活動に関する協議も停止する考えを示した。

「非友好的な立場を公然と取り、わが国の利益を損なおうとする国と（平和条約の）調印を協議することはできない」。ロシア外務省はこう批判し、同国が作成する非友好国リストに日本を加えた。米ソ冷戦の時代を含め、日本は領土問題を解決して平和条約を締結、日ロ関係を正常な姿にもっていく方向で努力してきた。しかし、この流れは停止し、日ロは当面、冬の時代に入ったといえる。プーチン政権による侵略が止まり、ウクライナ側が納得する形で停戦が実現するまで、雪解けはやってこないことになる。

プーチン氏本人や最側近への制裁発動に続き、日本は米国や欧州連合（ＥＵ）と連携し、追加制裁を積み重ねている。エネルギーを自給できる米国ほどではないにせよ、「日本はＥＵとほぼ同水準の制裁を導入してきている」（ＥＵ当局者[2]）。

日本がこれまでに科した主な制裁項目は次のようなものだ。まず、ロシアへの投資や融資を制限したほか、4月下旬までに酒や木材、機械類など30以上の品目の輸入も禁じた。

プーチン氏をはじめとして、ロシア要人の資産凍結の対象も広げている。4月半ばまでに約５００の個人、約40団体、ロシア中央銀行を含む10の金融機関の資産を凍結。10月7日、さらに政府関係者58人と9団体なども対象に加えた。日本に駐在するロシア外交官の一部追放も決めた。

とりわけ大きいのは、ロシア最大手銀行ズベルバンクや4位のアルファバンクの資産を5月12日から凍結したことだ。ズベルバンクはロシアの銀行が持つ資産の3分の1を占める。ロシアに拠点を抱える日本企業300~400社程度が同行と取り引きしているとされ、日本企業の対ロビジネスに大きな打撃になりかねない。日本政府としてはそれでも、米欧日によるロシア包囲網に穴をあけられないとの判断から、厳しい措置に踏み切った。

日本はロシアへの重要産品の輸出にもブレーキをかけている。半導体や工作機関、量子コンピューターといったハイテクを用いた物品の輸出も止めた。

こうした措置は日本が単独で実施しているのではなく、基本的には主要7カ国（G7）などの枠組みで米欧と協調し、導入している措置が多い。

岸田首相は6月26日、ドイツで開かれたG7サミットでも、ロシア向けの信託や会計、監査の一部サービス停止を含めた追加制裁を表明した[3]。ロシア産の金の輸入を禁じるほか、資産を凍結する個人・団体もさらに広げる。本稿執筆時点までの制裁は以上のような内容だが、今後さらに強化されていくとみられる。

2、対ロシア制裁、日本に「返り血」も

もっとも、制裁によってロシアだけでなく、日本側も大きな打撃をこうむりかねない措置がある。典型がエネルギーだ。ロシアの大きな収入源であるエネルギー輸出に打撃を与えるため、米欧は石炭だけでなく、ロシア産の原油・天然ガスの輸入制限にも踏み込もうとしている。G7首脳は5月8日のオンライン協議で、ロシア産石油の段階的な輸入の禁止を進めることを申し合わせた。これを受け、EUは5月末、年内に90パーセント以上の原油輸入を停止することで合意。米国や英国、カナダも禁輸の方針を決めており、岸田首相も同調していく考えを示した。

実行するのは簡単ではない。国際エネルギー機関（IEA）によると、G7の石油輸入に占めるロシア産は10パーセント（2021年11月時点）にのぼる。

欧州の経済協力開発機構（ＯＥＣＤ）加盟国でみると、34パーセントにも達する。

日本の対ロ依存は欧州ほどではないにせよ、低いとは言えない。資源エネルギー庁によると２０２１年のエネルギー輸入量（速報値）のうち、ロシア産の原油は３・６パーセント、液化天然ガス（ＬＮＧ）は８・８パーセントに達する。[4] 大半のエネルギーを輸入に頼る日本は、紛争の危険が大きい中東への過度の依存を減らすため、近年、ロシアとの協力を増やしてきた。その一環として、同国シベリア沖では石油、天然ガスを採掘する資源開発事業サハリン１、２を官民が一体で進めている。

一気にロシアからの石油輸入を止めるとなれば、エネルギー調達先を分散するという戦略の変更を迫られることになる。岸田首相は５月９日、Ｇ７がロシア産石油の禁輸方針を決めたことについて「国民生活や事業活動への悪影響を最小化する方法で、時間をかけてフェーズアウトのステップをとっていく」と説明した。つまり、直ちに輸入を停止するわけではなく、少しずつ減らしていくという苦肉の策だ。

欧州も一枚岩ではない。ドイツやハンガリーのように、ロシア産のエネルギーに大きく頼っている国々があり、Ｇ７の方針通り、どこまで確実にロシア依存から脱却できるかは予断を許さない。ただ、プーチン政権はエネルギーを外交の武器に使い、相手国に圧力をかける動きも見せており、日本は国益上も対ロ依存を減らしていくことが賢明だろう。

３、軍事物資、ウクライナに供与。戦時国では初

日本は対ロ制裁だけでなく、ウクライナへの支援でもかつてない決断を下し、実行に移している。その一つが、自衛隊の装備品を直接、提供していることだ。４月下旬までに防弾チョッキやヘルメット、防寒服、双眼鏡、医療用資器材、照明器具など11品目をウクライナ側に送った。防弾チョッキは１９００着程度、ヘルメットは６９００個ほどに上る。[5] 自衛隊機や米軍

機、民間機で運んだ。

きっかけは2月末、ウクライナのレズニコフ国防相から岸信夫防衛相への手紙だったという[6]。

「ウクライナ国民とウクライナ軍はロシアからの全面侵略を撃退している。親愛なる閣下に対し、この機会に、ウクライナへの最大限の実用的な支援、すなわち防御用の兵器、兵站、通信、個人防護品の物品供与をご検討いただけないか、お願いします」

手紙はロシアの侵略が始まった翌日、2月25日付だった。ウクライナはすかさず、日本にも軍事支援を求めてきたのだった。しかも、手紙は次のように続き、具体的な兵器を要請する内容だったという。

「ウクライナ軍は、特に対戦車兵器、対空ミサイルシステム、弾薬、電子戦システム、レーダー、通信情報システム、無人航空機、防弾チョッキ、ヘルメットが深刻に不足している。私は日本とウクライナの連帯が強固であることを信じている」

日本政府はこれを受け、防衛省を中心に検討を重ね、防弾チョッキや偵察用ドローンの供与に踏み切ったのである。米欧が支援しているミサイルや大砲といった殺傷兵器ではないとはいえ、日本にとっては極めて異例な措置である。防弾チョッキやドローンも戦争に使われる軍事物資であることに変わりはない。日本が提供するドローンは民生品ではあるが、敵を見つけ出し、攻撃目標を定めるのに使われる。間接的に、人を殺傷するのに用いられる準兵器といえる

日本は戦争に加担しない原則から戦後、こうした軍事物資の輸出をきつく制限してきた。自衛隊の装備品について「防衛装備移転3原則」を定め、①日本が締結した安全保障に関する条約への違反、②国連安全保障理事会の決議の義務違反、③安保理が措置を講じている紛争当事国——には供与しないことを決めている。

このため、まさに紛争が続いている国々に対し、日本が自衛隊の装備品を送ったという前例はなかった。日本政府内では当初、ウクライナの要請に応じるかどうか、すったもんだの議論になった。ウクライナはロシアに全面侵略されているのであり、同3原則が禁じ

る「紛争当事国」には当たらないと解釈し、供与の方向が決まった。

　この検討にかかわった防衛省幹部はこう語る[7]。「前例のない支援だったため、どのように実現するのか、さまざまなハードルがあった。だが、米欧はウクライナに本格的な軍事支援をしている。日本だけが何もしないわけにはいかないという判断が働いた」

　ウクライナへの人道支援でも、日本はこれまでの壁を一つ越えた。国連難民高等弁務官事務所（UNHCR）などの国際機関を通じ、支援物資などの資金を提供するだけでなく、すばやく避難民の受け入れに踏み切った。米欧に比べれば、人数はごくわずかだが、難民の認定に極めて厳しい基準を設けてきた日本からすれば、かなり異例の支援だ。

　ウクライナから日本にやってきた避難民は10月19日までに2035人に達した[8]。その内訳は政府専用機で避難してきた人や、政府が確保した民間の航空機でやってきた人々に加えて、その他の手段で逃げてきた人々が含まれる。

　UNHCRによると、侵略が始まって以来、ウクライナを出た人々は8月2日までに1000万人を超えた。いちばん多くを受け入れているのは隣国のポーランドで、ルーマニア、ハンガリーがそれに次ぐ。

　こうした国々とは受け入れの規模で比べ物にならないが、今回の岸田政権の動きは迅速といえる。日本は本来、難民の受け入れに極めて冷淡な態度をとってきているからだ。2021年には日本への入国を希望する2413人の難民申請があったが、認めたのは74人にすぎない。

　日本はウクライナから逃れてきた人々は「避難民」と位置づけ、入国管理法の難民とは別枠で特別に入国を認めている。このため、滞在できるのは原則として90日で、そこから延長する形となる。

　難民認定された人々に付与される5年間の在留資格も許されていない。ウクライナからの避難民が増えるにつれ、こうした「難民」対応との格差も課題になる。

4、ロシアへの失望、限界点に

ここまでロシアの侵略に対し、日本が打ち出してきた制裁とウクライナ支援についてながめてきた。とかく決定に時間がかかり、危機への対応が後手に回りがちな日本政府の過去例からみれば、今回は円滑に対処しているといえるだろう。

繰り返しになるが、一連の制裁によって日本とロシアは敵対国になり、外交・安全保障上の緊張が高まりつつある。岸田政権としても「プーチン政権との関係が断絶することを覚悟のうえで厳しい対応をとっている」（日本政府高官）。では、日本をそこまで突き動かしたものは何だったのか。日本政府の当局者らによると、主に3つの理由がある

第1に、当たり前のことではあるが、ロシアの侵略はあまりにもひどく、法的にも道義的にも決して許されない暴挙であることが大きな理由だ。日本の世論調査でも、対ロ制裁への支持は極めて高い。この点も、岸田首相がためらいなくロシアに厳しい態度に出られる要因になっている。

侵略の約1カ月後（3月25〜27日、日本経済新聞実施）の世論調査によると、日本政府によるロシアへの経済制裁について「適切だ」（44パーセント）、「さらに強めるべきだ」（41パーセント）を合わせると8割を超えた。ウクライナからの避難民受け入れに関しても、「賛成だ」が90パーセントにのぼった。[9]

第2に、これまでのロシアの対日姿勢への深い失望が、政府・自民党内にはある。安倍晋三元首相は在任中、27回にわたってプーチン大統領と会談し、良好な関係をつなぎとめようとした。官民を挙げてロシアとの共同経済プロジェクトを立案し、互恵の関係を築きながら北方領土交渉の糸口をつかもうとした。しかし、領土交渉でプーチン氏の姿勢はやわらぐどころか、年々、頑なになっていった

日本の期待が一気にしぼんだのが、2016年12月、プーチン氏の来日だった。日本は領土解決にむけた最大の勝負時と位置づけ、周到に準備をしてのぞん

だ。当時の安倍首相はまず、地元の山口県の保養地に彼を招待し、それから東京に移動し、正式に会談する日程を組んだ。くつろいだ雰囲気で率直に意見を交わし、領土交渉を一気に動かす狙いだった。

プーチン大統領は会談後、安倍氏との共同記者会見でこう語った。「日ロ間に平和条約がないことは過去の負の遺産だ。相互の信頼を確認する血がにじむような仕事を行っている」

ところが、来日の前後から、プーチン政権は逆に冷淡なシグナルを日本に送り出していた。北方領土を返す条件として、返還後に米軍が基地を設けないよう、事実上、日本が保証するよう要求し始めたのである。

プーチン氏は2016年12月の来日時、安倍氏との2人だけの会談でひそかに米軍排除の要求にふれ、翌17年6月1日には大っぴらに公言した[10]。タス通信に対し、北方領土を日本に渡せば、日米安保条約に基づいて米軍が展開し、ロシアを脅かしかねないとの懸念を示したのがその典型だ。

これらのプーチン氏の発言は、北方領土を返さないといっているに等しい。日米安全保障条約上、日本は米軍に基地を提供することになっている。「北方領土が日本に戻ってきたら当然、条約の対象になる。日本が受け入れられるはずがないと承知のうえで、プーチン政権は米軍排除の要求を追加してきた。つまり、返す気がないのだろう」（日本政府当局者[11]）。

こうした経緯は、安倍政権下で外相を務めた岸田首相も熟知しているはずだ。領土問題をめぐり、再三にわたって日ロ外相会談にのぞみ、領土交渉に直接、関与した。岸田首相が米欧と連携して対ロ制裁の強化に動く底流には「どっちにしても、日ロの領土交渉が進む望みは薄い」と見切っていた面がある。

日本がロシアに厳しい措置に出ている第3の理由は、ロシアの暴挙を許したら、インド太平洋の安定にも悪影響をもたらしてしまうという危機感だ。プーチン政権によるウクライナ侵略が成功してしまったら、台湾を統一しようとしている中国に格好の「お手本」になりかねない。

こうした不安が率直に表れたのが6月10日、シンガポールで開かれたアジア安全保障会議（シャングリラ会合）での演説だ。岸田首相は「私自身、ウクライナは明日の東アジアかもしれないという、強い危機感を抱いている」と強調した。

決して大げさな発言ではなく、むしろ日本の本音が表れている。台湾海峡では中国の軍事行動により、緊張が高まっている。米インド太平洋軍のデービッドソン司令官（当時）は２０２１年春、２０２７年までに中国による台湾侵攻リスクが顕在化しかねないと示唆した。

米欧日をはじめとする主要国が毅然とロシアに対抗しなければ、インド太平洋でも中国がより強気になってしまう。ウクライナ侵略があった直後から、日本政府内ではこんな懸念が広がっている。この切迫感が岸田政権の背中を押し、Ｇ7での協調に突き動かしていることも見逃せない。

5、日本の対ロ融和、かつては米も支持

プーチン政権による力ずくの領土拡張に対し、過去に生ぬるい態度をとってしまった苦い教訓が日本にはある。２０１４年3月、ロシアがウクライナ・クリミアを武力で併合したときのことだ。

当時の安倍首相はＧ７と足並みをそろえ、ロシアを強く非難した。しかし、米国やＥＵほどには重い制裁に踏み込まず、発動のタイミングも遅かった。安倍首相は就任後、まだプーチン大統領と5回しか会っておらず、これから協議を積み重ね、北方領土交渉を進めたい意欲が強かった。さらに中ロが反日で結束するのを避けたい思いもあった。このため、日ロの経済協力などのパイプを保ち、領土交渉の芽を摘み取らないように努めたのだ。

たとえば同年3月19日、経済産業省がロシア経済発展省などと都内で開いた「日露投資フォーラム」。予定されていた閣僚の出席は見送られたが、冒頭、両首

脳のメッセージが読み上げられ、企業協力のための覚書が交わされた。米政府からは水面下で「米欧が制裁に動いているときに、残念だ」との申し入れがあった。(12)

米国やEUはクリミア併合を許せば、プーチン政権はそこで止まらず、ウクライナへの軍事圧力をさらに強めると危惧していた。それだけに、中途半端な日本の対応に不満が広がった。

「ロシアはクリミア編入という、越えてはならない一線を越えた。日本はなぜ、それでも制裁を強めないのかという声が、米政権内でも出ている」。米政府当局者は当時、筆者にこう明かした。(13)

米側にはクリミア併合に手ぬるい対応をとれば、それを見ている中国にも誤ったメッセージを送ることになってしまうという懸念があった。米政権に近い元米政府高官は当時、こうも話し、日本へのいら立ちをあらわにした。(14)

「ロシアのクリミア編入に甘い態度をとれば、アジアにも影響が及びかねない。東シナ海や南シナ海で強硬に出ても大丈夫だ、と中国が思ってしまう」

中国が強気になれば、まず矢面に立たされるのは日本だ。それなのに日本の反応が鈍いことが、米側の不満を増幅させた。「クリミア問題は、やがて尖閣諸島の危機にも跳ね返ってくる。これは日本自身の問題だと受け止めるべきだ」。米軍幹部からも、こんな声が聞かれた。(15)

そんな米側のいら立ちがあらわになったのが、クリミア併合の数日後、ワシントンで開かれた日米関係のシンポジウムである。アーミテージ元国務副長官は「(日米の足並みが乱れたため)これで、尖閣諸島への揺さぶりを強めやすくなった。中国はそう感じているだろう」と発言した。(16) 対ロ政策をめぐる日米の溝を放置すれば、やがて日本にツケが回ってくる。そんな警告を込めた言葉である。

一歩引いてみると、ロシアの国際的な孤立を避けるカードとして、日本はプーチン大統領に巧みに利用された形跡が浮かび上がる。プーチン氏がクリミア併合を強行する約1カ月前、ロシアのソチで冬季五輪が開かれた。

ロシアの人権問題への抗議から、オバマ米大統領、ドイツのガウク大統領、フランスのオランド大統領など欧米主要国のリーダーは相次ぎ、開会式への欠席を決めた。そうしたなか、習近平・中国国家主席やエルドアン・トルコ首相、金永南（キム・ヨンナム）・北朝鮮最高人民会議常任委員長といった面々に交じり、開会式に駆けつけたのが、安倍首相だった。

米欧主要国の欠席にもかかわらず、安倍首相が出席を決めたのは、プーチン大統領の並々ならぬ要望に応じてのことだ。安倍首相が開会式に来れば、西側諸国にボイコットされたというイメージを払拭でき、ロシアはメンツを保てる。

当初、安倍首相は国会の日程に縛られ、どうしても開会式に間に合うのは難しい状況だった。複数の日ロ関係筋によると、それでもプーチン大統領はあきらめなかった。日本の政府専用機が東京―ソチを最短距離で飛べるよう、カザフスタンの領空を通過できるよう取り計らったのだ。[17] 安倍首相は約10分前に開会式に滑り込んだ。

そうして用意された日ロ首脳の昼食会。テーブルには最高級のキャビア3種類と上等なウオッカが並んだ。

しかし、プーチン氏はこの時点ですでに、クリミアを武力併合する計画を胸に秘めていたに違いない。ロシアの内情に詳しい専門家は「クリミア併合後、日本が米国の対ロ強硬策に同調するのを防ぐため、思い切り安倍氏をもてなした」と解説する。この仮説が正しければ、プーチン氏はクリミア併合後、米欧からの風当たりをかわすため、安倍氏との関係を利用したとも受け取れる。

6、中ロ接近、防ごうとした安倍政権

こうした経緯をみてくると、安倍政権によるロシアへの融和路線は当初から、プーチン氏の西側分断工作に利用されるというリスクがつきものだった。クリミア併合によって、その危険がまさに現実になった。だ

からといって、当時の安倍政権の戦略計算が軽率であり、すべて誤りだったと切り捨てるのも早計だ。ある程度、ロシアに利用される危険を知りながらも、プーチン政権に接近することで、日本の外交目標を実現する思惑が安倍政権にはあったからだ。

その外交目標の一つが、北方領土問題の解決にあったことは言うまでもない。安倍氏の実父である安倍晋太郎氏は外相として、この問題の決着に心血を注いだが、道半ばで病にたおれた。安倍首相としては「自分の代で北方領土問題に決着を付けなければ、以後、解決できる政治家は現れないという意識が強かった」(安倍氏側近)[18]。

だが、安倍首相がプーチン氏に27回も会い、友好関係を保ったのは領土交渉だけが理由ではない。より大きな理由は、ロシアと安定した関係を維持することで、中ロとの二正面対立を防ぐことだった。

中ロが共闘し、領土や歴史問題で日本に圧力を強める展開は、日本にとって悪夢だ。実際、そのような事態になり、日本が深刻な苦境に立たされたことがある。民主党政権だった2010年、メドベージェフ大統領(当時)が同年11月1日、北方領土の国後島を訪問した時がそうだった。ロシア最高首脳の北方領土入りはソ連時代を含めて初めてだ。しかも、同月13日から横浜でアジア太平洋経済協力会議(APEC)首脳会議が開かれ、日本にやってくる直前のできごとだった。

日本に強硬な態度をとっても構わないとロシアが判断したのは、二つの理由があった。一つは2009年9月から2010年6月の鳩山由紀夫政権下で、日米が沖縄問題をめぐってぎくしゃくし、日米同盟が弱まっていた。第2に、尖閣諸島沖で中国漁船の衝突事件が起き、日中の対立も深まっていた。ロシアは日本の弱みにつけ込む好機とみて、中国と一緒に対日圧力を強め、領土問題で日本を揺さぶったのだ。

中ロは核保有国であり、国連安全保障理事会で拒否権をにぎる常任理事国である。中ロと同時に対立が深まれば、日本の安定に大きな影響が及ぶ。安倍政権はこうした悪夢を防ぐため、2010年の教訓を踏まえ、プーチン政権と良い関係を築き、中ロが対日強硬で連携するシナリオを防ごうとした。

ロシアがクリミア併合を強行する前には、こうした日本の対ロシア戦略について米欧内にも理解を示す向きがあった。世界秩序にとって最大の課題は強大になる中国への対応だという認識が、当時から強かったからだ。ロシアを中国側に追いやらないためには、プーチン政権を過度に孤立させるべきではないという意見がワシントンにもあった。

たとえば日ロが初めて、外務・防衛担当閣僚級協議（2プラス2）を開いた2013年11月。複数の米政府関係者は「日ロの協力は米国の国益にもかなう」「ロシアがアジアに出てくる際、中国ではなく、日米と組むように仕向けられる」と評価した。(19)

米国は当時、中ロが枢軸を組み、米外交に何でもかんでも抵抗する構図を避けることが大切だと考えていた。日ロが近づけば、これを防ぎやすくなるというわけだ。著名な米軍事戦略家、エドワード・ルトワック氏も当時、こう指摘した。(20)

「ロシアには急激に軍拡する経済力がないので、中国ほどには米国の脅威にならない。しかも、ロシアは極東で中国の膨張にさらされている。中国をにらみ、日米とロシアは長期的にはアジアで協力できる」

しかし、結果論でいえば、中ロの接近に歯止めをかけようとする安倍政権の路線は失敗に終わった。クリミア併合によって米欧との対立が深まるなか、プーチン政権はさらに中国との連携を強めた。2022年2月のウクライナ侵略によって、中ロの結束は一層、強まった。事実上の準同盟に格上げされたといっても過言ではない。

仮に、プーチン政権によるクリミア併合やウクライナ全面侵略がなかったとしても、おそらく中ロ接近を止めようという安倍政権の目標を実現するのは難しかっただろう。ロシアからみれば、米国の同盟国である日本よりも、反米で共闘できる中国の方が信用でき、役に立つ相手だからである。

7、日本の対ロ外交、振り出しに

外交史をさかのぼってみると、安倍政権の対ロ戦略の失敗は、戦後の日本の対ロ外交そのものの挫折といっても過言ではない。ロシアと安定した関係を築こうとする努力は、必ずしも安倍政権の専売特許ではなく、歴代内閣が多かれ少なかれ、継承してきた政策ともいえるのだ。

米ソ冷戦中、日ソの関係を改善し、領土交渉の口火を切ったのが、鳩山一郎首相だった。彼は1956年に訪ソし、日ソ共同宣言を調印、両国の国交を回復する。同宣言では「ソ連は歯舞群島および色丹島を日本に引き渡すことに同意する。平和条約が締結された後に引き渡される」と明記した。

当時、鳩山政権が日ソ修復を急いだのは、戦後、ソ連に抑留され、シベリアに送られた日本人の帰還を急ぐ狙いもあった。だが、その後、米ソの冷戦が激しくなるにつれ、ソ連の対日姿勢も厳しくなる。ソ連は歯舞、色丹を返すどころか、「領土問題は存在しない」と言い張るようになった。

それでも、日本による対ソ修復の試みは途切れなかった。田中角栄首相が1973年に訪ソし、日ソ共同宣言に署名する。この中で、ソ連は領土問題が存在することを改めて確認し、日本に少し歩み寄った。

1991年12月にソ連が崩壊すると、両国の改善に弾みがついた。ソ連を引き継いだロシアのエリツィン大統領は、橋本龍太郎首相とウマが合った。両首脳は97年、クラスノヤルスクでの会談で「2000年までに平和条約を締結するよう全力を尽くす」と、初めて交渉に期限を設ける。

そして戦後、領土問題が最も解決に近づいたのが1998年、静岡県伊東市川奈での会談である。橋本首相はこのとき、大勝負に出た(21)。

①択捉とウルップの間に国境線を引く、②しかし、当面は4島の現状を変えず、両国が引き渡しに合意するまでロシアの合法的な施政権を認める――という極秘提案を示したのだ。国境線だけ画定できれば、日本

としては即時返還にはこだわらないという、ウルトラCの打開策だった。

エリツィン大統領は思わず、「ダー（分かった）」と言いかけたが、同席した側近が割って入り、継続協議になってしまった。橋本首相は直後に参院選に敗れて、退陣。エリツィン氏も体調を損ない、1999年に辞任し、「川奈合意」は幻に終わった。

次の大きな転機は2000年9月、プーチン大統領の来日である。彼は日本側との首脳会談で、ソ連時代にいったん棚上げになっていた1956年の日ソ共同宣言について「有効だ」と言明。歯舞、色丹の引き渡しに含みを持たせた。

そこで、森喜朗首相（当時）は2001年3月、プーチン大統領とイルクーツクで会談し、新たな打開策として4島の「並行協議」を提案した。4島の一括協議にはこだわらず、①歯舞、色丹については1956年の日ソ共同宣言にもとづき、引き渡しの方策を話し合う、②残る国後、択捉は帰属問題を協議する——という内容である。まず、歯舞、色丹の返還を急ぎ、日ロの改善に進めようという迂回策だった。

並行協議路線はいったん、小泉政権下で棚上げになるが、2012年12月に安倍晋三氏が首相に返り咲くと、息を吹き返す。安倍氏は事実上、森路線を引き継ぎ、1956年宣言を土台に交渉の決着を目指した。

こうしてみてくると、日ロ関係の打開を目的とした安倍政権の対ロ政策は突飛な路線ではなく、歴代政権に引き継がれてきた流れに乗ったといえる。

8、日ロ敵対、高まる極東の軍事緊張

しかし、ロシアによるウクライナ侵略は戦後、日本の歴代政権が脈々と続けてきた平和条約締結への努力を無にしてしまった。先にふれたように、ロシアによる侵略後、日本がプーチン大統領本人に制裁を科した以上、彼が政権にとどまっている限り、日ロ平和条約の交渉は再開しないだろう。少なくともその間、両国は平和条約がないという異常な状態が続いていくことになる。

プーチン政権は日本が対ロシア制裁を強めていることに反発し、さまざまな対日強硬策を積み重ねている。3月下旬に平和条約交渉の中断を通告、北方4島への日本人のビザなし渡航も止めた。3月下旬には3000人以上を動員し、クリール諸島（北方領土と千島列島）で軍事演習に出た。

ロシアは6月上旬に入ると、北方領土周辺海域における日本漁船の安全操業を取り決めた政府間協定についても、履行の停止を決めた。これにより、日本漁船が同海域で操業できなくなったり、ロシア側に拿捕《だほ》されたりする恐れがある。

こうしたなか気がかりなのが、日本の周辺でロシア軍の活動が熱を帯び、軍事の緊張が続いていくことだ。ロシア軍は核ミサイルを積んだ原子力潜水艦を、オホーツク海に配備している。これらの核ミサイルは米国と万が一、核戦争になったら最後まで生き残り、米国に反撃するための最終兵器である。いわばロシアにとっては国家の生き残りがかかった生命線といえる。

ロシア軍は米国との敵対関係が長引くことを想定し、対米核抑止力に一段と万全を期すようになるだろう。核ミサイル搭載の原子力潜水艦が米軍などに脅かされることがないよう、オホーツク海とその周辺海域の警戒態勢をさらに引き締めるとみられる。この結果、日本周辺で活動する自衛隊や米軍とのあつれきも強まる恐れがある。

ウクライナへのロシアによる侵略直後から、そうした兆候が出ている。[22] 2022年1月下旬から2月にかけて、ロシア太平洋艦隊が日本海、オホーツク海で戦闘艦艇など約20隻を動かし、大がかりな演習をした。

これに関連して、米軍とロシア軍の〝ニアミス〟が起きた。ロシア軍によると、2月12日、演習海域に近い「ロシア領海」に米軍潜水艦が入り、ロシア側が防衛上、対抗措置をとったという。米潜水艦を追い払うため、対潜武器などを用いて、威嚇したとの見方がある。米軍は侵入を全面否定しているが、現場ではきな臭い空気が流れる。

ロシア軍艦船はパトロールや演習のため、日本の海峡をしばしば通過している。ウクライナ侵略直後から、このペースも高まっている。2022年1～4月、ロシア軍、中国軍による日本の海峡通過はそれぞれ10回と12回にのぼり、2021年同期に比べてほぼ倍増した。[23]このうち、ロシアについては侵略後の2月半ば～3月下旬だけで、9回を数えた。

極東方面でのロシア軍の行動は「千島列島やオホーツク海の守りを固めることに主眼があり、北海道をはじめとする日本に直接、大きな軍事脅威をもたらすものではない」（元自衛隊幹部）[24]。極東のロシア軍には北海道などに侵攻する能力は乏しいとされる。ウクライナ侵略で消耗した分、その能力はさらに弱まったはずだ。

とはいえ、強大になる中国軍と核開発を進める北朝鮮に対応しなければならない日本にとって、ロシア軍の行動は新たなかく乱要因になる。

日本としてさらに警戒しなければならないのは、ロシアと西側諸国の関係が冷え込むなか、中国がどう出るかである。米国への対抗上、中ロは近年、急速に連携を強めてきている。ロシアが侵略を始める約3週間前の2月4日には、習近平国家主席とプーチン大統領が会談し、「上限なき友情」を謳った共同文書に署名した。中ロは同文書で、米国による欧州やアジアでの同盟強化に異を唱え、エネルギーから安全保障、外交まで、極めて広範な協力策を並べた。

こうしたなか、日本にとって特に懸念されるのが、中ロ両軍による日本周辺での連携の動きだ。両国軍は近年、海上での演習や軍用機の共同飛行といった協力を進めてきた。ロシアのウクライナ侵略後、この流れがさらに速まっていく兆しがある。

バイデン米大統領やモディ・インド首相が来日し、日米豪印の「ＱＵＡＤ（クアッド）」が東京で開かれている最中の2022年5月24日、中国軍のＨ６爆撃機とロシア軍のＴＵ95爆撃機が2機ずつ、日本海と東シナ海の上空を飛んだ。このうち、中国機2機はさらに別の2機と入れ替わり、沖縄本島と宮古島の間を通過して東シナ海と太平洋を往復した。

中ロはこれまでも似たような行動に出ているが今

後、頻度や規模が増えていく可能性がある。防衛省によると、2019年以降、中ロ両軍による日本周辺での共同飛行は4年連続で、2022年5月24日で4回目となる。これまでは1年に1回ほどの間隔だったが、今回は前回から半年しか経っておらず、機数も前回（2021年、4機）から計6機に増えた。[25]

さらに、2021年10月には中ロの駆逐艦各5隻が津軽海峡から太平洋に抜け、大隅海峡から東シナ海に航行。日本列島をほぼ一緒に一周した。

よくいわれるように中ロの結束は打算の産物であり、決して友情や信頼に基づく関係ではない。米メディアの報道によると、経済封鎖を浴びるロシアは2月以降、経済や軍事などさまざまな支援を要請している。[26]だが、西側諸国の対ロシア制裁に反する行為に出れば、中国自身が二次制裁を受けかねないため、習近平政権はロシアが望むほどには支援に応じていない。9月15日に開かれた中ロ首脳会談でも共同声明は採択されず、双方の温度差が浮き彫りになった。

それでも、中国にとってロシアはエネルギーや食糧の大切な供給源であるうえ、米国対抗上もプーチン政権はかけがえのない盟友だ。ロシアとの「上限なき友情」文書にも署名した以上、習近平主席はプーチン政権を見限ることはできないはずだ。そのようなことをすれば、習近平氏の決断が誤っていたことになってしまう。中国はロシアと共倒れになることを避けつつ、プーチン政権が崩壊しないよう支えていくに違いない。だとすれば、日本としても目を光らせていく必要がある。

9、中国従属で凶暴になるロシア

ここまで中ロの連携がもたらす日本への影響について概観してきた。より長い目でみると、日本がさらに警戒しなければならないことがある。ロシアの弱体化が地政学上、どのような変化をもたらすのかという問題だ。

このまま西側諸国からの経済封鎖が続けば、ロシアの経済は傷つき、国力が衰えていくだろう。貿易制限や金融決済網からの排除といった制裁に加えて、外国企業によるロシア撤退も続いている。エネルギー輸出などによって外貨収入はある程度、保てるかもしれないが、国内景気や雇用への影響は深まらざるを得ない。ロシアが経済的に窮すれば、頼れる大国のパートナーは中国しかない。この結果、ロシアによる中国への経済依存が深まっていくとみられる。

そうなれば、中ロはもはや対等な関係ではありえず、事実上、ロシアは中国の従属国に転落していくことになる。[27] すでに国内総生産（ＧＤＰ）では、ロシアは中国の約10分の１にすぎない。２０２０年でみると、輸出の約15パーセント、輸入の約23パーセントも中国に頼っている（米調査機関のＯＥＣ）[28]。ロシアがウクライナから撤退し、経済封鎖から抜け出さない限り、この傾向はさらに強まっていくだろう。

問題は、中国従属がロシアの行動をどう変えていくのかである。この答えは、日本の安定にも少なからぬ影響を及ぼす。論理的には次のようなパターンがあり得る。

①対中依存によって経済は次第に持ち直していく。それにともない、ロシアの社会は安定を取り戻し、西側への挑発的な行動も弱まる。

②中国従属によって大国の誇りが傷つき、ロシアの心理状態は不安定になる。西側諸国への被害妄想が強まり、より挑発的な行動に動きかねない。

③対中依存下でも経済は回復せず、ロシア国内の安定が揺らぐ。プーチン政権が政変で倒れたり、極端な場合には「ロシア帝国」が崩壊したりする可能性が出てくる。

長い目で見れば、③のシナリオも排除できないかもしれないが、当面、いちばんあり得るのはロシアがより挑発的になる②だろう。ロシアを巨大な熊にたとえるなら、自分で獲物を得て、生活できなくなった熊は危ない。いつも不安に駆られ、ちょっと脅かされただけでも相手に襲いかかる危険がある。ロシアは中国の従属国になれば、そんな巨熊に似たような状態になるとみられる。隣国の日本にとって、決して望ましいシナリオではない。

中国従属が進めば、ロシアが否応なく、中国を利する行動に出るパターンも増えるだろう。ロシアは現在、尖閣諸島をめぐる対立で日中どちらにもくみせず、中立を保っている。台湾問題をめぐっても、台湾独立に反対する一方で、武力行使を辞さない中国の立場を支持するところまではいっていない。

だが、中国への従属が深まれば、尖閣諸島や台湾海峡で紛争になったとき、直接介入することはないにしても、日米をかく乱するような行動にロシア軍が出る筋書きもあり得るだろう。こうした点を考えると、ロシアの弱体化がもたらす危険にも日本は注意する必要がある。

10、ロシア侵略、日本への教訓

最後に、混迷する国際情勢に日本がどう対応すればよいのか、考えてみたい。まず大切なのは、ロシアの侵略戦争がもたらす変化を精査し、日本の課題を洗い出すことだ。その変化の中でもいちばん大きいのは、日本は中国と北朝鮮だけでなく、安全保障上、ロシアの脅威増大にも向き合うことになったということだ。

日本がこれほどまでに厳しい安全保障環境を強いられるのは事実上、戦後初めてといっていい。1945年以降、日本は中ソと二正面の対立構造にあったが、1972年に中国と国交を正常化し、大きな仮想敵国はソ連だけになった。1991年12月にソ連が崩壊すると、日本に重大な脅威を突き付ける敵対的な大国はいったん消えた。

ところが、2000年代以降、中国の軍拡と北朝鮮の核ミサイル開発が勢いづき、日本は中朝両方の対応を迫られる時代に入った。今回、プーチン政権の侵略によってそこにロシアが加わり、日本は中ロ、北朝鮮という3つの脅威に同時に直面する羽目になってしまった。特に、中ロという両大国との2正面対立を迫られる構図は半世紀以上、直面したことがない苦境である。

日本は、どのような対策を急げばよいのだろうか。ロシアの侵略戦争は世界中の国々に衝撃を与え、国家戦略の再考を迫っている。フィンランド、スウェーデンが中立の伝統を破り、北大西洋条約機構（NATO）への加盟を決めたのは、象徴的だ。

日本はこれまでのところ、米欧諸国と緊密に連携し、ロシアの侵略に対処している。重い制裁を加え、前例のない速さでウクライナからの避難民受け入れにも動いた。しかし、日本が有事に備えた体制を十分築けているかといえば、課題は山積みだ。ロシアに抗うウクライナの戦いから教訓をくみ取り、日本自身の安全保障に活かしていくことが急務だ。(29)

ウクライナの戦いは、日本に大切な教訓を示している。第1の教訓は、友好国やパートナー国は有用だが、戦争になったときに頼れるのは同盟国ということである。米国やNATOの欧州諸国はウクライナに武器をたくさん供与し、経済支援も注ぎ込んでいるが、決して一緒に戦おうとはしない。ウクライナは軍事同盟であるNATOのメンバーではないからだ。

日本は近年、同じ米国の同盟国である豪州や英国、フランスと安全保障の協力を深めている。日米豪印の「QUAD（クアッド）」の枠組みを強め、インドとの連携を強めつつある。こうした協力は日本に脅威を及ぼそうとする国々の計算を複雑にし、けん制する効果はある。しかし、日本が攻撃された場合、豪州や英仏、インドが一緒に戦ってくれるかといえば、その保証は全くない。条約上、日本に防衛義務を負っているのは米国だけであり、ほかの友好国が米国にとって代わることはできないのである。

日本は長年、日米同盟の強化に取り組んできたが、戦争になったとき、どこまで円滑に協力できるのかについても課題が多い。日本は2022年末までに、国家安全保障戦略を改定する方向だ。防衛政策の指針である防衛大綱についても大幅に改定する見通しである。この作業に合わせ、有事における日米協力の中身をさらに詰めることが肝心だ。

具体的には、尖閣諸島を含めた南西諸島の有事、台湾海峡での紛争、朝鮮半島有事といったシナリオごとに日米がどう連携し、対処するのか。マニュアルを総点検し、いざというときに自衛隊と米軍、さらに日本の自治体が円滑に連携できる体制を強めなければならない。

ウクライナの抗戦ぶりが日本に示す第2の教訓は、「天は自ら助くる者を助く」である。世界各国がウクライナを支援するのは、同国が決してあきらめず、ロシアの侵略に勇敢な抵抗を続けているからだ。ゼレンスキー大統領が早々に首都キーウから退避したり、亡命したりしたら、他国は助けようとは思わないだろうし、助けようもない。

その意味で、日本が自衛力を強め、自力で領土や領海を守る体制を固めることが極めて大事だ。日本が自衛のための努力や投資を怠れば、米側としても本気で日本を守ろうとは思わないだろう。米兵の命を危険にさらしてまで日本を守ることを、米国民が許すとは思えない。

岸田政権は自衛力の増強に向けて、GDPの約1パーセントにとどまっている防衛予算を大幅に増やす方針をかかげている。日本政府は6月に決めた経済財政運営の「骨太の方針」で、「防衛力を5年以内に抜本的に強化する」と明記した。各種の世論調査によれば、日本の世論もこうした流れをおおむね支持している。

ただ、防衛予算の増額は、日本が踏み出さなければならない第一歩にすぎない。より大切なのは予算をどう使い、国の守りを固めるかだ。台湾海峡で紛争になれば、南西諸島は真っ先に最前線になってしまう。だが、南西諸島の守りの体制はなお手薄だ。反撃能力を持ち、ミサイル防衛に活かすほか、立ち遅れた宇宙・サイバー防衛の体制づくりも待ったなしである。

自衛隊が「どう戦うか」だけでなく、国民を「どう守るか」も大きな課題を抱えている。ウクライナの戦いぶりから明らかなように有事の際、国民を保護するインフラを日ごろから整備しておくことが大切だ。

ロシアの侵略直後、ウクライナの首都キーウでは地下鉄駅を臨時シェルターにした。南東部の要衝マリウポリはロシア側の手に落ちたものの、製鉄所の地下に巨大な施設があり、2カ月以上にわたってロシア軍の激しい空爆に耐えた。

ところが、日本の東京都で本格的な地下シェルターとして使える施設は限られる。自民党は2017年の衆院選で地下シェルターの強化を公約したが、爆風に耐え得る「地下施設」は全国で約1300カ所にとどまっている。(30)

民間人を誘導し、避難させるのは政府の責任だが、現場では自治体が担う役割が大きい。有事になれば、自衛隊は戦闘に精力を傾けざるを得ず、民間人の保護に避ける力は限られてしまう。日本に避難してきた人々の受け入れや、民間人の死傷者の救護も、政府と連携しつつ、各自治体が中心に対応することになる。しかし、現状では、万全の体制が整っているとは言い難い。

そして、避けて通れない第3の教訓としては、米国の核抑止力の問題がある。バイデン米政権はロシア侵略の当初から、ウクライナに直接介入するつもりはないと明言した。ロシアと核戦争になる危険があるというのが理由だ。プーチン政権側からみれば、ロシアの核抑止力が効果を発揮し、米国の参戦を阻んでいる。

これに対し、米国の核抑止力はロシアの侵略を止められていない。

この構図を台湾海峡に当てはめたら、どうなるだろうか。米国は台湾が侵攻された場合、中国と核戦争になるリスクを覚悟してまで、軍事介入するだろうか。最終的にはその時の米大統領の判断になるが、習近平国家主席が次のように考えても不思議ではない。

米国はロシアとの核戦争を恐れるあまり、ウクライナへの派兵には及び腰だった。ならば、中国が台湾に侵攻しても、米国は核戦争を恐れ、直接介入を避けるはずだ――。

ストックホルム国際平和研究所（ＳＩＰＲＩ）が2022年6月13日に発表した報告書によると、中国が保有する核弾頭は350発で、米国の5428発には遠く及ばない。ただ、中国は核増強を急ごうとしており、2030年までに少なくとも約1000発に増やすと米国防総省は分析する。

しかも、米国はロシアとの核軍縮の枠組みである新戦略兵器削減条約（新ＳＴＡＲＴ）により、実戦配備できる戦略核弾頭数は1550発に限られている。条約の対象外の核弾頭もあるが、中国が1000発体制を実現すれば、米中の核戦力差が大きく縮まってしまう。そうなれば、中国は対米核抑止力に自信を深め、台湾海峡や東・南シナ海での紛争に際し、米軍の介入を拒めると計算する可能性がある。その判断が正しいかどうかは別として、中国がいったんそう思い込めば、より強硬な行動に走りかねない。

オーストラリアの国防情報機関で副長官を務めたマイケル・シューブリッジ氏は、こう話す(31)。「ロシアの核抑止力は米国に効いているのに、NATOの核はプーチン氏のおぞましい侵略を止める抑止力を発揮していない。同じことが中国との関係で起きないよう、豪州や日本は米側と突っ込んで協議すべきだ」

最終的に、国家の安全保障を左右するのは軍事力だけではない。いざという事態になったとき、政治リーダーがどこまで指導力を振るい、国家を統率できるかも明暗を分ける。

ゼレンスキー・ウクライナ大統領は首都キーウにとどまり、国民と軍に直接、結束を呼びかけ続けている。世界への情報発信も見事だ。これと対照的なのが、正しい分析が上がらず、誤算を重ねたプーチン・ロシア大統領である。

日本はどこまで、危機に機能する政軍体制を整えられているだろうか。自衛隊の最高指揮官である首相と自衛隊首脳、政府高官、さらに各自治体首脳が日ごろから危機への対応をすり合わせ、訓練を重ねておく必要がある。軍事力で勝るロシアの侵略に対し、抵抗し続けるウクライナの姿は、日本にそのような教訓を示している。

（1）日本政府当局者への取材
（2）EU外交官への取材
（3）日本経済新聞「ロシア向け信託・会計サービスの提供禁止、岸田首相表明」（6月27日付・電子版）
（4）資源エネルギー庁の資料「化石燃料を巡る国際情勢等を踏まえた新たな石油・天然ガス政策の方向性について」（2022年4月22日）
（5）産経新聞「ウクライナ支援で提供の防弾チョッキは1900着」（2022年3月24日付・電子版）
（6）日本の防衛省とウクライナ側の一連のやりとりについては、NHK政治マガジン「防弾チョッキ提供ウクライナに武器

輸出？」（２０２２年3月23日付・電子版）を参照

（７）防衛省幹部への取材

（８）出入国在留管理庁ホームページ。

（９）日本経済新聞「ロシア制裁『適切だ』44％『強化を』41％」（２０２２年3月28日付・電子版）

（１０）日本政府当局者への取材

（１１）同右

（１２）日本政府当局者への取材

（１３）米政府当局者への取材

（１４）元米政府高官への取材

（１５）米軍幹部への取材

（１６）日本経済新聞「ウクライナ危機の対ロ制裁巡り―動き鈍い日本、いら立つ米」（２０１４年3月31日付朝刊）

（１７）日本政府当局者への取材

（１８）安倍首相側近（当時）への取材

（１９）米政府関係者らへの取材

（２０）エドワード・ルトワック氏への取材

（２１）川奈での日ロ首脳会談の内幕については、日本経済新聞「北方領土が近づいた日、川奈会談」（２０１９年1月1日付・電子版）を参照

（２２）日本経済新聞「冷戦の霧、アジアを覆う」（２０２２年3月28日付・電子版）

（２３）産経新聞「中露艦艇の海峡通過が増加、昨秋以降、今年は倍ペース」（２０２２年5月5日付・朝刊）

（２４）元自衛隊幹部への取材

（２５）日本経済新聞「中国・ロシア、軍事の相互運用拡大」（２０２２年5月28日付・電子版）

（２６）米ワシントン・ポスト紙（２０２２年6月2日付・電子版）「Beijing chafes at Moscow's requests for support, Chinese officials say」

（２７）ロシアの中国従属がもたらすリスクについては、主に次の拙稿とその関連取材にもとづく。日本経済新聞「危ないロシアの中国従属」（２０２２年5月6日付・電子版）

（２８）同右

（２９）抗戦するウクライナが日本に示している教訓については、主に次の拙稿とその関連取材にもとづく。日本経済新聞「抗うウクライナ、日本に教訓」（２０２２年4月25日付・電子版）

（３０）日本経済新聞「法も備えも穴だらけ、安全保障『最悪の事態』想定せず」（２０２２年4月25日付・電子版）

（３１）シューブリッジ氏への取材。日本経済新聞「抗うウクライナ、日本に教訓」で引用

第10章　ウクライナ戦争と核問題

（佐藤丙午）

はじめに
——ロシアは核の脅威を政治利用した

　2022年のロシアによるウクライナ侵攻から始まった一連の出来事では、ロシアによる核兵器使用の可能性が懸念される事態が生じた。これは、ロシアがウクライナの抵抗に対する欧米諸国の直接的・間接的な関与を抑制することを目的に、核のエスカレーションの脅威を政治的に利用したものとされる。

　プーチン大統領は、2014年のクリミア併合の際、事態後のテレビのインタビューで、核兵器の使用を検討したと明言していた。このため、2022年のウクライナ侵略の際に、国際社会はそれを思い出し、警戒感を持ったのである。

　さらに、ロシア軍は2月24日にチョルノービリ（チェルノブイリ）原発を占拠し、3月31日に撤退するまで施設を管理下に置いた。そして、3月4日にはザポリージャ原発の訓練施設などを攻撃し、原子力発電所の施設を実質的に管理下に置いている。そしてロシア軍は原発の施設内に軍を駐留させ、ウクライナ側と対峙した。散発的ではあるが、原発は軍事攻撃の対象となり、9月にはロシアとウクライナ双方の合意のもと、ＩＡＥＡの調査団が施設を訪問している。

ロシアが攻撃した際、ザポリージャには6基のVVER‐1000の原子炉が存在し、1基が操業中であった。[1] 核兵器の使用の可能性にせよ、また原子力発電所の物理的破壊にせよ、ウクライナ戦争では、核物質による被害が現実的に懸念され、改めて核問題が国際的な関心を集めることになった。8月に開催されたNPT運用検討会議でも、ザポリージャの問題が大きな争点になった。

核問題では、大きく三つの方向で問題が発展した。第一に、ロシアによる核兵器使用に関わる問題である。ロシアは核兵器の使用を、自国防衛の手段として戦術計画の一部に位置付けていると理解されている。[2] 米国では、核兵器は抑止のための措置と位置付けられ、核兵器使用は抑止が破れた際の最終手段と規定する。つまり、ロシアは防衛作戦のプロセスの一部に核兵器の使用が規定されており、欧米諸国とは異なる使用方法が想定されている。安全保障政策における核兵器の位置付けの差は、ウクライナ問題に対する国際社会の関わりを慎重にさせた。

第二に、核抑止の効力である。核兵器による抑止では、核兵器の保有（存在抑止）から、核の恫喝・核兵器使用の示唆、あるいは懲罰的あるいは拒否的抑止のように、戦略的な意味での抑止など、様々な形の抑止が想定される。ウクライナ戦争では、そもそもロシアの侵攻をNATOが抑止できなかったという、通常戦争の予防という意味での核抑止の役割が指摘されることもあった。ウクライナはNATOに加盟していないので、共同防衛や、拡大核抑止の対象ではない。にもかかわらず、核兵器による抑止の対象と内容が拡大するなかで、改めて核兵器の役割が問い直されることになったのである。

第三に、原子力発電所の安全を含む、核物質の安全である。ウクライナ問題では、従来の「核セキュリティ」とは異なる問題が提起された。従来の核セキュリティの議論では、2022年に発生したような、国家の正規軍が民生用の原子力施設を破壊し、その施設に保管されている使用済み核燃料などを収奪するなどの問題は想定されていなかった。さらに、ロシアは侵攻を正当化する際、ウクライナがその国内の原子力発電所で秘密裏に核兵器の開発を実施していたとの疑惑をかけ、軍事介入の正当性を主張したものである。

これら核問題は、戦略論や軍備管理軍縮など複数の学問領域に関わる問題であり、それぞれの研究分野の専門家が個別の観点から議論を展開してきた[3]。ただ、核兵器国の関わる戦争における核の問題は複合的危機であり、それを個別の研究分野を基本として説明すると危機の本質を十分に理解できない場合がある。そこで本章では、核問題を分野横断的に考察し、ロシアの戦争目的と、それに対する西側の対応を中心に検討するものとする。

1、ウクライナ「戦争」における核の意義

ロシアの核ドクトリン

ロシアによるウクライナ侵略では、2月末にロシアが「特別軍事作戦」を宣言した段階以降、核兵器使用のリスクが指摘されてきた。事実上の宣戦布告となった2月24日のプーチン大統領のテレビ演説でも、ロシアの利益の保護の重要性が強く打ち出され、その後核抑止部隊を「特別戦闘任務態勢」におき、戦略核を警戒態勢におくとも宣言している。

ロシアは核抑止を「国家の主権および領土的一体性、ロシアおよびその同盟国に対する仮想敵の侵略の抑止」のための手段と位置付けており、2月24日以降の事態の進展のなかで、ロシアが核兵器と通常兵器を組み合わせた態勢により、ウクライナの占領（戦争目的は、その後の展開の中で当初の想定からは変化していった）に向けて攻撃を開始したのである。

これに対する欧米の対応は、戦争の抑止の観点からは、不思議な対応になった。バイデン大統領は、「NATOの領域に1インチも触れさせない」としながら、「第三次世界大戦は起こさない」と発言し、解釈によってはロシアのウクライナ侵攻を一部容認すると取られかねない対応をとっている。

確かにウクライナはNATOの一員ではないため、

その防衛は第5条に基づく共同防衛の対象ではない。ただ、地政学的にはウクライナはロシアとNATOの間の緩衝国であり、同国に対する双方による軍事的な関与が、大規模な対立を誘発するリスクは大きい。そして、そのリスクの中に、核兵器の応酬にまでエスカレートすることが含まれることが、国際社会の大きな懸念として浮上したのである。

NATO側がロシアによる核兵器使用を恐れた理由は、戦況の変化により、危機における安定性が損なわれる可能性があったためと理解することができる。ロシアは核兵器を抑止目的だけでなく、防衛目的で使用するドクトリンを採用しており、NATO側は、その関与がロシアによる核兵器の反撃を正当化し、それがエスカレートするリスクを重視した。バイデンの発言は、ウクライナ侵攻の容認ではなく、危機の安定性を確認する目的であったのだろう。

危機における安定性と戦略的安定性は密接に関係している。戦略的安定性は、米国では危機において最初に核兵器を使用するインセンティブが欠如した状態が前提となる。冷戦後、それまでの軍備管理軍縮条約が失効するなかで、各国は核兵器の近代化を含む軍事力の増強に向かうと共に、サイバーや宇宙空間など、新たなドメインでの競争も進行している。

戦略レベルでの核抑止の安定性が達成された状態では、全面核戦争へとエスカレートしない通常兵器による軍事作戦の発生の可能性を高めるとされる[4]。これは、「安定—不安定のパラドックス（stability-instability paradox）」と呼ばれる現象である。ウクライナ問題では、ロシアが全面核戦争の可能性を示唆しながら、核兵器保有国以外の国を舞台とした「限定戦争」を戦うという現象が見られた。これを日本国際問題研究所軍縮・科学技術センター所長の戸崎洋史氏は「逆」安全保障のパラドックスと呼んでいる[5]。

ロシアの核恫喝

ロシアが死活的な利益とみなすウクライナにおいて、危機における安定性を考慮せず、戦略的安定性の崩壊の可能性を「恫喝」しながら戦争を実施したことは、戦略論にとって新たな課題を提示するものになったのである。

ただし、これは実際には、ロシアの計算間違いの可能性が高いようにも見える。ロシアとしては、2014年のクリミア危機などを参考に、ウクライナ問題への米国およびNATO諸国の対処の内容を予想し、彼らがウクライナを死活的な利益ではないとみなすことを見越し、限定戦争が可能であると判断した可能性は高い。

ロシアの対ウクライナ作戦では、戦争開始直後にウクライナが降伏（ゼレンスキー大統領の政権交代）するなり、キーウを占領するなりの「成果」を想定していたとされ、東部戦線を除いて、ウクライナを占領統治する準備は不十分であったとされる。(6) 短期決戦でウクライナの妥協を引き出す上で、米国および欧州諸国がウクライナは死活的利益に関わるものではないと、最初の段階で判断することが、戦略的安定性に影響を与えず、限定戦争に勝利するために不可欠である。

さらに、ロシアがウクライナ東部のドンバス地方のロシア系住民の保護を訴え、バルト三国などの旧ソ連地域のロシア系住民にまで市民権を与えるとしたことで、国際社会はロシアの核兵器のドクトリンにおける「ロシアの防衛」の範囲が拡大する可能性を懸念した。つまり、ロシアがロシアの「領土」として防衛関与する可能性が拡大したことで、核ドクトリンにおける曖昧性の効果が高まった。たとえば、ロシアが占領状態にあるクリミア半島をウクライナが攻撃することは、ウクライナの国内を占領している勢力へのウクライナの抵抗活動なのか、ロシアに対する主権国家同士の戦闘なのか、実態が曖昧になり、ロシアの核兵器使用のハードルが下がるリスクが認識されたのである。

このような状況に対する危機感が高まり、米国や欧州諸国は、すでにNATOに加盟したバルト三国や、ロシア系住民を抱えるポーランドなどの東欧諸国の安全保障を重視する必要が生まれた。これをロシア側から見ると、国際社会のウクライナへの関与が一層弱くなると考えても不思議ではない。

すなわち、2008年のジョージアや2014年のウクライナのクリミア半島での作戦のように、短期決戦での勝利と、介入阻止を図る上で、米国および欧州諸国の黙認を引き出すことが、戦略的安定性に影響を与えず、危機を通じてロシアが利益を得る最善の方策だった。

そのように考えると、ロシアが戦況の見通しを誤ったこと、そしてロシア軍が効果的にウクライナで当初想定した作戦を実施できなかったことが、結果的にロシア側の核の恫喝の意味を混乱させたことが理解できる。

核恫喝の目的

前述の通り、プーチン大統領やロシアの政治指導部による核の恫喝は、国際社会に深刻な懸念を引き起こしたのは事実である。ロシアにすると、そのような懸念が発生することで、米国を含めた国際社会側に、軍事介入を差し控えるべきとの世論が醸成されることを狙ったのだろう。

ウクライナ戦争のいわゆる第一段階において、欧米諸国や国際社会が実施した軍事援助の内容が「抑制されたもの」であったことが、その効果の一部だったと解釈できる。そして、米国や欧州諸国がウクライナ側に立ち、軍事援助を中心に、間接的な介入を決意する前に、ウクライナに降伏を受け入れさせることが、危機をエスカレートさせないまま、勝利を獲得するために必要であった。

しかし、事態はロシアにとって好転しなかった。国際社会はロシアの一部銀行のSWIFT排除を含めた厳しい経済制裁を科し、ウクライナへの支援を表明した。ゼレンスキー大統領個人を先頭に、ウクライナ側の国際社会へのSNSなどを通じた呼びかけも効果を上げ、軍事面での支援も集まり、ウクライナ側はロシア軍を撃退していった。正確には、ロシアが短期的にゼレンスキー政権を崩壊させることに失敗し、ロシアに対抗する体制が構築されるのを許したのである。

ロシア側にすると、米国やNATOの直接的な軍事介入は核の恫喝などを通じて抑制できたが、抑制している間に勝利を収めることができず、間接的な軍事支援などがウクライナ側を強化するなかで、危機の安定性が回復していった。そうなると、ロシアによる核の恫喝の実効性は下落し、米国を中心とする国際社会は、核兵器による反撃の蓋然性に深刻な脅威を感じることなく、ウクライナを支援することが可能になったのである。(7)

ロシアがウクライナ北部より敗走を重ね、東部地域の確保とクリミア半島との陸の回廊を確保する戦略に転換した、いわゆる第二段階に移行してからは、ロシアによる核の恫喝の意味が変化した。

第一に、ロシアはウクライナでの敗北を阻止し、これまでに成果を勝ち取ったドンバス地方やクリミア半島などを確保するために、ウクライナに対して戦術的な意味で核兵器の使用を示唆し、その反撃を抑制して停戦を受け入れさせるための核兵器の使用が想定された。この場合、ウクライナに対する限定的な核兵器の使用が、ウクライナの戦争継続意欲を破壊することに加え、米国などの核兵器による報復攻撃を招かないことが保証される必要がある。NATO側の核兵器の使用の可能性として、戦略兵器の応酬にまでエスカレートしないにしても、米国や欧州側が第二撃として、報復的な意味でベラルーシなどへ警告的に核攻撃をする可能性も指摘された。5月に開催されたCSTO会議において、ベラルーシのルカシェンコ大統領のロシア支持の姿勢が明確に見られなかったのは、この状況に対する懸念があったとも推察できる。

第二に、米国および国際社会によるウクライナへの軍事支援が、第一段階における内容から、遠距離打撃が可能な榴弾砲などへと変化していくなかで、ロシアはこれを防止するために、核兵器の「運用」に依存する必要が生まれているのではないかとする懸念が生じた。核抑止の安定性に対する脅威は、攻撃に対する核兵器システムの脆弱性であり、冷戦期は相手側の第一撃能力がその実質的内容であった。第一撃に対する残存性を高める上で、非脆弱な第二撃能力を保有する必要が生まれ、SLBMへの依存が高まっていったのである。

危機における安定性に対する一つの脅威が、「武器競争の安定性（arms race stability）」である。戦略論において、武器競争安定性は核兵器の数と種類、そしてその配備状況に注目してきた。さらに、戦略関係を不安定にさせる可能性がある通常兵器などの配備も、その関心の枠内にある。

ロシアの戦略的脆弱性

ウクライナの状況では、米国と欧州諸国の核能力や配備体制に大きな変化はなく、むしろ米国は新型ＩＣＢＭの実験を抑制するなど、米ロ間の核抑止体制の安定化に注意を払っている。むしろロシアは、新型核ミサイルの実験を実施し、極超音速ミサイルの実戦での使用を実施するなど、武器競争安定性の不安定化を促進した。ただこれは、ロシア側がＮＡＴＯ諸国に危機における安定性を確認させる目的があったと推察できる。

ロシアにとっての脅威は、国際社会がウクライナに提供した軍事援助の内容と量であった(8)。ウクライナ侵略の緒戦において、トルコ製の無人機ＴＢ２が効果的にロシア軍の大隊戦術群（ＢＴＧ）を撃破したとの情報は広く伝えられ、米国の提供したジャベリンやスティンガーがロシアの戦車や装甲車を破壊する映像が拡散された。これら地上戦での敗北が、ドンバス地方やクリミア半島での敗走まで連続し、元々の戦争目的にまで影響が及ぶことをロシアは恐れていた。このため、プーチン大統領やメドヴェージェフ国家安全保障会議副議長などは、繰り返し米国や欧米諸国がウクライナに軍備を援助しないことを呼びかけている(9)。

国際安全保障の観点からは、ウクライナ側の軍事的反撃が成果を上げ、ロシア本国の核兵器システムの運用にまで影響を与えるような事態になると、ロシアの戦略的脆弱性が高まり、ロシアが米国とＮＡＴＯ諸国の第一撃に脆弱になると認識するような事態にまで発展することが懸念される。

これはすなわち、ロシアが先制核攻撃を実施するインセンティブが高まることになる。もちろん、プーチン大統領の退陣もしくはクーデターによる政権混乱も、核の危機を高めることになる。また、プーチン大統領の失敗に便乗して、NATO諸国が、ロシアによる核の恫喝を口先だけのものと楽観し、実際には使用する意思がないとみなしてロシアに対する圧力を強める場合にも発生する可能性がある。

このように、戦争全体を俯瞰すると、ロシアの「緊張緩和のために緊張を高める（escalate-to-deescalate）」戦略は、緒戦から第二段階に至る戦争の過程で、ロシア軍がウクライナ侵略での目的達成に失敗した結果、大きく修正を余儀なくされている。そして、緊張を高めても緊張緩和につながらない場合、ロシアはウクライナが停戦を受け入れ、また米国やNATO諸国に軍事援助を停止させるため、さらに緊張を高める必要に迫られる。もしロシアが米ロ間の戦略的安定性を重視するのであれば、核兵器の使用が全面的な核戦争にエスカレートしないような手段を選択する可能性も否定できない。

2、核兵器使用の可能性について

エスカレーションの回避

前項では、ウクライナ侵攻において、ロシアの政治目的が戦況の変化に応じて変化し、それにともなって核兵器使用可能性と、その対象が変化する可能性を説明してきた。

プーチン大統領が「核のタブー」を侵す可能性については、様々なシナリオの中で検討される以上の議論はできない。しかし、ウクライナにおけるプーチンの冒険主義的行動と、計算違いの戦況の現実を考えると、示威的な目的で、核兵器を含む大量破壊兵器を使用する可能性が出てくることを検討する必要がある。

ロシアによる大量破壊兵器使用に対する米国や欧州諸国の反応は、必ずしも明確にされていない（2022年5月末）。しかし、限定的で示威目的の核兵器使用でも、米国と欧州諸国側の真剣な反応を招く可能性があることを伝えることが、ロシアの核兵器使用を防止する目的に適うとの認識は、バイデン政権内でも共有されているようである。さらに、米軍とロシア軍の最高司令官レベルで、核兵器などの使用の人道的問題点についても意見交換を実施し、もしプーチン大統領の指令がきても服従しないように呼びかけることも重要であるとされることもあった。

危機の安定性は、エスカレーションを回避することに対する合意をもとに、双方が許容可能な行動に関する対話を実施することによって得られる。ウクライナでの戦いが継続し、ロシアとウクライナ双方の停戦条件で合意が図られないなかで、危機の安定性と、軍備競争の安定性の双方が損なわれた状況の継続が戦略的には大きな脅威となる。

米ロ双方には、戦略的安定性を危機に陥れるインセンティブはないように見えるが、危機の演出がロシアにとっての戦術的な立場を強化する可能性が否定しきれないため、最終的にはプーチン大統領の戦況認識と、この戦争でロシアが獲得できる成果が影響することになるのだろう。

核問題に対する懸念が継続するのは、ウクライナ侵攻と同時にプーチン大統領がロシアの核兵器を戦闘準備態勢へ移行させ、それを解いていないためである（2022年5月時点）。これは抑止の安定性とは異なる政治的な問題である。

ロシアは約2000発の戦術核弾頭を保有し、通常兵器の運搬システムで運用されているとされる。このため、通常兵器による遠距離攻撃は、場合によっては核兵器に換装されるため、核兵器の運用上のハードルは低いとされている。憂慮する科学者連盟（FAS）によれば、ロシアが保有する核兵器搭載可能な短距離ミサイル・システムは、SS-N-30（カリバー・ミサイル）とSS-26ストーン（イスカンデルM）とされている。SS-26ミサイル・システムの射程距離は400から500キロである。[10] 2S7ピオン自走カノン砲の派生型の2S7マルカも、核砲弾が搭載可能である。

核兵器の認識の違い

ロシアの核兵器運用を恐れるべき理由は、戦術核兵器に対する価値観の相違もあるとされる。核兵器については、米国や欧州諸国のように抑止目的の兵器とみなす場合が支配的であるが、ロシアの場合は規模の大きな通常兵器であるとの見方をしているとも指摘される。プーチン大統領を先頭に、ロシアの政治指導部が核の恫喝を繰り返すたび、国際社会において核の危機が指摘されるのは、ロシア側がＮＡＴＯ側との核兵器の認識の相違を意識しているためと指摘される。西側諸国が核兵器の使用を恐れることを知るロシアにすると、西側の恐怖が最大の武器ということになる。

すでに述べたように、プーチン大統領は、自身のウクライナ戦略が回復不能な失敗に向かいつつあると判断する場合、状況を変える目的で、あるいは敗北を回避する目的で核兵器の使用を検討する可能性がある。

重要な点は、どの時点でプーチンはそれを判断し、どの程度の攻撃を、どの対象に加えるかという問題である。そして、その後のエスカレーション・コントロールに、プーチンおよびロシア側がどれだけの自信を持っているか、という点も考慮する必要がある。

ただし、地理的な条件から考察すると、ロシアがウクライナに対して威嚇目的を含めて核攻撃を加える可能性は低いだろう。ウクライナは東部でロシアと国境を接しており、北部にはロシアの友好国のベラルーシが存在する。１９８６年に大規模事故を起こしたチョルノービリ原子力発電所は、ベラルーシとの国境に接しており、事故の際はベラルーシ側にも被害が広がっていることから、この場所で新たな事故が生じると被害は周辺国に拡大することは確実である。

特に、第二段階の作戦で焦点となっている東部地区や、クリミア半島と東部地区を結ぶ陸の回廊地区は、アゾフ海と黒海に面しており、もし核攻撃を行った場合は広範な放射能被害が発生することが予想される。一般的に自国や自国の影響力圏に重大な影響が及ぶ戦術をとることは、合理的には考えられない。ザポリージャ原発は、ウクライナの東部三州とクリミア半島に近接しており、気象条件などによっては、事故の被害はロシア側で甚大になる。
しかし同時に、プーチンは大量破壊兵器などの使用では、「非合理的」な政治指導者としての評価もある。そもそも、国際社会にすると、ウクライナ侵攻自体が非合理的な決断に見えるし、2002年のチェチェン共和国の独立派武装勢力によるモスクワ劇場占拠事件で非致死性ガスを使用し、内部のテロリストと人質を全員殺害した件や、ロシアの反政府活動家などに対する「毒物」の使用などの例を考えると、プーチン政権は西欧社会が共有する人道性を共有していないように見える(11)。

合理的に考えると、ロシアがNATO諸国の一部に対して核攻撃を行うことは、西欧諸国や米国の軍事介入を招く可能性があるため、合理的には選択しないと考えられる。しかし、すでに非合理的と考えられるウクライナに対する戦争の強化を進めており、今後核兵器の使用を完全に否定することはできないのである。

ウクライナ領内で核兵器を使用する場合、放射能の被害はロシアやロシアの影響力圏に及ぶ可能性が高く、ウクライナの穀倉地帯が汚染されて世界の食糧安全保障に重大な影響を与える可能性がある。その場合、重要な輸出経済手段を奪われるウクライナの復興は極めて困難になる。いわば、ウクライナに対する焦土作戦を選択する可能性は、プーチン大統領が自身の国内政治上の立場に影響が及ぶようなロシアの敗北を回避する場合、ロシア軍の被害が甚大になり、ロシア国民がウクライナに対する象徴的な意味を持つ報復行動を支持する場合、そして、ロシアによる「計算間違い（miscalculation）」が起こる場合などで発生するであろう。

「計算違い」を予想することは困難である。しかし、その事態が発生する条件は、プーチン大統領が、NATO側は事態を拡大させないという意思を、たとえ戦線が拡大しても持ち続けると確信する場合であろう。

NATO諸国は、バイデン大統領が「NATOには少しも触れさせない」と発言したように、ウクライナに対するロシアの侵略のレッドラインを明確にしている。このメッセージはロシアにも明確に伝わっていると考えるのが妥当である。このためウクライナの抵抗は欧米諸国の軍事支援に助けられていることが明確であるにもかかわらず、ロシアはそのNATO側の兵站拠点を攻撃していない。

プーチン大統領をはじめ、ロシア政府側はウクライナへの軍事支援を過激な言葉を用いて批判し、その一部には核兵器の使用をほのめかしていると推測できるものの、政治的な挑発や経済制裁にとどまり、少なくとも2022年の中頃まで具体的な措置には踏み切っていない。

ロシアにしても、威嚇の実効性を高めるために核兵器を使用しても、米国と対峙するような戦略的なレベルにまで事態が拡大した場合、ロシアとNATOの双方共に、核兵器を使用する対立を鎮静化する均衡点が見えにくいことを理解しているのであろう。

3、ウクライナ侵略と原子力発電所の安全問題

想定されなかった原発への攻撃

核問題で注目された問題として、侵略時における原子力発電所の安全問題がある。

ロシアのウクライナ侵略において、キーウ攻略の侵攻路の一つが、ベラルーシからドニプロ川を南下するルートであった。ロシア軍は第一段階の作戦初期において、チョルノービリ原発を占拠し、周辺の「赤い森」（チョルノービリ原発事故の際、放射能を帯びた廃棄物を埋めた場所）などに宿営地を設けたとされている。チョルノービリ原発は操業が終了して廃炉作業に入っており、使用済み核燃料などの管理が重要な業務となっている。

操業が終了した原子力施設をロシアが狙った理由として、ウクライナが秘密裏に核兵器開発を行っている証拠を「発見」することだとされた。(12) 原発における核

セキュリティでは、テロ組織が原子力施設に侵入し、放射性物資を入手して、放射能の拡散による攻撃を目的とする「ダーティー・ボム」を使用することを警戒し、使用済み核燃料などの管理が厳格に実施されている。合理的ではないが、もしロシアが「ダーティー・ボム」を製造し、その使用を検討するのであれば、自国の原子力施設に貯蔵される物資を使用すればよい。ただし、放射性物質のシグニチャーにより、偽装は解明される可能性が高い。したがって、ロシアによる「ダーティー・ボム」の活用は想定しにくいため、ウクライナの施設の物資を使用して、同国が核セキュリティに重大な抜け穴を作っており、それに対応するための軍事侵攻を正当化する目的があったと推測することができる。

　もう一件発生した原子力発電所に対する攻撃は、ウクライナの電力供給を標的としたものであると推定される。ロシアは3月4日には、ザポリージャ州のエネルホダルに存在するヨーロッパ最大の原子力発電所（ザポリージャ原発）を攻撃し、訓練施設などを攻撃し、同日には制圧している。

　ザポリージャ原発には6基の原子炉が設置されており、ウクライナの電力の5分の1を供給するヨーロッパ最大の原子力発電所であった。原発はエネルゴアトム社によって操業されており、攻撃された際には1基が60パーセントの出力で操業中であったが、被害は発生しなかった。(13) ロシア占拠後、原発施設にロスアトムの技術者が入り、操業を継続している。

　チョルノービリとザポリージャへのロシアの攻撃は、IAEAを含め、国際社会では想定されなかった攻撃であった。ただし、IAEAは両原子力発電所を含め、ウクライナにおける原子力発電所の状況は遠隔で把握しており、その後も定期的に放射線のモニタリングの結果などの分析報告書を公表している。

　原子力発電所に対する攻撃という事態を受けたIAEAの対応は早かった。IAEAの事態と緊急センター（Incident and Emergency Center: IEC）は、ウクライナの国家原子力規制査察官（State Nuclear Regulatory Inspectorate of Ukraine1: SNRIU）より、ロシアのチョルノービリ攻撃直後から連絡を受け、その直後に対処方針を決定している。それらは、施設の物理的防護施設の保護や、原子力安全措置の維持、ウクライナ側からの定時連絡など、7項目に及んでいる。(14) SNRIUからは、それに従った対応がなされたことに加え、IAEAはロシア占拠中と退去後の3月と4月にウクライナに代表団を派遣し、状況の把握と、支援の提供などを行い、核施設のセキュリティには問題がないことを確認している。

不安定な状態にあるザポリージャ原発

チョルノービリの占拠は、3月末にロシア軍の撤退で終了し、ウクライナ側が再び管理を取り戻している。占拠された間、ロシア軍は原子力発電所の管理について、ウクライナ側の要員に連続的に実施させている。この間、IAEAが設定した7項目のうち、4項目に深刻な危機があったと認定され、特に原発施設の管理要員が実質的に拘束され、2月の侵略から要員交代が可能になった4月19日まで、通常の交代なしに連続して管理にあたることになったことが大きな問題とされた。

チョルノービリでは、3月9日から14日の間、占拠された後、原子力施設に対する電源供給が停止され、占拠された後、約3週間の時点でIAEAとの通信が一時、遮断されている。通信遮断の理由は不明だが、通信回復の見通しが立たない状態での遮断が続いているため、核施設のセキュリティに重大な事態が発生する懸念が出されたのも当然である。しかし、IAEAがモニターしている施設近辺の放射能レベルは、車両などの移動による砂塵の巻き上げなどが理由と推定される放射能濃度の上昇以外にはなく、それは深刻な変動とはみなされていない。(15)

ザポリージャ原発の施設に対する攻撃は、原子炉から数百メートル離れた訓練施設と、実験研究施設（管理棟を含む）に対して行われた。のちに、原発の変換器にも被害が及んだことが判明した（直後に修復された）。ただし、放射性物質の管理施設に対する被害はなかった。操業中の原発に対する軍事攻撃の例は少なく、ロシアも原子炉の破壊を目的に攻撃を加えたわけではないだろう。ロシアがザポリージャ原発を操業停止に追い込むことを目的にしていたかは不明であるが、攻撃直後に原発施設はロシア軍の管理下に置かれ、数日後にはロスアトムの関係者が指揮命令系統の上位に位置づけられた。

ザポリージャ原発では、エネルゴアトム社の関係者による通常の管理運営は続けられているが、ロシア軍やロスアトムの関係者との軋轢が、管理の状態を損なうのではなかと懸念されている。実際、ウクライナの原子力庁の関係者との連絡手段が制約されており、電力供給も不安定な状態に置かれている。

ザポリージャ原発施設は4本の750キロボルトの外部電力ラインが存在したが、ロシア軍の攻撃により2本が破壊されたとされている。また、外部電力が喪失したとしても、冷温停止に必要な電力は、原発内の20基の緊急ディーゼル電源によって賄われる予定であるが、この管理運営状態に対する情報がＩＡＥＡには正確に伝わっていない。外部へ放射能漏洩がないことは、ＩＡＥＡのモニタリングで確認されているが、いずれにせよ不安定さを含む状態に置かれている。

7月中旬に、ザポリージャの原子炉の近くにロシア軍が軍事施設を建設していることが報じられた。[16] ザポリージャの原発施設はロシア軍に占拠されているが、ザポリージャ州自体はウクライナが優勢を保っている。このため、ロシアは原発施設を「盾」とすることで、ウクライナによる反撃を封じ込めることが目的と考えられる。もしそうであれば、原発施設を防衛目的で使用する最初の事例になるのではないだろうか。

4、危機はどのように発生するのか？

大規模な環境破壊

もしロシアがウクライナ侵略で核兵器を使用した場合、それはどのような危機となるのであろうか。

歴史上、核兵器が使用された事例は、第二次世界大戦の最終局面で、日本の降伏を促す目的で米国が広島と長崎で使用した二例のみである。広島と長崎での核兵器の使用は、戦争の最終局面で日本に降伏の決断を求めるものであると同時に、ソ連に対する牽制を含め、複数の目的の存在が指摘される。この使用方法を、一般論として、政治的な使用と表現してみよう。

それ以外で核兵器の使用が検討された例として知られるものとしては、朝鮮戦争において中国の介入を阻止することを目的に、中国東北部に集結した兵力を壊滅することを目的に米国が使用を検討した事例が知られる。さらに、ベトナム戦争において、北ベトナムの兵力に対して使用が検討された事例も存在する。これら使用の検討の際には、いずれも軍事介入を抑制することを目的とする軍事作戦の一環として考慮された。

過去の事例を単純にウクライナに当てはめるとすれば、ロシアが核兵器を使用する場合、ウクライナの降伏を促すために使用するか（戦争の終結局面での使用）、ウクライナ側の軍事施設などを攻撃して、兵力削減を目指す作戦の一環として実施されることになる。これらの事例で考慮すべきは、いずれの目的で使用したとして、ロシアはその政策目的を達成することができるかどうか、である。

可能性がある状況としては、キーウを含め、ウクライナの主要都市を単発で核攻撃した場合、ゼレンスキー大統領がロシアによるウクライナ殲滅を恐れて、戦争の終結を受け入れるかどうかが焦点となる。現実には、ウクライナの地理的な条件を考えると、ウクライナに対する核攻撃は大規模な環境破壊を引き起こし、放射能汚染はロシアの占領地のみならず、ロシア本国にまで影響が及ぶ可能性がある。

それに加え、もし爆発力の小さい核兵器を使用した場合であっても、国際社会の反発を招き、ウクライナも強硬な姿勢を維持することになり、ロシアは戦略的な目的を達成できない場合も考えられる。原子力発電所の破壊などを行った場合、発生する放射能被害が管理不能になることも想定されるため、政治的な利益はコストに見合わないだろう。

ロシアが核を使う時

ただし、ウクライナの軍事施設や、集結した部隊などを標的とする限定的な核兵器の使用は、ロシアに軍事的な利益をもたらす可能性はある。ウクライナの戦力は欧州諸国をはじめとする国際社会の支援に支えられている面があり、その物資の集結地点や兵站を攻撃することは、ウクライナ側の攻撃力を大きく削減するものになる。ただし、兵站や補給の拠点がウクライナ国外に存在する場合もあり、もしそれらまでも標的にした場合、NATO側への核攻撃を敢行することを意味するため、事態は不本意に拡大する危険がある。そして、それを核兵器で攻撃する合理性があるかどうかが問われることになる。

軍事力を標的とした核攻撃の可能性も考えてみよう。ウクライナ側の攻撃は散開した部隊である場合や、榴弾砲などでの攻撃を機動的に実施している場合などがあり、これら部隊を標的にして、たとえ小規模な核攻撃を行った場合、効率は悪く、民間人に被害が出る可能性が高い。このように、ウクライナ側の部隊の集約度を考えるとき、必ずしも核兵器は有効な選択肢ではない。ただし、ウクライナとロシアの軍同士の衝突では、軍事力の一定程度の密集が発生すると予想できるし、司令部を攻撃するケースにおいても、核兵器の有用性は考慮される。

したがって、ロシアが核兵器を使用する場合、これまで見られた核兵器使用（もしくは検討）の事例とは異なる理由で用いられる可能性が高い。前述したように、開戦前のロシアの核兵器使用では、「沈静化させるためにエスカレートさせる」戦術の一部として、核兵器使用の恫喝を行う、と指摘する見方があった。もしこの戦術が継続しているのであれば、ロシアは核攻撃に至る前に準備体制や攻撃態勢をウクライナやNATO側に示威的に示した後に、実際の核攻撃を検討するだろう（実際に攻撃するかどうかは政治的指導者の直感に左右されるため、攻撃決断に明確な基準があるわけではない）。

その目的としては、第一に、ウクライナ側の抵抗を無力化すると共に、欧米諸国のウクライナ支援を停止させるための使用が考えられるだろう。第二に、もしロシアの核兵器使用に関する欧米諸国の論調を参考にすると、「ロシアが恥辱を晴らす」形での使用も考えられる。

第一の危機は、分解して考える必要がある。ウクライナ側の無力化は、軍などの抵抗力を無力化する場合と、ウクライナ国民がこれ以上の被害を受忍《じゅにん》できないと感じるようになる場合の二つの状況で生まれる。これらはロシアによる核兵器による先制攻撃（先攻攻撃）が前提にあり、それによってウクライナ側が無力化されることが見通せる場合に核攻撃は選択肢として採用されるだろう。それに対して欧米を中心とした国際社会のウクライナ支援の停止は、必ずしも核兵器による攻撃を前提とせず、核の恫喝の「実効性」に関わる問題となる。ロシアによる「核の恫喝」は、核兵器の脅威の実効性が高いことを、確実に相手に伝えることができるかに左右される。ただし、脅威の実効性を追求すると、核戦争の危機を高める効果がある。

第二の危機は、ロシアがあらゆる制約を考慮せず、核兵器を使用することが政治的に必要と判断する場合に生まれる。ウクライナ戦争で、どのような状況でロシアが恥辱を感じるか、確実なものはない。しかし、ロシアが客観的な状況判断によって敗北を認識し、プーチン政権の政治基盤が脅かされると感じる場合、それを恥辱と認定することが想定される。具体的には、今回の戦争の目的と規定した、ウクライナ東部の支配権を喪失する、オデーサに向けた黒海沿岸の陸の回廊の支配を奪還される、重要施設の破壊を含め、2014年以降獲得してきた領土や権益を失う（たとえばセバストポリを失う）、さらにはウクライナからロシア領内に対する攻撃により、国境付近での軍事的な優越性を喪失する、などが考えられる。ただしこれは、状況の変化とともに新たな要素が加わり、逆に政治的な意味がなくなるであろう。

ロシアが示威目的を含め、核兵器を使用する事態が発生すれば、プーチン政権の下にあるロシアが国際社会に復帰することは確実に困難になる。そして、ロシアによる使用の状況によっては、NATO側が核兵器の使用を含め、何らかの形で反撃しないとすれば、「核の傘」の信頼性が傷つく。しかしそうなると、核のエスカレーションを管理するという、これまで実践されたことのない事態に国際社会は直面することになるのである。

5、ウクライナ戦争と核戦争のリスク管理

通常兵器の劣勢を核兵器で挽回

米欧の政治指導者は、ウクライナを超えた場所への事態の拡大には双方にとって利益はないと、繰り返し表明してきた。戦争がウクライナの領内に留まる限りにおいて、ウクライナとロシアは、支配地域をめぐる一進一退の消耗戦を戦うことになるだろう。NATO諸国の軍隊がウクライナ領内で直接的に戦闘に関わることは想定されておらず、そのような事態にまで発展することを、ウクライナの政権担当者を除き、望む政治指導者は当面存在しないだろう。

国際社会の多くの国は、ウクライナにおける戦争は、ウクライナ領内で通常兵器により戦われることに利益があると考えている。そして、そのための支援を継続することで、その他の地域に戦争が拡大することを予防しようとしている。NATOへの加盟を申請したフィンランドとスウェーデン、あるいはロシアの核兵器関連の拠点の一つであるカリーニングラードに対峙するデンマークも、ウクライナに関連した戦況を打破するため、ロシアが北欧諸国に攻撃や圧力の矛先を向けることは避けたいと考えるだろう。

ただしそこには大きなリスクが存在する。軍事力の性能を基準に比較を行うのは困難であるが、NATO諸国は通常兵器のレベルでロシアを上回っており、通常兵器を用いた支配地域の確保をめぐる消耗戦を継続すると、ロシア側は欧米諸国の支援を受けるウクライナに対して、長期的には劣勢を強いられることになる。もちろん支配地域を奪還するためにはウクライナ側に強大な戦力が必要になることは言うまでもない。

しかし、戦線を膠着させ（これ以上のロシアの支配地域の急速な拡大を阻止し）、漸進的な事態の進展の管理にウクライナ側が集中するのであれば、長期的に

ロシア側の戦力の枯渇が予想される。もちろん、ロシアに対して一部の国家が軍事的支援を実施する場合は、ロシアの戦争遂行能力は維持される場合も考えられる。

しかし、ロシアの同盟国であるベラルーシも十分に軍事支援を実施しておらず、ロシアはほぼ単独で戦争を実施していることは、ロシアが大きなリスクを抱えていること意味する。加えて、経済制裁により、武器増産に必要な半導体などの入手に困難をきたしている状況や、国家総動員令を出して、国内資源の動員を図ることも政治的に難しい状況にあることを考えると（9月には部分動員令が発令された）、ロシアにとって残された手段の一つとして、核兵器の活用する誘惑に駆られる可能性はないとは言えないだろう。

通常兵器での劣勢を、核兵器で挽回するというのは、冷戦期のNATOの戦略の一つであったが、ウクライナ戦争ではロシアがその戦略を真剣に検討する事態に直面しているところに、今回の戦争の特徴の一つがある。そして、通常兵器でロシアを追い詰めると、事態の拡大が偶発的に破滅的な全面戦争に至ることをNATO側が特に懸念している点に、ウクライナ戦争の課題がある。

つまり、ロシアの核恫喝に対抗する手段に制約があるのである。このような懸念を、ロシア側も共有しているかは不明であるが、合理的に考えると、全面核戦争を回避することにロシア側にしても利益があることが予想され、事態の管理を進めることが必要な局面が生じているのも事実である。

安全保障秩序の再構成

そこで問題となるのが、ウクライナ戦争をどのように終結させるかという問題である。前述のように、ロシア側は恥辱を感じる場合に核兵器の使用を検討する可能性がある。しかしウクライナは、2014年以来のロシア側の攻勢が、今回の戦争の結果がどうなったとしても、将来において二度と発生しないとは考えないだろう。ロシアが国力を回復すれば、再び軍事的恫喝や侵略を再開させる可能性を懸念するのは当然である。

したがって、ロシアに占領された地域を残したままの停戦や、ロシア側に何らかの譲歩を強いられる場合は、ウクライナはNATOに対して安全の保証を求めることも選択肢に入る。その選択肢には、たとえ現実的ではないにせよ、NATOの加盟までも含まれるだろう。

NATOにすると、ウクライナをめぐる核問題は、今回の戦争のエスカレーション管理に留まらない。それは、将来の欧州の核兵器の均衡のあり方まで考慮した、安全保障秩序の再構成が必要な事態へとつながるものなのである。

ロシアにすると、ウクライナのNATO加盟は当然として、同国が何らかの形で米国などの核の傘の下に入ること自体も脅威と感じることになる。ロシアが核のエスカレーションを望まない場合、ウクライナがNATOの核の傘に下に入ることは、ロシアの従来の戦略の有効性が失われることを意味する。このため、ロシアは少なくとも政治的には核戦争のリスクを高めることで、欧州側の危機感を醸成する以外に手段を持たないことになる。

ロシアの抵抗手段は、ロシアと欧州のエネルギー安全保障のあり方にまで及ぶだろう。石油や天然ガスの供給に対する欧州諸国のロシア依存は、ロシアの政治的な武器となる。2月の侵攻前から、クリミア問題において日本や欧米諸国はロシアに対して経済制裁を科してきた。侵攻後は、ロシアの主要銀行の一部をSWIFTから排除し、ロシア政府関係者の資産凍結をするなど、広範な経済制裁を強化してきた。しかし、欧州諸国のロシアへの一次エネルギーの依存体制は構造化しており、制裁強化と同時にエネルギー依存の脱却を図るのは困難な状況である。ロシアは、一部の欧州諸国のエネルギー事情を利用して、圧力の緩和を図り、NATO諸国内の足並みの乱れを利用しようとしている。

ロシアに対する経済制裁や、欧米諸国のロシアへのエネルギー依存の脱却は、広義な意味で経済戦争と規定することが可能であろう。歴史の中で、欧米諸国は数多くの経済戦争に関わってきたが、ウクライナ戦争で見られるような、核戦争のリスクの下で展開する経済戦争では、従来とは異なる政治的計算が必要になる。

ロシアは経済戦争をエスカレーションの初期段階と規定し、その強化に対する安全保障上のリスクを明言するのに対し、欧州諸国は軍事対立を回避するための手段として経済戦争を位置付ける。このギャップを踏まえ、欧州諸国側は、エネルギー依存の維持などにより、ロシアの懸念を和らげることが可能になると主張を正当化し、制裁の緩和を求めるようになるだろう。

このように、ロシアは経済戦争を核戦争に至る一つの段階として認定し、それに対する反発と、エネルギー問題に対する欧州諸国側の弱みを、エスカレーション管理の手法として、欧州諸国側の宥和を引き出すことを試みたのである。

欧州諸国はロシアに比べて、欧州情勢は戦時下にあると認識が低いとされる。ロシアの核恫喝の可能性に対して、政治的な妥協を求める主張が台頭する背景には、一種の正常性バイアスが存在する。このため、ウクライナにおける戦線の膠着すればするほど、現実主義者の中からでさえ、平和への回帰を求める声が強くなる。

2022年6月のNATO首脳会議における「新戦略概念」の更新と、そこにおけるロシアの脅威の強調は、加盟各国に認識の変容を規定するものであった。しかし、その試みが成功するかどうか、今後の展開を見ていく必要がある。

おわりに
――核兵器リスクに対する関心の高まり

2022年7月に、核兵器禁止条約（TPNW）の第一回締約国会議がウィーンで開催された。そこには、ドイツ、オランダ、デンマークなど、NATO加盟国もオブザーバー参加している。締約国会議では、核兵器の恫喝を明示的に実施したロシアに対し、非難決議など、明確にTPNW参加国の意思を表明することができなかった。これは、核兵器廃絶を求める国際社会の圧力の大幅な「敗北」とみなすことは可能であろう。条約の第1条で、核兵器による恫喝の禁止を謳いながら、それを実施した核兵器保有国に対して行動がとれなかったことの衝撃は大きかった。

この事実は、国際社会が当面、核兵器廃絶や核軍縮ではなく、核兵器のリスクに対して現実的に向き合う必要があることを反映したものであろう。ウクライナ戦争の戦況は流動的であるが、ロシアによる核兵器の使用の可能性はなくなったわけではない。辺境戦争(proxy war)が大戦争に発展するリスクは存在し、そこで核兵器の応酬が行われない保証はない。

ウクライナ侵攻直後の段階で、ロシアは核兵器による恫喝を繰り返した。ザポリージャ原発を占拠し、軍事拠点化しているなどの状況を考えると、ロシアはウクライナやNATO諸国の放射能被害に対する恐怖を、政策的に活用し続けている。

ロシアのウクライナ侵攻において、二つの言説が語られた。一つは、ウクライナは冷戦後核兵器を放棄したことで、ロシアの侵攻を許した、とするものである。ウクライナは旧ソ連時代の核兵器の配備先の一つであった(ほかにはベラルーシとリトアニア)。ウクライナはそれら兵器を使用する能力はなかったものの、1994年のブタペスト・メモランダムにより、安全の保障と引き換えにロシアに移管した経緯がある。この時の決定が、ウクライナの国家としての軍事的脆弱性の原因となったとするものである。

もう一つが、米国による「核の傘」は、ロシアによるウクライナ侵攻を思い止まらせることはできなかった、とするものである。日本を含め、国家の安全保障を米国との同盟、ひいては米国による拡大核抑止に依存する国は多い。この政策の妥当性を評価する上で、ウクライナの事例はネガティブな教訓となった、とするものである。

ただし、ウクライナはNATO参加国ではないため、これら主張は、そもそも米国などの拡大核抑止の対象ではないが、同盟の有効性に対する懸念が、ウクライナ問題を契機に表明されたと理解すべきであろう。

これら二つの言説を否定するのは簡単である。しかし、これらは核兵器をめぐる課題の一端を示すものであり、TPNWでのロシアに対する非難決議の欠落を含め、核戦略のあり方に関する国際社会の関心の高まりを反映したものであろう。

ウクライナ戦争が、核兵器をめぐる問題に及ぼす影響は大きく、今後もリスク管理など含め、さまざまな課題が提起し続けられるだろう。そして、日本としては、核問題がインド太平洋にどのような広がりをもたらすのか、注視し続けることが必要なのである。

（1）IAEA *Nuclear Safety, Security and Safeguards in Ukraine, Summary Report by Director General*, 24 February – 28 April 2022, p.13.

（2）Mark B. Schneider, "Escalate to De-escalate," US Naval Institute, *Proceedings*, Vol. 143/2/1,368, Feb. 2017.

（3）秋山信将、高橋杉雄編著『「核の忘却」の終わり：核兵器復権の時代』勁草書房、２０１９年。

（4）Glenn Snyder, *The Balance of Power and the Balance of Terror*, Chandler, 1965.

（5）戸崎洋史「『核の忘却』の終わり：核兵器復権の時代」（前掲書）第４章。

（6）Miodrag Soric, "Opinion: Vladimir Putin has gravely miscalculated in Ukraine," May 1, 2022, https://p.dw.com/p/4Adxc

（7）ただし、ロシアは核攻撃を示唆する行動をとっている。カリーニングラードの部隊は、射程３００キロのイスカンデル・ミサイル（２０１８年に配備）の模擬射撃訓練を行ない、さらにプーチン大統領は、４月29日には射程１８０００キロのサルマート・ミサイルの開発を公表している。

（8）Forum on the Arms Trade, "Arms Transfer to Ukraine," https://www.forumarmstrade.org/ukrainearms.html

（9）https://www.reuters.com/article/uk-russia-ukraine-trade-idUKBRE9880NN20130909

（10）Hans M. Kristensen & Matt Korda, "Russian nuclear forces, 2019," *Bulletin of the Atomic Scientists*, vol.75, no.2, 2019, pp.73-84.

（11）Edward Geist, "Is Putin Irrational? What Nuclear Strategic Theory Says About Deterrence of Potentially Irrational Opponents," The RAND Blog, March 8, 2022, https://www.rand.org/blog/2022/03/is-putin-irrational-what-nuclear-strategic-theory-says.html; https://www.bbc.com/news/uk-england-wiltshire-60523317

（12）https://www.reuters.com/world/europe/russia-without-evidence-says-ukraine-making-nuclear-dirty-bomb-2022-03-06/

（13）１号機はメンテナンス中で停止中、２、３号機は管理停止中、５、６号機は低パワモードに置かれていた。IAEA, op.cit., p.13.

（14）IAEA, op.cit., pp.5-6.

（15）４月27日に施設近辺での放射線測定が実施され、通常の数倍の放射線が検出された。

（16）Drew Hinshaw and Joe Parkinson, "Russian Army Turns Ukraine's Largest Nuclear Plant Into a Military Base," *Wall Street Journal*, July 5, 2022.

第11章　ウクライナ戦争と中ロ関係、中台関係

（小原凡司）

1、中ロ関係および中台関係を分析する意義

プーチン大統領のウクライナ武力侵攻によって、中国の動静にも関心が集まっている。関心の第一は、中国がロシアの武力侵攻を支持するのかしないのか、支持するとしたら具体的にどのような支援を行うのか、その第二は、プーチン大統領のウクライナ武力侵攻に連動して中国が台湾に武力侵攻するかどうか、であろう。

国際秩序の分水嶺ともいわれるプーチン氏のウクライナ侵略は、戦略核兵器を保有する国が核の使用をチラつかせて国際社会を恫喝すれば、他国の侵略をはじめとする実力による現状変更が可能であるという秩序を国際社会に広めかねない。少なくとも中国や北朝鮮は、プーチン大統領の核兵器使用を用いた恫喝、核戦争へのエスカレーションを示した威嚇に対して、国際社会、特に米国がどのように対応するのかを慎重に見極めようとしている。

特に中国は、プーチン大統領がロシアとウクライナの一体性を主張し、ウクライナのロシア化を図ろうとしているのと同様、台湾を中国の不可分の一部と主張し、プーチン大統領が実際に発動したウクライナに対

する侵略戦争と同様の軍事的オプションを放棄しないと明言している。そのため、中国はロシアを公式に非難することはないと考えられるが、実質的な援助をともなってプーチン大統領を支持すれば、自由と平和を保障しようとする現在の国際秩序を守ろうとする欧米諸国と実力による現状変更を認める国際秩序を創り出そうとする中国およびロシアなどの諸国の間でデカップリングを促すことになりかねない。

このように、中国の対ロ姿勢は今後の国際秩序の有り様に影響を及ぼすものなのである。そのため、ウクライナ戦争に対する中国の認識、ロシアに対する援助の内容および程度を含む中ロ関係を分析することには大きな意義がある。

また、中国がウクライナ戦争から得る教訓によっては、中国による台湾武力侵攻のハードルが下がる可能性があるため、中台関係も注視しなければならない。本章では、ウクライナ戦争に対する中国の認識とロシア支援の状況およびウクライナ戦争が中国による台湾武力侵攻に関する意思決定に及ぼす影響について考察することにする。

2、中ロ関係への影響

中国はプーチンのウクライナ侵略をどう見るか

プーチン大統領がウクライナに武力侵攻した2022年2月24日付の中国国営の新華社通信は「ロシアのプーチン大統領は24日、ドンバス地方での特別軍事作戦の開始を発表した。プーチン大統領は、ロシアにはウクライナを占領する意図はない、と述べた」と報じた。中国は、ロシアの主張どおり「特別軍事作戦」としたのである。

以来、中国の官製メディアは連日のようにウクライナ情勢を報じているが、ロシア非難もウクライナ非難も慎重に避けながら、ロシアの発表や主張に基づいた内容を伝えている。それは、中国共産党が消極的にロシアを支持していることを意味する。新華社がロシアの主張の中でも特に強調するのが、「ウクライナ危機」の原因はＮＡＴＯ、特に米国にあるという部分だ。

中国は、国連におけるロシア非難を避け、ロシアに対する経済制裁にも加わらず、結果として、限定的ではあってもロシアを経済的に支援している。しかし、本来、中国の立場は微妙である。同年3月7日、王毅外相が記者会見で述べた「ウクライナ危機を解消する4つの主張」は、中国の矛盾した立場を示している。

王毅外相は「常に独立した立場で客観的かつ公平に判断し主張している」と言いながら、「一日寒いだけでは三尺の厚さの氷にはならない。ウクライナ情勢が今日まで発展したのには、複雑な理由がある」として、ウクライナ武力侵攻に至るまでにロシアが安全保障上の懸念を積み重ねてきたのだとロシアを擁護した。その上で、王毅外相は以下の4点を主張している。

その第一は、「国連憲章の目的と原則を遵守し、すべての国の主権と領土保全を尊重し保護する」である。これは、米国やロシア（過去にはソ連）の軍事力行使を恐れる中国が常に主張する原則であり、この原則に基づけば、ウクライナの主権と領土は保護されねばならないことになる。

第二は、「安全保障の不可分性を遵守し当事者の合理的な安全保障上の懸念を考慮する」である。「安全保障の不可分性」はプーチン大統領が主張しているものであり、NATOがこの原則を脅かしているというのが、侵攻前にロシア軍をウクライナ国境に配備した際の理由となっている。ロシアがウクライナに武力侵攻した背景を理解し、ロシアに配慮しなければならないという意味である。

第三は、「対話と交渉を堅持し、平和的手段によって紛争を解決する」であり、中国が建前論として用いるものである。第四は、「地域の長期的安定に焦点を当て、バランスがとれ、有効かつ持続可能な欧州安全保障機構を構築する」である。欧州の安全を保障するのはNATOではないという意味である。4つの主張を見ると、中国はいずれかを一方的に支持しているわけではないことが理解できる。

それでも中国がロシアのウクライナ武力侵攻を支持

しなければならないのは、以下のような理由があるからだろう。まず、プーチン大統領のウクライナ侵略の真の意図がＮＡＴＯ、特に米国に対する闘争にあることを中国が理解しているからであり、中国も同様の闘争を展開していると認識するからである。中国は、「ＮＡＴＯの東方拡大」およびロシアのウクライナ侵略を、中国を主たる対象とした米国のインド太平洋戦略および台湾統一に重ねて見ているともいえる。中東欧諸国のＮＡＴＯ加盟および加盟の動きがプーチン大統領の危機感を高めたように、米国がインド太平洋において同盟国およびパートナー国との軍事協力を強化する動きが習近平主席の危機感を高めている。

それにも関連して、中国は国際社会、特に国連安保理事会で孤立するのを避けなければならない。もし、ウクライナ侵略がロシア国内で否定されてプーチン大統領が失脚すれば、ロシアの対米闘争が頓挫したことになる。次のロシア指導者の最優先課題は経済制裁によってダメージを受けたロシア経済の立て直しになり、欧米諸国との関係改善を模索する可能性がある。そうなれば、中国の対米闘争をロシアが支持してくれないかもしれない。

次に、中国は背後に敵を作りたくないということである。中国は米国との対立（戦略的競争）に集中し、太平洋を渡ってくる米国の軍事力に対応する態勢を作ろうとしている。中国がロシアを支持しなければ、プーチン大統領が激怒して中国に対して敵意を剥き出しにするかもしれない。

最後に、ロシア国内の反体制運動が中国国内に伝播するのを恐れるからである。権威主義国家の最大の脅威は国内にある。ロシア国民がプーチン体制を否定し、弾圧を跳ね除けてプーチン氏を指導者の座から引きずり下ろせば、中国国民の間にも権威主義体制の指導部を倒せるという認識が広まり、共産党の統治を覆そうとする運動が起こる可能性がある。

前述のように、中国はロシアの主張を支持し、中国メディアは積極的に米国非難を繰り広げている。たとえば、新華社は3月31日から4月5日にかけて6本からなるシリーズの「新華国際社評」を掲載した。社評は、中国がいう「ウクライナ危機」の黒幕は米国であり、開始したのも米国であると、米国を批判する内容である。その中には、米国軍需産業に利益を上げさせるために「ウクライナ危機」の火に油を注いでいる、米国はウクライナの情勢を利用して台湾海峡における危険を煽っている、などの内容が含まれている。

この社評シリーズの最初には、編集部の注として、「ロシア・ウクライナ紛争勃発から1カ月余りになる。ウクライナ問題で、米国政府とメディアが一体となって、白黒を逆転させ、善悪を混同し、誹謗中傷することで、中国を罠にはめようとする動きが続いている。これは絶対に許容できない。新華社は、事実を明らかにし、米国側の虚偽の主張に反論し、戦争を誘発し利益を得る米国の覇権主義的性格を暴露することを目的とした6本の論評シリーズを発表する」と述べられている。

中ロ同盟化の可能性

中国とロシアには「米国を共通の敵と認識する」という協力の素地があることは前述の通りである。では、中ロ両国の関係が軍事同盟化する可能性はどの程度あるのだろうか。

すでに中国とロシアは軍事協力を深化させている。しかし、現在までのところ、中ロ軍事協力の内容は、共同作戦を行うためのものというより、戦略的コミュニケーションの一環として進められているように見受けられる。

中国とロシアが初めて大規模な二国間合同軍事演習を行ったのは2005年である。中ロ両国は、主として青島周辺において「平和使命2005」合同演習を実施した。しかし、「平和使命」という合同演習の名称は、中ロ二国間演習を指すものではなく、本来、上海協力機構の対テロ合同軍事演習のものである。中国はこの演習を「新たな脅威、新たな挑戦に共同で対処するための多目的演習であり、高技術、高水準の国際的演習でもある」としている。[1] 同演習のテーマは、国連憲章の目的、普遍的に認められた国際法、他国の主権と領土の尊重の原則に従って設定されたという。

「平和使命2005」合同演習に先立つ同年7月1日、ロシアを訪問中の胡錦濤主席（当時）とプーチン大統領は、『中俄关于21世纪国际秩序的联合声明（21世紀の国際秩序に関する中ロ共同声明）』に署名している。[2]中ロ両国は、2005年当時から新たな国際秩序を構築するための協力を始めていたのだ。

しかし、中ロ両国の思惑は常に一致している訳ではない。中ロ二国間ではなく、あくまで上海協力機構の合同軍事演習として中ロが参加するという形式にしたのは、ロシアが中ロ二国間軍事協力という枠組みに消極的であったからだとも考えられる。また、「平和使命2005」の費用はすべて中国が負担している。[3]中国側に中ロ合同演習を実施する必要があり、二国間合同演習にさほど積極的でないロシアを参加させるために、演習の費用を中国が負担したのだと考えられる。当時、ロシアのメディアは、合同軍事演習のシナリオが台湾奪取に酷似しており、中国はこの演習を利用して、台湾、米国、日本などに対して積極的にロシアカードを使おうとしていると報じている。中国がロシアを利用しているという認識が、ロシアの消極的な姿勢の背景にあるとも考えられる。

中国にとっては、ロシアと軍事的に対等の立場となる二国間合同演習の実施は願望でもあった。「平和使命2005」に参加した兵力は1万人に達するといわれるが、ロシア側からの参加は1800人にとどまり、両国の同演習に対する積極性の非対称性をうかがわせる。中ロ二国間合同軍事演習としての「平和使命」合同演習は毎年行われるものではなく、第2回の同演習が行われたのは2009年であり、第3回は2013年と、4年に一度の頻度で実施された。「平和使命2014」と「平和使命2021」には、中ロ二カ国だけでなく、ほかの上海協力機構の構成国も参加している。

一方で、中ロ合同演習の関心は、より海洋へと向いていった。米国への対抗姿勢をより鮮明にしたものといえるだろう。2009年7月に「平和使命2009」を実施し、9月には、アデン湾海賊対処活動に参加していた中国海軍艦艇とロシア海軍艦艇合計9隻がアデン湾西部海域において「平和藍盾2009」を実施した。そして、2021年4月、中ロ両国は青島周辺海域において「海上聯合2021」海軍合同演習を行い、以後、2020年を除き、毎年「海上聯合」中ロ海軍合同演習を実施している。(4)

「海上聯合」演習の実施海域およびロシアの関与の仕方を見れば、中ロ両国が米国に対する対抗姿勢をどのように強めてきたかた理解できる。「海上聯合2013」はロシアのピョートル大帝湾で実施され、中国海軍が初めて他国領内で演習を行ったとされる。中国海軍は、北海艦隊(当時)および南海艦隊(当時)から艦艇を派遣し、駆逐艦4隻、フリゲート2隻、補給艦1隻の7隻からなる艦隊を派遣したが、ロシア側の対応は鈍かった。(5) 中国北海艦隊の艦艇が出港した7月1日になって、初めて房峰輝総参謀長(当時)とゲラシモフ総参謀長がモスクワで合同演習の文書に署名し、合同演習の実施が決定されたと発表したのだ。中国とは対照的に、ロシアは中国との軍事協力を過度にアピールしたくなかったように見受けられる。

ところが、2014年から中ロ軍事協力に対するロシアの態度に変化が見られる。ロシアがウクライナのクリミアを併合した2014年5月21日に実施された「海上聯合」演習の開幕式には、中ロ首脳会談のために上海を訪れていたプーチン大統領が習近平主席とともに参加し、演習に参加する将兵を激励した。(6) 前日に行われた中ロ首脳会談では、両首脳が「中俄关于全面战略协作伙伴关系新阶段的联合声明(全面的戦略的協力パートナーシップの新段階に関する共同声明)」に署名している。

さらに、2015年になると中ロ両国は軍事的な米国およびNATOへの対抗姿勢を露わにしている。中ロ両国は故意にNATOの勢力範囲の海域で「海上聯合2015」を実施した。(7) 「海上聯合2015」は2つの段階に分けて実施され、最初の段階はロシアの黒海沿岸部で、第2段階は日本海で実施されたのである。同演習を報じた『環球時報』は「中国は自国周辺海域における米軍の活動に対して不満を募らせている。ロシアも、米国が主導する欧州のミサイル防衛システムや、NATOの旧ソ連地域への東方拡大に警戒感を抱いている。歴史的に欧州が最も重視する地中海での演習は、自宅の裏庭で軍事演習を実施されてどのような思いをするものなのか、米国や欧州に知らせてやるものである」と述べている。同年8月、中国海軍艦隊は対馬海峡を抜けて日本海に入り、「海上聯合2015（Ⅱ）」が開始された。

中国とロシアは、一貫して、米国の一極支配という国際秩序を変えるために米国およびNATOに対抗するという目的を共有し、軍事協力を深化させてきたのだといえる。そして、プーチン大統領によるウクライナ侵略と欧米のロシアに対する姿勢が、中ロ両国の軍事協力を加速し、軍事同盟化を促すのではないかと懸念されている。

前述の中ロ軍事協力の経緯を見れば、中国が米国に対抗するために中ロ軍事協力を望み、当初、さほど積極的でなかったロシアが、クリミア併合によって欧米諸国から制裁などを受け、中国との協力をアピールしなければならなくなり、軍事協力にも積極的に応え始めたことが理解できる。プーチン大統領によるウクライナ侵略は、ロシアの中ロ軍事協力に対する必要性をさらに高めたともいえる。

米国に対する脅威認識を共有し、プーチン大統領が侵略した相手はウクライナであっても、戦っている相手は米国であると認識する中国はロシアを支持しており、また、支持し続けるだろう。だが、中ロ軍事協力が同盟の域に達するかどうかには疑問も残る。ロシアは中国に対して武器などの支援を要求したともいわれている。ロシアが実際に武器支援を必要としていたかどうかは定かではないが、中国との軍事協力を宣伝したいと考えた可能性はある。しかし、中国は、少なくとも表向きは、ロシアに対する武器供与などを行っていない。

また、中国とロシアは米国の一極支配という国際秩序を破壊するという目標は共有していても、その先にどのような秩序を構築するかについてコンセンサスがとれているわけではない。ロシアはすでに経済的には自らが国際秩序を構築し、国際社会を主導することは難しいだろう。米国の支配的影響力を削ぎ、米国一極支配の構造を破壊して、それぞれに指導的国家を擁する多くの地域に分断するというのが妥当な目標であると考えられる。プーチン大統領は、NATOの東方拡大に危機感を募らせ、ウクライナおよびベラルーシを完全にロシア圏に取り込み、ロシア圏の支配者として君臨しようとしているということだ。

一方の中国は、世界を分断したいわけではない。中国は米国のようなグローバル・パワーになりたいと考えている。たとえば、2019年10月1日、中華人民共和国建国70周年記念行事において習近平主席が行ったスピーチの中に、「今日、社会主義中国は世界の東方に巍然《ぎぜん》と聳え立ち」という表現がある。[8] 言外に、世界の西方には米国が聳え立ち、両国が世界に並び立つということを示している。

また、2022年4月21日、ボアオ・アジア・フォーラムの開幕式におけるスピーチにおいて習近平主席が、「全球安全倡议（全地球的安全保障イニシアティブ）」を提起した。[9] 中国は、米国がQUAD、AUKUSなどの「小圏子（小さなグループ）」を作って中国を抑え込もうとしていると批判し、中国は全地球的な安全保障を目指すと主張しているのだ。また、2021年9月21日の国連総会におけるスピーチの中で習近平主席は「全球安全倡议（全地球的発展イニシアティブ）」を提起した。[10] 中国官製メディアはこの2つのイニシアティブの内容を解説する論評などを掲載しており、欧米の秩序に対抗する習近平氏主導の秩序として大々的に国際社会の中で展開していくものと考えられる。

中国の国際秩序構築という国家目的は、必ずしもロシアのそれとは一致しないだろう。また、一致したとしてもどちらが主導権を取るのかで合意を得ることは難しいと予想される。中国とロシアは、米国の一極支配を崩すというところまでは合意できても、その先の秩序構築において合意が得られない限り、二国間関係が同盟関係に発展することは難しいと考えられる。

3、中台関係への影響

中国の台湾武力侵攻の可能性への影響

前述の新華社の社評を見ても理解できるように、プーチン大統領によるウクライナ侵略が国際情勢に及ぼす影響の中でも、中国の最大の関心は台湾にある。中国は、蔡英文総統が率いる民進党が政権をとっている限り、事実上の台湾独立を目指す可能性があると認識し、警戒を怠らない。中国は台湾武力統一を含むすべての選択肢を保留するとしている。中国が関心を有するのは、台湾統一のハードルが上がったのか下がったのか、なかでも中国が台湾に武力侵攻した際に米国が軍事介入するかどうかなのである。

中国は、米国が中国の台湾統一を妨害しようとしていると信じており、米国の軍事介入がなければ、中国の台湾武力侵攻は成功すると考えられている。中台関係はまさに米中関係でもあるのだ。ウクライナ武力侵攻が開始されて以降の3月18日に実施された米中電話首脳会談においても、米国が中国のロシア支援を牽制しようとしたのに対し、習近平主席はバイデン大統領に対して米国が台湾を支援しないよう牽制した。

プーチン大統領によるウクライナ武力侵攻開始後、日本および米国だけでなく、もちろん台湾でもウクライナと台湾の相似と相違について多く議論されるようになった。台湾は、ウクライナ情勢に乗じて中国が台湾に武力侵攻するのかどうか、あるいは中国の台湾武力侵攻の可能性が高くなったのかどうか慎重に見極めようとしているのだ。ウクライナも台湾も、ロシアと中国がそれぞれ自国との一体性を主張している。その中国もロシアも独裁色の強い政治指導者が率いる権威主義国家であり、両国とも核兵器を保有する大国である。

一方で、中国とロシアの政治体制には相違もある。形式上の民主主義であるかどうかは別として、ロシアではプーチン氏個人に権力が集中しているのに対して、中国共産党はいまだ集団意思決定体制を維持している。中国共産党幹部は毛沢東時代の悪夢が忘れられず、個人に権力が集中しすぎないように習近平氏を牽制するのだ。

しかし、習近平氏が２０２２年秋の第20回党大会において3期目の中央委員会総書記に就任することはほぼ決定しているようだ。すでに中国国内では、習近平氏の経歴を伝説化するテレビ番組のシリーズが放映され始めているが、これは習近平氏が3期目の中央委員会総書記に就くことを前提とした中国国民向けの宣伝工作であると受け止められている。

第20回党大会において習近平氏が3期目の中央委員会総書記に就任すれば、独裁色がより強くなる可能性がある。ただでさえ、自らの立場を不利にするような悪い情報を上級指導者に入れたがらないという心理が働く状況で、報告する時間が制限されれば、それぞれの担当者はよいことしか報告しない傾向が強まるだろう。さらに、習近平氏が一人ですべてを決定しようとしても、すべての情報に接すること自体が難しくなる。

習近平氏への権力集中が進めば、不正確な情報に基づいて台湾武力侵攻を強行する可能性が高くなると考えられるのである。それでも、中央委員会総書記は中央委員会書記の一人にすぎず、議事取りまとめなどの役割を与えられるものの、単独の指導者ではない。もし、毛沢東氏以来、誰も就いていない党主席の座に習近平氏が就こうとしたら、その時こそ、中国は習近平氏の独裁に近づくことになる。

さらに相違点として、ウクライナと台湾の国際社会におけるステータスの違いが挙げられる。ウクライナが独立国であるのに対し、台湾は中国の省の一つであると中国は主張しているのだ。その他、中国の対外経済関係はロシアのそれに比較してはるかに複雑で深い。

伝統的安全保障の側面から言えば、ウクライナと台湾は米国の本土防衛に対する影響の度合いが異なると米国は認識している。中国が台湾を「統一」すれば、中国の戦略原潜は自由に太平洋に出られるようになり、米国は常に中国の核に脅かされることになる。戦術レベルでは、ウクライナとロシアが陸上国境で接しているのに対し、中国と台湾は台湾海峡によって隔てられている。戦車などの機甲部隊が自走して陸上国境を越える作戦とは異なり、海峡を渡って着上陸を行う作戦はより困難をともなう。

こうした議論が活発化するのは、米国や台湾において、中国がロシアと連携して台湾武力侵攻を実行するのではないかとの懸念が高まっているからだ。しかし、概して言えば、現段階では中国の台湾武力侵攻のハードルは上がっている。それは、中国がウクライナ戦争から以下のような教訓を得ているからだ。

第一は、国際社会は結束して経済制裁をかけることができるということである。ウクライナ戦争は、核兵器を保有する大国が武力行使しても欧米や国際社会はこれを止められない（核の恫喝・威嚇の有効性）ことを明らかにしてしまったが、同時に、侵攻を開始できても戦争には勝利できない可能性も示した。

第二は、ハイブリッド戦の効果が未知数であるということである。サイバー攻撃、ネットワーク・インフラやライフラインの破壊、輸送路の遮断といった作戦の効果は事前に測ることが難しく、効果が低ければ相手社会の頑強な抵抗に遭う。抵抗が続けば、相手社会を精神的に追い込む手段は苛烈化せざるを得ず、それがまた国際社会の批判を招くことになる。

第三は、国際社会の批判回避のための国際世論に対する「認知戦」の難しさである。特に、ハイブリッド戦の効果が不十分で戦争が長期化すれば、相手社会から実際の状況に関する情報が発信され、侵略者の言い訳や嘘は通用しなくなる。

第四は、第三に関連しているが、戦争が長期化すれば、侵略国は国際社会の批判を浴びるだけでなく、国際社会に結束する猶予を与え、厳しい経済制裁などを科される可能性がある。侵略国は短期間のうちに占領を完了しなければならない。中国の他国との経済関係はロシアのそれと比較してはるかに複雑であり、国際社会は簡単に対中経済制裁をかけられないと考えられているが、半導体および半導体製造技術の禁輸はすでに中国に影響を及ぼしており、ロシアが半導体などを入手できなくなったことによって武器を製造できない状況を中国は深刻に受け止めている。

　第五は、国内世論統制の重要性である。前述の通り、権威主義国家にとって最大の脅威は国内にある。反プーチンの意見を暴力的に封じ込めるロシアでさえ、ウクライナ侵略に対する国民の違和感を完全に抑えることができない。特に、自国兵士に多くの死者が出れば、その家族を中心として戦争を始めた指導者に対する批判が高まる。

　こうした教訓を踏まえて、中国は、効果を測ることが難しいハイブリッド戦に多くを頼ることなく、軍事的手段をもって短期のうちに台湾を占領できる能力の構築を加速させるだろう。中国が台湾統一を諦めることはない。２０２１年版の台湾国防報告書は、中国が軍事圧力やサイバー攻撃を含む認知戦を仕掛けていることに警戒感を示している。台湾がこうした中国のハイブリッド戦に対抗する能力構築に努めていることも、中国のハイブリッド戦の効果を不明確にしている。

　中国は、特に、現在の中国人民解放軍に不足している、大量の陸上兵力を渡海させる能力の構築に注力すると考えられる。しかし、現在までのところ、中国海軍の０７５型強襲揚陸艦は３番艦まで進水しただけで、４番艦以降の建造が確認できない。また、着上陸作戦は攻撃側に大量の死傷者を出す可能性が高く、中国国内の批判を招きかねない。そうすると、中国が考える陸上兵力の主体は無人機になる可能性がある。中国人民解放軍は、人工知能（ＡＩ）と融合した致死性自律型兵器（ＬＡＷＳ）を用いた智能化を目指すと明言している。

中国の台湾武力侵攻の準備と台湾の懸念

中国は継続して国防建設および軍事改革を進めており、２０２０年に基本的に人民解放軍の指導・指揮体制を整えた。台湾国防部は、今後、中国は、統合指揮管理の検証、統合作戦司令部要員の育成強化、新兵器・装備の取得を進め、２０３５年までに国防・軍事力の基本的な近代化を図り、台湾に対して優位に立ち、外国勢力に対抗できるようにし、台湾の安全保障に重大な課題を突きつけてくるだろうと警戒している。[11]

中国共産党の軍事戦略方針は、中国共産党の各種計画・作戦の最高指導方針であり、国際情勢、内部変化、指導者の交代、武器と装備の開発などに応じて調整される。習近平政権時代も軍事戦略の核心は「積極的防衛」とされているが、第19回全国代表大会では、国防と軍隊の近代化について新たに3段階のアプローチが提示された。「2020年までに機械化を基本的に実現し、情報化建設を大きく前進させる」、「2035年までに国防と軍隊の近代化を基本的に実現する」、「今世紀中頃までに世界レベルの軍隊を作る」の3段階に調整されたのである。『第14次5カ年計画』では、「機械化、情報化、知能化の統合を加速する」という目標を掲げ、高度な軍備・兵器の導入と統合した軍事戦略を展開し、「主動先制」の攻撃戦略および能力を備えることを強調した。

こうした軍事的能力は、米国の軍事介入を抑止し、台湾を武力統一するためのものである。中国は引き続き、米国を抑止するための戦略核兵器および戦域核・戦術核、通常兵力の増強を進めるだろう。また米国は、中国がラテンアメリカ・カリブ諸国への影響力を拡大して軍民両用の港湾および空港建設への投資などを強化し、空母打撃群などの通常兵力を前方展開できるようにして、通常兵力による対米抑止能力を保有しようとしていると警戒している。[12]

中国海軍は、2022年6月17日、上海江南造船所において003型空母を進水させ、「福建」と命名した。中国は、空母および空母打撃群を構成する055型駆逐艦を、中国本土防衛だけでなくグローバルな戦略的任務を担う艦艇であるとしている。中国は空母打撃群を米国周辺海域にも展開し、米国の軍事介入を抑止したいと考えているのだろう。しかし、中国の空母の能力は現段階では未知数である。「福建」は初のカタパルトを使用した空母で、これから艤装および海上公試が行われ、その後に戦力化が行われる。002型「017山東」は、2022年5月9日現在、大連造船所の乾ドックに入り、飛行甲板の改修を行っている。さらに、艦載機および艦載機搭乗員も不足しており、これら問題が解消されるかどうかも注目される。

台湾武力侵攻に直接関わる能力に関して言えば、前述の通り、中国人民解放軍には、陸上兵力を搭載し渡海する能力が不足している。一方で、近年、民間船舶を使用した中国人民解放軍の陸上兵力の渡海を含む着上陸合同演習がますます頻繁に実施されている。報道などによると、第71集団軍、第73集団軍、第74集団軍、第81集団軍、第83集団軍などの集団軍がすべて関連する演習を行っている。(13)

２０２１年10月に実施された第81軍の演習では、渤海フェリー社の最新クルーズ船「中華復興」号を使用して旅団全体を対象とした長距離海上輸送訓練が行われた。「中華復興」号の排水量は4万4千トンで3層の車両格納庫を有し、車両を搭載できる積載区画の長さは３０７０メートル、車高5メートルの車両を搭載可能である。この車両格納庫を利用すれば大小数百両の戦闘車両を搭載でき、一部の戦車などの大重量の車両も搭載できるとされている。こうした演習の内容から、人民解放軍の台湾着上陸作戦に民間のＲＯＲＯ(Roll on/Roll off)船が使用されるのではないかと注目されている。

渤海フェリー社傘下の17隻の大型旅客ＲＯＲＯ船すべてが軍用装備や人員の輸送・運搬に適しているのは、常に軍民融合の開発概念を維持してきたからである。これら旅客ＲＯＲＯ船の総トン数は46万トンに達し、中型空母10隻分に相当する。これらの積載区画の長さは4万メートル、乗客のための席数は2万5千に上る。この業界では渤海フェリーが特別なわけではない。たとえば、中遠海運（COSCO Shipping Passenger Transport Co Ltd）は規模が大きく、豪華客船「吉龍島」号を代表とする大型客船ＲＯＲＯ船10隻と貨物ＲＯＲＯ船を保有し、その輸送能力は強力である。中国では、「船舶の姓は党である（民間船舶はすべて党の指揮下にある）」といわれる。

しかし、民間船が陸上兵力輸送を担う重要な兵力になるとしても、武装していない民間船が第一陣の着上陸部隊を輸送することは難しいと考えられる。最も損耗が激しく、大量の陸上兵力を上陸させなければならない第一陣は海軍の輸送力に依らなければならないだろう。現在、中国海軍は071型ドック揚陸艦を8隻保有し、075型強襲揚陸艦3隻体制を整えようとしており、さらに膨大な数の戦車揚陸艦も保有している。それでも台湾着上陸作戦を成功させるには不足であると考えられる。

また、衛星画像で各造船所の様子を確認する限り、075型強襲揚陸艦の建造は3隻で止まっている。強襲揚陸艦は、台湾西部への着上陸に用いられるのではなく、西部以外の方向からも航空機を用いて陸上兵力を上陸させるために用いられると考えられる。中国は着上陸作戦に先立って大量のミサイルによる攻撃を行うと考えられるが、台湾空軍の一部の重要な基地は中国大陸からのミサイル攻撃の被害を受けにくい、台湾を南北に走る山脈の東側に位置している。中国海軍の空母や強襲揚陸艦は、こうした台湾軍基地等を東方から攻撃するためにも用いられると考えられる。そうすると、着上陸作戦のために利用できる海軍艦艇の数がより不足することにもなる。

中国は、自軍の死傷者を最小限に抑えるためにも、ミサイルなどによる空爆の後に台湾の防衛兵力を攻撃するために大量の無人機を使用する作戦を実施する可能性もある。2021年11月に開催された珠海航空ショーでも、無人機のブースには多くの種類の無人機が展示された。中国人民解放軍は、AIと各種兵器が融合された智能化戦争における戦闘様相は「機械対人間」あるいは「機械対機械」になるとしている。中国は、数千、数万にも及ぶ無人機がAIと融合され相互に協調しながら敵を攻撃する自律型集団消耗戦、自律型潜伏突撃戦などを想定しているのである。

中国の台湾武力侵攻の可能性を考察するには、対米抑止の効果、着上陸作戦能力だけでなく、中国が想定する将来戦の様相およびその能力にも注目しなければならない。

米国の対中・対ロ政策

前述の通り、中国にとっての中台関係は一貫して米中関係の問題でもある。さかのぼれば、1978年1月17日、米国カーター政権が中国との国交樹立の動きを見せるなかで訪中した米国議員団と台湾問題について議論した鄧小平氏は、それまで使用していた「台湾解放」という言葉を封印し、「台湾問題の解決」という表現を使用した。中国の台湾統一に関して考察する際には、米中関係を分析しなければならないのである。

米国内には、バイデン政権がプーチン大統領の意図を読み誤っているという指摘がある。プーチン大統領はウクライナ全土をロシア化しようとしているが、その本質はNATO、特に米国との闘争である。しかし、バイデン政権は自らがプーチン大統領の闘争の対象であることを理解せず、プーチン大統領のウクライナ侵略を止めることができると考えているというのである。そのため、バイデン大統領はプーチン大統領に配慮し、ウクライナに対して中途半端な武器支援しか行っていない。しかし、一方のプーチン大統領は勝利するまで決して戦闘を停止させることはないのである。

バイデン大統領はウクライナとロシアの戦闘におけるゲームチェンジャーになりたくないと考えているように見受けられる。ウクライナとロシアはウクライナ東部において、長射程の強力な火力を用いて消耗戦を展開している。ウクライナ軍は地形や道路・橋などを利用して防衛線を張り、塹壕なども準備してロシア軍の進撃を止めているが、ロシア軍は機甲部隊や歩兵部隊が入る前に長射程のロケット砲や榴弾砲などで地域を制圧しようとしている。ウクライナ軍がドネツ川を渡河しようとしたロシア機甲部隊を9回にわたって撃破したことを考えると、ドネツ川が一つの目安になっていることも考えられる。ウクライナ軍の陣地はドネツ川のさらに南西にあり、ロシア軍機甲部隊の渡河阻止にはロケット砲、榴弾砲などの長射程火力やジャベリンなどの携行式対戦車ロケットなどを用いていると考えられる。

ロシア軍が用いている多連装ロケットシステムは射程が70から90キロメートルである。ウクライナ軍もロシア軍と同様のロケットシステムを保有しているが、数は圧倒的にロシア軍が多い。ウクライナ軍は射程30キロメートル以下の榴弾砲を主用するしかない。撃ち合えば、射程の長い方が圧倒的に有利である。ロシア軍はウクライナ軍の弾が届かない場所からウクライナ軍に対する攻撃を行っているのだ。そのため、ウクライナは米国やＮＡＴＯに対して射程の長いロケットシステムの供与を求め続けてきた。

米国は、射程70から80キロメートルのロケットを6発格納した発射ポッドを2個搭載できるＭＬＲＳ（Multiple Launch Rocket System）や1個搭載するＨＩＭＡＲＳ（High Mobility Artillery Rocket System）などの兵器を保有しているが、バイデン大統領はウクライナに対する供与に慎重であった。ＭＬＲＳとＨＩＭＡＲＳが搭載する発射ポッドは同一であるが、射程３００キロメートルの短距離弾道ミサイルＡＴＡＣＭＳ1発を格納した発射ポッドを搭載することも可能であるからだ。バイデン大統領が慎重であったのは、射程３００キロメートルの火力をウクライナに供与することである。

射程３００キロメートルあれば、現在ウクライナ東部でウクライナ軍が陣地を構えている地点からロシア領内の兵站基地を攻撃することが可能になる。前述のようにウクライナ軍とロシア軍は消耗戦を展開している。一方の補給が断たれれば、一気に戦局に変化が生じる可能性がある。米国が短距離弾道ミサイルＡＴＡＣＭＳを供与すれば、ロシア軍の前線への補給が途絶え、弾薬などを消耗し尽くして総崩れになるかもしれず、米国が戦局を変えたことになりかねない。

バイデン大統領はプーチン大統領を刺激したくないがゆえに戦局に決定的な影響を及ぼさない兵器の供与に終始しており、ＨＩＭＡＲＳの供与を決めたものの、ＡＴＡＣＭＳは供与の中に含まれないとした。バイデン大統領がプーチン大統領の真意を理解していようといまいと、プーチン大統領が米国に対する闘争を止めることはなく、前述したように、この対米闘争において中ロは協力し続ける。

米国の中国に対する対立（戦略的競争）の姿勢は、

ウクライナ情勢にかかわらず、一貫している。2022年5月26日、ブリンケン国務長官はワシントンDCで中国政策について演説し、「中国による最も深刻で長期的な国際秩序に対する挑戦に重点を置き続ける」と述べた。(14)

また、ブリンケン国務長官は、6月1日、米国外交問題評議会（CFR）のイベントに参加し、ウクライナ支援の目標と効果として、①ウクライナの主権を守り同国の自衛能力の強化する、②ロシア軍から将来の侵攻能力を奪う、③NATOの機能を強化する、④欧州のロシア依存からの脱却を促すことを挙げた上で、ウクライナ侵攻以降、バイデン政権や国際社会が軍事支援や経済制裁によってロシアに「非常に強力な圧力」をかけていることを「中国は注意深く観察している」と指摘し、「中国がこれを正しく教訓とするのを確かなものにしたい」と述べた。(15) 中国の台湾武力侵攻の抑止としたいという意味である。

ブリンケン国務長官の発言は、バイデン大統領が最初からウクライナに派兵しないと宣言したことがプーチン大統領にウクライナ侵略を決心させたという批判に対するものでありながら、米国の対ロ制裁などの成果を中国に求めている。米国にとっても、中国と同様、プーチン大統領のウクライナ侵略は米中問題でもあるのだといえる。

プーチン大統領によるウクライナ侵略開始以降、中国がロシアを支持し続ける様子を見て、バイデン大統領は改めて中国が専制主義国家であるという認識を強めたように見える。特に5月以降、米国の中国に対抗する外交活動は活発化している。5月14日にはASEAN首脳をワシントンDCに招き、米ASEAN特別首脳会議を開催した。ロシア非難に慎重なASEANの一部国家の意向を反映して、共同声明でロシアを名指し非難することができなかったことをもって、同会議の成果について懐疑的な見方もある。(16)

しかし、同会議の目的は、中国の東南アジア地域に対する過度の影響力拡大を止めることにある。同月12日に、バイデン大統領が同会議に合わせて1億5000万ドル（約193億円）のASEAN新規投資を約束したこと[17]、２０２２年11月に双方の関係を「戦略的パートナーシップ」から「包括的戦略パートナーシップ」に格上げすることを共同声明に盛り込んだこと[18]は、米国が東南アジア地域に積極的に関与することを表明したことであり、同会議の目的は達成されたと見るべきである。ＡＳＥＡＮは２０２１年に中国との関係を「包括的戦略パートナーシップ」格上げしており、米国はまず中国と対等な位置付けを得たのだといえる。米国は中国の東南アジアにおける影響力の拡大に危機感を有しており、それはＱＵＡＤサミット共同声明にも現れている。

バイデン大統領の２０２２年５月20から22日の訪韓、22から24日の訪日は、概していえば、米国の拡大核抑止を含む有事における米国の軍事的関与を口約束する代わりに、経済安全保障における実質的な協力を取り付けるものであった。

韓国に到着したバイデン大統領が真っ先にサムスン電子の半導体工場を視察したのは、今回のバイデン大統領の日韓訪問の意図を示すものの一つである。中国が半導体、特にハイエンドの半導体を入手できなくすることを目的に、米国とその同盟国などの間で半導体のサプライチェーンを構築し直そうとしている。その中で、米国が危惧しているのが韓国企業の動きである。

２０２２年初頭、複数の西側メディアが、韓国のチップメーカーがワシントンＤＣでロビー活動を強化していると報じた[19]。韓国の半導体メーカーは、米中関係の緊張を緩和し、貿易制裁の対象となっている中国企業に半導体を供給するために必要となる輸出認可証を得るために、ワシントンＤＣでのロビー活動を強化しているのである。韓国では、中国に対する半導体の提供がビッグビジネスになると考えられている。

また、２０２１年末、中国のプライベート・エクティー・ファンド（ＰＥファンド）、智路資本（ワイズロード・キャピタル）が韓国のマグナチップ・セミコンダクターを買収する計画は米国の対米外国投資委員会（ＣＦＩＵＳ）の干渉によって成就しなかった。中国は半導体の入手が困難になるなか、国内で半導体を製造しようと半導体製造技術を入手しようと躍起になっているが、米国にこの動きを抑え込まれている。

貿易上の規制を受けている中国企業に製品提供の面で便宜を図ろうとする韓国企業の動きは、半導体を戦略的な製品と位置づけ、中国に渡すまいとする米国の政策に反するものであるが、半導体の輸出を許可制にしたことによって米国は中国に渡る半導体を管理でき、また、韓国企業などの仲介企業を通してしか半導体を入手できなくなることによって中国は高コストを強要されている。

一方で米国は、たとえば半導体や電気自動車用電池などの戦略的に敏感な製品の国内生産を進めており、こうした韓国企業も米国の要求に屈して米国に投資を行っている。今回のバイデン大統領の訪韓は、中国に対して米国を中心とする半導体サプライチェーンの構築を示す戦略的コミュニケーションであると同時に、サムスンなどの韓国企業に彼らの立ち位置を改めて認識させる目的もあったと考えられる。

先に日米両国が最先端半導体サプライチェーンの構築で協力することが公表されていたこと[20]もあり、米国の要求を飲めないとしていた韓国企業などの空気を抑え、尹錫悦（ユン・ソンニョル）大統領はバイデン大統領訪韓時（5月21日）の会談で、半導体の安定供給に向けた連携を確認した。[21]

バイデン大統領訪日の主たる目的も経済安全保障にある。5月23日に行われた日米首脳会談において両首脳は、地域の安全保障環境が一層厳しさを増すなか、日米同盟の抑止力・対処力を早急に強化していくことで一致した。また、バイデン大統領から、日本の防衛へのコミットメントが改めて表明され、両首脳は、今後も拡大抑止が揺るぎないものであり続けることを確保するため、閣僚レベルも含め、日米間で一層緊密な意思疎通を行っていくことで一致した。[22]

日本政府はバイデン大統領の発言を歓迎し成果と主張するが、この段階ではバイデン大統領は日本に対する拡大抑止を口約束したにすぎず、米国の拡大核抑止を含む拡大抑止を担保するためには、制度や枠組みが必要である。それらの構築は今後の課題として残されている。一方で、バイデン大統領はインド太平洋経済枠組み（ＩＰＥＦ）の設立を表明し、岸田総理大臣はＩＰＥＦとその設立に係るバイデン大統領のリーダーシップを評価すると共に、日本として参加・協力する旨述べ、実際にＩＰＥＦ設立に協力した。

米国市場への参入のための優遇措置たる関税引き下げに関する取り決めのない枠組みであり、当初、東南アジア諸国や太平洋島嶼国は参加するメリットを見出せずに参加しないのではないかという予想もあったが、結果として13カ国が参加した。

ＩＰＥＦは、「デジタルを含む貿易」、「サプライチェーン」、「クリーンエネルギー・脱炭素、インフラ」、「税制・汚職対策」という4つの柱に焦点を当てるとし、参加国13カ国を合わせれば世界のＧＤＰの40パーセントを占める枠組みであるとしている。関税引き下げに関する取り決めがないにもかかわらず、フィジーや東南アジアの一部が参加を表明したのは、貿易やクリーンエネルギー、インフラの領域で恩恵を得られると考えたからである。

ＩＰＥＦがどの程度の実効性を有するのかは不明であるが、米国がインド太平洋地域において経済的にもコミットすると表明したこと自体に意義がある。

関税引き下げがないにもかかわらず、ＩＰＥＦ参加国が恩恵を得られると考えたのは経済支援などの主体であるＱＵＡＤが存在するからである。5月24日に発表されたＱＵＡＤ共同声明は、東南アジアと太平洋島嶼国に対する関与を明記している。[23] それぞれに、「ＡＳＥＡＮの一体性と中心性、そして「インド太平洋に関するＡＳＥＡＮアウトルック」の実践的な実施に対する揺るぎない支持を再確認する」とＡＳＥＡＮを支持する姿勢を示し、「太平洋島嶼国の経済状況を向上させ、健康インフラおよび環境強靭性を強化し、海上安全保障を改善するとともに漁業を維持し、持続可能なインフラを提供し、教育機会を強化し、この地域に特に深刻な課題をもたらす気候変動の影響を緩和させ、および適応するため、個別に、および集団的に、太平洋島嶼国との協力を更に強化する。我々は、太平洋島嶼国のパートナーのニーズに対応するために協力することにコミットする」と太平洋島嶼国の関心に沿うことを約束した。

さらに東南アジア諸国や太平洋島嶼国が魅力的に感じたのは、新型コロナワクチンの供給を約束したこと、パンデミックによって悪化した債務問題へのコミットメントを表明したこと、および「日米豪印は、次の5年間に、インド太平洋地域において500億米ドル以上のインフラ支援および投資を行うことを目指す」としたことだろう。IPEFは、QUADが表明したインド太平洋地域における具体的な行動方針や政策を中心に構築されたものであるといえる。

中国は、米国のこうした動きを、QUADなどの小さなグループを用いて中国を抑え込むために東南アジアや太平洋島嶼国を囲い込むものと反発している。中国を抑え込むのは、領土の統一を含む中国の国益を損なうものであると認識されるのである。

中国の反応

中国はIPEF設立に敏感に反応した。「邪悪な意図を秘めた米国の『インド太平洋戦略』は必ず失敗する」と題した新華社の記事は、バイデン大統領の就任後初となるアジア歴訪について、「禍根を残す、いわゆる『インド太平洋戦略』を精力的に推進し、同盟関係の強化と『小グループ』外交を追求し、アジア太平洋地域の分裂と対立を意図的に生み出し、国際社会、特にアジア太平洋諸国の懸念を高めた」と述べている。[24]
その他にも、日本や韓国、パキスタンなどの有識者の話として、IPEFの意義に疑義を呈し、必ず失敗すると報じている。[25] 他国の有識者の名を借りて中国の主張を展開するのは、中国の常套手段である。
中国は、米国のインド太平洋戦略自体を、冷戦時代の思考であり、アジア版NATO構築を目指すものであると批判している。[26] 米国のインド太平洋戦略を推進する枠組みがAUKUSであり、QUADである。AUKUSは軍事協力の枠組みであるが、中国はQUADも将来的にインド太平洋に所在する多くの国々を取り込む枠組みになると警戒感を示している。王毅外相は、3月7日の記者会見において、「米国のインド太平洋戦略の真の目的は『インド太平洋版NATO』を構築することである」と米国を非難している。[27] QUADもIPEFも米国のインド太平洋戦略の一つであり、台湾武力侵攻を含む中国の行動を封じ込める意図があると認識しているのである。

2022年6月10日から12日には、シンガポールにおいてアジア安全保障会議（シャングリラ・ダイアローグ）が開催され、この会議に合わせて米中国防相会談が実施された。しかし、中国はこの会談でも米国との緊張が緩和されるとは認識していなかった。中国政府のホームページは、国営新華社の報道を引用して、シャングリラ・ダイアログに参加した魏鳳和国防部長がオースティン国防長官と会談したという事実と、中国側の主張を米国に伝えたという内容を短く掲載するにとどまっている。

新華社が詳細に報道しない一方、中国のタブロイド紙は同会談の内容も報じている。しかしその報道も、中国が米国に「重要な3つのシグナル」を送ったという一方的な内容である。[28] その3つとは、①「ガードレール」設置のために米国が何をなすべきか、②台湾をもって中国を抑え込むことはできない、③ウクライナ問題で中国の利益を損ねてはならない、である。「ガードレール」とは、2021年11月に実施された米中首脳テレビ会談においてバイデン大統領が、軍事的誤算などによって米中間の競争が紛争に発展しないよう習近平主席に「設置」を呼びかけたものである。

前述の記事は、米軍と中国軍の間のホットライン増設は、現段階では、米国が米中関係のレッドラインに挑戦する口実に利用する可能性があるとし、魏部長が「中国の発展に対する正しい見方こそが米中関係に確固たる『ガードレール』を設置する唯一の方法である」と米国に念を押したと伝えた。

アジア安全保障会議の開催期間中も中国は米国を中傷し続けた。たとえば、6月9日から12日、新華社は、新華国際時評として「米国の対中政策論評シリーズ」4本を掲載した。その一は「米国こそ米中関係に危害を加える者である」、その二は「米国こそ台湾海峡の平和の破壊者である」、その三は「米国こそ民主、人権を踏みにじる者である」、その四は「米国こそ国際秩序の破壊者である」と題された論評である。その新華社は、最終日の魏鳳和国防部長のスピーチに合わせてアジア安全保障会議を総括した。記事は、米国のインド太平洋戦略に対する懸念が示されたと主張し、一方で魏鳳和国防部長が掲げた「全地球的安全保障イニシアティブ」が広く歓迎されたと報じている。前述のように、同イニシアティブは、２０２２年のボアオ・アジア・フォーラムにおいて習近平主席が提起したものだ。魏鳳和国防部長は、習近平主席が提起した同イニシアティブをアピールするためにシャングリラ・ダイアログに参加したのだとも言える。

同イニシアティブは、２０２１年の国連総会で習近平主席が提起した「全地球的発展イニシアティブ」と共に、今後、欧米主導の秩序に対抗する中国主導の国際秩序として主張されていくと考えられる。新華社の「米国の対中政策論評」シリーズを見ても、中国の国際秩序構築と台湾統一は同等に重要な問題である。全世界に適用されるべきであると中国が主張する国際秩序の中で台湾武力侵攻が正当化されるのかどうか、そのロジックにも注意が必要である。

中国が米国との関係改善の見込みがないと認識する以上、米国の軍事介入を回避する手段は軍事力を用いた対米抑止しかない。中国が台湾武力侵攻を決心するのが米国の軍事介入を回避できると確信した時であると考えられることから、今後も米中間の抑止力構築の競争は激化し、中台関係は米中間の軍事バランスに影響される状況が継続すると考えられる。

（１）「〝和平使命２００５〟——中俄联合军事演习」『中国网』２００５年９月10日、http://www.china.com.cn/military/zhuanti/crjunyan/txt/2005-09/10/content_5966642.htm

（２）『中俄关于21世纪国际秩序的联合声明（全文）』、中华人民共和国外交部、２００５年７月１日、https://www.fmprc.gov.cn/chn/pds/ziliao/1179/t201988.htm

（３）「俄中开始联合军演中国出一切费用」『美国之音』２００５年８月18日、https://www.voachinese.com/a/a-21-w2005-08-18-voa33-58849767/1097693.html

（４）「中俄历次联合军演」『新华社』２０１６年９月12日、http://www.xinhuanet.com/mil/2016-09/12/c_129277345.htm

（５）「中国派出７艘军舰赴日本海彼得大帝湾参加中俄军演」『南方周末』２０１３年７月２日
（６）「中俄超高规格展开军演 联合声明引敏感解读」『人民日报』２０１４年５月21日、
http://military.people.com.cn/n/2014/0521/c1011-25045245.html
（７）「外媒：中国对美军越发不满 与俄联手对美说不」『环球网』２０１５年５月14日、
https://mil.huanqiu.com/article/9CaKrnJKYXf
（８）「（现场实录）习近平：在庆祝中华人民共和国成立70周年大会上的讲话」『新华网』２０１９年10月１日、
http://www.xinhuanet.com/politics/70zn/2019-10/01/c_1210298654.htm
（９）「习近平在博鳌亚洲论坛２０２２年年会开幕式上的主旨演讲（全文）」『中华人民共和国中央人民政府』２０２２年４月21日、
http://www.gov.cn/xinwen/2022-04/21/content_5686424.htm
（１０）「习近平提出全球发展倡议」『新华社』２０２１年９月22日、
http://www.news.cn/politics/leaders/2021-09/22/c_1127886748.htm
（１１）『国防報告書 – １１０』台湾国防部、２０２１年11月９日
（１２）“2021 REPORT TO CONGRESS of the U.S.-CHINA ECONOMIC AND SECURITY REVIEW COMMISSION” November 17, 2021
（１３）「军舰隐于民间?:中国超强滚装船可两栖运重兵，相当于10艘中型航母」『网易新闻』２０２１年10月30日、
https://www.163.com/dy/article/GNI8SC2B051597ER.html
（１４）「米、対中覇権争いに注力 ブリンケン国務長官が政策演説」『共同通信』２０２２年５月27日、
https://nordot.app/902578330007191552?c=113147194022725109
（１５）「米国務長官、ウクライナ対応で中国に「正しい教訓与える」」『産経新聞』２０２２年６月２日、
https://www.sankei.com/article/20220602-QBE5M55BURLH3LONH4TPJ6FH2Y/
（１６）“US and Southeast Asian Nations Avoid Russia Condemnation” Bloomberg, May 14, 2022,
https://www.bloomberg.com/news/articles/2022-05-14/us-and-southeast-asian-nations-stop-short-of-russia-condemnation
（１７）“Biden Pledges $150 Million, Virus Detection Aid to Asean Nations” Bloomberg, May 13, 2022,
https://www.bloomberg.com/news/articles/2022-05-12/biden-pledges-150-million-virus-detection-aid-to-asean-nations#xj4y7vzkg
（１８）「米・ＡＳＥＡＮ首脳会議、関係を格上げ 「新時代」とバイデン氏」『REUTERS』２０２２年５月14日、
https://jp.reuters.com/article/usa-asean-13-idJPKCN2MZ1RV
（１９）たとえば“South Korean chip companies step up US lobbying efforts” Financial Times, January 3, 2022,
https://www.ft.com/content/62c12877-4594-478d-b0cc-ae6158ba71ad
（２０）「日米、最先端半導体で技術協力 ２ナノなど開発・量産」『日本経済新聞』２０２２年５月２日、
https://www.nikkei.com/article/DGXZQOUA284KK0Y2A420C2000000/?unlock=1
（２１）「米韓、半導体供給網を強化 経済安保を同盟の一部に」『日本経済新聞』２０２２年５月22日、
https://www.nikkei.com/article/DGKKZO61014570S2A520C2EA2000/?unlock=1
（２２）「日米首脳会談」『外務省』、２０２２年５月23日、
https://www.mofa.go.jp/mofaj/na/na1/us/page3_003322.html

（23）「日米豪印首脳会合共同声明」『外務省』２０２２年5月24日

（24）「包藏祸心的美〝印太战略〟必败」『新华社』２０２２年5月25日、http://www.news.cn/world/2022-05/25/c_1128682339.htm

（25）たとえば「专访：〝印太经济框架〟实为美国制造分裂对抗、维护经济霸权的工具——访巴基斯坦伊斯兰堡和平与外交研究所主任努尔」『新华社』２０２２年5月26日、http://www.news.cn/2022-05/26/c_1128687584.htm

（26）「〝亚太版北约〟严重威胁地区安全（环球热点）」『环球时报』２０２２年5月24日、https://world.huanqiu.com/article/488f7mtJIz0

（27）「王毅：〝印太战略〟是企图搞印太版〝北约〟」外交部、２０２２年3月7日、https://www.fmprc.gov.cn/web/wjdt_674879/gjldrhd_674881/202203/t20220307_10648866.shtml

（28）「中美防长时隔两年半会晤，释放了三个重要信号」『新京报』２０２２年6月11日

座談会「ロシアのウクライナ軍事侵略と国際秩序」

出席者：秋田浩之（司会）、森本敏（総論）、小泉悠（ロシア）、小谷哲男（米国）、小原凡司（中国）、長島純（NATO）、佐藤丙午（核抑止）

プーチンはなぜこの戦争を始めたか？

秋田　ロシアによるウクライナ侵略が続いていますが、今日の対談では執筆者の方々が、次の3点について議論を深くして、著書の内容に新たな視点を加えたいと思います。

1つは、ロシアによるウクライナ侵略はどのような背景があり、何を意味しているのか、主としてロシアやNATO、さらには核抑止力などの視点から議論したいと思います。

2つ目は、この侵略によって、大国間の対立構図はどうなっていくのかということです。たとえば欧州とアジアの二正面に対応しなくてはならなくなっているアメリカの戦略や、それを受けての中国の今後の出方、さらにはこれからロシアがどのような位置を占めていくのかといった視点です。

最後は、この戦争が今後、日本にどのような影響を及ぼすかであり、日本がとるべき戦略について議論していきたいと思います。

それではこの戦争の意味、背景について議論したいと思います。最初に小泉さん、そもそもプーチン氏はなぜこの戦争を始め、どこまでいったら満足すると見ていますか？

小泉　ロシアが公式に掲げている戦争目的は、ウクライナがネオナチ政権であり、ロシア系住民が迫害されているので、それを助けなければいけないということです。これを開戦前の2月21日と24日のビデオ演説でプーチンは述べていて、さらに5月9日の対独戦勝記念日のパレードの演説でも、同じことを繰り返し発言しています。

このように、ロシアの言い分ははっきりしているんですが、問題はそれに信憑性がないということなんです。ウクライナ東部のドネツクとルハンスクに欧州安全保障協力機構（ＯＳＣＥ）の監視団、あるいは国際赤十字社のミッションがありますが、それらの報告にそういう事実は全く出てきていない。そもそも、ナチスの思想を持って組織的にロシア系住民を虐殺していたと言うのであれば、ロシアは国連常任理事国ですから、もっと早く措置をとるべきだと思います。なぜ開戦3日前の5月21日にそんなことを言い出すか疑問ですし、またウクライナが核兵器や生物兵器を作っているという話もありますが、同様に疑問です。やはりロシアが今回公式に掲げている目的とか、言い分は到底信じがたい。

ただ、プーチンは全く本心を隠しているわけではなく、２０２１年7月12日に出した『ロシア人とウクライナ人の歴史的一体性について』という論文を読むと、要するに恨み節なんです。本来、ロシア人とウクライナ人は一体だったはずなのに、それが共産主義政権によって変な行政区分の線が引かれて、そのまま独立してしまった。だから手違いで、我々は別々になってしまったという思いを非常に強く感じます。

プーチンの論文には、そのような民族主義的な動機、つまりルーシの民（中世から近世に東欧に居住した東スラブ系の民族）をもう一度統一したい。そのルーシ国家の起こりであるキエフ（キーウ）をもう一度

座談会（右奥より森本、秋田、小原、長島、小谷、小泉、佐藤各氏。2022年5月29日、森本事務所にて）

ロシアの支配下に取り戻したいという動機は非常に強くあると思いますし、そちらの方がメインに見えてしまいます。

問題は、漠然とした野望を政治家は誰しも持っているかもしれませんが、普通はその通りに行動しないでしょう。やはり歯止めがかかるはずだし、これまでのプーチンも、そんなに無茶なことはしてこなかったわけですが、今回はなぜ、そういう帝国主義的な野望が生のまま出てきたのかということが問題だと思います。

それは、プーチンがすでに衰えているという話なのか、それとも長く権力の座にいすぎて、歯止めをかける人が周りにいなくなってしまったのか。そのあたりは全然わからないんですが、いずれにしてもロシアの戦略家といわれていたプーチンが今回およそ戦略的とは言えない行動をとった。しかも、古臭い動機による侵略戦争みたいなことが、21世紀になって欧州で起こるということが、世界史的な意義やグローバルな安全保障に与える影響という面で、いちばん大きいのではないかと思います。

西側はロシアの世界観を理解してこなかった

秋田　今のお話を聞いているとウクライナの東部を少し占領して戦果を上げればいいという次元ではなく、バラバラにされた帝国をもう一度復活させたいということで、目指す野心は相当に大きい気がします。どこまでいったら、戦争が終わるのか、あるいは終わらないないのか、今後5年くらいのスパンで見るということでしょうか？

小泉　それは今後の落としどころはどこかという議論にも関わってくると思いますが、そもそもプーチンが落としどころを探る気があるのかということです。プーチンの言いぶりを聞いていると、今のウクライナ政権のあり方そのものを認めない。さらに言えばウクライナが独立国家であること自体も気に入らないといった感じが伝わってきます。

そうなると、プーチンの目的は政権転覆だと思います。ゼレンスキー政権をひっくり返して、ロシアの言うことを聞く親露的な政権を作りたいと考えていると思うんですが、従来、ロシアは選挙干渉を通じてそれをやっていたわけです。

2010年のウクライナ大統領選ではロシアがかなりひどい選挙干渉をして、ヤヌコビッチ政権ができたわけです。ヤヌコビッチは、ある程度プーチンの言うことは聞いたけれど親露ではなく、結局、その方法では完全にウクライナを支配しきれなくて、2014年に政変が起った。今回の事態はここから始まっているわけです。

ウクライナは欧州最大の国です。そのウクライナが大きな国でまとまっている限りは、ロシアに歯向かう恐れがあるので、解体してしまえということは、2014年から15年にかけて、クレムリンの中では言われていたといいます。

今回もこれがまた出てきて、2022年4月にロシア連邦安全保障会議書記のパトルシェフが国営新聞『ロシスカヤガゼッタ』のインタビューで、ウクライナ分割論をぶち上げています。そうするとロシアはウクライナを完全支配はできないが、ロシアに逆らえない状態にしておくということが、この戦争のエンドステートのように見えるんです。

最初のプーチンの思惑は、首都を押さえてゼレンスキー大統領ほか政権幹部を捕まえれば、それができると思ったんですが、そうはならなかったので武力で国家をバラバラにすることを考えつつあるのではないかと思います。

いまロシアは東部のハルキウ周辺から南部に至るベルト状の地帯を支配しています。これは2014年に併合したクリミア半島とほぼ同じ面積で、ウクライナの20パーセントくらいの国土がロシアによって占領されていることになります。ロシアはこういう形でウクライナをバラバラにしたいんじゃないか……。そのあたりがプーチンの落としどころなのかもしれません。

当然、西側陣営からすれば、そういう勝手なことをさせないというのがエンドステートになると思います。

小原

「ウクライナの分割」という話がありましたが、最近、ロシア側の話として、ウクライナの西側3分の1はポーランドが、東側3分の1はロシアが、残り3分の1は中立地帯にするみたいな「分割論」が落としどころになるんじゃないかという意見があると聞きました。

ロシアが東側を押さえて、ウクライナを解体したいという思惑は理解できるし、ロシアがウクライナとの一体性を強調している点は、中国と台湾の関係に似ているところがあると思いますが、そんな「ウクライナの分割」はあり得るんでしょうか？　そんなことをアメリカが受け入れるのかという話になりますが、そのあたりはどうでしょう？

小泉　ウクライナを東西で分割占領するという話は、ロシアの世界観に引きずられた議論だと思います。ロシアの世界観は、列強が欧州に線を引いて勢力圏を取り合うということです。冷戦後にロシアの保守派や将軍、情報機関の人たちが書いた本を読むと、頭が痛くなるほど、この主張が出てきます。

でも、おそらくアメリカはそれほどウクライナ自体に興味はありません。アメリカを含む西側の人たちは、ウクライナに親米政権を作るということには関心がなく、ただロシアが主権国家によく分からない理由で攻めてきたという状況が困るわけで、それで軍事支援しているんだと思います。

一方、ロシアは西側が陰謀をめぐらせて、ロシアの勢力圏を分割しようとしているという世界観で物事を見ています。問題は、西側がそのロシアの世界観を理解して対話してこなかったことだと思います。

要するに、長い間、西欧人はロシア人を「何か少し変わった人たち」くらいで接していたら、実はとんでもない妄想を持っていて、ある日突然、包丁を振り回し始めたみたいな感覚なのでしょう。それで今回は早く措置入院させなきゃ駄目だということになったと思います。

中間選挙次第で米国のウクライナ支援は変わる

小谷　これまでアメリカはウクライナの主権と領土の一体性を強調していますが、2022年5月のダボス会議での「ウクライナは領土を割譲してロシアとの和平を追求すべきだ」というキッシンジャーの発言を除けば、アメリカにとって分割論が解決策ということはないと思います。

もちろん、この戦争の結果、そういう形になった場合は別ですが、政治外交的にウクライナを分割して勢力圏を固めるという考えは、バイデン政権だけでなく、通常のアメリカ政権にはないと思います。

ただ、トランプ政権の場合は、少し怪しいと思います。よくトランプ前大統領だったらこの戦争は起こらなかったと言う人がいますが、トランプだったらウクライナを差し出したのではないかと思うのです。彼の1回目の弾劾は、ウクライナに軍事支援する見返りにバイデンの息子に対する捜査を要求したことがきっかけですから、トランプはウクライナそのものには関心がない。この戦争を止めるためなら、ロシアが望むものを与えるという解決策をトランプなら言い出しかねません。このような恐ろしさは、２０２４年の大統領選挙に向けて、頭の片隅に入れておくべきだと思います。

秋田

重要なポイントです。今日、議論している時点ではバイデン政権のアメリカを議論しているわけですが、次の大統領選の２０２４年後は全く違ったアメリカになるかもしれない。この大きな振れ幅を想定して、５年後、10年後の話をしないと、間違えてしまうかもしれないということですね。

小谷

トランプの支持者たちは、なぜアメリカ人の血税を使ってわざわざウクライナ人を助けるのかと言って、ウクライナに対する武器支援に反対しています。フィンランド、スウェーデンなどがＮＡＴＯに加盟して、ロシアとＮＡＴＯの間に長い国境線ができれば、そこにアメリカの若い兵士を出すのかということで、これにも反対です。それよりもメキシコとの国境を守れというのが、トランプ支持者の発想です。もし２０２４年、25年まで、このウクライナ情勢が続いて、再びトランプ政権になったら、ウクライナ支援のあり方やアメリカの政策は大きく変わる可能性が十分にあると思います。

秋田

トランプ氏が大統領にならなくても共和党政権が誕生すれば、トランプ色が多少入ってくるでしょうから、その場合もそうしたシナリオはあり得るのでしょうか？

小谷　ウクライナに対する支援ではさまざまな法案が通っていますが、いずれも超党派でやっています。もちろん共和党の中にトランプ的な要素はありますが、今のところは強く出ていません。ただ、２０２２年11月に中間選挙があり、そこでトランプの影響力が再認識されたら、２０２４年にかけてトランプ的な要素が広がっていくかもしれません。それは議会にも広がる可能性があり、そうなると、ウクライナ支援だけが超党派で進んでいる状況が変わってくるかもしれません。中間選挙の結果次第で、アメリカによるウクライナ支援のあり方が変化する可能性はあります。

ロシアが存在する限りＮＡＴＯはなくならない

佐藤　ＮＡＴＯ拡大には米国の国内問題も関係すると思います。共和党と民主党の間には、長く政策的な対立がありました。

ＮＡＴＯ拡大を決めたのは、民主党のクリントン政権です。その際、共和党内には、アメリカの関与する領域がロシアの国境に近いところまで行くということに懐疑論があったのは事実です。現在のＮＡＴＯ拡大責任論には、トランプ個人の要素と、共和党が持ち続けた現実主義的な懸念が、同時に存在しています。

その後、共和党時代もＮＡＴＯ拡大は続きましたが、新規参加国に対する防衛上のコミットメントについては、ロシアとの対話を繰り返しながら慎重だったのが、共和党の進めた政策の一つの特徴です。

たとえば、ミサイル防衛の配備についても、それがロシアに脅威を与えるものではないということについて、ロシア側とのかなり踏み込んだ協議をしながら進めていました。ＮＡＴＯ拡大に対する党派別の政策の側面も見逃してはならないと思います。

秋田　これまでの話をまとめると、ロシアは現況で停戦に応じたとしても戦争をやめるつもりはない。さらに大統領選のある2024年以降、もしくはその前哨戦である2022年秋の中間選挙の結果によっては、アメリカが今のようにNATOと結束して対応していくかどうか分からない。米国内の党派対立がさらに高まる危険があるということですね。

そこで、今後、フィンランドとスウェーデンが加盟して、NATOの結束が強まっていくように見えますが、この現状と見通しはどう考えたらいいでしょうか？

長島　まず、メディアなどで「米・欧・NATO」という言い方をしますが、NATOは国ではなく、機構システムです。つまりNATO固有の意思があるわけではなく、加盟30カ国の合意に基づいて、理論的にかつ漸進的に物事を進めるというのが基本姿勢です。その意味で、アメリカだけでなく、どの国の政治状況が変わっても、コンセンサスなしに、NATOの向かうべき方向性に急激な変化が生じることはあり得ません。

NATOの本来の意義は、創設時に指摘されたように、「アメリカを欧州に引き込んで、ロシアを欧州から排除する」ことであって、その基本姿勢は今後も変わることはないと思っています。その上で、NATOを含む欧州諸国は、たとえ今回、ロシアが戦争によって国力が衰退していっても、難攻不落のハートランドに位置するという地政学的メリットによって、10年後、20年後に復活してくるかもしれないと考えて、そのための中長期的な備えをどうするかという議論を真剣にしているのだと思います。フィンランドとスウェーデンの加盟へ向けての議論も同様の文脈にあります。

そして、それは、2022年6月末にスペインで行われるNATO首脳会合において、ロシアへの脅威認識とその対処戦略として確認され、新たな戦略文書の形で示されることになるはずです。

秋田　NATOは国ではなくて機構ということですが、あえて欧州ということで見ると、NATOにはドイツやフランスだけでなく、たとえばハンガリーとかトルコも入っています。欧州の結束を考えると分裂の地雷が埋め込まれていて、今は結束しているだけにすぎないような気もするのですが、今後のリスクをどう見ますか？

長島　20世紀末にソ連が崩壊して冷戦が終わり、「NATO不要論」が叫ばれ、「平和の配当」という名のもとに、欧州諸国は大幅に国防予算を削減しました。その時、NATOは多国間同盟としての存在意義を失いかけていたことになります。しかし、2001年9月11日の米同時多発テロに端を発する対テロ戦争は、その状況を一変させます。イラクやアフガニスタンでの対テロ戦争の始まりから、NATOは両国における治安維持や復興支援という任務を引き受け、国際的なテロの脅威から欧州を守ることの責務を果たしたのです。2014年のロシアによるクリミア併合や今回のウクライナ侵攻によって、NATOの域外活動は名実共に終わりを告げ、再び軍事同盟としての原点に戻ってきたと言えるでしょう。そして、欧州において、膨張に転じるロシアにどう対峙し続けるのかという永遠のテーマが存在する限り、NATOが解体されることはないと見ています。

核問題をめぐる三つの論点

秋田　今回、NATOとアメリカはウクライナに武器を提供するだけで、直接には軍事関与していません。バイデン大統領はその理由について、核戦争を防がなければならないからだと言っています。これに対し、アメリカ側の核抑止力は全くプーチンに効いていない。NATO側だけがロシアの核抑止力によって抑止されているような危険を感じますが、今回の侵略が提起している核抑止力の課題と行方をどう見たらいいのでしょうか？

佐藤　NATOの歴史を振り返ると、通常戦争と核抑止のバランスが大きく変化したと思います。NATO設立当初は、通常戦争の面で圧倒するロシア軍を、核兵器でどのように抑止するかが重要な論点でしたが、その後、相互核抑止の成立の中で、核抑止と核抑止の戦いになり、今回のウクライナ戦争では、通常戦争で劣勢なロシアが西側に核の恫喝をしています。このように、局面が大きく変わってきています。

その上で、今回のウクライナ侵略における核の問題は、三つの論点があると思います。一つが核抑止の問題です。ロシアは「エスカレート・トゥ・ディエスカレート」のもと、核の恫喝をすることで、NATOおよびアメリカの軍事介入を防ぐことを意図しているように見えます。これは「核抑止」の一つの活用方法です。NATOがウクライナに直接軍事介入しないという意味で、西側諸国はロシアの核による恫喝に抑止されてしまったと解釈できます。これは冷戦当初、NATOが想定していた戦略そのものを逆転させた形で、ロシアが我々に仕掛けてきているとも理解できます。

同時にロシアの核ドクトリンの中では、ロシアの「防衛」――この防衛の範囲がよく分からないのですが――のためには核兵器を使用するということを明言しています。核使用に関して欧米の核政策とは全く違うカテゴリーのものがロシアに存在していて、その使用のあり方を西側がどう評価するかが、非常に大きな問題になっていると思います。

先ほど小泉さんが、プーチンの中に「ロシアとウクライナ一体論」があるという話をされていましたが、もしそうだとすれば、よもや同胞に核兵器を使うことはないだろうと考えるのが自然です。しかし、これはプーチン個人がどれだけ合理的で理性的な人間かということに大きく関わってくると思います。

二つ目の問題として、ロシアがウクライナを完全に分割するなり、領土も含めて西側諸国にウクライナは取り込まれてしまって、もう取り戻すことができないということになった時には、威圧目的もしくは焦土作戦などの目的で、ウクライナで核を使う可能性は否定できないと思います。それこそがアメリカ、ヨーロッパの核をめぐる議論で深く懸念されている点です。

特に核を用いた焦土作戦が実施されると、世界有数の穀倉地域を持つウクライナで、今後数十年もしくは百年くらい穀物生産ができなくなり、世界の食料安全保障に大きな影響を与えます。そうした事態まで含めて核抑止と捉えるのであれば、食料の安全と連動させて、ロシアが我々に脅威をもたらしていると捉えることができます。

三つ目の問題は、ウクライナが核兵器や生物化学兵器を作っているとプーチンが発言していることです。これは、冷戦後に我々が核をめぐる議論の中で重視してきた「核拡散の危機」を強調していることに留意すべきです。

これは、イラク戦争において核拡散を防止するために欧米を含めた国際社会が軍事力を行使することをためらわなかったように、ロシアは「プレコーショナリー・プリンシプル（precautionary principle：予防原則）」を発動しただけと国際社会にアピールしていると解釈できます。これがロシアによるブラフ（脅し）なのか、ロシアがそれを真剣に考えているのかは分かりませんが、核拡散防止のためであれば、ロシアによるウクライナ全土の掌握、さらには政権転覆が正当化されるという、ロシアはリスク回避の行動を仕掛けているだけとのストーリーを売り込もうとしているのです。

このように核の問題は、核抑止、核使用、核拡散の三つの視点からを考えていくべきだと思います。

なぜロシアのハイブリッド戦が効かなかったのか？

秋田

ウクライナのゼレンスキー大統領は、あくまでも諦めず、戦い続けるという決意を示しています。この状況が続けば、簡単には戦争は終わらないでしょう。通常戦力の戦いから、ロシアが核を限定使用する危険も排除できません。この点について小泉さんから解説いただければと思います。

小泉　まず前提として、ロシアが一方的に西側を抑止できているわけではないということです。ロシアが西側を抑止しているのと同様に、やはりロシアも西側から抑止を受けていると思います。だからこれまで、ロシアの戦況が思わしくなく、戦術核や化学兵器を使ってもおかしくない局面がいくつかあったわけですが、いずれにおいても使っていません。

同じく西側の軍事援助がロシアにとって非常に不都合であっても、西側から入ってくるトラックや列車を爆撃して潰すということもしていない。

それをやった場合、西側との間にエスカレーションが発生し、ひとたび核を使ったら、どこまでエスカレートするか、ロシアにも予測がつかないからだと思うんです。

ということは、ロシアも西側によって抑止されているんだと思います。今回のウクライナは、戦闘局面においても戦略抑止が働いていて、その下で通常戦争が行われていると見るのがいいと思います。

もう一つ、西側は交戦していないけれど、情報アセットの面ではかなり深く関与しています。巡洋艦「モスクワ」が撃沈され、ロシアの将軍が12人も殺されています。これほど多くの将軍が死亡する戦争は異常です。今回の作戦に関与している将軍は25人で、半分死んでしまった。シリア戦争では7年間で死んだ将軍は2人だけですから、それに比べると3カ月で12人は異常です。これはやはり西側の情報アセットがあるからです。

そういう意味から、「相互核抑止の下、西側が準参戦した形で行われている戦争」と見てよいと思います。

このような形で続いている戦争なので、お互い通常戦力でどちらかが完全にぶっ倒れるまで続けるという、これも珍しいパターンの戦争だと私は思っています。

ゼレンスキー大統領は、ウクライナは70万人で戦っているという言い方をしました。開戦前の軍隊は20万人で、準軍事部隊10万人という評価でしたから、単純計算すると40万人の民間人を動員して戦っていることになります。

ロシアは今のところ動員していませんが、作戦に参加している15万人と、親露派が占拠しているドネツク・ルハンスク両州で10万人から12万人くらい動員しているといわれています。それに治安部隊なども当然加わっているので、おそらく30万人くらいで戦っていると思われます。

つまり、従来考えていたのと、まるで桁の違う規模の戦争しているわけで、数十万人規模の軍隊が真正面からで殴り合う戦争は、野戦軍を撃破して、敵の意思を屈服せしめるみたいなクラウゼヴィッツの時代のような非常に古典的な戦いで、それがいま東部で起きているわけです。

しかも、ゼレンスキー大統領は戦いに勝つ気なんだと思います。勝ってロシア軍を東部と南部から追い出す。ただクリミアまで攻めると、そこはロシアが自国領だって言っているんで、ロシア本土への攻撃とみなされると、何をされるか分からない。クリミアに関しては今後話し合いで奪還していき、少なくとも2月24日の開戦以降にロシアが占領した地域からは確実に叩き出したいんだと思います。

一方、ロシアは叩き出されまいとしますから、この戦争はまだまだ続くし、それは非常に激しいものになると思います。お互いに相手を倒すまでやるということで、落としどころはあんまり考えていないと思います。

長島　米国の在欧州陸軍司令官を務めたベン・ホッジス氏は今回のロシアによるウクライナ侵攻を「中世の戦争」と呼んでいます。そして、本来なら、これからの戦いはサイバー空間や宇宙空間を主戦場として行われるはずなのに、なぜ、いま古典的な中世の戦争が行われたのかという趣旨の発言をしています。私も、どうして軍事的手段と非軍事的手段を組み合わせたハイブリッド戦争がウクライナに対して効果的でなかったのか、その答えを模索しています。

今回のウクライナ侵攻は作戦ミスもあったと思いますが、小泉さんが言われたように西側諸国のハイブリッド戦争に対する事前の抑止と対処が功を奏したと見ています。実際に、開戦当初から、ウクライナへのサイバー攻撃は致命的な影響があったことが報告されていません。もし電力、ガス、水、原発などの社会インフラが徹底的に機能破壊されると、それは社会インフラの喪失を意味し、市民の生命が直接脅かされる事態になりかねません。そうなった場合、市民の抵抗はより強くなり、攻撃を行ったと見られるロシアへの敵意は一層増大することになるでしょう。おそらくロシア側は、侵攻後に傀儡政権がウクライナ国内を統治することを視野に、国民生活を破滅させるような致命的なサイバー攻撃を控えたのではないかと思います。

もう一つは、従来から西側諸国が重大なサイバー攻撃を武力攻撃とみなして武力行使による排除の方針を明らかにしているため、ロシアとしても、サイバー空間や宇宙空間における攻撃を行うにあたって、慎重な姿勢を保つ必要があったと考えられます。それは、サイバー攻撃の影響が第三国に波及し、重大な損失を生じさせてしまった場合、その第三国に対して、ロシアへ宣戦布告する理由を与えてしまいかねません。それはロシアが最も懸念する事態だと思います。そうでなければ、今回、軍事作戦の長期化を避けるためにも、作戦当初から、もっと強烈なサイバー攻撃があってもおかしくなかったはずです。

小泉

確かにサイバー戦についてはミステリーですね。ロシアはあれだけのサイバー戦能力を持っていながら、今回ほとんどやった様子がない。長島さんが指摘した理由以外に、西側がフォワードディフェンス（前方防御）みたいな形でロシアのサイバー戦能力に制限かけたという可能性はないですか？

長島　やはり今回、ウクライナやそれを支援する国々の民間技術を活用した高度な対応能力が、ハイブリッド戦におけるサイバー攻撃への防御に寄与したと思います。たとえばマイクロソフト社はロシアによると見られるサイバー攻撃を検知してウクライナ政府を技術支援しましたし、アノニマスなどのサイバー攻撃を行う非政府集団がサイバーの最前線に参入したことで、予期し得ない形で、ロシア側の攻撃の効果が弱められてしまったと考えています。

その中で、サイバー空間において「悪意のサイバー活動をその発信源で妨害して、その攻撃を止めさせる」という「前方防衛（Forward Defense）」の手段がとられた可能性もあるとは思いますが、現時点で確たる証拠はありません。ただ、ナカソネ米サイバー軍司令官は、２０２１年12月に、悪質なサイバー攻撃者がウクライナのネットワークに侵入していないかを調べる「ハントフォワード（Hunt Forward）」と呼ばれる、米軍のサイバー専門家チームを派遣していたことは明らかにしています。

小原　サイバー攻撃についてですが、ロシアのサイバー攻撃、ハイブリッド戦は、前半と後半で変わってきているという印象を受けています。当初、ロシアは本格的なサイバー攻撃はほとんど仕掛けていませんでした。それはキーウ周辺の通信トラフィック（一定時間内にネットワークで送受信されるデータ量）を見ても、回数はあまり多くない。攻撃を受けて通信量が急に減った時期があってもすぐにウクライナ側がリカバーしていることを考えると、レジリエンス（抗堪性）がしっかり効いているし、ロシアのサイバー攻撃もさほど大規模で苛烈なものではなかったと思います。

当初、プーチン大統領はウクライナをそのままの形で残して、傀儡政権を立てるというイメージを持っていたと思いますが、途中からそれができなくなり、キーウからの撤退が3月31日だとすれば、その頃からライフラインに対する攻撃も徐々に始まり、サイバー攻撃の烈度が上がってきました。

サイバー戦を含むハイブリッド戦は、相手の社会の強靭さをなくすためにやるということだとすると、社会が強靭であればあるほど手段は苛烈になり、地上戦と同様、非人道的なものになっていき、それがいま行われていることにつながっていると思います。そういう状況を見てもプーチン大統領はウクライナをそのままの形で残すというのではなく、占領すべきところは、すべて廃墟化してもロシア領にするという方向に変わってきているんだと思います。

ウクライナにすれば、それを受け入れることはできない。そうなると、小泉さんが言われた「落としどころのない戦争」となり、それはサイバー戦から見ても同じことがいえると思います。

佐藤

ITの専門家の話を聞くと、ロシアのウクライナへのサイバー攻撃は、実は侵攻前の段階で強くて、その後、1回急激に減ったということでした。侵攻が始まった2月25、26日以降はそれほど多くないと聞きます。つまり、前段階でかなりロシアが仕掛けたのは間違いないと思います。そして、それをウクライナが跳ね返したという状況があるようです。さらにウクライナにはIT軍が民間人含めて約30万人いるといわれ、彼らの抵抗力も、ロシアのサイバー攻撃がうまくいかなかった要因と考えるべきだと思います。

ロシアが目指した欧州の新しい安全保障の枠組み

森本

今回のロシアによるウクライナへの軍事侵略は、プーチン大統領一人の戦争だと思いますが、これを始めた背景について申し上げると、1990年に冷戦が終わり、旧ソ連邦が15の独立国家共同体に分かれて約10年、ロシアは新しい国家体制を作るのに苦しみました。その間に二次にわたるチェチェン紛争を戦い、2000年頃になるまで、世界はアメリカ一極社会でした。ロシアは冷戦時代の超大国から、欧州の普通の大国に引きずり下ろされた深い恨みを持った。その後、米国のリードでNATOの東方拡大が行われ、これも、アメリカの陰謀だとロシアは考えていたのだと思います。

ロシアは歴史的に保有していた緩衝地域が東から攻められ、残るのはベラルーシ、ウクライナ、ジョージアです。自国の防衛線が東方から攻められ、ウクライナまで取られたら、国境までNATOが迫ってくるという切羽詰まった安全保障上の危機感が、2月24日の戦端につながったと思います。

CNAS（新アメリカ安全保障センター）のフィオナ・ヒルが『ニューヨーク・タイムズ』紙に書いた記事を興味深く読みましたが、その内容は、ロシアはアメリカをヨーロッパから追い出して、欧州諸国と新しい安全保障上の枠組みを作りたい。このプロセスを経るには、ドンバス地方（ルハンスク・ドネツク両州）とクリミア半島が必要である。それを取って、米欧のデカップリング（切り離し）を図り、できればフランスやドイツと一緒になって新しい欧州の安全保障上の枠組みを作り、米軍を追い出したいという趣旨でした。

さらに強い要因として、ロシアと同じ苦しみをアメリカに味合わせたいというプーチンの個人的な恨みが背景にあると思います。この文脈から見ると、先般、プーチンと、フランスとドイツの電話首脳会談がありましたが、もともとフランスはロシアと協調を図ろうという考え方です。逆にドイツは元に戻っていくように見えますが、中長期的に見ればそうではない。フランスとドイツ、これにイタリアが加わってロシアと協調をとりながら、欧州の安定をリードしていき、欧州におけるアメリカの関与や依存を減らすという方向になると思います。当然これに対してイギリス、アメリカ、カナダは徹底抗戦をするという考えです。米欧は立場が二つに分かれていると思います。

これとの関連でいえば、ゼレンスキー大統領の落としどころは、ドンバス地方を取り返すことができても、ロシアはクリミア半島を手離さないので、交渉しても諦めざるを得ないと思っています。その最大の理由はクリミア大橋（ケルチ橋）です。クリミア大橋は2014年にロシアがクリミアを取ったあと、2018年に開通したんですが、全長18・5キロもあります。レインボーブリッジが約798メートルですから、クリミア大橋はその23倍です。

この橋の開通式では、プーチン大統領が自らトラックを運転して橋を渡りました。ウクライナの中にはクリミア大橋を破壊すべきだという意見もありますが、この橋を壊したら、ロシアは必ず戦争宣言をするでしょう。

今回の落としどころは、もちろん戦闘の結果によりますが、ドンバス地方はウクライナが取り返しても、クリミア半島は放棄せざるを得ないのではないかと思います。


西側はウクライナの分断を受け入れないと言いますが、プーチンが権力者である限りは、ウクライナの分断もやむを得ないのではないでしょうか。2024年の選挙でプーチンが再選したら、2036年まで大統領を続けるという野心を持っていると思われますし、今回の作戦をそう簡単には断念しないでしょう。

ゼレンスキー大統領は、ここまで強いリーダーシップを発揮しているように見えますが、今のような国内外の支持が続くのかどうかを長期的にみると少し疑問があります。ウクライナ侵攻が終わったあとの東欧は難しい。どの国も国防費を増加し、ウクライナには相当量の兵器が蓄積され、これらが地域の安定にどう影響を与えるかを考える必要があります。また、アメリカ国民がどこまで欧州に関わり続けるかどうかも疑問です。

ただ言えることは、今回の戦闘の経過を見ると、プーチンには軍事的素養がないのではないかということです。第一段階の作戦はプーチンの戦略的失敗です。ハイブリッド戦争でも米英の実力を見誤り、その結果、情報戦・サイバー戦・宇宙戦の能力が完全に封印され、本来の能力を発揮できませんでした。これでは核兵器を使っても米英からどのような報復を受けるか分からない。核抑止は全体の能力比に対する評価から生まれる結果のなせる業だと思います。

ロシアは弱体化し、アメリカはインド太平洋に集中する

秋田

ここまではロシアの侵略にともなう戦争について主に議論してきました。次は一歩引いて世界を俯瞰して、ロシアの侵略によって世界の大国間対立がどう変わっていくかというテーマで考えたいと思います。まず小谷さんから、ワシントンを中心とした視点をお聞かせください。

小谷

バイデン政権は、政権発足前から中ロという専制主義国家と民主主義国家の戦いという大きな枠組みの中で、インド太平洋を重視するという姿勢を明らかにしていました。ただ、中ロといってもそれぞれ位置づけが違ったと思います。中国は「pacing threat（差し迫ってくる脅威）」だという言い方をしていました。それに合わせてアメリカの体制をきちんと整えなければならないと言っていたわけですが、ロシアに関してはどちらかというと「disruptive power（混乱を引き起こす存在）」であって、中国とは違っていました。

中ロを睨みながら、インド太平洋どう見るかという時、バイデン政権の中には当初、バランス・オブ・パワーという観点から、ロシアとも安定した関係を目指すのがいいという考えもありました。そのため、予測可能で安定した関係をロシアと築くため、２０２１年6月の段階でも、バイデンはプーチンと首脳会談を行いました。

ロシアとの関係を安定させながら、ヨーロッパとの関係を強化して、ヨーロッパを安定させる。そして、アフガニスタンから撤退することで、中東・南アジア

からも引いて、インド太平洋に集中するというのが当初描いていた図ですが、アフガニスタン撤退で失敗してしまった。これにより国際的にも、アメリカは「大丈夫か？」という懸念が広まり、何よりバイデンの国内の支持率が急速に低下してしまった。それに合わせるように２０２１年10月頃からウクライナ周辺にロシアが軍を配備するようになって、バーンズＣＩＡ長官をはじめバイデン政権の中から、ロシアは本気でウクライナ侵攻をやるのではないかという見方が出てきました。

インド太平洋戦略は２０２１年6月からの策定を始めていたわけですが、アフガンの失敗とウクライナ問題も出てきて、なかなか最終的に確定できない状況になりました。結局アメリカは、ウクライナへの軍事侵略が始まり、ヨーロッパではロシア、アジアでは中国を見なければならないという二正面作戦を強いられるようになったわけです。

ただ、今回のウクライナの侵略に関しては、現時点では非常に深刻な問題ではありますが、この戦争を始めたことでロシアの凋落はむしろ早まったというのがバイデン政権の基本的な見立てです。２０２２年4月のＮＡＴＯの会合でオースティン国防長官が話したように、二度と隣国を侵略できないようロシアを弱体化させることで、中国に集中するというのが、アメリカのインド太平洋戦略の基本になっていると思います。

２０２２年2月初頭、バイデン政権は国家安全保障戦略と国防戦略、核体制見直し、さらにインド太平洋戦略を合わせて発表する予定でしたが、国家安全保障戦略は22年末まで延期されました。国防戦略、核体制見直しは一部ファクトシートが発表され、インド太平洋戦略は発表されました。ここにも「これからロシアは弱体化していく」「中国に集中する」というメッセージが込められています。

何よりバイデン大統領が２０２２年5月末に来日して、日米同盟、日韓同盟の関係を確認し、さらに日米豪印の枠組み「クアッド（ＱＵＡＤ：Quadrilateral Security Dialogue）」の首脳会合をするということで、インド太平洋重視という姿勢を改めて示しました。
ウクライナ情勢を受けて、米軍は欧州に追加配備して10万人態勢になっているので、インド太平洋に十分な戦力を割けないのではないかとの議論もありますが、欧州で必要なのは陸上戦力中心で、インド太平洋では海空戦力が中心なので、そこは問題にならないという見立てもあります。
しかし、これからインド太平洋でも陸上戦力が必要となります。多連装ロケット砲であるＨＩＭＡＲＳがウクライナに供与されつつありますが、これはまさに米陸軍と海兵隊がインド太平洋で必要とする兵器です。これらをウクライナに提供することは、インド太平洋にも一定程度の影響が出るので、そのあたりはバランスをとって評価していかなければならないと思います。

秋田
現在、米軍は二正面の対応を強いられています。欧州は陸上、インド太平洋は海洋であり、必要とされる戦力は違うとはいえ、欧州方面の緊張が長引けば、インド太平洋への米軍の関与にも影響が出かねないということですね。そのあたりについて、欧州から見るといかがでしょうか？

長島
ＮＡＴＯもロシアも互いに敵とみなさない「ＮＡＴＯ・ロシア基本文書（NATO Russia Founding Act）」に基づいて、ＮＡＴＯはロシア国境に近い東側に戦闘部隊を駐留することを控えてきました。ですが、２０１４年のクリミア併合によって、ロシアが事実上、基本文書の精神を反故《ほご》にした結果、その脅威への対処として、ＮＡＴＯは、１０００人程度からなる戦闘部隊をバルト三国およびポーランドに配備したのです。それらは、強大なロシア軍と比較すれば、微々たる戦力ですが、いわゆるトリップワイヤー（引き金線）の役割を与えられ、国境付近のロシアの不法行動を牽制することが期待されました。
今回のロシアのウクライナ侵攻以前から、ロシア軍のウクライナ国境付近での活動が活発化するのを見て、NATOとしては、これらの戦闘部隊を増強して、ロシア軍の活動がウクライナ国境を越えて、NATO加盟国に影響を及ぼさないように備えました。そして、ウクライナ侵攻が実際に開始されるや、NATOは、それらの一層の増強を図ると共に、新たに4個の戦闘部隊を東側に配備して、計8個の戦闘部隊による防御態勢を構築することを決定しました。

現在、欧州に駐留する米軍は一時的に10万人規模に増強されていますが、NATOは軍事同盟として、戦闘部隊は基本的に各加盟国が主導する形で、多国籍の部隊編制となるのが通常です。そのため、近い将来、在欧米軍自体の戦力の変化が、既存のNATO軍編制に直接影響を及ぼすとは考えられません。ただし、全加盟国間で調整の上、長期的なNATO戦力の維持が図られる仕組みである以上、米軍の戦力低下は、漸進的であれNATO戦力の減少に結びつくことはやむを得ないでしょう。

その一方で、欧州における最大戦力であり、NATO戦力の柱であった在欧米軍の戦力がインド太平洋方面に移動させられることは、欧州安全保障の信頼性にとって大きな問題です。そのため、欧州連合（EU）においても、戦略的自律を求める動きのなかで、欧州独自の即応部隊を2025年までに整備することを決定するなど、NATOの戦力を積極的に補完しようという動きが顕在化しています。

また、その長期的な戦力低下を補填するという視点から、NATOは「新興・破壊的技術」といわれる人工知能（AI）、量子コンピューター、自律化技術などを取り入れた装備品の研究開発に力を入れており、2022年6月のマドリード首脳会合において採択が予定される戦略概念の大きな柱の一つとして注目されるはずです。

秋田

アメリカは中国への対応を最大の課題に据えていますし、この線は変わらないと思います。中長期的には米軍は欧州への関与を減らし、インド太平洋にシフトしていくつもりでしょう。その時、欧州があまり米軍の世話にならず、どこまで自分たちで安全保障を確保していけるかがアジアにも大きく影響します。

長島

２０２２年２月に公表された米国のインド太平洋戦略に基づいて、欧州からインド太平洋に米軍戦力の再配置は進みますが、その最大の目的は、経済のみならず、軍事的にも急成長を続ける中国への抑止と対処です。ただし、この地域にはＮＡＴＯのような集団安全保障機構は存在せず、米国との二国間同盟を軸とする安全保障の枠組みがあるのみです。

中国は、日米豪印による戦略対話「クアッド」を、「ＮＡＴＯのアジア版」と見ているようですが、非同盟国インドを含むクアッドには、そのような集団安全保障の役割を期待することはできません。逆に、中国がクアッドをそのように解釈して、嫌がっているのであれば、西側諸国は戦略的にクアッドを活用して、さまざまな安全保障上のメッセージを発信することを通じて、抑止効果が期待されることになります。

さらに既存の「自由で開かれたインド太平洋」（Free and Open Indo-Pacific：FOIP）」、「豪英米三国間安全保障パートナーシップ（ＡＵＫＵＳ）」、「情報同盟である「ファイブ・アイズ（Five Eyes）」などの多様性を有した安全保障枠組みを多層的に組み合わせて、あらゆる脅威の抑止と対処を図る着意も大事です。それは、重層的な安全保障協力枠組みによる「力の乗数（force multiplier）」を梃子《てこ》として、地域全体の安全保障をより確実なものとすることへ結びつくはずです。

秋田

ロシアの侵略を受け、アメリカは欧州に10万人も展開しています。この状態から米軍はどこまで将来的に減らしていけるのか。ドイツは歴史的な方針転換を決め、国防費を急増しますが、欧州は今後さらに自立的な防衛力が強まって、アメリカがインド太平洋にシフトしていくことができるのか、そうはならないのか。

そこはどう見たらいいでしょう?

長島　さきほど申し上げたように、ホッジス元司令官が指摘した「中世の戦争」がウクライナでは続いていますが、すでに2015年に宇宙、サイバー、電磁波の新たな領域を一元的に対処する戦略支援部隊(Strategic Support Force)を発足させた中国や、2018年の「国家宇宙戦略」において宇宙が戦闘領域に変わったことを認めたアメリカは、従来の陸海空戦力に加えてサイバーや宇宙空間における非対称の戦いが将来の戦い方の中心になると見ています。

NATOも、新たな戦略概念を通じて、それらの将来的な戦争の変化を予期して、未来の戦力の基盤となるイノベーションを重視しています。たとえばAI、量子コンピューター、自律化技術などに注目し、それらを積極的に軍隊の能力に取り込むことができるかが戦いの鍵を握るとしています。確かに米軍の欧州におけるプレゼンスの低下を予期して、EU内でも、危機時に人命救助や市民の退避を担う5千人規模の「即応部隊」の創設が合意されましたが、長期的には、欧州では人間が直接関与しない戦争の実現も視野に入れた上で、軍事力の整備や部隊配備を進めると思います。

その一方で、域内諸国間の国力の差が大きく、国家体制の異なる国々が集まるインド太平洋地域においては、当面の間、旧来からの伝統的な戦力の考え方が引き継がれていくとも見られ、その意味で、米軍のインド太平洋に向けての戦力シフトは、この地域の安全保障に大きな意味を持つことは間違いありません。ただ、日本はその状況に甘んじるのではなく、将来的に、米国の軍事的なプレゼンスがさらに低下する事態を想定しながら、新たな非対称の戦いに向けた備えを加速すべきだと思います。

米中対立―バイデン政権の新たなアプローチ

秋田　中国はロシアの侵略を非難せず、事実上、擁護するかのような言動も見られます。この新しい世界情勢の変化を中国はどう見ているのでしょうか？　さらに、今回の戦争から中国はどのような教訓を引き出し、今後の台湾政策に活かそうとしているのでしょうか？

小原　中国はプーチン大統領を支持していて、その態度は変えていません。国内にはロシアと距離を置くべきだという意見もあって、その議論はかなり活発だと聞いています。それでもプーチン大統領を支持せざるを得ない側面があると思います。

一つは、プーチン大統領が権威なども含めてすべて失うような倒れ方をすれば、次のロシアの指導者は経済の立て直しを最優先にやらなければならない。その時、欧米と協調的な態度をとる指導者が登場すれば、今度は中国が台湾に武力侵攻した場合、ロシアの全面的な支持が得られるかどうか分かりません。

さらに、そうした反プーチン、反体制運動が権威主義国家の中でも起きるとなれば、中国内に伝播する可能性があり、中国はそれを最も恐れています。

そのような事情から、プーチン大統領を支持せざるを得ないというのが中国のスタンスです。でも、どこまで本気で支持するかというのは、２０２２年３月７日、全人代（全国人民代表会議）後に王毅外相がオンライン記者会見でウクライナ情勢について述べた発言でも、その矛盾した立場は明らかです。

王毅外相は、国連憲章の目的や原則を持ち出して、すべての国の主権や領土は尊重して保護されなければならないと言いながら、安全保障の不可分性は遵守しなければいけないし、当事者の合理的な安全保障上の懸念を考慮しなければならないという発言は、プーチン大統領の主張をそのまま持ってきたものです。真逆のことを言いながら、平和裡に解決しなければいけないという、いつものきれいごとで終わっているわけですが、それが中国の建前でしょう。

中国の本音は、ウクライナに対するロシアの侵略も米中問題として捉えているということだと思います。ウクライナと台湾の置かれている状況は共通するという議論が日本でも盛んに行われています。ウクライナはロシアが、台湾は中国がその一体性を主張していますが、それを言っているのが、非常に独裁色の強い権威主義、専制主義国家の指導者である点です。

特に習近平国家主席が２０２２年秋の党大会で異例の総書記続投となれば、ますます長期化の可能性が出てきて、より危険になっていくのではないでしょうか。長期政権化した独裁的な指導者には正しい情報が入らなくなるでしょうし、プーチン大統領のようにどんどん妄想の世界に入ってしまう危険があります。そういう点でウクライナと台湾の状況は似ていると思います。

ただ、今回のプーチン大統領による侵略を前にして、いくらこれは国内の治安問題だと言っても、国際社会はその通りに受け止めてくれるかどうかはわからないと中国は認識したと思います。

余談になりますが、一つ指摘しておきたいのは、日本では台湾の独立を承認すればいいという主張がありますが、台湾は憲法で一つの中国と謳っているので、独立するには憲法改正しないといけないんです。その改正の条件は非常に厳しく、現実的ではありません。台湾が独立を宣言しないなか、勝手に日本が承認できるのかという話です。基本的には一つの中国という枠組みの中で台湾問題は解決しなければならないだろうと思います。

一方、アメリカにとっての戦略的な重要性という点でウクライナと台湾は違うということを中国も認識をしていると思います。ウクライナに関して、アメリカは戦略的な関心はありませんでしたが、台湾はアメリカの本土防衛にも関わる問題で、アメリカが関与する可能性はウクライナよりも高いと思います。

さらにロシアとウクライナの国境は陸続きですから、前時代的な戦争といっても、装甲車両などが速力を持って機動展開する戦いです。ところが中国と台湾は海を隔てているので、着上陸作戦が主体となります。その違いは着上陸の時に進行速度はゼロになるため、着上陸する側に非常に大きな損耗を強いる戦いとなることを中国は理解していると思います。

ウクライナでの戦いで、戦闘でも苦戦し、経済制裁でもロシア疲弊し始めている状況は、中国の台湾侵攻のハードルを上げていると言えますが、それでも中国は台湾統一を諦めることはないでしょう。今回のウクライナ侵略から中国がどのような教訓を得るのか精査することは重要です。

秋田　中国はアメリカ主導の国際秩序を変えたいという立場からも、ロシアが弱体化することは避けたい。したがって、プーチン政権への擁護を止めないでしょう。これに対し、西側諸国はロシアの侵略は国際秩序を壊す行為だとみなして、徹底的に制裁しています。こうなってくると、米中の対立はハイテクや海洋にとどまらず、全く異なる世界秩序観が衝突している状態のように思えます。当然ながら、米中対立はさらに深まらざるを得ないでしょう。アメリカの今後の対中戦略の見通しについて、小谷さんはどう見ていますか？

小谷　アメリカにとってインド太平洋戦略の本丸は対中戦略です。ウクライナの戦争の有無にかかわらず、インド太平洋戦略といえば対中戦略です。トランプ政権がインド太平洋戦略に着手し、バイデン政権がそれを引き継ぐ形になりましたが、両者には大きな違いがあります。

トランプ政権は共産党体制の弱体化を主目的にしていましたが、バイデン政権は中国共産党体制との共存を前提に、どのようにしてこの地域を変えていくべきかを重視しています。中国は変えられないので中国を取り巻く環境を変えていくという、より地域戦略の側面が出てきたと思います。

バイデン政権誕生直後の2021年3月18日、アラスカ州アンカレッジで行われたブリンケン国務長官とサリバン大統領補佐官、楊潔篪国務委員と王毅外相の会談は非常に対立的でしたが、当時のバイデン政権は「対抗する」、「競争する」、そして、可能な分野では「協力する」というのを米中関係の三本柱に据えていました。

それが、2022年5月の終わりにブリンケン国務長官が中国政策に関する演説をして、その中で「対抗」と「協力」は使いませんでした。代わりに強調したのが「invest」、つまりアメリカ自身に投資をして強くならなければならない。そして、もう一つが「align」で、同盟国・友好国との連携です。そして、それらによって中国と「競争」していくという形になりました。特に「対抗」という言葉が消えたことは大きな変化です。これは当然、同年2月に発表したインド太平洋戦略を受けてのことだと思います。

ウクライナ侵略が始まる前後から、アメリカは中国とロシアが一つになることを非常に懸念していました。2022年2月の北京冬季オリンピックの開会式当日に出された中ロの共同宣言では、両国は際限なく協力していくことを発表しているわけです。

実際にウクライナへの侵略が始まってからも、アメリカは中国がロシアを支援することを恐れ、それもあって情報戦の一環で中国がロシアを支援しようとしているという情報を流して、中国が支援しにくい環境を作ってきました。

中国をあまり追い詰めると、ロシアと一緒になってしまうので、「対抗」という言葉を使わないことで、米中競争を手加減するわけではないのですが、バイデン政権としては、中国共産党を追い詰めるつもりはないというメッセージを込めたと思います。これはおそらくウクライナ侵略があったことによる変化ではないかと思います。

ただ、バイデン政権の中でも、中国側がこのバイデン政権のメッセージをきちんと受け取るのかという点に関してはやはり議論は分かれているようです。バイデン政権のアプローチの違いがどこまで、この米中対立のいわば緩和につながるかは、もう少し様子を見ないと分からないと思います。

中国は本当に台湾に着上陸するつもりか？

秋田　ロシアがこれだけ世界の秩序を壊し、そのロシアを中国が半ば擁護しているのだから、バイデン政権の対中政策はさらに厳しくなると見ていましたが、そう単純な話ではないということですね。ワシントンの対中観は厳しくなるけれども、ロシアと中国を結託させてはいけないので、実際の対中政策のかじ取りはもう少し微妙なニュアンスで進めるということなのでしょう。この点、中国はどう受け止め、対応しようとしているのでしょうか？

小原　そうしたアメリカの動きについて、中国は注意深く見ていたと思います。さきほど中国国内でロシアと距離を置くべきだという意見があるという話をしましたが、２０２２年3月21日、人民日報系の「環球時報」は、ウクライナ問題を解決するためにはアメリカと協力すべきだとする南京大学の有名な朱鋒教授の論文を掲載し、アメリカ批判をトーンダウンしたのですが、結局、アメリカに対する態度は元の厳しい状態に戻っているように思います。つまりアメリカの中国に対する態度は厳しいままで変わらないと、中国が認識したのだと思います。

たとえば新華社通信は「ウクライナ戦争を使ってアメリカが中国を陥れようとしているが、中国は決して受け入れられない。だから我々はアメリカの嘘に反駁して真実をみんなに知らせる」というような、漫画入りの論説・論評をシリーズで掲載しています。それが中国の本音なんだと思います。

ウクライナ問題やロシア問題に対して中国はそれなりの立場はあるものの、本質は中米関係で、アメリカがどう出てくるかだけなんです。5月27日、ブリンケン国務長官がアメリカは「中国による最も深刻で長期的な国際秩序に対する挑戦に重点を置き続ける」と言っていましたが、そこは中国も認識しています。

アメリカと中国は、世界を舞台に「碁」を打っているようなものです。クアッドを見てもそうですけれど、その中に東南アジアとか太平洋島嶼国というのがわざわざ出てきたのを見ると、太平洋島嶼国に中国が影響力を拡大しようとしているからです。2021年11月には、アメリカの米中経済安全保障調査会などはラテンアメリカ、カリブ諸国と言っていたんです。中国が経済力を梃子に影響力を拡大し、アメリカの裏庭に人民解放軍の戦略支援部隊が運用する宇宙観測施設ができていたりしたからです。

台湾に関して言えば、今回のウクライナ侵攻により、中国が武力統一するハードル上がったと言いましたが、だからと言って、台湾を諦めるわけでは決してありません。武力統一できる能力を必ずつけようとします。

ただ、その手段が問題で、本当に着上陸やるつもりなのか、よく分からなくなってきました。海を渡る能力を強化すると思っていたのですが、強襲揚陸艦の建造は3隻で止まっているんです。これでは2万から2万5000人しか運べず、着上陸作戦などできません。ロシアがウクライナを攻めるのに最初は15万人と言われ、現在30万人くらいです。

中国が着上陸するための能力構築のペースを落としているとすれば、ほかの手段を使うつもりでないかという懸念があります。それが、中国人民解放軍が進める智能化（AI）と融合した自律型致死兵器システム「ローズ」（LAWS：Lethal Autonomous Weapons Systems）といわれるようなものを作ろうとしているのではないか。2021年11月の珠海航空ショーでも無人機のコーナーがものすごく大きかったです。

秋田　でも、最終的には中国軍が台湾に着上陸しなければ、併合はできないのではないでしょうか？

小原　最後は兵士が上陸するんですが、その前に、無人機などで台湾の陸上兵力を叩こうとするんじゃないか。

それは、ウクライナの戦訓で戦死者を出してはいけないってことなんです。自軍の死傷者が増えると、国内の反発が強くなる。いまロシアがそういう状態にあるのを中国は見ていて、人民解放軍の死傷者を何とか最小限に抑えて台湾を併合したいと考えているのではないか。そうであれば、人民解放軍の智能化追求の流れに沿って、宇宙空間をも利用した自律型兵器をどう利用していくかが非常に重要になってくると思います。

森本　中国が台湾にどう対応するかということについては、中国はウクライナ軍事侵略の実態を非常に注意深くかつ慎重に分析していると思います。その結論はまだ出ていないと思いますが、何が影響するかというと、一つは、今のところ40カ国以上がウクライナに武器を供与していますが、台湾に武器を供与する国はアメリカを除いてあまり出てこないことが予想されます。韓国は北朝鮮がいて余裕がない。インドはあり得ない。ASEANは自国で手一杯。日本はできない。オーストラリアは少しあり得る。要するに、アメリカはすでに台湾に供与している兵器、これから供与する兵器を綿密に考察して、準備しておかないと有事が発生した時点で、台湾はその時の現有兵力・武器だけで、中国に対応せざるを得ないという状況になります。

一方、中国は有利かというと、自分たちが作っている兵器、持っている兵器はかなりロシアと共通部分があって、ウクライナに供与された米英の兵器システムによって破壊されている。それを持ち続けることは、人民解放軍にとってメリットなのか非常に深刻な問題をもたらしていると思います。

ハイブリッド戦争についてはおそらく中国は相当深刻に受け止めて、圧倒的な能力を持たないと、台湾統一はできないと思っているはずです。インテリジェンス・サイバー空間・宇宙空間を含むハイブリッド戦争でアメリカ・台湾の連合軍を凌駕することを中国は考えていると思います。当然、台湾も中国のハイブリッド戦争にどう対抗するか準備しています。

経済制裁についてですが、中国が台湾を攻撃すれば、圧倒的な制裁を西側同盟から受けて、中国は非常に大きな損害をこうむるという見方には賛成しません。対中国についてエネルギー制裁は関係ない。それから、貿易は相互主義だから、こちらが輸出入を止めたら、あちらも輸出入を止めて相互に傷がついて出血多量になるということですから。

残るのは、要人の対外資産の凍結です。中国の要人は多額の金を海外に所有しています。これが凍結されると困るので、おそらくその金を事前に動かすと思います。だから、中国に対する制裁はあまり効果がないものの、中国は制裁を回避する行動をとると思います。

最後に軍事的な問題になりますが、中国が海上封鎖すればアメリカや欧州などが供与する兵器を止めることができます。台湾に兵器を空輸するにしても、事態が起きてからでは遅いし、大量には供与できない。中国にしてみれば武力を使用しない非合法手段を盛んに使って、大規模なハイブリッド戦で圧倒し、数日で武力介入するということでしょう。中国はどうやれば短期決戦で中国の国旗を台湾に掲げることができるか、短期決戦という戦略を考えるのではないかと思います。短期決勝で片を付けられると、その後に経済制裁してもあまり意味がないことになります。ましてや、紛争を抑止できるわけではないということです。

長島

中ロの軍事協力に関連して、2022年5月24日、中国とロシアの爆撃機計6機が日本周辺を共同でパトロールし、戦闘機も一部合流したという報道がありました。そのような中ロ間の動きが、軍事上の相互運用性を確保した上で行われたのか、それとも形式的で、象徴的な共同行動にすぎないのか、状況を詳細に分析して早急に対応策を図るべきです。

小原

現段階では、中ロは同盟にはなれないし、共同作戦ができるようなレベルにはないと思います。合同パトロールかどうかわかりませんが、前回2019年7月に中国とロシアの爆撃機計4機が一緒に飛行した時は、中ロが別々に航空管制機を出して管制しているので、共同したわけではなく、ただ互いに合わせて飛んだだけです。2021年11月もフォーメーションを組んでいるようには見えないので、ただ近寄って飛行しただけなんだろうと思います。

2021年10月に中国とロシアの軍艦計10隻で日本一周した時、中国は「戦略合同巡航」と言っていましたから、「戦術」レベルではないということです。政治的なメッセージを送る程度には中ロの軍事協力ができているということなんだろうし、今後もそういった協力の姿勢は崩さないと思います。

では、中ロで共同作戦が実施できるかというと、ロシアがアジアで中国と共同作戦するだけの余裕があるのかという問題もありますし、中国は少なくとも今、兵力を西に割いて共同作戦できるような余裕はないと思います。

アメリカの政局に翻弄されるアジア情勢

秋田 小谷さんから2022年5月の終わりにブリンケン米国務長官が発表した対中政策で、対抗色を少しやわらげたという話がありました。これに対し中国は、アメリカの態度は変わってないと受け止めているわけですが、中国にしてみれば、バイデン政権が2024年以降も続くか分からず、もし共和党政権になれば、対中政策はさらに厳しくなると警戒しているのではないでしょうか。トランプ時代を振り返れば、当時の政権は中国共産党を敵視し、弱体化すべきだという意見すらありました。共和党政権が誕生し、こうした意見が再び出てくる可能性があるとすれば、中国の警戒はさらに強まり、米中の緊張が高まりそうです。

小谷 アメリカの対外政策、特にアジア政策というのはこれまで超党派であると言われてきましたが、明らかにトランプ政権時代にそれは変わりました。そしてバイデン政権になって従来型のアジア政策に戻ってきているのですが、再びトランプ政権ができれば、2017年からの4年間に戻るでしょうし、さらに米中対立は激しくなる可能性が十分にあります。

トランプ前大統領は1期目にできなかったことを今度は本気でやろうとすると思います。たとえば、アメリカがNATOから離脱することは十分にあり得ます。アジアで言えば米韓同盟を本当に破棄しようとしていましたので、日米はまだ分かりませんが、米韓も危ない。それは中国から見ればおそらく良い面と悪い面の両方があると思います。

アメリカのアジア政策があまりにも党派的になってくるというのは、同盟国にとっても心配なことで、おそらく中国やロシアにとっても非常に憂慮すべきことです。もしトランプ的な要素が強い共和党政権になった場合、中ロを弱体化させる方向に変わりはないですが、非常に内向きで、国際的な関与を考慮しない、そういう政策になると思います。

核戦略も同様です。バイデン政権は核付きの巡航ミサイル開発を凍結する方針ですが、おそらくトランプ政権になればそれを復活させるでしょう。核戦略の面で見れば、トランプ的な共和党政権だと、同盟国は安心できるのかもしれませんが、同盟戦略という面では不安になるジレンマもあります。中国、ロシアはアメリカと同盟国の関係が弱まるのは歓迎するでしょうが、予測不可能な動きを警戒せざるを得ないでしょう。

日米同盟は、対中という意味では役立つので、おそらく日本との関係は維持されると思いますが、アメリカの中では「対中封じ込め」という文脈で位置づけられるでしょう。日本としては、中国との一定程度の関与を維持したいわけですから、同盟国として非常に難しい立場に追い込まれる気がします。

ウクライナ侵攻後のロシアの弱体化

秋田　ロシアの経済制裁が厳しくなるにつれ、中ロ関係はより密接になると思いますが、両国の経済面の結び付きはどのようになるのでしょうか？

佐藤　中ロの経済関係は、経済制裁の問題と関係します。エネルギーの面から見た場合、中ロが接近する可能性は少ないと思います。広範な金融制裁がロシアに科せられていますが、ロシア中央銀行のデータを見ると、ロシアの外貨準備高の13パーセントは中国元、21パーセントは金で持っています。実はこの二つがロシアが動かせるお金のほぼすべてです。今後、ロシアが中国元を決済通貨として伸ばしていくかということですが、中国元の信用度もありますし、可能性はそれほど高くないでしょう。

中国が経済制裁の抜け穴になるという指摘がありますが、これもそれほど可能性は高くないと見ています。

より重要なのは、天然ガスと原油の問題です。ロシアの天然ガス輸出の8割は欧州向けで、これが徐々に凍結されていくことになると思いますが、中国が輸入しているロシアの天然ガスはせいぜい10から20パーセントで、欧州が担っていた8割を中国が取って代わることはかなり難しいと思います。中国が買いたくても、輸送する手段が限定されているからです。

現在、中国とロシアの間でパイプラインが建設されていますが、それが稼働するのは２０３０年ですので、それまでウクライナ戦争が続けば分かりませんが、今のところはそれが大きな制約要因になっています。当然、アメリカにしてみてもそこがロシアの弱点だと分かっています。ただ、かつて70年代から80年代に、米欧関係でパイプライン制裁が大きな問題になりましたが、それと同じような形でアメリカがパイプライン建設を制限する行動に出る可能性はあると思います。

原油輸出については、欧米は5割をロシアに依存していて、それも徐々に削減されていくでしょうが、やはり中国は20パーセントくらいしか輸入していません。中国にとって原油の貿易パートナーとしてロシアは十数パーセントくらいのシェアしかありません。中国は他国から圧倒的に多くの原油を輸入していますので、そこからの調達をやめて、その分をロシアに振り向けるにしても施設的な制約があるので、円滑に進むとは思えません。

唯一の例外は原子力発電です。現在ほぼすべての軽水炉建設がロシアと中国によって行われています。新型炉についてもロシアと中国がリードしていて、ウランの燃料供給でもロシアがリードしています。現在、経済制裁の中に原子力協定の破棄が入っていないのは、そこが西側諸国の大きな弱みで、アメリカにしても日本にしてもロシアとの関係を断ち切ることのデメリット、特に高速炉や新型炉で燃料の需要が増えることを考えると、なかなか踏み出せないでしょう。これは日本や欧米諸国の非常に大きな弱点で、そこが突破口になってロシア制裁がゆるむのではないかという懸念があります。

秋田　ロシアの経済封鎖が続くにつれ、ロシアの経済的な対中依存が深まるという見方が多いですが、そう単純ではないという話ですね。中国としてはロシアからのエネルギー輸入を増やすにしても限界があるとすれば、ロシアの国力の弱体化がさらに加速していくということでしょう。弱体化するにつれ、ロシアはどういうふうに振る舞い、世界の大国間競争の中でどのような存在になっていくのでしょうか?

小泉　超大国でなくなった後のロシアは、それでも大国であろうとしてきたわけです。つまり大国というのは、国際秩序そのものに影響を与えられるような能力を持った国ということで、たとえば、経済力とか、軍事力とか、いろんな指標で世界トップ5に入るような国です。でもロシアは、各種のランキングで見ると、GDPは世界第11位で、最近の科学技術の指標「グローバル・イノベーション・インデックス」では45位です。人口は世界確か9位くらいで、世界トップ5というより、トップ10に入るかどうかのところを、この20年くらいさまよっていたと思います。

おそらく今回、プーチン大統領のやったウクライナ侵略により、ロシアのランキングを一気に10位以内争いから15位とか20位に残れるかみたいなところまで追いつめてしまった。その意味で本当に壮大なオウンゴールを決めてしまったという感じを持っています。

他方で、ロシアはなんだかんだいってもトップ20くらいには残れる国ではあると思います。ここが極めて面倒くさいところで、エネルギーが出るので一定の外貨を稼げるし、大体のものが自給できます。軍隊は大きく損害を受けていますが、3年から5年である程度の軍事力を再建してくるだろうから、やはりユーラシアの中の地域大国ではあり続けると思います。

ロシアのような国を見る時に難しいのは、100点満点主義で見ると、いくらでもケチのつけようがあるんですが、60点くらいでいいだろうみたいな基準で見ると、ロシアは依然としていろいろなことができる国ではあると思います。

中国への依存という話に関して言えば、これは確実に強まると思います。そもそもロシアと取り引きしてくれる国、エネルギーを買ってくれる国は中国とインドくらいしかなくなっていて、両国ともロシアのエネルギーが値崩れしたことをよいことに買い叩いているわけです。

さらに、ロシアとして痛いのは、デュアルユース（軍民両用）技術が西側から入ってこなくなりつつあることです。ロシアは自分では作れないので、やはりこれも中国に頼らざるを得なくなっていく。ことさら中国がロシアを支援するということはないと思いますが、ほぼ村八分状態の中で普通にこれまで通りの付き合いをしてくれるということだけで、ロシアにとっては大変な強みになると思います。

つまりロシアはこれまでより、いろんな交渉力の面では劣位に立ちながら、そして、今より大幅に順位を落としながらも地域内の大国であり続けるだろうというのが見通しです。

いろんな力関係では不利になりながらも、やはりあの国が簡単に潰れて消えてなくなるという感じがしない。そうすると、日本はロシアにどう立ち向かうかという話になるんですが、現在の非常に厳しいロシアと日本の関係性はそんなに簡単に変わるようには思えません。ロシアの政治体制なりロシア連邦という国体が大きく変わることがない限り、日ロ関係は、これまでとあまり変わらないと思います。

ウクライナ侵攻から台湾有事へ
——日本のとるべき道

秋田　最後に、以上の世界情勢をにらみ、日本はどうするべきかについて考えたいと思います。ここまで、いろいろな論点が出ましたが、まず森本先生、いかがですか。

森本　日本が置かれている状況でいくつか気になることを要点のみ言います。政治に関しては、憲法改正ができるのであれば「緊急事態条項」を入れて、緊急事態基本法を作らないと日本の国民は救えないと思います。人間の命は何より大事で、戦争には絶対に参加せず、国外に逃げるという若者がいます。すべての人の自由と権利は尊重されていますが、家族や地域社会を守ることも、自分の生命と同じくらい大切で、国家としては非常時に個人の自由を制約する場合があり、そのために緊急事態法は必要です。

日米関係については、同盟協力を全面的に行うことでしか日本の安全は確保できません。そのために抗堪性を向上するとか、日米間および官民の施設・インフラの共同使用を広げることは必要ですし、日米安保条約上の戦闘作戦活動を行うための事前協議も必要です。ハイブリッド戦やインテリジェンスの活動は日米間でもっと緊密にしなければなりませんし、そのための犠牲を恐れてはいけない。

中国が台湾を武力統一しようとする場合、台湾海峡の制海権・制空権を取るために全力投球してくると思います。そのために中国は事前に台湾の対艦ミサイル、対空ミサイルを破壊しようとするでしょうし、台湾海峡周辺における米国の航空攻撃を予防するため、沖縄など南西諸島方面の航空基地を狙ってくると思います。中国の攻撃に対して弾道ミサイル防衛が必要となります。近い将来、アメリカが中長距離弾道ミサイルを日本に配備したいと言ってくると思います。

日本は平和安保法制の中で、存立危機事態でできることは限界があります。事態認定も難しい。グレーゾーン事態法制も検討の余地がある。

衛星・サイバーなどのハイブリッド戦能力を向上させることも必要だし、台湾有事には米国はじめ他国からの支援物資や部隊・資材を再展開させる役割を日本が果たすことになります。邦人や避難民を受け入れて本州に運ぶのに多数の輸送船舶と警備する船舶が必要です。こうした諸問題を協議するための日米台湾の政府間協議が必要です。

小谷　今回のウクライナ侵攻で中国が学んだことの一つは「核の脅し」が効くということだと思います。いまアメリカは、中ロという二つのほぼ対等の核大国と向き合うといっているわけですけれど、今後10年で中国が核戦力を4倍近くにすると考えると、「安定不安定のパラドックス」（戦略核のレベルで安定してお互いに手を出せないので逆に通常戦力での戦争が起こりやすいという状況）」が、台湾海峡で発生する可能性が高いと思います。その意味でも「安定不安定のパラドックス」をいかに緩和するかということが日米同盟の大きな課題になると思います。

「拡大抑止の強化」を日米両政府で確認するのはいいのですが、実際の核態勢をどのように日米で強化していくかということを真剣に議論しなければいけない。「核共有」（ニュークリア・シェアリング）という議論もありますが、今のＮＡＴＯ型のものを当てはめることには意見が分かれると思いますが、戦術核をどのように核の傘に位置づけるのかということは日米で議論を早急にしなければならないと思います。

もう一つは台湾有事についてです。２０２２年5月に日本を訪れたバイデン大統領が台湾有事の際には「軍事的に介入する」と発言しましたが、それが従来の「あいまいさ」を変更したのかという議論がありましたが、バイデン大統領は台湾関係法に直接サインをした上院議員であって、彼の発言は、台湾が現在の自立した体制を維持できるために武器の支援をするということです。有事になってもこれを続けるということだと思います。

ウクライナの場合は、他国と地続きでポーランドがいわば玄関になっています。台湾の場合は日本が玄関になって、ポーランドの役割を果たすことになります。しかし地続きではないので、海や空から物資を運ぶことになりますが、これは非常に危険な任務になります。

米軍がやるとしても、当然日本はそれを護衛しなければなりません。これまであまり議論されてこなかったことですが、今回のウクライナ侵攻を受けて、存立危機事態であれ、重要影響事態であれ、台湾に武器支援する米軍の防衛というのが、大きな自衛隊の任務になると思います。

佐藤

核抑止力の問題で、「安定不安定のパラドックス」が生じる事態をいかに緩和するかというのが非常に大きいと思います。その中で、日米がエスカレーション・ドミナンス（エスカレーションをさせていくことによって、こちら側が相手側にほのめかすことで相手側の行動を抑止するというやり方）を握っておくことが重要で、その中で戦術核も含めて通常兵器による打撃力をどのように維持するかというのも重要なポイントになると思います。

つまり、核の応酬になってしまうと、我々は非常に不利な立場に置かれますので、いかに通常兵力の戦いに留めておくかということです。日本の有事において、中国が核を使用しない状況に持っていくかということが重要なポイントだと思います。

もう一つ重要な点は、国内における生産力とそれをどう維持していくかという問題です。もちろん戦争はストックだけで戦うことはできませんが、ある程度のストックが必要です。封鎖された状態でいかに自立性を維持できるか。それは武器・弾薬だけではなく、生活を維持していくための物資も含まれます。

国際法の美しい世界では、人道物資を制約されることはないでしょうが、戦闘に関わる物資はかなり制約を受ける可能性があります。その時、輸入に頼っているものを含めて国内でどれだけ代替生産力があるかは重要です。

さらに物資輸送のためのシーレーンをどう守っていくか、特に日米で南海上のシーレーンをどう維持していくかということも重要です。

台湾有事について言えば、ウクライナのケースに当てはめれば、おそらく数十万人レベルの避難民が日本に押し寄せると思います。それをどこでどうやって受け入れるかということを想定しておかなければなりません。しかも避難民の中には中国の工作員が入り込んでくるでしょうし、それをスクリーニングしていくノウハウや管理の方法を今から考えておくべきだと思います。

長島　最近、パートナーシップという言葉が非常に注目されていて、2021年12月のレーガン国防フォーラムでも、オースティン米国防長官は、新国防戦略の核となる「統合抑止」について言及し、その重要な要素として「パートナーシップ」を挙げています。NATOの新たな戦略指針の中でもパートナーシップの強化が謳われる見込みであり、日本としても、このメッセージを正面から受け止めるべきだと思います。

従来のように、パートナーシップを防衛交流という、日米同盟を補完するための手段として捉えるのではなく、軍事的存在感を強める中国への対処や、サイバー空間、宇宙空間、認知領域における新たな脅威への対応という観点から真摯に取り組むべき重要課題だと考えるからです。

パートナーシップの基盤となるのは、自由、民主主義、法の平等といった価値観の共有にほかなりませんが、多様なパートナーとの連携や相互理解を深めるためには、戦略や戦術面での日本の考え方や原理原則を積極的かつ明確に発信し続けることが重要です。日米間のようにある程度、黙っていても分かり合えるという甘えは、欧州諸国やほかの地域の国々には通用しません。

そのためには、日本としての国防戦略やドクトリン、コンセプトを諸外国と同じように定期的に作成し、公表し続けることが不可欠であり、それらをパートナー国と共有し、理解し合うことで、初めて共同行動の基盤となる相互運用性が育まれるでしょう。パートナーシップの強化について、多国間による安全保障を基本とする欧州の努力から学ぶべきことは、まだまだ多くあると思っています。

小原

先ほど小谷先生が「アメリカは対抗という表現をやめ、競争という表現を残した」という話をされましたが、結局アメリカが言葉でなんと言おうと、クアッドでやっていることは中国の囲い込みであると中国は認識します。ウクライナ戦争からも中国はいろいろ学んでいますが、これまで通常兵力で勝てないから核でアメリカを抑止しようとし、足りない分をA2／AD（接近阻止・領域拒否）で補おうとしてきた。ところが、戦略核の部分で中国がアメリカに追いついてきたという自信を持ち始め、逆にアメリカや日本がその不足分をどう補うかを考えなければいけなくなってきた。欧州の場合、通常兵力の不足をどう補うかという議論ですが、そういった逆転現象がアジアと欧州で起きていると思います。

日本としてはアメリカと今後埋めていかなければいけない中国とのギャップというものを考えなければい

けない。また、中国が考えるものは何かということについて、核恫喝の話があって、ニュークリア・シェアリングの話、小谷先生からもありましたけれど、ニュークリア・シェアリングは、核兵器をシェアすることだけじゃなくて、要はその使用の意思決定に参加することが肝《きも》なのであって、そういった、これもお話にあった通りで、NATO型のニュークリア・シェアリングでなく、日本型のニュークリア・シェアリングもやはり議論の対象にはしなければいけない。そうでないと中国は核で恫喝を必ずしてくるということだと思います。

先ほど森本先生が言われましたが、中国がハイブリッド戦の能力を高めるのかどうか分かりません。中国はハイブリッド戦の効果は未知数だということを理解したと思います。やってみないと相手の社会がどこまで破壊できるか分からないし、台湾はものすごく強靭で、それを跳ね返す能力をつけてきているので、そこまでハイブリッド戦に頼らないかもしれない。ウクライナ戦争でロシアが見せた火力を用いた前時代的な戦いに頼ることが増えるのではないかと思います。

いずれにしても、台湾有事には中国軍は台湾周辺で海上封鎖、航空封鎖を必ずかけてきます。日本は台湾への武器輸出だけでなくて、台湾・南西諸島を含めた人流・物流を確保しなければいけない。そのためには中国の航空・海上封鎖を突破する能力をつけなければいけないということになります。こうした能力をアメリカと一緒にどう構築していくのかという話になるだろうと思います。

ですから、もちろん日本は単独でも戦闘しなければいけないわけですが、やはりアメリカの拡大核抑止を含む拡大抑止、介入をどのように担保するのか、そこでは新領域が必ず入ってくるので、それはハイブリッド戦というだけではなくて実際に戦闘を行うにあたっても、宇宙・サイバー空間での行動も絶対に欠かせない。そういったことを含めてアメリカの介入を担保することが課題だと思います。バイデン大統領は、今回の訪日では、口では拡大抑止を約束し、その代わり経済的な安全保障の面で実際に日本を動かしました。今度は、アメリカを動かすための制度や枠組みというものを日本は考える必要があると思います。

小泉

これまでずっと議論になってきた現代戦争の特質、いわゆるハイブリッドや新領域的なものは今回のウクライナ戦争でも活用され、今後もされるでしょう。しかし、根っこの部分には非常に激しい暴力闘争があります。戦争のやり方は新しいテクノロジーで広がるかもしれないけれども、やはり真ん中にはクラウゼヴィッツが述べているような古い戦争が、ドンと横たわり続けているということですね。

いざとなったらその古典的な軍事力を動員できるロシアや中国が周りにひしめいている状況ですから、日本の防衛戦略も、それを中心に据えざるを得ないと思います。実際、ウクライナ政府は総動員をかけましたが、これはおそらく第2次世界大戦以降、初めてじゃないでしょうか。ロシアも、このままで行くと総動員かけるかもしれません。総動員がかかると産業もすべて政府の統制下に置かれて、物価も国家統制されるような、歴史の教科書で見たようなことが起こり得るわけで、やはり完全に過去のことではなく、我々自身の安全保障の問題でもあるということです。

とはいえ、21世紀なのでいろんな新しい要素が入ってきて、その革新的な技術をどうするか、今回ゼレンスキー大統領がやっているトップ外交は、まさしくハイブリッド戦争です。つまり、世界の人々の「認知」を書き換えるために指導者自ら出て行くという、あれを日本のリーダーができるとは思えないんですが、でも概念としては持っておくべきだと思います。今回改訂される国家安全保障戦略にもちゃんと書いた方がいい。たとえ戦闘に勝っても、「日本が挑発したからだ」とか「先に撃ったのは日本だ」という偽情報を流されたり、「日本はやりすぎだ」というイメージを持たれたら全部ご破算になりかねない。そのためには、認知領域でどう戦うか、どういう態勢で戦うかということをきちんと決めておく必要があります。そうでないと役所は勝手に動けないですから。

森本

近現代史の中でこれまで経験したことのない事態が実際に起こっていて、今まさにそれを目撃し、体験しているわけです。これまで人が持ち続けてきた倫理観まで根こそぎ変更を迫られています。これを教訓にして、日本が自立性を維持するためにはどうあるべきかを真剣に考えないといけないし、そういう根本問題が我々に突きつけられているのだと思います。

（編集部注：この座談会は２０２２年5月末時点の情勢をもとに行われたものです。それ以降の情勢変化、今後の見通しについては各章で補足されています）

おわりに

この本を手に取ったとき、皆様はどのような第一印象を受けたでしょうか。分厚くて、読むのが大変そうだと感じた方もいるかもしれません。でも、そう身構えず、是非、多くの人々に本書をお読みいただきたいと切に願います。ここに書かれていることは日本人全体に直接、深く影響する内容であると信じるからです。

ロシアのウクライナ侵略によって、第二次世界大戦後、世界は最も危ない状況に立たされているといっても、過言ではありません。本書の目的は冷静な洞察に基づき、危機の現状と将来の見通しを分析することにあります。

私は２０２２年10月上旬、国際会議のために訪れたポーランド・ワルシャワで、この原稿を書いています。米欧などの政治家や当局者、外交・安全保障専門家が一堂に会して開かれた会議の席上では「このままいけば、最悪の場合、第三次世界大戦になってしまうかもしれない」という緊張感が漂っていました。似たような空気は9月初め、旧ソ連圏のジョージア・トビリシで参加した会議でも感じました。

会議の席上で語られていたのは、たとえば、次のようなシナリオです。侵略戦争が長引けば、劣勢を跳ね返そうと、プーチン政権が小型核を使うかもしれない。核が使用されたら、米国ないしＮＡＴＯはウクライナに展開しているロシア軍に報復し、壊滅的な打撃を与えるだろう。そうなれば、NATOとロシアが直接戦争することになり、事実上、第三次世界大戦の始まりになる……。

欧州で大戦が始まれば、日本にも甚大な衝撃が及びます。日本はロシアと国境を接し、北方領土を占拠されています。軍事緊張の波は欧州方面から日本にも直接、押し寄せるでしょう。

中国の出方からも目が離せません。米国がロシアとの戦争に引きずり込まれれば、インド太平洋への米軍の関与にも少なからぬ影響が及ぶと思われます。中国は勢力圏を広げる好機とみて、台湾海峡や東・南シナ海でより強気な行動に出る恐れがあります。その結果、米中の軍事緊張が高まり、衝突の危険が増しかねません。

万が一、台湾海峡で米軍と中国軍が衝突すれば、もう一つの大戦がアジアで始まることになります。米国の同盟国であり、台湾の目と鼻の先にある日本は「蚊帳の外」にはいられないでしょう。

むろん、戦況によっては別のシナリオも考えられます。本稿を執筆している時点では、ウクライナ軍の反攻が勢いづき、ウクライナ東部・南部でロシア軍を押し返しています。ロシア軍がこのまま敗退を続けるのか、体制を整え、再び侵略地域を広げるのか。ウクライナの原子力発電所が再び、戦火にさらされ、放射能汚染が世界に広がる恐れはないのか……。侵略戦争の行方は予断を許しません。

いずれにしても、いまウクライナで起きていることは決して遠い国の話ではなく、明日の日本、そして世界に直接、影響する危機といえます。

本書ではこうした問題意識から、侵略戦争の行方はもちろんのこと、それが世界全体にもたらす衝撃について、さまざまな角度から取り上げているのが最大の特長です。

ロシアの侵略戦争をめぐっては、連日のようにテレビや新聞が戦況を報じています。そうした断片情報をどう組み合わせ、世界情勢の現状と行方を分析したらよいのか。本書には、多くの手がかりと洞察が収められています。各章の執筆を担当したのは、各分野を代表する専門家の方々です。

最後に、本書の構成について簡単に紹介します。まず、冒頭ではロシアのウクライナ侵略の意味合いと影響について、軍事、経済、政治など、さまざまな角度から概観しています。

次に取り上げるのはロシアとウクライナです。このうちロシアについては、侵略戦争がその国力や「大国の地位」、プーチン政権の行方にもたらす影響を考察します。そのうえでロシアの軍事戦略に光を当て、残虐な侵攻作戦を続けるプーチン政権の狙いと真意を読み解いています。

ウクライナに関しては、これほどの抗戦を可能にしている戦争指導の内幕が主なテーマです。精神面、政治・軍事的な要素に加えて、２０１４年のクリミア併合以来、同国が進めてきた軍改革を検証します。

次に、本書では視点を米国とＮＡＴＯに移します。米国については、厳しい内政状況を抱えつつ、ウクライナ支援に踏み込んだバイデン政権の内情を分析。欧州方面の緊張が対中戦略に及ぼす影響も指摘します。ＮＡＴＯをめぐっては、ロシアによる侵略にどう即応したかを解説するとともに、核抑止力や対中戦略といった重要課題を洗い出しています。

後半では、経済制裁、エネルギー情勢、核問題といった横断的なテーマにも切り込んでいきます。経済制裁については国連が機能しないなか、「同志国」が結束し、ロシアに激しい制裁を浴びせている現状を読み解き、今後への教訓を考えます。

エネルギー情勢では、対ロ制裁やロシアによる欧州や日本への「揺さぶり」などによる世界のエネルギー需給への影響を分析。エネルギー価格高騰や市場不安定化によって、エネルギー安全保障の重要性が再認識され、対策強化が世界の喫緊課題となったことを指摘しています。

核問題では、ロシアによる核使用の可能性を分析するとともに、核攻撃が行われた場合、NATOがどう対応するかなども焦点を当てています。

このほか、日本、中国にも光を当てます。日本に関しては、ウクライナ侵略で明白になった対ロ政策の失敗を検証。日ロの敵対関係の深まりが、日本に及ぼす影響を考えます。中国については、ロシア軍の苦戦から習近平政権がどのような教訓を引き出しているのかを考察するとともに、それが台湾戦略に及ぼす影響などを分析しています。

最終章では、執筆者（一部）による座談会を収録しました。本書に収められた一連の分析を総括しつつ、今後の展望を占っています。

本書の刊行は、発案者である森本敏・元防衛相の熱意とリーダーシップがなければ、実現しませんでした。また、出版に向けた準備や編集にあたっては、森本敏事務所の吉田成美氏、並木書房編集部に大変にお世話になりました。

重大な岐路に立つ世界情勢に日本はどう向き合い、対応していったらよいのか。本書に盛り込まれた分析や洞察が、読者の皆様の役に立つことを願っています。

２０２２年10月

日本経済新聞 本社コメンテーター　秋田浩之

執筆者のプロフィール（執筆順）

森本　敏（もりもと さとし）
防衛大学校卒業後、防衛省を経て１９７９年外務省入省。在米日本国大使館一等書記官、情報調査局安全保障政策室長など安全保障の実務を担当。初代防衛大臣補佐官、第11代防衛大臣（民間人初）、防衛大臣政策参与を歴任。２０００年より拓殖大学に所属し、同大学の総長を経て、現在は同大学顧問・同大学名誉教授。主な編著書に『新たなミサイル軍拡競争と日本の安全』（編著、並木書房、２０２０年）、『次期戦闘機開発をいかに成功させるか』（編著、並木書房、２０２１年）、『台湾有事のシナリオ』（編著、ミネルヴァ書房、２０２１年）など。

秋田浩之（あきた ひろゆき）
日本経済新聞 本社コメンテーター。１９８７年入社。流通経済部、政治部、北京支局、ワシントン支局などを経て、２００９年9月から、外交・安全保障担当の編集委員兼論説委員。２０１６年10～12月、英フィナンシャル・タイムズに出向し、「Leader Writing Team」で社説を担当した。２０１７年2月より現職。外交・安保分野を中心に、定期コメンタリーを執筆する。２０１８年度のボーン・上田記念国際記者賞を受賞。著書に『乱流 米中日安全保障三国志』（日本経済新聞出版社、２０１６年）、『暗流 米中日外交三国志』（同、２００８年）がある。

小泉　悠（こいずみ ゆう）
早稲田大学社会科学部卒業、同大学院政治学研究科修士課程修了（政治学修士）。民間企業勤務、外務省専門分析員、国会図書館調査員、未来工学研究所研究員などを経て、現在は東京大学先端科学技術研究センター特任助教。ロシアの軍事・安全保障政策を専門とする。主な著書に『軍事大国ロシア』（作品社、２０１６年）、『ロシア点描』（ＰＨＰ研究所、２０２２年）など多数。

高橋杉雄（たかはし すぎお）

防衛研究所防衛政策研究室長。1997年早稲田大学大学院政治学研究科修士課程修了。2006年ジョージワシントン大学大学院修士課程修了。1997年より防衛研究所。防衛省防衛政策局防衛政策課戦略企画室兼務などを経て、2020年より現職。核抑止論、日本の防衛政策を中心に研究。主な著書に『「核の忘却」の終わり：核兵器復権の時代」』（共著、勁草書房、2019年）。

倉井高志（くらい たかし）

1981年京都大学法学部卒業後、外務省入省。アンドロポフ死去後のソ連を皮切りに、2015年12月特命全権公使として最後の勤務を終えるまで、4度にわたってモスクワの日本大使館に勤務。本邦では安全保障政策課首席事務官、中東欧課長、情報課長、国際情報統括官組織参事官など安全保障・情報分野や東ヨーロッパ関係を多く手がけた。在外では在ウィーン国際機関日本政府代表部公使、在韓国大使館公使、在パキスタン大使のあと、2019年から在ウクライナ大使、2021年10月帰国し、退官。

小谷哲男（こたに てつお）

明海大学外国語学部教授、日本国際問題研究所主任研究員を兼任。専門は日米の外交・安全保障政策、インド太平洋地域の国際関係と海洋安全保障。米ヴァンダービルト大学日米センター研究員、日本国際問題研究所研究員などを経て2020年より現職。主な共著として『現代日本の地政学：13のリスクと地経学の時代』（中公新書、2017年）、『アメリカ太平洋軍の研究：インド太平洋地域の安全保障』（千倉書房、2018年）など。平成15年度防衛庁長官賞受賞。同志社大学大学院法学研究科博士課程単位取得退学。

長島純（ながしま じゅん）

中曽根平和研究所 研究顧問、筑波大学大学院修士課程地域研究研究科卒（欧州安全保障）。防衛大学校（29期生）、ベルギー防衛駐在官、統幕首席後方補給官、情報本部情報官、内閣審議官（危機管理、国家安全保障局）、航空自衛隊幹部学校長などを歴任。専門は、欧州安全保障、新領域（サイバー、宇宙、電磁波）、先進技術戦略。主な著書に『デジタル国家ウクライナはロシアに勝利するか?』（共著、日経BP、2022年）。

水無月嘉人（仮名）
経済制裁、安全保障貿易管理、サプライチェーン・レジリエンシーなどに関して幅広い経験と知識を有する専門家。

小山　堅（こやま けん）
早稲田大学大学院経済学修士修了、英国ダンディ大学博士取得。1986年日本エネルギー経済研究所に入所、2020年より専務理事・首席研究員（現職）。経済産業省などの審議会委員等を多数歴任。東京大学公共政策大学院客員教授、東京工業大学科学技術創成研究院特任教授。エネルギー安全保障やエネルギー地政学問題などを専門とする。主な著書に『激震走る国際エネルギー情勢』（エネルギーフォーラム社、2022年）、『エネルギーの地政学』（朝日新聞出版、2022年）など。

佐藤丙午（さとう へいご）
拓殖大学海外事情研究所副所長／国際学部教授。一橋大学大学院修了（博士・法学）。拓殖大学国際学部教授兼海外時事情研究所副所長。防衛庁防衛研究所主任研究官（アメリカ研究）を経て、2006年より現職。専門は国際関係論、安全保障論、軍備管理軍縮など。著書に『自立型致死性無人兵器システム（LAWS）』（国際問題・2018年6月号）など。

小原凡司（おはら・ぼんじ）
笹川平和財団上席研究員。1985年防衛大学校卒業後、海上自衛隊入隊。1998年筑波大学大学院地域研究研究科修了。2003年駐中国防衛駐在官、2009年第21航空隊司令など歴任後に退職。東京財団政策研究調整ディレクターなどを経て、2017年6月から現職。2020年5月慶應義塾大学SFC研究所上席所員兼務。中国の安全保障、日本の安全保障、米中関係を中心に研究。主な著書に『台湾有事のシナリオ　日本の安全保障を検証する』（共著、ミネルヴァ書房、2022年）

資料 ウクライナ軍事侵攻関連年譜

年月日	ロシア・ウクライナ情勢と戦況	その他の動きや状況
2014年		
3月	ロシアがクリミアに侵攻し、併合。プーチン大統領が編入宣言	
4~5月	親ロ派勢力がドネツク・ルハンスク州の占領地域を一方的に独立宣言。ウクライナ政府はロシア軍がクリミアおよびウクライナ国境に大規模な展開を継続中と発表	
9月		ミンスク合意1
2015年		
2月		ミンスク合意2
2019年		
2月	ウクライナ憲法改正。ウクライナEUとNATOへの加盟方針を確定	
5月	ウクライナ大統領にゼレンスキー氏就任	

年月日	ロシア・ウクライナ情勢と戦況	その他の動きや状況
２０２１年		
3～4月	ロシア軍がウクライナとの国境地帯で軍をさらに増強	
9月	ロシア軍西部軍管区とベラルーシの部隊が戦略演習「ザーパド２０２１」を実施	
12月17日		ロシアが米国に「ＮＡＴＯ不拡大」「安全の保証」などの確約を求める条約・協定案を提示
２０２２年		
1月26日		米・欧はロシアに対しＮＡＴＯ不拡大の確約を拒否する回答
2月10日	ロシアとベラルーシの合同軍事演習「同盟の決意２０２２」開始（20日まで）	
2月12日	ロシア黒海艦隊30隻以上が演習開始	
2月21日	プーチン大統領がウクライナ東部の親ロ派勢力の支配地域「ドネツク人民共和国」「ルハンスク人民共和国」を承認し、平和維持部隊派遣を命令	
2月22日	プーチン大統領がミンスク合意は失効したと発言	

2月24日	プーチン大統領が軍の特別軍事作戦を表明。ロシア軍侵攻開始。ロシア軍がチョルノービリ原発を占拠	Ｇ７がロシアを「最も強い言葉で非難する」声明
2月25日		国連安保理事会が非難決議を採決し、賛成11、中・印・ＵＡＥは棄権。ロシアが拒否権を行使し、否決
2月26日	ロシア軍がハルキウ近郊の放射性廃棄物処理施設にミサイルを着弾させ変圧器損傷	米欧はロシアの主要金融機関をＳＷＦＴから排除する制裁を発表
2月27日	プーチン大統領はロシアのショイグ国防相に核抑止力の運用部隊が特別な勤務をとるよう指示 ドイツが国防費の対ＧＤＰ比を１・５％から２％以上に維持していくことを表明	
2月28日	１回目のロシア・ウクライナ停戦協議（ベラルーシ・ブレスト） ロシア軍がウクライナ東部ハルキウで民間施設を攻撃	ロシア国内で反戦デモ。５９００人以上が拘束（人権団体ＯＶＤインフォ公表） ウクライナがＥＵ加盟を正式申請
3月1日	ロシア軍がキーウのテレビ塔攻撃。ハルキウでも攻勢 プーチン大統領が作戦目標はドンバス住民の保護とウクライナによるドンバス独立とクリミア半島へのロシアの主権承認にあるとしてウクライナの非軍事化・非ナチ化を強調	バイデン大統領が一般教書の中でロシアによるウクライナ侵攻を強く非難

年月日	ロシア・ウクライナ情勢と戦況	その他の動きや状況
3月2日		国連緊急特別総会。ロシア軍の即時撤退などを求める決議を141カ国の賛成で採択 ロシア・ベラルーシ・シリア・北朝鮮・エリトリアが反対。中・印など35カ国が棄権
3月3日	2回目の停戦協議（ベラルース・ブレスト）	ウクライナ避難民が100万人を突破（UNHCR発表）
3月4日	ロシア軍がザポリージャ原発を攻撃・制圧	プーチン大統領が軍事行動に関する虚偽情報流布に最長禁錮15年を科す法律に署名
3月6日	ロシア軍がハルキウの核関連施設「物理技術研究所」をロケット攻撃	ロシアでウクライナ侵攻に抗議するデモが広がり、5180人拘束。侵攻以降、拘束者は合計1万3500人以上
3月7日	3回目の停戦協議（ベラルーシ・ブレスト）	
3月8日		米国がロシア産原油・LNG輸入禁止
3月9日	ロシア軍によるマリウポリ無差別攻撃。ロシア軍がチョルノービリ原発で外部からの電源を遮断	
3月10日		プーチン大統領がロシアからの撤退企業の資金国有化を支持

3月13日	ロシア軍が西部ヤボリウの軍事施設を攻撃	
3月14日	4回目の停戦協議（オンライン）	
3月15日	ロシア軍がヘルソン州を制圧したと発表	ウクライナから海外への避難民が３００万人以上
3月16日	ゼレンスキー大統領が米議会でオンラインによる演説 ロシア軍がマリウポリ市の劇場を空爆。約３００人が死亡	ＩＣＪ（国際司法裁判所）がロシアにウクライナ侵略を止めるよう命令
3月19日	ロシア軍が極超音速ミサイルでウクライナ西部を攻撃したと発表	
3月20日	ロシア国防省がウクライナに対してマリウポリからの撤退を勧告	ウクライナの国外・国内避難民が１０００万人以上
		米中首脳テレビ電話会談。バイデン大統領は対ロ支援に対する対中制裁を示唆し、習近平主席は制裁に反発
3月23日		ゼレンスキー大統領が日本の国会でオンライン演説

年月日	ロシア・ウクライナ情勢と戦況	その他の動きや状況
3月24日		国連でウクライナでの人道状況改善・攻撃の即時停止を求める決議に１４０カ国が賛成。反対（15）・棄権（38）全体のは2割 ＮＡＴＯ緊急首脳会議。防衛投資を加速し、あらゆる攻撃に抵抗する各国との集団能力強化を約束
3月25日	ロシアの第一段階作戦は終了。これ以降、ロシア国防省は侵攻作戦の重心をドンバス地域に移す方針を表明	
3月29日	5回目の停戦協議（イスタンブール）。これまでの協議を通じてウクライナ側は、①領土問題解決のために武力行使をしない、②クリミアの主権は今後15年間協議、③ドンバスの主権問題は首脳間で協議することを提案。ロシア側は、①ウクライナの非軍事化、②中立化、③クリミアとドンバスの主権、④ゼレンスキー大統領の即時退陣を要求 カービー米国防省報道官は、ロシア軍がキーウから移動しているのは、撤退ではなく再配置であると表明。ロシア国防省は、キーウ近郊の部隊縮小とともに東部ドンバス地域の「解放」に戦力を集中していると表明	

3月31日	ロシア軍がチョルノービリ原発から撤収を開始したとＩＡＥＡが公表	
4月2日	ウクライナ国防相がキーウ全域の奪還を公表	
4月3日	ウクライナ検察がキーウ州近郊ブチャなどで民間人４１０人以上の遺体を確認したと発表	
4月5日		ゼレンスキー大統領が国連安保理事会で初演説
4月7日		国連総会緊急特別会合で国連人権理事会におけるロシアの理事国資格を停止する決議を採択
4月8日	ロシア軍がドネツク州クラマトルスク駅に短距離弾道ミサイル「ＳＳ‐21」を発射。50人以上が死亡 ウクライナ参謀本部はロシア兵１万８４００人を殺害したと発表	
	米国防省はウクライナ国内のロシア軍は約80個ＢＴＧと指摘	
4月9日	プーチン大統領がアレクサンドル・ドボルニコフ南部軍管区司令官をウクライナ作戦の総司令官に任命との報告	

年月日	ロシア・ウクライナ情勢と戦況	その他の動きや状況
4月9日	ウクライナ軍参謀本部はロシア軍東部軍管区部隊がベルゴルド州、ヴォロネジ州、中央軍管区部隊がドンバス地区に移動中と発表	
4月11日	ゼレンスキー大統領が自国内の敵を殲滅し、戦争を終結させるに足る装備が得られていない旨を発言	
4月12日	プーチン大統領はウクライナ侵攻について最初に設定した目的が完全に達成されるまで作戦は継続されると発表	
4月13日	ウクライナ軍は国産地対艦ミサイル「ネプチューン」によりロシア黒海艦隊旗艦のスラヴァ級巡洋艦「モスクワ」を攻撃	
4月14日	ロシア国防省が黒海艦隊旗艦「モスクワ」の沈没を発表	
4月15日	マリウポリ市長が「市民約4万人を連れ去った」とロシア軍を非難 ウクライナ軍参謀本部はロシアが侵攻後初めてTU‐22M3爆撃機によりマリウポリ攻撃を行ったと発表	
4月17日	ロシア軍がマリウポリを守っているウクライナ軍に投降を要求	

4月19日	ロシアのラブロフ外相は「ドンバス地域の解放まで軍事作戦を続ける」「ロシアは核使用を検討していない」と発言	
4月20日	ロシアがICBMミサイル「サルマト」の発射実験に初成功したと発表	ウクライナから500万人以上が国外避難
4月21日	プーチン大統領はロシア軍がマリウポリを完全掌握したとショイグ国防相からの報告を受け、同市の開放作戦は成功したと強調	
4月22日	ロシアのミンネカエフ中央軍管区副司令官がロシア軍第2段階作戦の目標はドンバスおよびウクライナ南部を完全掌握してクリミアに至る陸上回廊を確保し、ウクライナの海上貿易へのアクセスを遮断し、モルドバの沿ドニエストル地域との連絡を図ることにあると発言	
4月24日	ロシア軍はアゾフスターリ製鉄所への攻撃を継続	ブリンケン・オースティン米両長官がゼレンスキー大統領と会談。（キーウ）
4月26日		グテレス国連事務総長とプーチン大統領がモスクワで会談。グテレス事務総長は「他国の領土の一体性を侵害する行為は国連憲章に全く合致しない」と発言し、プーチン大統領は、「ロシアは民族救済を目的とした作戦を行う国連憲章上の権利を有する」と強調

年月日	ロシア・ウクライナ情勢と戦況	その他の動きや状況
4月26日		西側同盟国の軍事力支援会議において、20カ国が武器の追加供与を約束。オースティン米国防長官は「ロシアを弱体化させる」と明言。（ドイツ・ラムシュタイン米空軍基地）
4月27日		プーチン大統領がサンクトペテルブルクで演説し、核戦力を念頭に米欧を威嚇
4月28日		グテーレス国連事務総長とゼレンスキー大統領が会談（キーウ）
4月30日	ウクライナ軍がイジュームの最前線にあるロシア軍指揮所を訪問中のゲラシモフ参謀総長らを攻撃。多数の死傷者	
5月3日	ゼレンスキー大統領が自国領からのロシア軍撤退まで戦闘継続の考えを表明	
5月4日	ロシア軍が核搭載可能な弾道ミサイル「イスカンデル」の模擬発射演習を実施したと発表	欧州委員会がロシア産石油の輸入禁止を加盟国に提案
5月6日	ウクライナ軍がハルキウ郊外の集落を奪還と発表	国連安保理事会が「ウクライナの平和と安全の維持に関して深い懸念を表明する」との議長声明採択

5月8日		G7首脳会合（オンライン）で「プーチン大統領に勝たせてはならない責務がある」との声明。
5月9日	プーチン大統領が対独戦勝記念日の軍事パレードで演説し、ウクライナ侵攻を正当化	バイデン大統領が「武器貸与法」に署名
5月10日		ヘインズ米国家情報長官は「プーチン大統領が長期戦を準備している」「ロシアが敗戦に追い込まれるとプーチンが悟った場合、国家存立の危機とみなして核兵器使用を決断する可能性あり」と米議会で証言
5月12日	ウクライナ軍はドネツ川を渡河中のロシア部隊を攻撃し、少なくとも1個ＢＴＧを撃破	国連難民高等弁務官事務所（ＵＮＨＣＲ）が国外に避難したウクライナ難民が６００万人を超えたと発表
		国連人権理事会がキーウ近郊で起きた民間人殺害の調査などを盛り込んだ決議を賛成多数で採択
5月14日	ロシア軍は多連装ロケットからクラスター弾を発射し、アゾフスターリ製鉄所を攻撃	
5月15日		フィンランド・スウェーデンがＮＡＴＯ加盟申請を発表

年月日	ロシア・ウクライナ情勢と戦況	その他の動きや状況
5月16日	マリウポリのアゾフスターリ製鉄所を拠点にしていたウクライナ側が退避・投降開始	ＣＳＴＯ（ロシア主導の集団安全保障条約機構）首脳会合（モスクワ）が開催されたものの、ロシアの侵攻を支持する文言は掲載されず
5月18日	ロシアのボリソフ副首相は「ロシアは先制核攻撃を行わない」と発言	フィンランド・スウェーデンがＮＡＴＯ加盟申請書提出
5月19日	米国防省高官がロシア軍はウクライナに１０６個ＢＴＧを投入したと発表	英国防省はセルゲイ・キセリロシア軍第一戦車軍司令官およびイーゴリ・オシポフ黒海艦隊司令官が解任されたとの見方を発表
5月20日	ロシア国防省がマリウポリ制圧を発表。アゾフスターリ製鉄所内のウクライナ軍など２４３９人が投降	ロシア下院に志願兵の年齢制限を撤廃する法案が提出
5月22日	ウクライナが戒厳・総動員令を３カ月延長	
5月23日		日米首脳会談（東京）
5月25日	プーチン大統領がヘルソン、ザポリージャの住民にロシア国籍取得手続きを簡素化する大統領令に署名	米国防省が、米英とＥＵはウクライナ当局によるロシア軍の戦争犯罪捜査を支援する新組織を設立した旨を発表

5月26日 ロシア軍はウクライナ国内に１１０個ＢＴＧを投入	
5月27日 ロシア国防省は27日以降、ウクライナ黒海から外国船舶が出航するための人道回廊を設定すると発表	
5月28日	プーチン大統領が志願兵の年齢制限を撤廃する法案に署名
5月29日 ゼレンスキー大統領がハルキウ州視察。ウクライナ侵攻以来、首都周辺から離れたのは初めて	ロシアのラブロフ外相はドンバスの解放が絶対の優先事項と強調（仏テレビインタビュー）
5月30日 ウクライナ軍参謀本部はロシア軍がハルキウ北部および北東部を砲撃したと発表	欧州連合が海路からのロシア産石油の輸入禁止を含む対ロ追加制裁に合意
5月31日 ウクライナのベネディクトワ検事総長がロシア軍の戦争犯罪の容疑者として軍幹部、政治家らを含む６００人以上を特定し、約80人の訴追手続きを開始したと発表。	
6月3日 ロシア反体制派メディアはロシア軍総司令官がドボルニコフからジトコ国防次官・軍事政治総局長に交代したと報道	
6月4日 ウクライナ軍はロシア軍がミコライフ州の黒海沿岸地域をミサイルで攻撃したと公表	
6月5日 ゼレンスキー大統領が東部前線を視察	

年月日	ロシア・ウクライナ情勢と戦況	その他の動きや状況
6月6日		ウクライナ内務次官が国内の死傷者数が４万人以上になったと公表
6月9日	プーチン大統領が「領土を奪還し強固にすることは我々の任務」と発言。東部・南部での制圧地域でロシア化が進展	新ロ派集団「ドネツク人民共和国」が英国人を含む外国人戦闘員３人の死刑判決
6月10日	ウクライナ軍参謀本部はロシア軍がスムイ州、ハルキウ州、ルハンスク州北部に30個ＢＴＧを投入していると発表	ウクライナのアレストヴィチ大統領府長官顧問はウクライナ軍の戦死者が約１万人に達したと発表。ロシア軍の消耗は約３万２７５０人
6月12日	ウクライナ軍司令官はロシア軍がスベロドネツクに７個ＢＴＧを投入していると発表	
6月13日	ロシア軍がセベロドネツクと隣接するリシチャンスクを結ぶ３本すべての橋を破壊と発表	
6月15日	ウクライナ軍が東部戦線でウクライナ軍死傷者が１日当たり最大１０００人になっている旨公表	米政府は10億ドル相当の追加軍事支援を発表
6月16日		マクロン（仏）・ショルツ（独）・ドラギ（伊）の政治リーダーがキーウを訪問し、ゼレンスキー大統領と会談

6月17日		WTO閣僚会合で食料保護主義をとっている国に対して警告を出す合意
6月21日	プーチン大統領はＩＣＢＭ「サルマト」を年内に実戦配備する計画を公表	
6月23日		EU首脳会議（ベルギー・ブリュッセル、24日まで）において、ウクライナとモルドバを加盟国候補として全会一致で承認 BRICS首脳会議（オンライン、24日まで）にて、プーチン大統領は「世界経済の危機的な状況は米欧などの思慮に欠けた利己的な行動によって引き起こされた」と発言し、習近平主席は「冷戦思考を捨てなければならない。一方的な制裁の乱用に反対する」と表明
6月25日	ウクライナ空軍はロシア軍がウクライナ各地に大規模ミサイル攻撃を行ったと発表 ウクライナ側はロシア軍がハルキウ物理技術研究所を砲撃し、未臨界実験設備を破壊したと発表 ロシア国防省はセベロドネツクの制圧を発表	プーチン大統領とベラルーシのルカシェンコ大統領が会談。ベラルーシ軍のSU-25を核搭載に改修すること、「イスカンデルM」システムの供与を確認

年月日	ロシア・ウクライナ情勢と戦況	その他の動きや状況
6月26日		G7サミット（ドイツ・エルマウ、28日まで）でロシアの侵略戦争を非難。途上国支援を約束。ゼレンスキー大統領がオンラインにて講演し、各国に支持継続を訴えた。
6月28日		トルコとフィンランド・スウェーデンの間でクルド武装組織の扱い、トルコへの武器輸出および北欧2カ国のNATO加盟について合意
6月29日		NATO首脳会議（スペイン・マドリード、30日まで）。NATO新戦略を発表。米国は欧州における米軍戦力大使絵の強化策を公表
6月30日	ウクライナのザルージヌイ軍司令官はロシア軍がズメイヌイ島から撤退した旨公表	プーチン大統領がサハリン2の資産を新会社に移管する大統領令に署名
7月1日		米国がNASAMS防空システム2基の供与を発表
7月3日	ロシアのショイグ国防相がリシチャンスクを含むルハンスク州を制圧した旨をプーチン大統領に報告	豪のアルバニージ首相がウクライナを訪問し、ゼレンスキー大統領と会談。「ブッシュマスター」など追加支援を約束

７月４日　ウクライナ参謀本部もリシチャンスクからの撤退を発表	ウクライナのシュミハリ首相はウクライナの復興に関する国際会議（スイス）で復興に７５００億ドルが必要と発言。同会議において、ウクライナの復興指針「ルガノ宣言」を採択（５日）
７月５日　ロシア側はヘルソン州で新ロ派勢力が一方的に設置した「州政府」が業務を開始した旨発表	ＮＡＴＯ加盟国はフィンランド・スウェーデンの加盟を承認する議定書に署名
７月６日　ドネツク州北部のスラビャンスク、クラマルトルク中心に攻防戦	
７月７日　ロシアがズメイヌイ島を放棄したためウクライナ側が奪還	ウクライナ参謀本部は英国でウクライナ兵士１０００人以上の訓練を開始したと発表 G20外相会合。ウクライナ侵略後初めて米ロ外相が対面で行われ、双方が非難
７月８日　ゼレンスキー大統領が東部ドニプロペトロフシク州を視察	米国がＨＩＭＡＲＳ（４基）追加支援（合計12基）。国防省はこれらを含むウクライナへの軍事支援が最大４億ドルと発表
７月９日	米国務省はウクライナに3億６８００万ドルの追加経済支援を発表

年月日　ロシア・ウクライナ情勢と戦況	その他の動きや状況
7月10日　ウクライナ軍国防相は南部ヘルソン、ザポリージャ州の奪還作戦を開始したと公表	
7月11日　ウクライナ軍はヘルソン州奪還に向けロシア軍の後方支援基地の攻撃開始を発表	ロシアが「ノルドストリーム」でドイツに供給される天然ガスを停止
7月12日　ウクライナ軍はヘルソン州のロシア軍弾薬等集積所を攻撃し、南部における反転攻勢に言及	
7月13日　ロシアで「戦時経済体制法」成立	リトアニアがロシア本土からカリーニングラードへの貨物輸送制限を強化。ロシアは厳しい対抗措置をとる可能性があると警告
7月15日　ウクライナ軍はＨＩＭＡＲＳでロシア軍弾薬庫など30カ所以上を破壊と公表	
7月16日　ロシアのショイグ国防相がウクライナ東部前線を視察し、各軍司令官に攻撃強化を指示 ウクライナのアレストヴィチ大統領府長官が「ケルチ橋（クリミア大橋）はウクライナ領海に不法に建設されたものでロシア領を攻撃しないとの合意の対象外」と表明 ゼレンスキー大統領が「ロシアのミサイルや砲撃は我々の結束を崩すことはできない」と発言	

7月17日	ロシアのメドベージェフ安全保障会議副議長はウクライナがクリミア大橋を攻撃する場合、ウクライナ政府にとって審判の日となると発言 ゼレンスキー大統領はロシア軍が巡航ミサイル３０００発を使用したと発言	
7月18日	ロシアのショイグ国防相がロシア軍の東部作戦を視察し、ウクライナ軍の長射程ミサイル撃破を優先するよう指示 ロシア軍がザポリージャ原発に侵入し、兵士が負傷	
7月20日	ロシアのラブロフ外相は特殊軍事作戦の対象地域を南部へルソン・ザポリージャ両州制圧に拡大したと発言	米国はＨＩＭＡＲＳ（4基）、戦術無人機「フェニックス・ゴースト」（５８０機）などの追加支援決定（ＨＩＭＡＲＳは今までの12基と合わせて合計16基）
7月21日		ロシア・ドイツ間の天然ガスパイプライン「ノルドストリーム」が再稼働したが、供給量は4割程度
7月22日	ロシア・ウクライナ・トルコ・国連でオデーサ港から輸出再開。航行の共同監視などについて合意文書署名	
7月23日	ロシア軍はオデーサ港のインフラ施設にロシアの巡航ミサイル「カリブル」を2発発射	

年月日	ロシア・ウクライナ情勢と戦況	その他の動きや状況
7月24日		ロシア独立系調査機関レバダセンターによるとプーチン氏の支持率は侵攻後8割超。6月は83％。「ウクライナ侵攻」支持も7割以上（7月24日付産経新聞）
7月26日	ゼレンスキー大統領はロシア軍の戦死者が4万人に上っていると指摘（ビデオ演説）	ロシア国防省は8月30日から9月5日にかけて極東などで「ボストーク２０２２」を実施すると発表
8月5日	ロシア軍によるザポリージャ原発攻撃が始まる	
8月8日	黒海のウクライナ穀物輸出貨物船第1便がトルコに到着	米国のカール国防次官はウクライナ侵略以来、ロシア軍の死傷者は7～8万人になると発表
8月9日	クリミアのサキ軍用飛行場で爆発	
8月12日		日米欧など42カ国がロシア軍の原発、ウクライナ全土から即時撤退を求める共同声明
8月16日	クリミアのジャンコイ郊外の弾薬保管場所で爆発	
8月17日	ロシアがサキ軍用飛行場から戦闘機、ヘリを撤収したとウクライナ側がＳＮＳに投稿	
8月18日	クリミアのベルベック軍用飛行場およびクリミア大橋付近で爆発（ドローン攻撃の情報）	

8月19日		ＵＮＨＣＲがウクライナからの出国者が延べ１１１５万人を超えたと発表 ロシアがノルドストリーム１のガス供給を8月31日から3日間停止すると発表
8月20日	ロシアの黒海艦隊司令部（セバストポリ）に対するドローン攻撃	
8月21日		プーチン大統領とマクロン仏大統領が電話会談し、ザポリージャ原発へのＩＡＥＡ視察団派遣に合意
8月24日	ゼレンスキー大統領が安保理緊急会合にオンライン出席しザポリージャ原発を早期にＩＡＥＡの管理下に置くよう要請	米政府はウクライナへの武器等支援として９・８億ドルの追加を発表
8月25日	プーチン大統領はロシア軍の定員を13万７０００人増やして１１５万人とする大統領令に署名	
8月31日	ボストーク２０２２ロシア極東合同演習（9月5日まで）	ＩＡＥＡ査察団がザポリージャ原発に到着
9月20日	プーチン大統領はウクライナ侵攻をめぐり部分的動員令（30万人を対象）に署名したことを表明	

年月日	ロシア・ウクライナ情勢と戦況	その他の動きや状況
9月21日	プーチン大統領はウクライナの東・南部4州でロシアへの編入を問う住民投票を9月23日から実施すると発表	
10月1日	ロシア国防省はドネツク州リマンから部隊の撤退を発表	
10月8日	クリミア大橋で大規模な爆破事故が発生 ロシア軍はウクライナ軍事侵攻の総司令官に航空宇宙軍のセルゲイ・スロビキン上級大将を任命	
10月10日	ロシアは10日から11日にかけてキーウやエネルギー関連施設を含めてウクライナ全土に報復とみられる大規模な攻撃を実施 ベラルーシはロシアとの合同部隊の編成を表明	
10月16日		中国共産党第20回党大会開幕。習近平総書記は「台湾統一は歴史的任務、武力行使の放棄は約束しない」と威嚇
10月17日		NATOは核抑止に焦点を当てた年次演習「ステッドファスト・ヌーン」を開始
10月20日	ロシアはウクライナの東・南部4州に戒厳令を発動し戦時体制に移行	

ウクライナ戦争と激変する国際秩序

2022年11月10日　印刷
2022年11月20日　発行

編著者　森本敏、秋田浩之
執筆者　小泉悠、高橋杉雄、倉井高志、
　　　　小谷哲男、長島純、水無月嘉人、
　　　　小山堅、佐藤丙午、小原凡司
発行者　奈須田若仁
発行所　並木書房
〒170-0002東京都豊島区巣鴨2-4-2-501
電話(03)6903-4366　fax(03)6903-4368
http://www.namiki-shobo.co.jp
印刷製本　モリモト印刷
ISBN978-4-89063-427-9